Der Körper des Priesters

Campus Historische Studien
Band 80

Herausgegeben von Monika Dommann, Rebekka Habermas, Stefan Rebenich,
Frank Rexroth, Malte Thießen, Xenia von Tippelskirch und Michael Wildt

Wissenschaftlicher Beirat
Heinz-Gerhard Haupt, Ludolf Kuchenbuch, Jochen Martin, Heide Wunder

Brendan Röder, Dr. phil., ist wissenschaftlicher Mitarbeiter
an der Ludwig-Maximilians-Universität München.

Brendan Röder

Der Körper des Priesters

Gebrechen im Katholizismus
der Frühen Neuzeit

Campus Verlag
Frankfurt/New York

Gefördert durch die Deutsche Forschungsgemeinschaft (DFG) – Projektnummer 394775490 – SFB 1369 und den Lehrstuhl für Geschichte der Frühen Neuzeit der LMU München

ISBN 978-3-593-51345-4 Print
ISBN 978-3-593-44690-5 E-Book (PDF)

Umschlaggestaltung: Guido Klütsch, Köln
Umschlagmotiv: Frontispiz des »Missale Romanum ex decreto sacrosancti concilii Tridentini restitutum« (Köln, Cornelius van Egmondt, 1629) © Rijksmuseum Amsterdam
Gesetzt aus der Garamond
Druck und Bindung: CPI buchbücher.de, Birkach
Gedruckt auf Papier aus zertifizierten Rohstoffen (FSC/PEFC).
Printed in Germany

www.campus.de

Für Anna

Inhalt

Einleitung

Im September 1702 erhielt der Erzbischof von Sevilla die Anweisung aus Rom, er solle die Nase von José de Andrade inspizieren und die Kurie darüber informieren.[1] Der vierzehnjährige Junge, Schüler am Colegio de Santo Tomás, wolle eine Laufbahn als Kleriker einschlagen und seine Nase stünde dem womöglich entgegen. Der Erzbischof antwortete, dass de Andrade der untere Teil der Nase fehle, und beschrieb genau das Aussehen des Gesichts. Nach anfänglicher Skepsis befand man in Rom, dass die Nase kein Hindernis für den Schüler darstellte, Kleriker zu werden. Die Episode der beschädigten Nase wirkt auf den heutigen Leser womöglich irritierend. Warum korrespondierten hohe Würdenträger einer der mächtigsten globalen Institutionen über ein Detail der äußeren Erscheinung eines weit entfernt lebenden Jungen? Und sollten für die Eignung als Kleriker nicht Gesichtspunkte wie religiöse Berufung, Frömmigkeit oder Bildung ausschlaggebend sein und nicht der Körper?

Der junge Andrade war einer von Hunderten Menschen, die in der Frühen Neuzeit mit Rechtsnormen konfrontiert waren, die Personen mit sogenannten körperlichen Gebrechen *(defectus corporis)* aus dem katholischen Klerus ausschlossen. Jeder Geistliche, so der Gelehrte und Bischof Simon Maiolo (1520–1597) in einem der wichtigsten Traktate zum Thema, müsse »untadelig am ganzen Körper [und] von Kopf bis Fuß vollkommen sein«.[2] Dieser Perfektionsanspruch verlangte allerdings, dass man dem Körper eine Bedeutung zugestand, die mit anderen christlichen Normen schwer zu vereinbaren war. So schreibt Maiolo im selben Werk in Anlehnung an das Johannes-Evangelium, es sei »die Lehre unseres Herrn, dass man nicht nach

1 Archivio Apostolico Vaticano, Congregazione Concilio, Hispalensis, 03.03.1703, Pos 244.
2 »Debet igitur irreprehensibilis esse primum in toto corporis statu [...] Deinde a capite ad plantam pedis perfectus esse debet«; Maiolo, *Tractatus*, S. 377.

dem Äußeren richten soll«.[3] Die Bedeutung von Körper und Behinderung in Gesellschaften unterliegt offenbar nicht nur Veränderungen im Laufe der Geschichte, sondern auch synchron zeigt sich die Spannung zwischen dem Fokus auf körperliche Äußerlichkeit und auf nicht-körperliche Innerlichkeit. Das vorliegende Buch analysiert den Umgang mit Körpergebrechen im katholischen Klerus vom 16. bis ins frühe 18. Jahrhundert. Es wird untersucht, wer, wann, wie und warum über gebrechliche Körper von Klerikern sprach. Welche Begriffe, Verfahren und Praktiken wurden von den Akteuren genutzt, um Gebrechlichkeit zu kategorisieren, zu problematisieren oder im Gegenteil zu verdecken? Was sagt uns dies über die rechtliche, kulturelle und soziale Bedeutung von Körperlichkeit im frühneuzeitlichen Katholizismus? Wie wurden körperliches Äußeres und das Innere des Menschen zueinander ins Verhältnis gesetzt?

Die Studie nutzt einen zweifachen Zugang. Zum einen untersucht sie auf Grundlage der kanonistischen, moraltheologischen und medico-legalen Traktatliteratur die grundlegenden Konzeptionen von Körpergebrechen, zum anderen verfolgt sie den konkreten Umgang damit in der administrativen und sozialen Praxis. Die Einbeziehung beider Zugänge ist notwendig. Während in normativen Texten der Ausschluss von körperlich Gebrechlichen komplex definiert und reguliert wurde, geben sie kaum Aufschluss darüber, ob und wie Körpergebrechen bei Klerikern in der Praxis angesprochen wurden. Im Archiv der Konzilskongregation, einer römischen Kardinalsbehörde, haben sich jedoch im Untersuchungszeitraum über 500 Bittschriften erhalten, in denen Kleriker oder Laien, die Kleriker werden wollten, ihren Körper beschrieben und um die Klärung des eigenen körperlich-klerikalen Status baten. Überliefert ist dabei auch die umfangreiche Dokumentation der Bearbeitung dieser Anfragen durch lokale, bischöfliche und kuriale Stellen.[4]

Die Untersuchung positioniert sich primär in zwei Forschungsfeldern, der Geschichte von Körper und Disability einerseits und von Kirche und Klerus andererseits. Bevor die beiden Felder im Folgenden kurz umrissen werden, müssen die wenigen Beiträge zum spezifischen Thema der *defectus corporis* im Klerus behandelt werden.[5] Zu Körpergebrechen im Klerus finden

3 »Domini nostri praeceptum est, ne secundum faciem iudicemus, Ioan. c. 7«; Maiolo, *Tractatus*, S. 53
4 Genauer zu diesen Quellen und dem Untersuchungszeitraum siehe Kapitel 1.1.
5 Auf den Forschungsstand zu wichtigen Einzelthemen wie Medizin, Expertise oder dem Begriff des *scandalum* wird jeweils an der betreffenden Stelle eingegangen.

sich bisher lediglich einige Aufsätze und kirchenrechtsgeschichtliche Handbuchartikel.[6] Die wenigen historiographischen Texte widmen sich dem Thema im Spätmittelalter.[7] Eine Ausnahme bildet Sabine Kienitz, die dem Thema im Zusammenhang mit Kriegsinvalidität in der Zeit des Ersten Weltkriegs einen Aufsatz gewidmet hat.[8] Die lange Geschichte des Themas vor 1914 spielt dabei keine Rolle, was zu gewissen Verkürzungen führt.[9] Mit der Untersuchung von archivalischen Dokumenten aus der Rechtspraxis der Frühen Neuzeit erschließt die vorliegende Studie zeitlich und materiell einen bisher gänzlich unerforschten Bereich.

In der rechtsgeschichtlichen Handbuchliteratur findet sich meistens die schlichte Aussage, dass physisch gegebene Körpergebrechen zum Ausschluss von Personen vom Klerikerstand geführt hätten.[10] Eine kirchenrechtliche Arbeit von 1944 macht die Irregularitäten mit der Analogie plausibel, dass man auch »das Gotteshaus mit den schönsten Blumen und nicht mit Unkraut [...] schmückt«.[11] Dabei wird nicht hinterfragt, was wann nach welchen Regeln als ästhetisch galt. Offenkundig schwere Gebrechen seien für den Klerus auszuschließen, leichte oder weniger auffällige dagegen akzeptabel. Die Weihehindernisse werden auch in einem acht Seiten umfassenden Kapitel von 2013 zum spätmittelalterlichen Umgang mit Körpergebrechen als Teil eines kirchlichen, durchaus positiv bewerteten ›Qualitätsmanagements‹ im Klerus gesehen.[12] Diese Sichtweise, die für die Bildung der Kleriker geeignet sein mag, erscheint bezüglich des Körpers äußerst fraglich.

6 Zur Rechtsgeschichte vgl. Oesterlé, Irrégularités; Gorini, Irregolarità, S. 472–479.
7 Vgl. besonders Ostinelli, Chierici und knapp Esch, *Geschichten*, S. 46–48. Auf die Dissertation von Friederike Stöhr zu versehrten Priestern aus dem deutschsprachigen Raum im Spätmittelalter hatte ich keinen Zugriff. Gearbeitet wird meist mit edierten Quellen der Pönitentiarie aus dem deutschsprachigen Raum oder England; vgl. Schmugge, *Repertorium*; Clarke/Zutshi, *Supplications*. Jorge Bosch bespricht in kirchenrechtsgeschichtlicher Perspektive einige der ab 1739 im *Thesaurus Resolutionum Sacrae Congregationis Concilii* publizierten Entscheidungen der Konzilskongregation, dabei steht das Thema der Körpergebrechen aber nicht im Zentrum (Bosch Carrera, *Thesaurus*).
8 Kienitz, Weihehindernisse.
9 Zur Akzeptanz von Prothesen siehe unten Kap. 3.4.
10 Vgl. Silbernagl, *Handbuch*, S. 150.
11 Gerber, *Irregularität*, S. 8.
12 »Priests with severe corporal defects were not tolerated. This is a further sign of the fact that the Church was interested in the quality of its servants.« Hanska/Salonen, *Career*, S. 129. Ansonsten ist ihre Analyse der mittelalterlichen Pönitentiarie hilfreich.

Methodisch besteht das Desiderat vor diesem Hintergrund darin, die vermeintlichen Selbstverständlichkeiten aufzudecken. Die vorliegende Studie unternimmt das, indem sie nach Problematisierungsweisen und der Konstruktion von Gebrechen fragt. Kategorien wie die Schwere oder Sichtbarkeit eines Körpergebrechens sollen nicht vorausgesetzt, sondern historisiert werden. Auch scheinbare Evidenzen wie die Untauglichkeit des Blinden oder des Armlosen werden auf der Basis der Quellenanalyse in Frage gestellt.

Für diese Perspektivierung kann an die mittlerweile umfassende kulturgeschichtliche Historisierung des Körpers angeschlossen werden. Die Historische Anthropologie und Neue Kulturgeschichte haben die Vorstellung vom Körper als biologischer Konstante besonders seit den 1980er und 1990er Jahren produktiv in Frage gestellt.[13] Frühe Bezugspunkte stammen dabei bereits aus den 1920er und 1930er Jahren. Als Vorreiter zu nennen sind besonders Marc Blochs Werk zu den wundertätigen Königen, das den Kontakt zweier Körper, des heilenden Herrschers und des leidenden Skrofelkranken behandelt, sowie Marcel Mauss' anthropologische Untersuchung alltäglicher »Techniken des Körpers« wie Gehen oder Schwimmen.[14] Beide Arbeiten bieten für die Untersuchung von Klerikerkörpern wichtige Anknüpfungspunkte: Während Bloch den Zusammenhang von Körper und Sakralität, von Medizin und Religion thematisiert, betrachtet Mauss alltägliche Handlungsvollzüge und deren gesellschaftliche Prägung.[15] Den Zusammenhang von Körperlichem und Sozialem fokussiert auch Mary Douglas, die gezeigt hat, wie das Sprechen über Körper gesellschaftliche, politische oder religiöse Ordnungsvorstellungen impliziert und aktualisiert.[16] Symbolische Bedeutungsaufladungen wirken sich wiederum ganz konkret auf Körpertechniken aus, etwa die Privilegierung der rechten Hand in vielen

---

13 Einen monographischen Überblick in deutscher Sprache bietet Lorenz, *Vergangenheit*. Für einen Forschungsüberblick zum Körper in diversen Forschungskontexten vgl. Hengerer, *Kategorie*. Zu Körpergeschichte und Selbstzeugnisforschung vgl. Huber, *Blick*.
14 Bloch, *Könige*; Mauss, *Techniken*. Zur Adaption in der Geschichtswissenschaft vgl. Mallinckrodt, *Leben*.
15 Auch wenn Mauss Riten von instrumentell eingesetzten Körpertechniken unterscheidet, wäre im Anschluss an seine Überlegungen durchaus nach der Rolle des Körpers in der Liturgie zu fragen.
16 Douglas, *Purity*. Die Frage nach Kategorisierungen von rein/unrein wurde für die Frühe Neuzeit vor allem von Peter Burschel aufgegriffen; vgl. Burschel, *Erfindung*; ders./Marx, *Reinheit*.

Kulturen.[17] In der historischen Untersuchung von Körpern heilsvermittelnder Kleriker ist besonders nach der jeweiligen Relevanz von Symbolisierungen und Reinheitsvorstellungen zu fragen.

Im Titel dieses Buches klingt die berühmte Studie *Die zwei Körper des Königs* von Ernst Kantorowicz an.[18] Neben dem natürlichen Körper habe der König auch einen unsterblichen Körper, der Gebrechen und Tod enthoben sei. An Kantorowicz anschließend hat Agostino Paravicini Bagliani für das mittelalterliche Papsttum den Umgang mit dem Leib des Kirchenoberhaupts untersucht. Er kontrastiert eine »Theologie der Hinfälligkeit«, also eine durchaus positive Sicht auf Gebrechlichkeit, mit Vorstellungen der Gesundheitserhaltung und Überwindung von Alter, Krankheit und Tod.[19] Auch wenn er dabei für den Papst nicht von zwei Körpern im Sinne Kantorowicz' ausgeht, demonstriert er doch, wie stark die Physis des Kirchenoberhaupts Gegenstand von Ritualen und symbolischer Aufladung wurde, die zwischen der Ewigkeit des Amtes und der körperlichen Hinfälligkeit des Amtsträgers vermitteln sollten. Die vorliegende Studie nimmt die Frage in den Blick, ob sich Ansätze für eine solche Aufladung auch breit gestreut für Priester und Kleriker finden lassen.

In der Körpergeschichte erfuhr die Konstruktion von Abweichungen besondere Aufmerksamkeit, etwa in Studien zu sogenannten Krüppeln, Monstern oder Mannweibern, zum exotischen oder jüdischen Körper.[20] Das jüngere Forschungsfeld der Disability History befasst sich mittlerweile breiter mit historischen Konzeptionen von körperlicher Differenz und Gebrechen.[21] Diese Forschungsrichtung operiert meist konstruktivistisch und erhebt den Anspruch, nicht nur Abweichungen und Ausnahmefälle zu beschreiben, sondern zum Verständnis vergangener Gesellschaften insgesamt beizutragen.[22]

---

17 Hertz, *Hand*. Zur Bewertung von links und rechts siehe unten Kap. 2.3.
18 Kantorowicz, *Körper*.
19 Paravicini Bagliani, *Leib*.
20 Zusammenfassend Lorenz, *Vergangenheit*, S. 83.
21 Eine erste Synthese zur Disability History liegt für den deutschsprachigen Raum nun in Form eines Handbuchs vor: Nolte, *Handbuch*. Umfassend zu Methodik und Forschungsstand die Habilitation von Patrick Schmidt (Schmidt, *Bettler*, S. 13–160). Vor allem zum Mittelalter Nolte, *Homo*; mit einem breiteren chronologischen Fokus Barsch, *Historian* und Bösl, *Disability*, wo auch die frühere englischsprachige Forschung diskutiert wird.
22 Vgl. zur Diskussion um Disability History als Segmentgeschiche oder dagegen als Perspektivwechsel für die allgemeine Geschichte Lingelbach/Waldschmidt, Perspektiven, S. 50–52.

In den frühen, primär gegenwartsbezogenen Disability Studies wurden zum Teil vereinfachende Annahmen über die Vormoderne getätigt. Dabei wurde etwa die Vergangenheit als Gegenmodell zur repressiven Moderne idealisiert.[23] So seien beeinträchtigte Menschen in den Gesellschaften vor der Industrialisierung vielfach integriert gewesen und erst in der Moderne mittels Macht- und Wissenstechniken ausgeschlossen worden. Damit wird an Vorstellungen von der wachsenden Zurichtung und Disziplinierung des modernen Körpers angeknüpft.[24] Die Modernisierungskritik richtet sich gegen ein konträres, aber ähnlich schematisches Modell, das von einer ›finsteren‹ Vormoderne ausgeht, die von der modernen Inklusion sukzessive abgelöst wurde. Gerade der Religion wird eine entscheidende Rolle für die konstatierte vormoderne Exklusion zugesprochen, da sie Behinderung als Sünde konzipiert habe.[25] Irina Metzler hat dagegen für das Mittelalter argumentiert, dass die Vorstellung vom Gebrechen als Sünde mehr moderner Historiographie als mittelalterlichen Einstellungen geschuldet ist – ein Befund, den es für unser Thema zu überprüfen gilt.[26] Insgesamt ist die Forderung der Forschung zu unterstreichen, mit quellenbasierten Studien über historische Phänomene einen Beitrag zur differenzierten Betrachtung von Exklusion und Inklusion zu leisten.[27]

Betrachtet man ›Gebrechen‹ als kulturell konstruiert, so birgt dies die methodische Herausforderung, dass diese erst in der Untersuchung aufzuweisen wären, mithin der Gegenstand nicht aus heutiger Warte vorausgesetzt werden kann. In der Disability History wird diese Frage besonders diskutiert, betrifft sie doch den Zuschnitt des Forschungsfeldes.[28] Dabei wird im sogenannten sozialen Modell der Behinderung ein zugrundliegender, biologischer Körperzustand als »impairment« bezeichnet, der konstruierte Anteil, der für die gesellschaftliche Benachteiligung verantwortlich ist, dagegen als »disability«.[29] Die Essentialisierung von »impairment« hat Kritik

---

23 Mit kritischer Perspektive auf diese Chronologien vgl. Schmidt, Bettler, S. 55–79.
24 Zur Zurichtung vgl. Duden, Geschichte. Im Hintergrund steht hier Foucault, Überwachen, bei dem sich Passagen zum Körper als passive Zielscheibe der Macht, aber auch als Anknüpfungspunkt für Widerstand finden lassen, vgl. auch Foucault, Wille, S. 180f.
25 Zu diesen Chronologien vgl. Nolte, Handbuch.
26 Metzler, Disability, S. 11–20.
27 Schmidt, Behinderung.
28 Vgl. Nolte, Handbuch, S. 34 und Schmidt, Behinderung.
29 Zum sozialen Modell vgl. Metzler, Disability. Ein Überblick auch bei Schmidt, Behinderung.

hervorgerufen, die auch diesen Bereich als untrennbar mit kulturellen Konstruktionsprozessen verwoben sieht.[30] In Abgrenzung zu diesen zum Teil auch politisch aufgeladenen Diskussionen hat Patrick Schmidt für einen theoretischen und methodischen Pluralismus plädiert.[31] So gewinnbringend die Auseinandersetzung um verschiedene Modelle der Behinderung auch war, erscheint mir ebenso für das hier zu behandelnde, empirisch kaum erforschte Feld eine konzeptionelle Offenheit entscheidend.[32]

Ein Vorteil der in dieser Studie untersuchten Quellen liegt darin, dass dort Begriffe verwendet und reflektiert werden, die den gebrechlichen Körper explizit thematisieren *(defectus corporis)*.[33] Der in der vorliegenden Arbeit gewählte Sammelbegriff der Gebrechen stützt sich auf diesen Rechts- und Quellenbegriff.[34] Die untersuchten ›Defekte‹ umfassen, so wird sich zeigen, ein mit modernen Begrifflichkeiten von Behinderung kaum zur Deckung zu bringendes Feld von Körperzuständen.[35] Damit soll nicht behauptet werden, dass jegliches Vorverständnis von Körpergebrechen zugunsten eines historischen Rechtsbegriffes abgelegt werden kann. Anstatt aber nach der Entstehung oder Absenz eines modernen Begriffs von Disability zu fragen, sollte die Differenz zwischen heutiger und frühneuzeitlicher Perspektive produktiv gemacht werden. Anstatt bestimmte Aspekte von vornherein auszublenden, lässt sich fragen, warum für den neuzeitlichen Kleriker die jeweiligen Körperphänomene als Gebrechen zählten.

Neben der Körpergeschichte ist die Geschichte von Kirche und Klerus als zweiter primärer Forschungskontext für diese Untersuchung zu nennen. Dieses Feld kann nach dem Gesagten nun schon auf körpergeschichtliche Fragestellungen befragt werden, denn die Kulturgeschichte des Körpers ist bereits produktive Verbindungen mit der Geschichte des Christentums und der katholischen Kirche eingegangen. So hat Peter Brown in seiner Pionierstudie Vorstellungen von Sexualität und Körperkontrolle im spätantiken

---

30 Tremain, Government, besonders S. 620f.

31 Schmidt, *Bettler*, S. 96–102.

32 So formuliert Singer: »let's indeed take the distinction between impairment and disability off the table, and while we're at it, let's worry less about defining disability, too.« Singer, Disability, 137.

33 Zur rechtlichen Begrifflichkeit genauer unten Kap. 1.1.

34 Insofern erscheint eine Ablösung des Gegenstandes Disability vom Begriff des Körpers bei diesem Thema heuristisch wenig zielführend; vgl. das Plädoyer von Frohne, Infirmitas.

35 Vgl. auch Deutsch/Nussbaum, *Defects*. Ausgeklammert wird konsequenterweise das Thema der geistigen ›Defekte‹ *(ex defectu animi)*, insofern es zeitgenössisch stark von den Körpergebrechen abgegrenzt wurde. Dass aus heutiger Sicht etwa Besessenheit durchaus ein Thema für die Körper- oder Medizingeschichte ist, bleibt unbenommen.

Christentum und besonders im Klerus herausgearbeitet.[36] Caroline Walker
Bynum hat die Bedeutung von Körper und Geschlecht in Frömmigkeits-
praktiken wie Fasten und im Diskurs über die Auferstehung gerade für das
Mittelalter beleuchtet.[37] Die vorliegende Arbeit schließt an die von Bynum
betonte Bedeutung der materiellen Dimension von Körperlichkeit an – insofern es nicht nur um rein metaphorische oder spirituelle Deutungen gehen
soll.[38]

Christliche Vorstellungen vom Körper werden in der Forschung zu unterschiedlichen Epochen als zutiefst ambivalent gekennzeichnet. So wurde
für das spätantike Christentum einerseits eine neue, positive Wertung des
leidenden Körpers und eine intensive Fürsorge konstatiert, andererseits die
Vorstellung von Körperlichkeit als defizitär und von Leiden als Zeichen der
religiös verstandenen Schwäche ausgemacht.[39] Jacques Le Goff und Nicolas
Truong gehen in ihrer Geschichte des Körpers im Mittelalter von einem
christlichen Widerspruch zwischen Leibfeindlichkeit und Glorifizierung,
zwischen Verurteilung und Verehrung des Körpers aus.[40] Körpergebrechen
fügen sich nicht gut in diese Leitdifferenz ein: Ist der Ausschluss gebrechlicher Körper leibfeindlich oder vielmehr eine Glorifizierung des makellosen
Körpers? Zudem gilt es nicht zuletzt zu fragen, inwiefern sich überhaupt
übergeordnete Vorstellungen oder – mit Richard Sennett – ein »master
image« des Körpers für den frühneuzeitlichen Katholizismus ausmachen
lassen.[41] Die bereits genannte Carolin Walker Bynum hat darauf hingewiesen, dass es die Varianz von Körpervorstellungen auch innerhalb einer Gemeinschaft – wie der katholischen Kirche – zu beachten gilt.[42]

Neben historischen Arbeiten liegen zahlreiche Studien vor, die sich mit
dem Komplex Körper beziehungsweise Behinderung und Religion oder Kirche aus theologischer, bibel- oder liturgiewissenschaftlicher Perspektive aus-
einandersetzen. Der Liturgiewissenschaftler Frank Senn etwa beschreibt die
überragende Bedeutung des Körpers für die Durchführung von Gottes-
diensten.[43] Die Ausführungen zur irreduziblen Körperlichkeit und Bedeutung einzelner Sinneswahrnehmungen und Gesten in der Liturgie sind als

---

36 Brown, *Body*.
37 Bynum, *Feast*; dies., *Resurrection*.
38 Zum Begriff Materialität in der Kulturgeschichte vgl. Füssel/Habermas, *Materialität*.
39 Vgl. den Sammelband Feichtinger/Seng, *Christen*.
40 Le Goff/Truong, *Geschichte*.
41 Vgl. Sennett, *Flesh*, S. 23.
42 Bynum, *Fuss*, S. 6.
43 Senn, *Liturgy*; Senn, *Body*.

Kontext hilfreich, interessieren sich aber kaum für die Einbettung in spezifische historische Kontexte. In der kritischen Theologie wird der Kirche vielfach die Vorstellung zugeschrieben, dass Gott den Menschen als *figura Christi* mit einem Körper geschaffen hat. Diese Konzeption habe zu einer negativen Haltung gegenüber körperlichen Abweichungen geführt.[44] Demgegenüber gelte es, die Versehrtheit des menschgewordenen Gottes in den Fokus zu rücken. Für das Thema der Körpergebrechen wäre im Anschluss an diese Fragestellungen die Hypothese zu prüfen, ob Exklusion dadurch legitimiert wurde, dass Priester an der Idealvorstellung eines körperlich perfekten (und männlichen) Christus gemessen wurden.

Die kirchen- und sozialgeschichtliche Forschung zum Klerus der Frühen Neuzeit konzentrierte sich bislang vor allem auf die Ideale und Anforderungen bezüglich Doktrin und Verhalten.[45] Dabei wird in der Regel nicht erwähnt, dass katholische Geistliche auch jenseits von Sexualität und Zölibat besonderen Ansprüchen an ihre Körperlichkeit unterlagen.[46] Allerdings wird für die Zeit nach dem Tridentinum der umfassende Versuch konstatiert, die Priesterschaft in eine professionelle Klasse mit bestimmten Gruppeneigenschaften zu transformieren.[47] In ihrem Abzielen auf die Seele, so Wietse de Boer, habe die gegenreformatorische Kirche auch eine Disziplinierung von Körper und Verhalten in Angriff genommen, etwa durch das neue Arrangement der Beichte.[48] Auch wenn Körpergebrechen nicht explizit erwähnt werden, könnte man diesem Bild folgend Priester als Körperteile der Kirche sehen, die ihrerseits ihren Körper disziplinieren müssten – abermals ein Denkmodell, auf das es die Quellen zu befragen gilt.

Das päpstliche Gnadenwesen als wichtiger Kontext des zu behandelnden Themas wurde vergleichsweise gut erforscht, wenngleich nicht die unten genauer vorzustellende Konzilskongregation. Die konkrete Verfahrenspra-

---

44 Senn, *Liturgy*, S. 2f. Klassisch aus Sicht der Disability Studies Nancy Eiesland zum »behinderten Gott« (Eiesland, *Gott*). Vgl. auch Iozzio, *Catholicism*, S. 115–135, die sich aber weitgehend auf den gegenwärtigen Katholizismus beschränkt.

45 Vgl. etwa Brambilla, *Ways*; Schorn-Schütte, *Priest*; Rosa, *Clero*, vor allem S. 53–88; Holzem, *Konfession*. Hahn, *Pfarrerideal*, S. XXI, nennt pastorale Tätigkeit, Spiritualität, theologischen Wissenstand und Lebensführung als Gegenstände von Normsetzung. Zur Selbsterhöhung vgl. Dürr, *Priesthood*.

46 Vgl. etwa den Band zur katholischen Konfessionalisierung von Reinhard, *Konfessionalisierung*. Zur Sexualität vgl. Flüchter, *Zölibat*.

47 Am Beispiel Mailands De Boer, *Conquest*, S. 42.

48 De Boer, *Conquest*, vor allem S. 84–125. Eine posttridentinische Disziplinierung des Gewissens betont auch Prosperi, *Tribunali*.

xis der katholischen Kirche gilt mittlerweile in verwaltungs- und kulturge-
schichtlicher Perspektive als zentraler Bestandteil des posttridentinischen
Katholizismus.[49] Die ältere Forschung behandelte gerade päpstliche Behörden wie die Konzilskongregation als ein Element zunehmender Rationalisierung und Modernisierung[50] und/oder des päpstlichen Zentralismus.[51] Vermehrt wird allerdings gefordert, die Prägung kirchlicher Prozesse vonseiten
der Gemeinden zu berücksichtigen.[52] Schon an dieser Stelle kann auf den
reaktiven Charakter der zentralen, römischen Behörde in Dispensverfahren
verwiesen werden.[53] Die vorliegende Arbeit hat die Erkenntnis der Justiz-
und Kriminalitätshistorie zu berücksichtigen, dass frühneuzeitliche, zentrale
Instanzen vor allem dann eingeschaltet wurden, wenn lokale Akteure
Interesse daran hatten – besonders im Zuge von Konflikten.[54] Das bedeutet
zunächst, dass es nicht um eine reguläre, vergleichsweise klar vorgegebene
Prüfung von Individuen oder Gruppen geht, wie sie etwa bei Visitationen
oder anlässlich der Priesterordination der Fall war. Damit rücken umso mehr
die Anlässe der einzelnen Verfahren und die lokalen Umstände in den Blick.
Mit Bezug auf die Justiznutzung geht es allerdings auch nicht darum, Körpergebrechen von vornherein lediglich als Vorwand für soziale Interessen,
Konflikte und Angriffe gegen Kleriker zu begreifen. Vielmehr soll gefragt
werden, wie genau der Körper in Konflikten jeweils zur Sprache kommt.

Nur wer Kleriker war oder werden wollte, wurde mit den spezifischen
körperlichen Anforderungen konfrontiert. Speziell für die Vormoderne
wurde in der Disability History vorgeschlagen, »dis/ability zunächst als ein
Phänomen zu untersuchen, das innerhalb bestimmter sozialer Gruppen hervorgebracht wurde«.[55] In diesem Sinne sollen mit der vorliegenden Studie
gruppenspezifische Konzepte und zugleich ein Vergleichspunkt zur Körperlichkeit von anderen Gruppen erarbeitet werden – etwa von religiösen Spezialisten anderer Konfessionen oder Religionen, aber auch von Diplomaten,

---

49 Emich/Wieland, Papstgeschichte.
50 Für Outram Evennett etwa stellen die Kardinalskongregationen den Beginn einer modernen Bürokratie dar; Evennett, *Spirit*, S. 108.
51 Vgl. Schulte, *Quellen*, S. 54–56; Parayre, *Congrégation*. Zur Zentralisierung auch Wassilowsky, Reform, besonders S. 151f.
52 McNamara, People. Zum Einfluss des Modells der Sozialdisziplinierung auf die Forschung
   zur posttridentinischen Kirche vgl. auch Ditchfield, *Cardinals*.
53 Vgl. Wiesner, Rezeption. Ich verwende die Begriffe zentral und lokal deskriptiv als synonym zu den Quellenbegriffen *in Urbe/Roma* und *in partibus*.
54 Vgl. Dinges, Justiznutzung.
55 Das Zitat bei Frohne, *Leben*, S. 47.

Amtsträgern, Soldaten, Herrschern oder Handwerkern.[56] Die katholische Kirche wird im Folgenden, obwohl es primär um Körper von Klerikern und Kleruskandidaten geht, nicht als geschlossenes System betrachtet, das gleichsam isolierte Personalpolitik betrieb. Stattdessen soll zentral nach dem Beitrag von Außenstehenden, von nicht-geistlichen Laien, insbesondere der jeweiligen Gemeinde, aber auch von medizinischen Experten, gefragt werden. Wenn in der Arbeit gezeigt werden kann, wie die soziale Formation »Klerus« auch über den Körper konstituiert wurde, bereichert das unser Verständnis einer der auch im Alltagsleben vieler Menschen zentralen Institutionen der Frühen Neuzeit.

Die Sensibilität für soziale Dimensionen von körperlicher Differenz macht es in meinen Augen notwendig, nicht von vornherein von einer Marginalität oder Exklusion der betrachteten Individuen auszugehen. So hat Saul Olyan mit Blick auf das Alte Testament argumentiert, dass Priester mit körperlichen Makeln zwar von bestimmten Ritualen ausgeschlossen, aber dennoch gegenüber Laien privilegiert waren.[57] Neben der Kleriker/Laien-Differenz sind andere soziale Kategorien wie Adel und Geschlecht in die Analyse einzubeziehen. Gerade die Frage nach Genderaspekten wird durch die in den Quellen häufig vorausgesetzte Männlichkeit der Kleriker keineswegs hinfällig. Nicht nur gehört Männlichkeit mittlerweile zum etablierten Fragenkatalog der Geschlechtergeschichte.[58] Auch wird in dieser Studie explizit der Zusammenhang des Themas Körpergebrechen mit der Geschlechtszugehörigkeit an Fällen von ambigem Geschlecht und gebrechlichen Frauen gezeigt. So muss hinterfragt werden, wie wichtig welche körperlichen und sozialen Differenzkategorien jeweils situativ waren und welche Verflechtungen sie eingingen.[59]

Die dargestellte kulturalistische Perspektive verspricht, so lässt sich resümieren, vor allem zwei Vorteile für die Erforschung der Körpergebrechen im Klerus. Erstens wird den Akteuren und der Praxis zentraler Raum gegeben. Normen aus kirchlichen Gesetzen und der Traktatliteratur erhielten

---

56 Auch für diese Gruppen liegen häufig nur Ansätze vor, etwa zum Handwerker Hahn, Emperor oder zum Herrscher De Baecque, *Body Politic*.

57 Siehe Olyan, *Rites*, S. 112, wo es heißt, »the blemished priest remains the superior of the whole nonpriest«.

58 Vgl. etwa Dinges, *Hausväter* und darin besonders den Aufsatz von Renate Dürr, *Selbstverständnis*.

59 Zur Perspektive der Intersektionalität in der Disability History vgl. Frohne, *Differenzierungsmerkmale*.

ihre Bedeutung für Kleriker und Gemeinden nur durch ihre Nutzung. Zweitens werden mit der Frage nach der Konstruktion von Gebrechen vermeintliche Selbstverständlichkeiten problematisiert. Allerdings wurde in der Kulturgeschichte des Körpers nicht nur das Thema der Körpergebrechen von Klerikern bislang kaum behandelt, sondern es bleibt unklar, welche in der Forschung angebotenen Formen der Bedeutungsaufladung des Körpers relevant waren. Ging es im Klerus um Analogien und die Betonung des perfekten Körpers als Symbol für die perfekte Kirche? War die Codierung von rein und unrein eine zentrale, handlungsleitende Ordnungsvorstellung? Finden sich Vorstellungen von Gebrechen als Strafe Gottes und dem imperfekten Körper als Spiegel von moralischer oder religiöser Verworfenheit?[60] Erst in der Analyse der Diskurse und Verfahren kann geklärt werden, ob diese Bedeutungszuschreibungen für das spezifische Thema der Körpergebrechen im Klerus wichtig waren.

Wenn im Folgenden nach dem Umgang mit dem Körper in einer der wichtigsten sozialen Gruppen der Frühen Neuzeit gefragt wird, gilt es drei breitere Themenkomplexe präsent zu halten. Diese lassen sich plakativ mit den Begriffen »Expansion«, »Empirie« und »Konfession« fassen und werden an ausgewählten Stellen in ihrem Zusammenhang mit dem Klerikerkörper geprüft.[61] Erstens wurde in der Erkundung und Eroberung anderer Weltregionen durch die Europäer das über Körper Bekannte auf die Probe gestellt.[62] Katholische Geistliche waren wichtige Akteure im Kontakt mit außereuropäischen Kulturen.[63] Zweitens findet sich für das 16. und 17. Jahrhundert das Narrativ, die empirische Beobachtung der Natur und des menschlichen Körpers habe einen Aufschwung erlebt.[64] Drittens wurde im konfessionellen Zeitalter die eigene Konfession genauer definiert – auch

60 Die konfessionsübergreifende Suche nach Zeichen spiritueller Differenz am Körper hebt etwa Charles Parker hervor (Parker, Bodies).

61 Zum Verhältnis großer Narrative der allgemeinen Geschichte und der Körpergeschichte vgl. Lorenz, *Vergangenheit*, S. 10.

62 Vgl. Earle, *Conquistador*; Davies, *Ethnography*.

63 Als Alternativen zu traditionellen Bezeichnungen wie Gegenreformation und katholischer Reform wurde vorgeschlagen, von »Catholic renewal as a chapter in global history« zu sprechen; vgl. Hsia, *Renewal*. Zur Globalgeschichte der katholischen Kirche vgl. Ditchfield, Reformation.

64 Zum Körper als Gegenstand gelehrten Wissensdrangs Wolfe/Gal, *Body*. Einen engen, wenn auch zeitlich vagen Zusammenhang des Umgangs mit Körpergebrechen und der »Wissenschaft« behaupten etwa Braddock/Parish, Disability, S. 13.

über Körperlichkeit, etwa in der Diskussion um Geschlechterrollen oder die Präsenz des Leibs Christi in der Eucharistie.[65] Das Quellenkorpus wird anhand der drei Leitperspektiven Semantik, Verfahren und Körperpraktiken in den Blick genommen, die in der Untersuchung kombiniert werden. In der ersten Perspektive werden die in den Quellen verwendeten Begriffe und deren Bedeutung rekonstruiert. Dabei wird geklärt, welche Arten von Körpergebrechen mit den verschiedenen Begriffen erfasst werden sollten und welche Kategorisierungen sich daraus ergaben. Die Begriffe waren Teil des kanonistischen Diskurses, wurden aber ebenso in der Rechtspraxis eingesetzt. Die Perspektive der Verfahren fokussiert auf diesen Entstehungskontext der Quellen und beleuchtet den Ablauf und die sozialen und politischen Funktionen administrativer Prozesse. Die Suppliken selbst sind nicht die einzigen Aussagen über den Körper, denn hinzu treten die Stimmen von kirchlichen Amtsträgern, Laien und medizinischen Experten. Wie sprachen die unterschiedlichen Akteure über den (eigenen) Körper im Verfahren? Wie wurde bei dieser Mehrstimmigkeit im rechtlichen Prozess Evidenz hergestellt? Welche rechtlichen, medizinischen oder populären Sichtweisen auf den Körper wurden dabei eingebracht, durchgesetzt oder bestritten? Die dritte Perspektive, die der Körperpraktiken, bringt zum Ausdruck, dass an Körpern auch im Handlungsvollzug und Umgang mit Objekten, besonders auch kosmetisch und chirurgisch, gearbeitet wurde.[66] Der Körper ist dabei nicht lediglich ein passives Objekt, sondern entzieht sich als »eigensinniger Akteur« immer wieder der Kontrollierbarkeit.[67] Dabei geht es nicht nur um die Markierung von außergewöhnlicher Differenz, sondern die Quellen werden darüber hinaus auf Einblicke in alltägliche Körperpraktiken bei religiösen Zentralereignissen wie der Eucharistie befragt.

---

65 Zum Körper in der Eucharistie vgl. Wandel, *Eucharist.* Zur Frage nach der Rolle des Körpers als Teil eines Fragenkatalogs, mit dem Konfessionskulturen untersuchen werden können, vgl. Emich, Konfession, S. 386.

66 Der Fokus auf Praktiken erscheint dabei geeigneter als die Suche nach dem Körper als »Quelle subjektiver Erfahrung« (Waldschmidt, *Disability*, S. 24), bei der stärkere Annahmen über Innerlichkeit getroffen werden müssen. Zu sozialen Praktiken vgl. Reckwitz, Grundelemente, hier besonders S. 295f.

67 Waldschmidt, *Disability*, S. 24. Vgl. auch Stolberg, *Homo*, S. 20. Insgesamt wird in der Körpergeschichte häufig eine vermittelnde Position eingenommen, die weder Konstruktionsprozesse noch eine Materialität von Körperpraktiken verneint und von der auch diese Studie ausgeht. Grundlegend aus Sicht der Medizingeschichte hier Stolberg, *Homo*, S. 12–21. Vgl. auch Nolte, *Handbuch*, S. 44.

Die Studie gliedert sich in vier Teile. Ein erster Teil stellt die Quellen sowie die rechtlichen und institutionellen Grundlagen genauer vor. Hier wird das Phänomen auch historisch verortet, indem die frühneuzeitliche Genealogie von Körpergebrechen skizziert wird. Die drei folgenden Hauptteile konzentrieren sich auf die Aspekte von »Können«, »Erscheinung« und »Medizin« und stellen jeweils unterschiedliche Akteure als Beobachter von Körpergebrechen ins Zentrum. Der zweite Teil widmet sich der Zuschreibung von physischem Können und geht der begrifflichen, administrativen und praktischen Einordnung von »fähig/unfähig« nach. Als zentrale Beobachter stellen sich dabei kirchliche Experten heraus.

Im dritten Teil steht mit dem *scandalum* die moralische, soziale und politische Dimension von Körpergebrechen im Fokus. Zunächst wird gefragt, ob von Körpergebrechen auf die innere Verfasstheit von Personen geschlossen wurde. Anschließend wird die Rolle der Gemeinde als Beobachter herausgearbeitet, bevor dann Praktiken des Verbergens behandelt werden. Dabei zeigt sich, dass die Außenwahrnehmung ein wichtiger, eigenständiger Faktor im kirchlichen Denken und Verwalten war.

Im vierten Kapitel wird nach der Rolle medizinischen Wissens und der Autorisierung von medizinischen Experten gefragt. Dabei werde ich argumentieren, dass der Schwerpunkt der Mediziner auf einer essentiellen, körperlichen Wahrheit lag, die sich deutlich von den anderen Perspektiven abgrenzen lässt. Inhaltlich untersucht das Kapitel die Bedeutung medizinscher Experten am Beispiel von Fällen von Epilepsie, verborgenen Krankheiten wie *morbus gallicus* und von uneindeutigem Geschlecht. Am Ende werden diese analytisch getrennten Aspekte wieder zusammengeführt und Kernelemente von Konzeptualisierung sowie administrativem und praktischem Umgang mit Körpergebrechen herausgestellt.

1. Körpergebrechen. Rechtliche und diskursive Grundlagen

.

1.1 Akteure, Quellen und Verfahren im Überblick

Das Ziel dieses Kapitels ist es, die verwaltungs- und diskursgeschichtlichen Rahmenbedingungen für den Umgang mit Körpergebrechen zu klaren. Deshalb werden zunächst die Behörde der Konzilskongregation, rechtliche Kernbegriffe und die Quellen vorgestellt. Danach wird eine Genealogie der Rechtsnormen aus der Perspektive der frühneuzeitlichen Autoren skizziert.

Die 1564 entstandene Konzilskongregation war Teil der in hohem Maße ausdifferenzierten »Gnadenmaschine Papsttum«.[1] Katholische Kleriker und Laien erhofften sich in verschiedenen Lebensbereichen eine Gnade vom Heiligen Stuhl als *fonte di gratia* – unter anderem Dispense bei Körpergebrechen.[2] Die Konzilskongregation *(Sacra Congregatio Concilii)* reagierte auf Anliegen aus der gesamten katholischen Welt, die sie direkt von Supplikanten, dem zuständigen Bischof und zum Teil vermittelt über andere kuriale Institutionen zum Votum erhielt.[3] Eine genaue historische Untersuchung der Entscheidungsprozesse der Behörde steht noch aus.[4] Der Geschäftsgang wird hier nur skizziert, soweit dies für die vorliegende Untersuchung notwendig ist.[5]

---

[1] Emich, Gnadenmaschine, S. 325–347. Zu den Einnahmen Roms durch Dispense vgl. knapp Reinhard, Papstfinanz, hier S. 339f. und die Graphiken auf 358f.

[2] Die Formulierung etwa in Theatina, 10.07.1678, Pos (Sess.), 374r. Vgl. zum Begriff auch Salonen/Schmugge, *Well of Grace.* Zur Dispens als Ausnahme vgl. das Themenheft von Vallerani, *Sistemi.*

[3] »Ex toto Orbe christiano«, schreibt Gallemart, *Decisiones*, S. 7.

[4] Zum Forschungsdesiderat schreiben d'Avrey/Walworth, Council, S. 189: »The infrastructure of the Congregation – the administration and system of consultation underpinning it – clearly needs further investigation.« Zur vergleichsweise geringen Erforschung vgl. auch Wassilowsky, Reform.

[5] Moderne Forschungen stützen sich zum Teil noch auf Bangens hilfreiche Beobachtungen aus der Mitte des 19. Jahrhunderts, die das Verfahren zu seiner eigenen Zeit betreffen. Bangen, *Curie.* Zum Wert der Arbeit Bangens siehe d'Avrey, *Rationalities.* Hilfreich sind darüber hinaus Schutte, *Force* sowie Hinweise bei Del Re, *Curia*, S. 161–173 und Wiesner, Rezeption.

Die wichtigsten Personen der Kongregation waren der Kardinalpräfekt und ihr Sekretär.[6] Die Behörde tagte meist alle zwei oder drei Wochen. Laut einem Erlass von 1731 sollten Bittsteller ihre Gesuche spätestens am Montag vor der Sitzung dem Sekretär überreichen, der mit den Mitarbeitern die Angelegenheit für die Kardinäle aufbereitete.[7] Teilnehmer der Konzilskongregations-Sitzungen waren in der Regel etwa zehn Kardinäle, als Tagungsort wird meistens der Quirinal, teilweise auch der Vatikan angegeben.[8] Laut dem Juristen und Kardinal Giovanni Battista de Luca (1614–1683) erhielt nur der Präfekt der Kongregation vom Heiligen Stuhl eine Kompensation von hundert *scuta auri* als Anerkennung seiner Arbeit, aus denen er dem Sekretär und Schreibern etwas zuteilte.[9] In den 1680er Jahren finden sich bereits vermehrt gedruckte Dokumente, insbesondere die sogenannten *folia*, die wohl vor der Sitzung an die Kardinäle verteilt wurden.[10]

Mit Gesuchen, die Körpergebrechen betrafen, befasste sich die Kongregation von 1580 bis 1720 in mehr als 500 Fällen. Bevor ich erkläre, was mit einem Fall gemeint ist, sei kurz auf diesen Zeitraum eingegangen. Der Beginn um 1580 rechtfertigt sich pragmatisch durch das Einsetzen der Überlieferung ab diesem Zeitpunkt.[11] Für die Zeit vor 1650 ließen sich vier Fälle ausfindig machen (1584, 1615, 1642, 1645), in den 1650er Jahren fünf, den 1660er Jahren acht und den 1670er Jahren 13. Ab den 1680er Jahren wird die Zahl der Fälle signifikant größer. Als Endpunkt des Quellensamples wurden mit circa 1720 der Abtritt des vermutlich bekanntesten Sekretärs der Konzilskongregation, Prospero Lambertini, später Papst Benedikt XIV., und zugleich der Beginn der gedruckt vorliegenden Thesaurus-Entscheidungen

---

6 Zum Personal vgl. den Band zum 400-jährigen Bestehen *La Sacra Congregazione del Concilio.* Wegen der Konzentration auf ein thematisches Feld, die Körpergebrechen, werden Einzelpersonen der Institution, mit Ausnahmen wie Benedikt XIV./Prospero Lambertini, in der vorliegenden Studie nicht separat besprochen.

7 Vgl. Bangen, *Curie,* S. 501.

8 Diese Informationen finden sich in den *Libri Decretorum* am Beginn der Sitzungen.

9 De Luca, *Theatrum,* Bd. 15, hier S. 270

10 Für Entscheidung ab 1708 finden sich ausgewählte *folia* in der Serie *Folia Sacrae Congregationis Concilii.* Einzelne Fälle sind ab 1718 im *Thesaurus* verzeichnet. Neben *Folia* oder Zusammenfassungen von Fällen finden sich auch Sammlungen, etwa *Causae Selectae.*

11 Die Gründe für die Entwicklung können teilweise in der Zunahme der Gesamtzahl von Gesuchen gesehen werden, sind allerdings auch themenspezifisch, da etwa Fälle von *homicidium* (zu Sess 14 C 7 de ref. des Tridentinums) praktisch seit dem Beginn der Konzilskongregation stark vertreten sind.

gewählt.[12] Auf Fälle außerhalb dieser Zeitspanne wird nur vereinzelt eingegangen, etwa wenn sich – wie beim Umgang mit Prothesen – bestimmte Entwicklungen prägnant benennen lassen.

Ein archivalischer Fall besteht fast immer aus mindestens drei Elementen.[13] Erstens der Supplik selbst, die das Anliegen des Supplikanten *(Orator)* in der Regel in der dritten Person darstellt,[14] zweitens der *informatio* des Bischofs und drittens der Entscheidung der Konzilskongregation.[15] Auf lokaler oder römischer Ebene finden sich zudem häufig zusätzliche Dokumente, insbesondere Zeugenaussagen aus dem Informativprozess, kanonistische Erörterungen oder medizinische Gutachten. Entsprechend unterschiedlich ist der Umfang der Überlieferung von Fall zu Fall. Er kann von zwei Folioseiten mit der Entscheidung der Konzilskongregation auf der Rückseite der Supplik bis zu Hunderten von Folioseiten reichen.[16] Eine Zusammenfassung des Falls findet sich dabei jeweils in den *Libri Decretorum*, die Supplik und alle weiteren administrativen Dokumente dagegen in den *Positiones*. Bis zum Jahr 1681 strukturierten die Dekrete des Konzils von Trient die Sammlung der *Positiones* in der Kongregation. Sitzung und Dekrete finden sich auf dem Einband. Ab 1681 wurden die Fälle einer oder mehrerer Sitzungen zusammengebunden, also nicht mehr thematisch, sondern chronologisch geordnet.[17] Diese Vorgehensweise führte zu häufig meterhohen Bänden mit

---

12 Vgl. dazu Bosch, *Thesaurus*.

13 Die deutschen Übersetzungen aus den Traktaten und den Dokumenten der Konzilskongregation im Text stammen, wenn nicht anders gekennzeichnet, von mir. Wenn die Namen der Supplikanten in der jeweiligen Landessprache auftauchen, habe ich diese verwendet, ansonsten das Lateinische belassen.

14 Der Rolle von Advokaten bei der Formulierung der Gesuche und weiterer Dokumente wird in dieser Untersuchung nicht vertieft nachgegangen. Wenn Argumente aus einem Schriftstück angeführt werden, das die Unterschrift eines Advokaten trägt, wird es explizit vermerkt. Zu Advokaten vgl. Schutte, *Force*, S. 89–130 und zur Quellenproblematik allgemein Davis, *Fiction*, S. 16f.

15 Im Folgenden zur besseren Lesbarkeit auch Information des Bischofs.

16 Weitere, vielversprechende Quellenbestände harren noch einer Untersuchung mit Blick auf die Körpergeschichte des Klerus: die *Congregatio episcoporum et regularium* und die Pönitentiarie, welche für die Frühe Neuzeit kaum erforscht ist. Des Weiteren wäre nach der Rolle von Körpergebrechen in Visitationsprotokollen oder in Verfahren für die Besetzung von Bistümern zu fragen.

17 Die Bände wurden zu dieser Zeit wohl beim jeweiligen Präfekten aufbewahrt. So schreibt Lambertini als Sekretär der Konzilskongregation 1733: »In antiquo volumine Decretorum Sacrae Congregationis, quod extebat in Bibliotheca Cardinalis Panciatichi olim hujus Sacrae Congregationis Praefecti, reperitur illud, quod infra exscribetur«; Pampilonensis, 28.03.1733, *Folia Sacrae Congregationis* 1733.

Tausenden unpaginierten Folioseiten. Weil das Material im jeweiligen Band in der Regel alphabetisch nach Diözesen geordnet ist, ist die Angabe der Diözese essentiell und in Kombination mit Datum und *Positio* der einzige Weg, um den Fall zu finden.[18] Lokale Informativprozesse besaßen im Gnadenwesen eine wichtige Funktion, da die Geltungskraft der Dispens an die Wahrheit des in der Supplik Dargestellten geknüpft wurde. Diese musste formal *und* inhaltlich korrekt sein, damit der geforderte Gnadenerweis wirksam war. Letzteres war, da die Supplikanten in der Regel nicht in Rom waren, nur vor Ort zu überprüfen. Wenn die Kongregation den Bischof aufforderte, er solle über die Wahrheit einer Supplikation berichten, wurde darauf mit einer Information geantwortet, in welcher der Sachverhalt geschildert und zu dessen Wahrheitsgehalt Stellung genommen wurde. Erst dann erging das Votum der Konzilskongregation; Begutachtung vor Ort und zentrale Entscheidung waren also räumlich und institutionell entkoppelt, aber im Verfahren verknüpft.

Diese Art der Informationseinholung lässt sich von einer administrativ weniger aufwendigen, etwa in der mittelalterlichen Pönitentiarie praktizierten Form abgrenzen, bei der die Dokumentation der lokalen Überprüfung in aller Regel nicht nochmals an das Zentrum zurückgeschickt wurde.[19] Die Vorgehensweise der Konzilskongregation hatte direkte Auswirkungen auf die Überlieferung und Dichte der Quellen, die Einblicke in die lokal produzierte Dokumentation des Falles erlauben.[20] Wenn etwa einem Bittsteller nicht, wie in der Supplik beschrieben, ein Finger, sondern die ganze Hand fehlte, dann erfuhr die Konzilskongregation in aller Regel davon – und zwar vor ihrer Entscheidung.[21] Die Prämierung von Genauigkeit bezog sich auch auf andere Aspekte der Fälle. Eine Supplik aus der Diözese Trier sprach vom fehlenden Indexfinger eines Bittstellers, den dieser »von Geburt, wegen einer Krankheit oder sonstigen Gründen« verloren habe.[22] Wichtig, so die

---

18 Die Diözesen wurden von den Akteuren zum Teil abgekürzt. Das gesamte Material wurde häufig demjenigen Band hinzugefügt, in dem sich die letzte Entscheidung der Kongregation findet. Einige Fälle sind fragmentarisch und viele Dokumente unsigniert und ohne Datum. Wo möglich, werde ich im Fließtext oder in der Fußnote auf den Verfasser hinweisen.

19 Zur Institution siehe Salonen/Schmugge, *Well of Grace*, zum Verfahren besonders S. 69–83.

20 Selbstverständlich stellen diese Aussagen wiederum den Blick der Urheber, insbesondere der Bischöfe, dar. Zum Abgleich von Quellen der Pönitentiarie mit lokalen Zeugnissen vgl. Rutz, Werkstattbericht.

21 Augustana, 23.11.1771, Pos 1168.

22 Trevirensis, 26.11.1701, Pos 223.

implizite Annahme der Supplik, sei neben der Nennung des Fingers lediglich die Schuldlosigkeit des Antragsstellers an der Verletzung. Die Konzilskongregation begnügte sich jedoch nicht mit diesen Angaben, sondern ließ sich die episkopale Information mit weiteren Details zusenden. So wurden in Rom das genaue Aussehen der Wunde, der verbliebenen Narbe und die Fähigkeit, mit den verbleibenden Fingern umzugehen, bekannt, aber ebenso der Grund des Verlustes (offenbar eine Krankheit). Diese Angaben gingen in die Entscheidung und die Zusammenfassung des Falles in den *Libri Decretorum* ein.[23] Damit ist nicht gesagt, dass die Informationen nach Rom wahr und gleichsam nicht gefiltert waren. Konditionale Formeln der Wahrheit des Sachverhalts wurden weiterhin in die Dispense eingebaut, denn auch mit dem Bericht des Bischofs waren ja Fehler und Falschaussagen nicht ausgeschlossen. In der Verfahrensweise der Konzilskongregation lässt sich jedenfalls eine Intensivierung der Informationseinholung beobachten.

Das Konzil von Trient findet sich nicht nur im Namen der Konzilskongregation, sondern durchzieht auch die gesamte Entscheidungspraxis der Kongregation und deren Dokumentation. In aller Regel wurden Fälle, die an die Kongregation gelangten, einer *Sessio* und einem *Caput* des Konzils zugeordnet.[24] Die Zuordnung kann in manchen Fällen als durchaus kreativ bezeichnet werden: Der Fall eines blinden Laien ist etwa dem Kapitel zugeordnet, das Grundkenntnisse im Glauben sowie Lese- und Schreibfähigkeit für die Aufnahme in den geistlichen Stand voraussetzt, womit aber eher Analphabetismus und nicht Blindheit gemeint war.[25] Von Irregularitäten direkt handeln im Tridentinum Sitzung 14 Kanon 7 und Sitzung 24 Kanon 6, beide allerdings mit Bezug auf Delikte, insbesondere Mord. Dennoch wurden Körper-Irregularitäten häufig Sitzung 24 Kanon 6 zugeordnet, zum Teil auch dem Dekret über die Messfeier.[26] Aus der Entscheidungspraxis in den ersten Jahrzehnten nach dem Konzil von Trient lässt sich entnehmen,

---

23 Laudensis, 14.11.1693, LD 51, 533r
24 Im Folgenden zitiert als Sess und C mit der jeweiligen Ziffer und de ref für Reformationsdekrete. Die ergänzende Zuordnung eines Falles von Epilepsie zum Decretum Gratiani ist eine Ausnahme (Tudertina Ordinationis, 19.07.1704. LD 53, 443v).
25 Sess 23 C 4 de ref. Zu dieser Forderung nach Kandidaten, die »im Lesen und Schreiben hinlänglich unterrichtet« sind, Silbernagl, *Lehrbuch*, S. 139.
26 Die Supplik eines, laut eigener Aussage, von Calvinisten an Nase und Ohren verschnittenen Pfarrers wurde dagegen mit den Fällen von *homicidium* der Sessio 14 Canon 7 zugeordnet. Die thematische Ordnung nach den Konzilssessionen, die Wassilowsky als »sehr forschungsfreundlich« bezeichnet, wird damit für das Thema der Körpergebrechen zur Herausforderung (Wassilowsky, Reform, S. 148).

dass die Konzilskongregation zu Fragen von *ex-defectu*-Irregularitäten befragt wurde, die aber nicht durch Auslegung der Konzilsbeschlüsse beantwortet werden konnten. Noch in den 1620er Jahren wurde eine fehlende direkte Zuständigkeit geltend gemacht – die Anfrage dann aber dennoch beantwortet oder jedenfalls rechtlich erörtert.[27] In der Folge finden sich in der administrativen Routine keine Hinweise mehr auf eine Sonderrolle der *ex-defectu*-Fälle. Die Kongregation hatte diesen Themenbereich – ohne die alleinige Kompetenz zu besitzen – sukzessive in ihren Aufgabenbereich absorbiert.

Betrachtet man die Suppliken und Supplikanten genauer, stellt sich die Frage, wie die genannte Zahl von über 500 Fällen einzuordnen ist und woher die Gesuche geographisch kamen.[28] Quantitative Aussagen sind hochproblematisch, da verschiedene andere Behörden ebenfalls solche Gesuche behandelten.[29] In der Konzilskongregation thematisierte nur eine relativ geringe Zahl von Gesuchen Körpergebrechen, sie beschäftigten die Behördenmitglieder aber regelmäßig. Entscheidend ist in meinen Augen ohnehin nicht die Quantität, sondern die einzigartige Qualität der Quellen, die Einblicke in Vorstellungen verschiedener Akteure von Körpergebrechen erlauben.

In der regionalen Verteilung sind im Vergleich zur mittelalterlichen Pönitentiarie einige Veränderungen zu beobachten. So tauchen nun überwiegend protestantische Gebiete wie Skandinavien und die Britischen Inseln nicht mehr auf. Beobachten lässt sich bei den hier behandelten Gesuchen dagegen nun eine noch stärkere Rolle Italiens (etwa 65 Prozent im Untersuchungszeitraum dieser Studie).[30] Die übrigen 35 Prozent stammen vor allem

---

27 In Vercellensis, 03.02.1629, Pos 121,1145r geht es in einem *ex-defectu*-Fall genau um diese Lücke:»Concilium Tridentinum in can. 6 sess. 24 de ref. non disponit nisi de irregularitatibus provenientibus ex delicto«. Deshalb sei man hier auf das *ius commune* verwiesen und der Fall bei der Konzilskongregation im Grunde falsch (»Quare decisio huius dubii petenda est ex dispositione iuris communis, et ideo etiam minus proprie videtur pertinere ad cognitionem Sacrae Congregationis«).

28 So auch Schutte, *Force* für Nullitätsverfahren, S. 11. Die Monographie von Schutte stützt sich auf 978 Fälle zwischen 1668 und 1793. Zur Pönitentiarie im Mittelalter vgl. Hanska/Salonen, *Career*, S. 115.

29 Insbesondere die Datarie; vgl. Bangen, *Curie*, S. 400. Einige Suppliken aus der Konzilskongregation weisen den Vermerkt»Supplicatio per Dataria remissa« auf, etwa Bisuntina, 17.11.1696, Pos 169. Zur Frage der Kompetenzabgrenzung kann der Fall eines Supplikanten von 1702 einen Eindruck vermitteln, dessen Angelegenheit»ad septem Curiae Romanae Tribunalia« vorgebracht wurde (Taurinensis, 18.11.1702, Pos 239).

30 Die geographischen Begriffe sind problematisch, aber für eine grobe Einordnung geeignet; vgl. auch Hanska/Salonen, *Career*, S. 107.

aus Spanien und Portugal inklusive der überseeischen Territorien, Frankreich und, in geringerem Maße, aus dem Heiligen Römischen Reich sowie aus Ost- und Ostmitteleuropa. Die Kommunikation über größere Distanz kam durchaus vor. Bei geographischer und personeller Nähe, gerade im Kirchenstaat, wurde das Einschalten der römischen Behörde aber wahrscheinlicher. Umgekehrt wurden offenbar die Angelegenheiten von außerhalb Italiens eher vor Ort oder im eigenen Herrschaftsgebiet gelöst. Wie lassen sich die Supplikanten und ihre Ziele genauer kennzeichnen?

Am Beginn jedes Verfahrens lag eine Identifikation: Der Supplikant musste Aussagen über sich selbst machen, bevor er seine Bitte vorbringen durfte – im vorliegenden Kontext also auch seinen Körper beschreiben.[31] Zwischen die Nennung von Namen, Stand und Herkunft und die Beschreibung des Körpers trat meistens ein Bericht über den Ursprung des Gebrechens. Wichtig war es hier, die Abwesenheit von Schuld oder verbotener Aktivität zu behaupten, was häufig knapp und formelhaft geschah, zum Teil aber auch in längeren Ausführungen – etwa wenn es um die Zulässigkeit bestimmter Typen der Jagd für Kleriker ging.[32] Dieser Teil der Supplik erlaubt interessante Einblicke in die Beschreibung einer häufig gefährlichen und gewaltsamen Welt, steht aber im Folgenden nicht im Zentrum.[33] Vielmehr wird die Beschreibung des aktuellen Körperzustands in den Fokus genommen. Man muss sich dabei bewusst sein, dass die Quellengattung der Suppliken zielgerichtet und insofern auch der Körper Gegenstand einer »fiction in the archive« ist.[34] Der Leser ist mit einem rechtlich geformten Narrativ konfrontiert, in dem über gebrechliche Körper, etwa seit der Geburt oder durch einen Unfall, berichtet wird.[35] Die Verpflichtung auf Wahrheit war zwar insofern gegeben, als positive Antworten nur galten, wenn das Erzählte wahr war. Es wäre aber naiv zu glauben, dass Falschaussagen nur wegen dieser

---

31 Zur Identifikation als Forschungsfeld vgl. Groebner, *Schein*. Zur Identifikation im Kontext der Disability Studies vgl. Tremain, Government, S. 635. In einigen wenigen Fällen wurden Suppliken anonymisiert und mit N.N. gekennzeichnet. Die Konzilskongregation forderte zum Teil die Aufdeckung des Namens ein. Dies zeigt die Zurücksendung einer anonymen Supplik 1645 mit dem Kommentar:»Expresso nomine et qualitatibus oratoris saltem Eminentissimo Cardinali Praefecto, dabitur responsio«, Pos (Sess.) 32, 569r.

32 Die Trennung von erlaubter, ruhiger und unerlaubter, lärmender Jagd in Gerundensis, 24.05.1788 Pos 1431. Die Frage nach der Schuld wird im Folgenden vernachlässigt, denn sie verschiebt den Fokus von *ex defectu* hin zu einer *ex delicto*-Irregularität und wird in der Praxis fast nur bei Kastration genauer diskutiert wird (siehe unten Kap. 4.3).

33 Anders die Herangehensweise von Esch, *Geschichten*.

34 Davis, *Fiction*.

35 Vgl. Davis, *Fiction*, S. 114.

Klausel ausgeschlossen waren.[36] Dennoch lassen sich sehr gut Logiken des Umgangs mit Körpergebrechen aus den Quellen erschließen.

Die vorliegende Untersuchung beschränkt sich auf Fälle, in denen der Körper im Zusammenhang mit dem klerikalen Status verhandelt wird. Daneben findet sich eine sehr große Zahl von Gesuchen, die für den Komplex Gesundheit von hoher Bedeutung sind, aber nicht rechtlich den Klerikerstatus betreffen. Diese haben häufig eine andere Zielrichtung, sie wollen also gerade eine bestimmte Form von Krankheit oder temporäre Einschränkungen belegen, etwa um von bestimmten Aufgaben befreit zu werden oder einen Orden zu verlassen. In den von mir herangezogenen Quellen richtet sich das Interesse des Supplikanten dagegen darauf, Kleriker zu bleiben oder zu werden. Der beschriebene Körperzustand wird dabei als eine Gefahr für den geistlichen Status wahrgenommen. Ganz überwiegend findet sich deshalb der Versuch einer narrativen Relativierung von Einschränkungen, die als tendenziell weniger schwer oder auffällig dargestellt wurden.

Für eine genauere Beschreibung der Zielsetzung von Suppliken bietet sich die analytische Unterscheidung von rechtlichen, ökonomischen und sozialen Zielen an. Rechtlich ging es überwiegend um die Dispens von einer sogenannten *irregularitas ex defectu corporis*. Neben der Irregularität wird zum Teil auch ein breiteres Spektrum an Zielen und Begriffen einbezogen – etwa Fälle der Nullität von Ordensweihen, deren Spezifika an gegebener Stelle unten ausgeführt werden.[37] Bezüglich des Kernbegriffs der Irregularität ist der negative Bezug auf *regula* eindeutig, wobei in der Forschung umstritten ist, welche Regel oder Norm damit genau gemeint ist.[38] Autoren trennten nach Irregularität *ex defectu* und *ex delicto*, wobei letzteren eine schuldhafte Handlung zugrunde lag.[39] Irregularität kann für die Frühe Neuzeit ohne großen Bedeutungsverlust mit Weihehindernis übersetzt werden und verhinderte den Empfang der Weihe oder die Ausübung bereits empfangener Weihestufen.[40]

In den Quellen geht es überwiegend – wenn auch nicht ausschließlich – um das Priestertum, also die höchste katholische Weihestufe. Ein wichtiger

---

36 Aus der Existenz der Wahrheits-Klausel folgert Bangen emphatisch: »Betrug ist von vornherein nicht gedenkbar« (Bangen, *Curie*, S. 507, Anm. 1).

37 Siehe unten Kap. 4.2.

38 Gillmann, Irregularitas, S. 49–86.

39 Oesterlé, Irrégularités.

40 Zur Diskussion, ob dies bereits für die *prima tonsura* gilt, für die Auffächerung nach Weihestufen und zur modernen Differenzierung von Weihehindernis und Irregularität, vgl. Gasparri, *Ordinatione*, S. 156.

Grund für diese Verteilung liegt in den besseren Erfolgsaussichten eines bereits Geweihten. Es war einfacher, auf der Leiter der kirchlichen Hierarchie an der erreichten Sprosse zu verbleiben oder aufzusteigen, als diese Karriere als Laie erst zu beginnen. Eine Irregularität verhinderte zudem zwar die Ausübung klerikaler Aufgaben (und ließ gegebenenfalls damit verbundene Einnahmen versiegen), der Charakter der Weihe blieb aber erhalten. Die Person war also weiterhin, wenn auch eingeschränkt, Kleriker. Die entsprechend mildere Behandlung mag auch mit der sonst entstehenden Versorgungsproblematik verknüpft sein.[41]

Die Irregularität *ex defectu corporis* wirkte laut der Kanonistik *ipso facto*, musste also nicht etwa richterlich erklärt werden. Ein Priester durfte somit beispielsweise gleich nach dem Verlust eines Körperteils nicht mehr die Messe zelebrieren. Dennoch finden sich Fälle, in denen von einer Setzung die Rede ist – etwa indem ein Bischof eine Person für irregulär *erklärt* hatte.[42] Weil schon die Frage, welcher Körperteil in welchem Zustand zur Irregularität führte, komplex und umstritten war, lag die Irregularität in den wenigsten Fällen offen zutage. Die jeweiligen Klärungsversuche werden im Verlauf dieses Buches deutlich werden. An dieser Stelle soll bereits auf die gravierende Unsicherheit hingewiesen werden, die aus den Suppliken ersichtlich wird. Der Bitte um eine Dispens war entsprechend häufig die Frage vorgeordnet, ob man überhaupt irregulär war. Nicht in allen Fällen ging es also um rechtliche Ausnahmen, sondern es konnte auch konstatiert werden, dass gar kein relevantes Körpergebrechen vorlag. Beide Fragen konnten in einer einzigen Supplik nacheinander gestellt werden.[43] Die Erteilung einer Dispens konnte zudem *ad cauthelam*, gewissermaßen als Vorsichtsmaßnahme erfolgen, was die vorgeordnete Frage nach dem Vorliegen einer Irregularität unentschieden ließ.[44]

Die Statusunsicherheit potentiell irregulärer Personen war insofern positiv für die Kurie, da Rom als administratives Zentrum und nicht zuletzt ökonomisch profitierte. Der Jurist De Luca schreibt zwar, dass die Arbeit der

---

41 Vgl. dazu Kap. 2.1.

42 »*Sacerdos Simeon Sovecchia annorum 50 circiter loci Aspae suspensus et declaratus Irregularis* ab Eminentissimo Episcopo«. (Hervorhebung durch den Verf.), Sabinensis, 20.09.1715, Pos 393.

43 Etwa: »I. An Orator incurrerit in Irregularitatem? & quantenus affirmative. II. An sit dispensandus in casu?« Gualtilmalana [sic], 14.03.1729, *Folia Sacrae Congregationis* 1729).

44 De Luca, *Theatrum*, Bd. 15, S. 270.

Konzilskongregation für die Bittsteller gratis war.[45] Allerdings kostete im Erfolgsfall die Gewährung einer Dispens, sofern die Ausstellung eines Breve notwendig wurde.[46] Nur so lässt sich erklären, dass ein Supplikant sich als arm und unfähig zur Zahlung der Gebühr für die Expedition des apostolischen Breve bezeichnete. Die Anweisung der Konzilskongregation lautete konsequenterweise, »dass er weiter fortfahren könne, zu zelebrieren, ohne die Spedition des Breve, weil er so arm ist«.[47] Die gebührenpflichtige Datarie sollte nach Möglichkeit umgangen werden.[48] Zusätzlich können wir von beträchtlichen Kosten für Advokaten ausgehen, die den Aufwand des rechtlichen Gangs nach Rom erhöhten.[49]

Die Aufwendungen für diesen Prozess waren für Supplikanten durch die ökonomischen Vorteile des Klerikerstatus gerechtfertigt, die teilweise ausdrücklich benannt wurden.[50] Dabei zeigt sich, dass die Messfeier die wichtigste und am meisten umkämpfte Einnahmequelle für Priester war.[51] Inwiefern mit einer Dispens auch über das Einkommen hinaus soziale Vorteile für Personen angestrebt wurden, wird unten im Kapitel zur Rolle der Gemeinde näher verfolgt.[52]

Zum besseren Verständnis des Verfahrens soll eine knappe Übersicht über die wichtigsten Arten von Entscheidungen der Konzilskongregation gegeben werden. Diese wurden zumeist nicht systematisch begründet, allerdings lassen sich häufig plausible Vermutungen über die Gründe auf Basis des Gesuchs, der Information des Bischofs, der Zusammenfassungen des Sekretärs der Kongregation und sonstiger Stellungnahmen anstellen. Als Grundformen lassen sich aus der Sicht des Supplikanten eine günstige und ungünstige Dispensentscheidung unterscheiden, die meist *affirmative* oder *pro*

---

45 »Generaliter autem, tam in ista, quam in quibuscumque aliis cardinaliis Congregationibus, nulla pecuniarum, vel solutionis emolumentorum mixtura dignoscitur, sed omnes expeditiones dantur gratis omnino«; De Luca, *Theatrum*, Bd. 15, S. 270.

46 Zu den Begriffen, vgl. Emich, *Bürokratie*, S. 24–27 mit weiteren Angaben.

47 »Che possa continuare a celebrare senza la spedizione del Breve, per esser assai povere«; Minervinensis, 16.04.1695, Pos 146.

48 Ein Supplikant mit *epilepsia* etwa wollte zur Tonsur zugelassen werden, »absque alia dispensatione attenta eius paupertate, ob quam illam per litteras Apostolicas Datariae expedire nequit«. Lucana, 13.01.1714, LD 64, 13r. Die positive Antwort lautete, dass er keine Dispens brauche *(non indigere)*.

49 Schutte, *Force*, S. 102–105.

50 Vgl. etwa Theatina, 10.07.1678, Pos 130, 374r (»per participare de suoi frutti«).

51 Zur Ökonomie der Messe vgl. Bianchini, *Reductione*.

52 Vgl. Kap. 3.

gratia beziehungsweise *negative* oder *lectum* (gelesen) lauteten.[53] Dabei ist im Einzelfall auf die Formulierung der zu entscheidenden Frage zu achten. *Negative* als Antwort auf die Frage nach dem Bestehen einer Irregularität war günstig für den Supplikanten, der dann keine Dispens benötigte. Eine negative Entscheidung konnte noch durch *et amplius* verstärkt werden. Letzteres interpretiert Anne Jacobson Schutte als rigorose Anweisung, der Supplikant solle sich nicht mehr an die Konzilskongregation wenden.[54] Erfolgreiche Fälle nach ebendiesem Spruch legen allerdings nahe, dass es in der Praxis eher um eine zusätzliche Barriere oder ein temporäres Aussetzen ging.[55] Daneben bezeichnen *non proposita* und *dilata* Nicht-Behandlungen in der aktuellen Sitzung und Verschiebungen.[56] Wichtiger Bestandteil der Entscheidungsfindung war der Verweis an den lokalen Bischof, der nach seinem eigenen Ermessen verfahren sollte *(arbitrio Episcopi)*. Zuletzt hervorgehoben sei die Entscheidung, keine Antwort zu geben *(nihil)*. Dies bedeutete für den Supplikanten nichts Positives, aber auch keine klar kommunizierte Ablehnung des Gesuchs. Die Gründe hinter diesem *nihil* sind noch schwieriger zu erschließen als bei sonstigen Entscheidungen, so dass man Nicht-Zuständigkeit oder eine heikle Thematik im Einzelfall lediglich annehmen kann. Es handelt sich jedenfalls um eine Technik, die in der Kurie systematisch angewandt wurde.[57] In der Summe ist hervorzuheben, dass differenzierte Antworten der Konzilskongregation vorliegen, also Gesuche nicht etwa immer positiv beschieden wurden. Supplikanten konnten berechtigterweise mit Erfolg oder Misserfolg rechnen. Dies bietet für die Forschung die Chance, jedenfalls in Ausschnitten Motivationen für positive und negative Entscheidungen zu erkunden.[58]

---

53 Dabei ist im Einzelfall genau auf das Gesuch und die Formulierung der Entscheidung zu achten; *Negative* auf die Frage nach dem Bestehen einer Irregularität war günstig für den Supplikanten, der entsprechend keine Dispens brauchte, etwa Alexanensis, 27.04.1686, LD 36, 126r.

54 Vgl. Schutte, *Force*, S. 70.

55 Siehe Senensis, 19.07.1704, Pos 265, wo auf drei negative Entscheidungen (03.03.1703 *Lectum*, 15.03.1704 *in decretis et amplius*, 30.03.1704 *Lectum*) eine positive am 19.07.1704 folgt.

56 Vgl. Schutte, *Force*.

57 Zu *nihil* in Bezug auf problematische Fragen in der Mission, vgl. Windler, Zugehörigkeiten, S. 345.

58 Für die mittelalterliche Pönitentiarie sind dagegen in der Regel nur Aussagen über erfolgreiche Eingaben möglich, da nur diese registriert wurden; vgl. Salonen/Schmugge, *Well of Grace*, S. 21.

Daran schließt die Frage an, welche Geltung die Entscheidungen der Konzilskongregation hatten. Laut der Traktatliteratur konnte nur der Papst Dispense von der Irregularität *ex defectu corporis* geben.[59] Die Kongregation hatte aber, so Johann Heinrich Bangen, eine »stehend gewordene potestas delegata« und entschied im Namen des Papstes.[60] In den Dokumenten finden sich zugleich vielfach Belege dafür, dass die päpstliche Zustimmung eingeholt wurde.[61] Dieser Schritt war aber nicht notwendig und offenbar entschied die Kongregation letztlich selbst, ob eine Entscheidung dem Papst zu referieren sei.[62] In römischer Sichtweise beanspruchten die Entscheidungen der Konzilskongregation die *vim legis* und traten dabei ohne Deklaration oder Veröffentlichung in Kraft, da sie ›nur‹ Interpretationen des Tridentinums waren.[63] Innerhalb der Konzilskongregation bildete sich im Laufe der Zeit eine Routine heraus, die stark mit eigenen Präzedenzfällen operierte.[64]

Schwieriger zu klären ist die Frage, ob sich lokale Akteure an die Entscheidungen aus Rom hielten, da diese in den Quellen auftritt, wenn es Nachverhandlungen, weitere Dispute und dergleichen gab. Die vielen wiederholten Anfragen legen nahe, dass man eine negative Entscheidung nicht schlichtweg ignorieren konnte, sondern sich vielmehr weiter um positive Bescheide bemühte.

Wegen der päpstlichen Delegation der Auslegungsautorität an die Konzilskongregation und aufgrund der geringen Öffentlichkeit der Entscheidungen, die von dieser getroffen wurden, hat die rechtsgeschichtliche Forschung eine »Arkanpolitik«[65] beklagt. Diese habe ein beinahe vollständiges Veröden der gelehrten Kanonistik nach dem Konzil von Trient und einen fundamentalen Bruch in Rechtstheorie und -praxis im Vergleich zum

59 »Dispensare in irregularitatibus ex defectu corporis proventientibus solus Papa potest«; Sayer, *Casuum*, S. 602.
60 Bangen, *Curie*, S. 151f.
61 So etwa die Formulierungen »facto verbo cum Sanctissimo« oder »Sanctissimus annuit«, etwa nach der Entscheidung am 21.08.1694 der Vermerk am folgenden Tag die 22.08.1694, Aquileiensis, 21.08.1694 Pos 136.
62 Bangen, *Curie*, S. 153.
63 »Vim legis habentes & ut leges recipiendas«; Garcia, *Tractatus*, S. 4. Vgl. auch »Declarationes Congregationis Concilii non requirunt publicationem«; Fagnani, *Commentaria*, S. 181. Zu Fagnani vgl. Landau, Methoden, S. 11. Es genügte in dieser Lesart, dass das Konzil von Trient publiziert wurde. Dagegen wandte der anti-kuriale Löwener Kanonist Zeger Bernhard van Espen (1646–1728) ein, dass die Deklarationen »non habent vim legis«, weil sie selten publiziert würden (Espen, *Opera*, S. 197).
64 Fälle aus der mittelalterlichen Pönitentiarie spielten dagegen keine Rolle.
65 Landau, Methoden, S. 12.

mittelalterlichen Kirchenrecht herbeigeführt.[66] Die Existenz der Institution Konzilskongregation allein erscheint allerdings kein ausreichender Beleg für einen solchen Bruch. Dem Bittsteller respektive seinem Advokaten waren andere Entscheidungen wohl tatsächlich nicht regulär zugänglich – jedenfalls vor dem Druck des *Thesaurus* ab 1739 – und bildeten nicht im selben Maße Teil des gelehrten Diskurses wie etwa der Liber Extra. Eine vollständig arkane Sphäre lässt sich aber auch vor diesem Datum nicht belegen. So gelang es Supplikanten 140 Jahre vor dem Erscheinen des *Thesaurus*, sich auf vorangegangene Fälle zu berufen.[67] Die Entscheidungen der Konzilskongregation gingen zudem nicht nur direkt in die Entscheidungspraxis, sondern auch in gedruckte kirchenrechtliche Werke ein.[68]

Die Konzilskongregation stützte sich wiederum stark auf die kanonistische Literatur vor allem des 16. bis 18. Jahrhunderts.[69] Die Traktatliteratur bildet deshalb neben den administrativen Dokumenten die Hauptgrundlage dieser Studie. Es wurden über siebzig Werke ausgewertet und zwar primär solche, die in der Entscheidungsfindung allegiert wurden. Ein besonderer Schwerpunkt lag auf denjenigen Büchern, die sich speziell mit Irregularitäten befassen, etwa Simone/Simon Maiolo, Bartolomeo Ugolini (gest. 1610) oder, noch vor dem Konzil von Trient schreibend, Paolo Borgasio (1466–1541).[70] Der Charakter der Traktate ist sehr unterschiedlich. Neben den Büchern speziell zur Irregularität finden sich Kommentare zum Liber Extra, moraltheologische Summen und Casus-Literatur.[71]

---

66 Paolo Prodi spricht von »un tornante fondamentale nella storia del diritto canonico« (S. 71), einer »completa frattura tra il diritto canonico classico e il nuovo diritto tridentino-pontificio« sowie einem Prozess der Ossifizierung (Prodi, Paradigma, S. 86). Zum Auslegungsverbot vgl. Wassilowsky, Reform, S. 150, der von einer »Depotenzierung eines kritischen Kollektivs«, nämlich der Kanonistik an den Universitäten, spricht.

67 Sebastianus Chelius aus Lucca etwa hielt sich laut Zusammenfassung des Sekretärs der Konzilskongregation für steuerexempt »und führt dazu zwei Entscheidungen der Konzilskongregation an, eine vom 21. März 1602 und eine andere vom 24. März 1604, die ich [der Sekretär] beide gesucht, aber nicht in den Regesten gefunden habe *(quaesivi, nec inveni in Regestis)*«. Entweder wusste der Supplikant besser Bescheid als der Sekretär der Konzilskongregation, oder es handelte sich um einen relativ überzeugenden Bluff.

68 Schneider, *Lehre*, S. 182, Anm. 1 nennt Gallemart, *Decisiones*, das auf dem Index stand.

69 Vgl. für das Mittelalter Nörr, Praxis; Schmugge, Kanonistik. Für die Frühe Neuzeit wesentlich der Aufsatz von Landau, Methoden, besonders S. 12–28.

70 Maiolo, *Tractatus*; Ugolini, *Tractatus*; Borgasio, *Tractatus*. Dabei geht es mir nicht um die Position des jeweiligen Autors und ihre Genese im Sinne einer Ideengeschichte, sondern um die Nutzung in der Rechtspraxis.

71 Zu Rechtskommentaren in der Frühen Neuzeit vgl. Thier, Exegesesammlung.

An vielen Stellen lässt sich eine Wechselwirkung zwischen kurialen Entscheidungsprozessen und Kanonistik feststellen, so dass ein Ausspielen von Diskurs und Rechtspraxis gegeneinander wenig sinnvoll erscheint. Die beiden, sehr unterschiedlichen Quellengattungen teilten häufig den Fokus auf Einzelfälle *(casus)*.[72] Ein konkretes Beispiel verdeutlicht dies: Der Priester Gaetano Falbo aus dem süditalienischen Caccuri hatte bei einem Jagdunfall sämtliche Finger der linken Hand verloren. In den Dokumenten der Konzilskongregation findet sich eine ausführliche rechtliche Erörterung, die Präzedenzfälle, mittelalterliche Rechtstexte und frühneuzeitliche Traktate heranzog.[73] Dabei wird der jesuitische Autor Henríquez angeführt, der in seiner moraltheologischen Summe schrieb, »wir haben einen gewissen Mönch gesehen, der an der Hand versehrt war *[impeditus]* und eine Dispens vom Papst erhalten hat«.[74] Henríquez gab dabei keine Quelle an, aber offenbar war die Aussage glaubwürdig genug, um sie wieder in die Rechtspraxis eingehen zu lassen. Die fallorientierte Traktatliteratur kreierte also selbst eine Art von Präzedenzfällen, die sich auf die behauptete Erfahrung der Autoren stützten. Auch die päpstlichen Dekretalensammlungen lassen noch den Charakter von Einzelfallentscheidungen erkennen.[75] Durch den Prozess der autoritativen Zusammenstellung und vielfachen Kommentierung eigneten sie sich aber auch für Verallgemeinerung. Die Traktate bildeten, so lässt sich resümieren, gemeinsam mit den Rechtsquellen den normativen Horizont der Konzilskongregation.

Ein interessanter Berührungspunkt zwischen Traktatliteratur und Körperlichkeit besteht darin, dass die Autoren selbst von Körpergebrechen betroffen sein konnten. Prospero Fagnani (geb. 1588), Sekretär der Konzilskongregation, der selbst erblindet war und seine Bücher diktierte, erwähnte diesen Umstand genau an der Stelle zu Blindheit und Irregularität *ex defectu corporis*. Als *Doctor caecus oculatissimus* (wörtlich der sehendste blinde Doktor) wurde er in gewissem Sinne selbst zum – hier positiven – Fall eines körperlich eingeschränkten Geistlichen.[76] Als weiteres Beispiel lässt sich Prospero Lambertini anführen, der vor seinem Pontifikat ebenfalls Sekretär der Konzilskongregation war. Er veröffentlichte, bereits als Benedikt XIV., ein

---

72 Vgl. zur Kasuistik Leites, *Conscience*. Generell zum Denken in »cases« vgl. Pomata/Siraisi, *Historia*.

73 Geruntina, 24.05.1788, Pos 1431.

74 Geruntina 24.05.1788 Pos 1431, bei Henríquez, *Summae*, S. 461.

75 Vgl. dazu Landau, Wiederentdeckung.

76 Zu Fagnani, vgl. Farrell, *Blindness*, S. 8f. Zum Umgang der Kirche mit Blindheit vgl. unten Kap. 2.3.

Werk zur rechtlich-liturgischen Bewertung der Messe im Sitzen.[77] Zentral war dabei die Beschreibung des eigenen, gebrechlichen Körpers.[78] An diesen Stellen wird ganz unmittelbar greifbar, dass kirchenrechtliche Autoren selbst Körper hatten.[79] Hervorheben möchte ich an dieser Stelle, dass die Personen gerade nicht diskreditiert wurden – im Gegenteil: Fagnani wurde über die Benennung seiner Blindheit heroisiert. Das legt abermals nahe, bei der Untersuchung von Körpergebrechen nach ambivalenten Logiken zu fragen. Im Folgenden wird gezeigt, dass diese Ambivalenz sich bereits in der Genealogie von Körpergebrechen findet.

---

77 Lambertini, *Lettera*.
78 Die päpstliche Zurschaustellung der eigenen Hinfälligkeit bei Benedikt XIV. wäre eine eingehende Untersuchung wert; vgl. zum Mittelalter, Paravicini Bagliani, *Leib*. Unter ganz anderen medialen Bedingungen spielte sich die Krankheit Johannes Pauls II. ab; vgl. dazu Mörschel, *Papsttum*, S. 85.
79 Vgl. zur Thematik von Körper und Autor Forster, *Choreographing*.

1.2 Zur Genealogie der Anforderungen an klerikale Körper

Die Exklusion von Menschen mit körperlichen Beeinträchtigungen durch die Kirche wird in der Forschung und rechtlichen Handbuchliteratur in gerader Linie aus dem alttestamentlichen Buch Leviticus abgeleitet.[1] Diese Sichtweise ist methodisch und inhaltlich problematisch. Die Vorbildfunktion des Alten Testaments für die Normen zur Irregularität in der christlichen Kirche wird dabei zum Teil ohne weitere Belege vorausgesetzt.[2] Zudem besteht die Gefahr, eine letztlich ahistorische, weil dekontextualisierte Liste von normativen Texten aneinanderzureihen. In einer Art Tunnelblick wird zudem ein bestimmter Punkt als Ursprung ausgemacht, dem ein überragendes Gewicht für das zu erklärende Phänomen zugesprochen wird. Die Untersuchung der genaueren Bedeutung von Normen im jeweiligen Kontext wird dabei vernachlässigt. Ich möchte im Folgenden deshalb erkunden, wie frühneuzeitliche Traktatautoren selbst eine Genealogie der Normen konstruierten und dabei die Begriffe »alt« und »neu« verwendeten. Zum Teil lassen sich Bezugnahmen auf ältere Normen auch in den Dokumenten der Konzilskongregation nachweisen. Es geht also um die historische Dimension, die die Irregularitäten *ex defectu corporis* bereits aus der Perspektive der Frühen Neuzeit hatten.

Um die Vorstellung von den ›uralten‹ Normen zu historisieren, kann zunächst auf die Dekrete des Konzils von Trient geblickt werden. Tatsächlich findet sich dort keine spezifische Regelung bezüglich der Körpergebrechen.[3]

---

1 Vgl. Mellinkoff, *Outcasts*, S. 113f. Zur Kritik an Traditionslinien »von Leviticus zu Frankenstein« vgl. Metzler, *Disability*, S.11.

2 »Sicher auch im Anschluss an das Alte Testament wurden von früh an [Gebrechliche] ausgeschlossen.« Sägmüller, *Lehrbuch*, S. 159.

3 Die von Wassilowsky identifizierte »Gretchenfrage«, ob »Rom die tridentinische Reform durch eine laxe Dispenspraxis in der Konzilskongregation letztlich unterminiert hat« (Wassilowsky, Reform, S. 156), erscheint für unsere Thematik somit weniger relevant, denn es fehlt schon an entsprechenden tridentinischen Normen, gegenüber denen man Laxheit feststellen könnte.

Die Konzilskongregation zitierte neben der zeitgenössischen Traktatliteratur vor allem mittelalterliches Recht. Die zentralen Referenzstellen waren das Decretum Gratiani und der Liber Extra, die seit 1582 im Corpus Iuris Canonici versammelt waren.[4] Entsprechend stark war die Betonung von Kontinuität für das Thema der Körper-Normen. Sie wurden in einem christlichen »Heute« (hodie) verortet, das die Genese des Kirchenrechts und mögliche Spannungen darin überdeckte und Althergebrachtheit und Aktualität zugleich suggerierte.[5] An anderen Stellen findet sich allerdings mit Verweis auf die tridentinischen Regelungen schon frühneuzeitlich die Beschreibung von Innovation: So stellte sich Maiolo, Autor der ersten Arbeit zu den Irregularitäten *nach* dem Konzil von Trient, im Vorwort über alle seine Vorgänger, weil keiner von diesen dem Konzil so nahe sei wie er.[6] Auch in der Konzilskongregation wurde für die Irregularität *ex delicto* nach vor- und nachtridentinischer Rechtslage getrennt, auch wenn man nach eigener Ansicht kein gänzlich neues Recht schuf.[7]

Den Kontrastpunkt zum langen, die gesamte Geschichte des Christentums umfassenden »Heute« bildete die vorchristliche Zeit. Die Forschung hat Vorschriften zu körperlicher Unversehrtheit von religiösen Würdenträgern etwa für die altorientalischen Kulturen und das antike Rom ausgemacht.[8] Für letztere Epoche wurde konstatiert, dass es zwar einzelne Belegstellen gibt, die von Anforderungen an priesterliche Körper sprechen, aber keine allgemeinen Regelungen überliefert sind.[9] Diese lange zurückliegenden Epochen sind auch in frühneuzeitlichen Traktaten präsent. Der Ausschluss von Makeln sei bereits bei den Römern zu finden gewesen, und auch bei

---

4 Die wichtigen Kommentierungen dieser Werke können hier nicht näher behandelt werden. Vgl. zu Kompilationsversuchen nach 1582 Dickerhof-Borello, *Liber*.

5 Borgasio, *Tractatus*, S. 108.

6 »Nemo istorum fuerit concilio Tridentino recentior.« Bisherige Werke seien damit überholt. Im Konzil wurde so viel von geistlichen Würden gehandelt, »dass alle alten und jüngeren Bände beinahe unnütz scheinen könnten, außer sie würden an die Norm dieses Konzils angepasst«; Maiolo, *Tractatus*, Pro Lectoris, o.Pag. Vgl auch Garcia, *Tractatus*, S. 4: »multa innovata ex S. Concil. Trid.«

7 So heißt es in einem Dokument der Konzilskongregation nach der Zusammenfassung der mittelalterlichen Normen:»Haec quo ad ius antiquum; Quo ad ius autem inductum a Sacro Concilio Tridentino, ita legitur Sess. 14 de reformat. cap. 7 […]«; Papiensis, 04.05.1726, *Folia Sacrae Congregationis* 1726. Zu Trient vgl. Prodi, *Paradigma*, S. 73.

8 Zur Erforschung der Zugangsbeschränkungen zum Priestertum im Vorderen Orient vgl. Holma, Wörterbuch. Zu körperlichen Anforderungen an altrömische Priester vgl. Morgan, Priests, S. 137–141.

9 Vgl. Baroin, Corps.

anderen Völkern, etwa den Persern,»war als Gesetz festgeschrieben, dass die heiligen Diener am Körper unversehrt und keinen Makel haben sollten«.[10] Die christlichen Normen konnten dadurch an Plausibilität gewinnen. Wenn die heidnischen Priester unversehrt sein mussten, müsse dies erst recht für christliche Kleriker gelten, da das christliche, neue Recht und Priestertum von höherer Würde und Erhabenheit sei.

Auch das Buch Leviticus findet tatsächlich häufig Erwähnung – sowohl in der Traktatliteratur der Frühen Neuzeit als auch in Dokumenten aus der administrativen Praxis bis ins 19. und frühe 20. Jahrhundert.[11] Die Bezugnahme frühneuzeitlicher Autoren auf die einschlägigen Stellen aus Leviticus war aber komplex, denn es wurden historische Brüche wahrgenommen. Zwar finden sich direkte, affirmative Verweise in der Beschreibung und Herleitung geltender christlicher Regeln zur Irregularität, die aus Leviticus abgeleitet werden.[12] Das Neue stützte sich insofern auf das Alte.

Die meisten frühneuzeitlichen Texte diskutieren das Verhältnis zwischen Leviticus und den katholischen Regeln ihrer Zeit allerdings in einem indirekten Modus, der größere Distanz zwischen alt und neu schuf. Die Leviticus-Stelle 21 zu körperlichen Makeln gelte für Christen zwar nicht buchstäblich, aber weiterhin in einem geistigen, übertragenen Sinne.[13] Diese Interpretation durchzieht die historische Verortung in frühneuzeitlichen Traktaten und konnte sich auf die Tradition der Bibelexegese stützen.[14] Visuelle Illustrationen dieser Stelle zeigen zwar gebrechliche Körper, diese Bilder konnten aber ebenfalls allegorisch gemeint sein.[15] Als Beispiel dieser Lesart sei auf die in der frühneuzeitlichen Traktatliteratur viel rezipierte Erläuterung zu Leviticus 21 in Gratians Decretum verwiesen:»Bucklig ist in der Tat, wen das Gewicht weltlicher Sorgen niederdrückt, so dass er niemals zum Höheren nach oben blickt.«[16] Entscheidend ist an dieser Stelle, dass damit die Normen der Exklusion nicht körperlich gemeint waren. Es habe zwar den

---

10 »Etiam apud alias gentes eam legem fuisse scribit, ut sacrorum Ministri, corpore integri essent, nullam maculam habentes […] idem apud Persas«; Sayer, *Casuum*, S. 595.

11 Etwa *Acta Sanctae Sedis* 35, 1902–03, S. 281. Zu den entsprechenden Passagen, vgl. Belser, *Judaism*; Stewart, *Leviticus*.

12 Die Irregularitäten sind zwar päpstliches Recht, aber »ex lege veteri & Naturali originem traxisse«; Sayer, *Casuum*, S. 574.

13 Zum geistigen Sinn und der Allegorie in der Bibelexegese vgl. den jesuitischen Theologen und Kardinal Henri de Lubac: Lubac, *Typologie*.

14 Vgl. Lubac, *Typologie*, S. X zur Auffassung von Allegorie als »Weginterpretieren« von unliebsamen Passagen, ähnlich der antiken Mythenauslegung.

15 Vgl. Mellinkoff, *Outcasts*, Bd. 2.

16 *Decretum*, D 49, wobei die Stelle sich auf Gregor den Großen stützt.

Anschein, so etwa Borgasio, dass Gott Moses die Regeln verordnet habe, dass die Priester körperlich unversehrt sein müssten *(immaculati)*. Dies sei allerdings allegorisch zu verstehen, nämlich dass sie »sauber und rein von Schmutz und Sünde seien *(immaculati a sordibus & peccatis)*«.[17] Vom Körper wäre damit an diesen Stellen gar nicht die Rede und ihre Anwendung auf physische Gebrechen entsprechend verfehlt.

Durch die Betonung der ›geistigen‹ Interpretation wurde besonders effektiv die eigene Innerlichkeit demonstriert.[18] Die Ableitung der levitischen Gesetze aus dem Wort Gottes wurde als falsch bezeichnet und ihnen die ethische Reinheit von der Sünde im Christentum entgegengesetzt.[19] Dabei konnten die Autoren auf eine lange Tradition der Polemik gegen die vermeintliche Buchstabentreue des Judentums im Gegensatz zum ›Geist‹ des Christentums rekurrieren.[20] Ein Vorteil für die Rechtspraxis lag nicht zuletzt darin, dass die christlichen Irregularitäten in dieser Lesart nicht auf die Bibel zurückgingen, sondern auf positives, päpstliches Recht und damit für die Institution Kirche verfügbarer waren.[21]

Die Betonung der spirituellen Interpretation brachte für die Autoren aber auch Probleme mit sich. So stellte sich die Frage, weshalb es in der christlichen Gemeinschaft dann überhaupt Normen zum Körper gab, die jenen des Leviticus so ähnlich sahen. Wäre nach derselben Logik der ›Spiritualisierung‹ die Irregularität *ex defectu corporis* nicht Ausdruck eines veralteten Verständnisses von kultischer Reinheit? Wenn die alttestamentlichen Regeln zum Körper eigentlich allegorisch gemeint waren, musste die Aufrechterhaltung von Exklusion aufgrund von Körperlichkeit jedenfalls besonders begründet werden.[22]

---

17 Borgasio, *Tractatus*, S. 108. Damit würden sie laut ihm göttliche Gesetze darstellen und nicht die der Kirche. Zur Rolle des Körpers in anti-jüdischer Polemik vgl. Abulafia, Bodies, S. 123–137, wo es besonders um spirituelle Reinheit versus körperliche Reinheit geht.
18 Vgl. dazu, mit Bezug auf Thomas von Aquin, Lubac, *Typologie*, S.23: »Das neue Gesetz ist nicht mehr in steinerne Tafeln eingraviert, sondern in Herzen.«
19 Vgl. Angenendt, Reinheit.
20 Ich möchte betonen, dass es um die katholische Imagination jüdischer Gesetze geht, also keinesfalls um eine Geschichte der levitischen Normen oder eine Darstellung der Praxis jüdischer Gemeinden. Vgl. zum Umgang mit Behinderung Shoham-Steiner, *Margins*, besonders S. 158f.
21 Vgl. zum Charakter als positives Recht auch unten Kap. 2.1.
22 Auch Hostiensis schrieb in seiner Auflistung der alttestamentlichen Makel, dass diese zwar alle »moraliter« zu verstehen seien, aber ›wir‹ Christen »tamen quaedam ex his servamus ad literam«; Hostiensis, *Summa*, S. 194.

Diese Problematik schlug sich in einem historischen Modell nieder, das – anstatt lediglich ein homogenes christliches ›Heute‹ gegen die nicht-christliche Zeit zu setzen – drei Phasen unterschied. Der Theologe Daniele Concina beschrieb in seiner *Theologia christiana dogmatico-moralis* von 1751 entsprechend zwei Wendepunkte. In den ersten Jahrhunderten des Christentums *(primis saeculis)* sei eine Abkehr von allen alttestamentlichen Vorschriften zum Körper erfolgt.[23] Dies belegt der Autor mit dem Kanon 77 der *Canones Apostolorum*, die in Traktaten zur Irregularität häufig zitiert wurden. Dort heißt es: »Wer ein Auge verloren hat oder hinkt, mag Bischof werden, wenn er sonst des Episkopats würdig ist: Denn körperliche Gebrechen beflecken ihn nicht, wohl aber Makel der Seele.«[24] Der entscheidende Punkt liegt, wie in der bereits angeführten Kritik an Leviticus, in einer Höherbewertung spiritueller Würde gegenüber dem makellosen Körper. Zwischen die alttestamentliche Zeit und das mittelalterlich-frühneuzeitliche Christentum schob sich eine weitere, frühchristliche Phase, in der körperliche Gebrechen für den Zugang zum Klerus keine Rolle spielten.

Auf diese relative Nicht-Beachtung des Körpers folgte dann laut Concina eine Wiedereinrichtung bestimmter Vorschriften des Alten Testaments. Grund für diese teilweise Abkehr von der Abkehr vom Alten Testament war für den Autor eine »erkaltende Barmherzigkeit« nach den ersten Jahrhunderten der Kirche.[25] Als Beispiel zieht er die die Dekretalen heran. In der Konzilskongregation findet sich in einem Fall ebenfalls die Beschreibung dieses Dreischritts. Dabei führte man allerdings statt dem für die Kirche wohl eher ambivalenten Narrativ einer »Erkaltung« die zunehmende »Erfahrung« der Päpste als Grund für die Reaktivierung eigentlich bereits überholter Normen an.[26] Das skizzierte Drei-Phasen-Modell deckt sich bemerkenswerterweise mit einigen Ergebnissen der modernen kirchengeschichtlichen Forschung. Diese

---

23 »Refrigescente caritate«, Concina, *Theologia*, S. 496.

24 *Heilige Kanones*, S. 69 (Kanon 77).

25 Concina, *Theologia*, S. 496. Zu dieser Frage in der Theologie des 19. Jahrhunderts vgl. etwa Johann Sebastian von Drey (1777–1835), der in seiner Untersuchung der Kanones der Apostel zugibt, dass die Dekretalen wenig »liberal« seien und den mosaischen Statuten ähnelten. Die Auflösung dieser Spannung liegt bei Drey interessanterweise in der Praxis: »Doch war die Praxis gelinder als der Buchstabe des Gesetzes, und die Kirche betrieb die Auswahl ihrer Geistlichen […] nie auf die Art, wie man eine Recrutierung betreibt«; Drey, *Untersuchungen*, S. 265f.

26 »Verumtamen progressu temporis Romani Pontifices cum experientia comperissent, corpore vitiatos non posse, ut decet, in ordinibus ministrare«; Carcassonensis, 27.02.1869, *Causae Selectae*, S. 22.

identifiziert ebenfalls zwischen der vorchristlichen Geltung des Alten Testaments und der mittelalterlichen Normsetzung eine frühe christliche Phase, in denen die körperbezogenen Normen kaum oder weniger Geltung hatten.[27] Für das frühe Christentum stellt die Kirchenhistorikerin Dorothea Wendebourg entsprechend zwei Umbrüche dar, die die Übergänge zwischen den Phasen markieren.[28] Anfänglich fänden sich eine Verlegung der Differenz »rein/unrein« ins Innere und eine konsequente Ablehnung jüdischer, als äußerlich wahrgenommener Vorschriften. Diese Verinnerlichung habe sich aber nicht behaupten können. In einem zweiten Umbruch im 4. und 5. Jahrhundert sei es zu einer Institutionalisierung und (Re-)Normativierung von andauernden Gewohnheiten und Reinheitsvorstellungen gekommen. Das Christentum, so Wendebourg, wurde in dieser Zeit dominierend in der Gesellschaft und musste Bereiche regulieren, die vorher nicht im Blickpunkt gestanden hatten. Ähnlich konstatiert Arnold Angenendt eine »Rückkehr der *pollutio*«, also des Fokus auf kultische (Un-)Reinheit, die er in Spätantike und Mittelalter beobachtet.[29] Kritisch anzumerken ist, dass bei dieser Beschreibung zum Teil auch in der Forschung eine Höherbewertung der ethischen Reinheit mitschwingt, die ›echter‹ im christlichen Sinne sei.[30] Im Gegensatz zu solchen Wertungen interessieren mich hier die diskursiven Strategien frühneuzeitlicher Autoren. Das bedeutet auch, dass es nicht entscheidend ist, ob diese antike oder mittelalterliche Ereignisse korrekt wiedergeben. Vielmehr erscheint es mir zentral, dass hier im Modus des Historischen die Rolle des Körpers für den Geistlichen und die Spannung von Innerlichkeit und Äußerlichkeit, also Kernelemente der Normen zu Körpergebrechen und deren Berechtigung verhandelt werden.

Wie gingen katholische Autoren der Frühen Neuzeit mit der Problematik um, dass die Kirche von ihr selbst abgeschaffte und als äußerlich defamierte Normen wieder eingeführt hatte? Die wesentliche Strategie bestand darin, feiner zwischen ›richtigem‹ und ›falschem‹ Ausschluss von körperlich Beeinträchtigte zu differenzieren. Paolo Borgasio etwa lehnte es ab, dass Körpergebrechen in neuerer Zeit *indistincte* »wie bei den Hebräern« zum Ausschluss führten.[31] Genealogisch wird die Praxis der Hebräer an die der Römer und

27 Vgl. Gerber, *Irregularität*, S. 2–7.
28 Wendebourg, Reinheitsvorschriften.
29 Angenendt, Reinheit, S. 57.
30 »Das frühe Christentum hat die Pollutio zu überwinden vermocht«; Angenendt, Reinheit, S. 67. Vgl. auch S. 62 zum Abendmahl, das entgegen der Trennung von Priester und Laien »doch ursprünglich eine gemeinsame Opfergemeinde hatte bilden sollen«.
31 Borgasio, *Tractatus*, S. 108.

anderer »Heiden« angeglichen, die ebenfalls willkürlich verfahren seien. Dabei sprach er sich prinzipiell gegen rigorose Regeln aus: »Es wäre absurd, *jeden* körperlichen Makel auszuschließen«.[32] Die Möglichkeit der Plausibilisierung der eigenen Normen durch die Tradition des Alten Testaments wurde damit nicht vollständig beseitigt. Ein selektiver Bezug war weitgehend problemlos möglich, denn das Alte Testament stellte schon in der frühchristlichen Interpretation keine Tradition dar, die man nur als Ganzes übernehmen oder ablehnen konnte.

Die Frage der Innerlichkeit war nicht nur in der Abgrenzung vom Judentum relevant, sondern ein wichtiger Aspekt in frühneuzeitlichen konfessionellen Kontroversen. Der katholische Fokus auf die äußere Gestalt des Körpers eignete sich hervorragend als Ansatzpunkt für protestantische Kritik. Juden und »judaisierende Papisten« ließen sich dabei angleichen, wie sich etwa beim Hallenser Professor Justus Henning Böhmer (1674–1749) zeigt.[33] Letztere wurden sogar als noch rigoroser und ›oberflächlicher‹ beschrieben.[34] Die Kritik gleicht dabei strukturell der katholischen Polemik gegenüber den alten Hebräern, indem sie die eigene Privilegierung des Inneren der Äußerlichkeit der Anderen gegenüberstellt.[35]

Die Wiedereinführung der Körper-Normen entgegen der frühchristlichen Innerlichkeit konnte also auch aus protestantischer Perspektive als ein Rückfall in ein hebräisches Muster gesehen werden und stand in der Frühen Neuzeit unter Legitimationsdruck. Umso mehr galt es, die katholische Praxis nicht nur über die Tradition, sondern inhaltlich zu begründen. Borgasio fuhr nach seiner Kritik an dem angeblich undifferenzierten hebräischen Ausschluss fort, die katholische Kirche habe eine andere Lösung gefunden: »Heute lässt die Kirche die körperlich Makelhaften zu und stößt sie nicht aus, außer die Makel sind skandalös.«[36] Der einzige andere Ausschlussgrund sei, dass ein Gebrechen die Ausführung der Aufgaben behindere.

---

32 »Absurdum esset, ut pro quacunque macula homo repelleretur, cum non sit arbitrarium homini, aut in eius potestate, vel voluntate nasci sine macula«; Borgasio, *Tractatus*, S.108.

33 In der Wiedereinführung der Irregularität *ex defectu corporis* »itaque pontifcii magnopere iudaizant«; Böhmer, *Ius*, Bd. I, S. 520.

34 »Bey den Papisten hergegen ist es auch nicht einmal genug, daß einer ein Priester oder Sacerdos sey, sondern es werden überdieß auch gewisse qualitäten von ihm erfordert, die zum Theil rigoureuser [sic] seyn, als Gott von den Priestern des Alten Testaments requirierte«; Gundling, *Recht*, S. 1673.

35 Der praktische Umgang der Protestanten mit Körpergebrechen bei Geistlichen kann hier nicht behandelt werden.

36 »Quod hodie ecclesia admittit & non reijecit maculatos corpore, nisi sint macula scandalosa«; Borgasio, *Tractatus*, S. 108.

Insgesamt ergibt sich in den Traktaten eine zweifache Logik. Einerseits war entscheidend, die einer Weihe angeschlossenen Aufgaben ausüben zu können. Wer dies etwa wegen eines fehlenden oder beeinträchtigten Körperteils nicht vermochte *(exercere non potest)*, war entsprechend auszuschließen. Andererseits waren Personen betroffen, die nicht mit dem höchstem *decorum* Geistliche sein könnten, sondern im Gegenteil *scandalum* und Abscheu erzeugten.[37] Letzteres umfasste neben bestimmten Krankheiten auch sogenannte *deformitates.* Auch für Anaklet Reiffenstuehl (1642–1703), einen weiteren häufig in der Konzilskongregation zitierten Autor, bildete die Wiedereinführung von Exklusion ausschließlich aufgrund dieser zwei Gesichtspunkte – der Einschränkung in der Ausübung und der Außenwirkung – eine christliche, vom Gesetz der Hebräer abgegrenzte *aequitas naturalis.*[38] *Inhabilitas* und *scandalum* respektive Können und Außenwirkung stecken das weite Spektrum von Irregularitäten ab, die im Folgenden behandelt werden. Die Komplexität der einzelnen Rechtsfälle, um die es in Entscheidungen stets ging, und die Vielzahl von Körperphänomenen wurden so auf jene zwei Grundaspekte reduziert. Der Ausschluss Gebrechlicher wurde diskursiv als die Ausnahme unter bestimmten Bedingungen dargestellt, während man prinzipiell körperliche Makel nicht beachte.

Diese zweifache Logik hielten sich kirchliche Akteure bis ins 19. und 20. Jahrhundert immer wieder selbst vor Augen. Fälle aus der Mitte des 19. Jahrhunderts sprechen von den zwei »Quellen«, aus denen Irregularität *ex defectu corporis* entspringt, dem mangelhaften Vollzug und der negativen Außenwirkung.[39] Die Rolle der Konzilskongregation sei dabei, diese Gründe zu beachten, was zugleich die Rationalität des eigenen Verfahrens suggerierte. So heißt es in einem Fall, die Konzilskongregation richte nach der »unveränderlichen Regel« *(immota regula)*, nur danach zu fragen, ob es Probleme beim

---

37 Zum ersten Punkt heißt es etwa bei Ugolini: »Respectu habito ad ipsum ordinem, ut pote quia exercere eum quis non potest, nec scit, vel non saltem commode, & sine periculo. Haec causa complectitur membris carentes, vel eorum partibus, vel debilitata ea habentes«; Ugolini, *Tractatus*, S. 253. Zum zweiten Punkt: »Ab his sacra partim fieri non possunt cum decore, ac maiestate ob eorum conditionem, partim cum Christi fidelium fructu ob scandalum & huiusmodi abominatione«; Ebd.

38 »Praecepta judicialia & caeremonialia veteris Legis, in Christi morte fuerunt evacuata, atque obligare desierunt; licet postmodum quaedam judicialia, ob suam naturalem aequitatem, per Ecclesiam sint reassumpta«; Reiffenstuel, *Ius*, S. 439.

39 Pampilonensis, 13.09.1856, *Causae Selectae*, hier S. 69; *Causae Selectae*, Parisiensis, 20.12.1856, S. 70f.

Vollzug der heiligen Aufgaben oder der Außenwirkung auf die Gemeinde gebe.[40] Insgesamt lässt sich resümieren, dass die lange Geschichte der Ansprüche an priesterliche Körper bei den Autoren der Frühen Neuzeit stark präsent war. Die von ihnen konstruierte Genealogie war allerdings komplexer, als es eine direkte Linie vom Alten Testament oder der christlichen Antike suggeriert. Die eigenen, zeitgenössischen Normen erschienen begründungsbedürftig, und im Sprechen über die Vergangenheit wurde ihre Problematik debattiert. So ließ sich, ohne direkte Kritik an der kanonischen Lehre von den Irregularitäten zu üben, eine Zurückweisung von strenger Exklusion formulieren. Ein als christlich und gerecht konzipierter Umgang mit Körpergebrechen bestand für die Autoren in der Konzentration auf die korrekte Ausübung von Handlungen – das physische Können – und das *scandalum*. In den nächsten beiden Kapiteln wird herausgearbeitet, welche Aspekte und Funktionen diese Vorstellungen – neben der soeben aufgezeigten diskursiv-historischen Abgrenzung eines katholischen Umgangs – in der Rechtspraxis hatten und welche Begriffe, Verfahren und Körperpraktiken sich damit verbanden. Dabei geht es zunächst um den korrekten Vollzug klerikaler Aufgaben.

---

40 »Sacra Congregatio […] dispensationem ab hujusmodi irregularitate elargiendam aut denegandam immota regula judicavit, quatenus periculum offensionis in populo, ac irreverentiae erga divina magis minusve amovere possit«; *Causae Selectae*, Parisiensis, 20.12.1856, S. 71.

2. *Abilitas*. Körpertechniken und klerikales Können

Nachdem die rechtlichen Rahmenbedingungen und diskursiv-historischen Hintergründe geklärt wurden, werden nun Begriffe und Praktiken des körperlichen ›Könnens‹ in den Fokus genommen. Physische Tauglichkeit findet sich auch heute noch in Handbüchern zu den Voraussetzungen des Klerikerseins.[1] Es gehe dabei, so ein heutiger Autor, ausdrücklich nicht um den perfekten Körper, sondern nur darum, dass der Kleriker für die Ausübung seiner Tätigkeiten geeignet sei.[2] Die Forderung nach Tauglichkeit erhält ihre Plausibilität gerade in Abgrenzung zu als überholt und überzogen beschriebenen Postulaten körperlicher Perfektion. Von den durchzuführenden Handlungen statt von Idealen auszugehen, erscheint in dieser Perspektive geradezu als eine Errungenschaft der Gegenwart. Ein gewisses Minimum an physischem Können scheint als Kriterium für die Zulassung zum Klerus geradezu selbstverständlich auf der Hand zu liegen.

Im Folgenden wird die Selbstverständlichkeit der Zuschreibung von Können/Nicht-Können hinterfragt und gezeigt, dass diese nicht evident, sondern stets voraussetzungsvoll war. Es wird untersucht, inwiefern die Kategorisierung nach Können und Nicht-Können auch für Geistliche in der Frühen Neuzeit eine Rolle spielte und wie sie diskursiv und praktisch vorgenommen wurde. Es soll ein funktionsorientiertes, frühneuzeitliches Verständnis von Körper und Gebrechen nachgezeichnet werden. In einem ersten Schritt werden die wesentlichen Begriffe der *functiones* und *impedimenta* in ihrem Verhältnis zu den verschiedenen geistlichen Aufgaben untersucht und erläutert, welche Rolle die Natur in der Definition des Könnens spielte (Kap. 2.1). Anschließend geht es um die Praxis der Feststellung von Können im sogenannten *experimentum* (Kap. 2.2) und die Spielräume für körperliche Kreativität (Kap. 2.3).

---

1 Weinberger, *Voraussetzungen*, S. 110. Vgl. auch Bitterli, *Priester*, S. 107–122.
2 Weinberger, *Voraussetzungen*, S. 110.

2.1 Körperliche Tauglichkeit und geistliche Aufgaben

Zur Funktionsorientierung des Gebrechens

Der wesentliche Begriff für körperliches (Nicht-)Können aus dem Material der Dispenspraxis und den rechtlichen Traktaten zur Irregularität war das bereits angesprochene *impedimentum*. Verbal gewendet ging es um körperliche Gebrechen, die Aufgaben be- bzw. verhinderten *(impedit functiones)*.[1] In deutschen Texten wurde dies mit geistlichen »Amtsverrichtungen«[2] oder auch »Funktionen«[3] übersetzt.

Zunächst soll geklärt werden, welche Teile des Körpers für die religiös-liturgischen *functiones* des Klerikers als zentral betrachtet wurden. Als erster Zugang bietet sich der Blick auf die menschlichen Sinne an. Insgesamt lässt sich eine überragende Bedeutung des Seh- und Tastsinns konstatieren *(visio/potentia visiva* und *tactus)*. Gehör und Geruchssinn werden ebenfalls erwähnt *(auditus* und *sensus odoratus)*, nehmen allerdings deutlich weniger Raum ein. Für das Hören schreibt Ugolini, dass der Taube irregulär sei, da er keine Beichte abnehmen und in der Messe die Antworten der anderen Teilnehmer nicht hören könne.[4] Der bloß Schwerhörige sei dagegen nicht irregulär, weil die Funktionen nicht eingeschränkt seien. Auch wem der Geruchssinn fehle, so etwa Leander, sei nicht irregulär, denn dieser sei »kaum notwendig für die

---

1 Etwa Laymann, *Theologia,* S.171; Reiffenstuel, *Ius,* S. 437.

2 »Sonst hindern den Priesterstand nur solche natürlichen Gebrechen, die den Menschen zu den priesterlichen Verrichtungen unfähig machen.« Schwarzel, *Anleitung,* S. 50.

3 Hinschius, *Kirchenrecht,* Bd. 1, S. 17.

4 »Surdus etiam qui nihil omnino audit ob corruptum sensorium auditus, irregularis est; non enim poenitentes audire potest«; Ugolini, *Tractatus,* S. 189. Maiolo präzisiert, dass das schriftliche Beichtehören nicht möglich sei, weil das Gebeichtete mit den Ohren gehört werden müsse (Maiolo, *Tractatus,* S. 57). Zur Taubheit siehe auch unten Kap. 2.3.

Ausführung klerikaler Aufgaben«, auch wenn sich der Autor durch die vorsichtige Formulierung nicht völlig festlegt.[5] Der Geruchssinn wurde jedenfalls in der Praxis ebenso wie der Geschmackssinn kaum problematisiert. Der Bezug des körperlichen Könnens auf ekklesiastische Handlungen wird in der Diskussion des menschlichen Sensoriums stets deutlich *(inhabilis ad functiones* oder *ad officium)*.

In den Quellen zur Irregularität wird häufig auf die Vielfalt der Aufgaben hingewiesen, die Kleriker ausführen mussten. Der differenzierte Abgleich von Aufgaben mit dafür benötigten Körpervollzügen bietet einen zentralen Schlüssel zum Verständnis des hier thematisierten Umgangs mit Gebrechen. Ich werde im Folgenden zeigen, dass in der Differenzierung klerikaler Aufgaben für alle Beteiligten ein Zugewinn an Flexibilität im Umgang mit Normen lag. Diese Art der Funktionsorientierung koexistierte und konkurrierte allerdings mit einer Interpretation, die den Ausschluss körperlich Beeinträchtigter vom Klerus ungeachtet der auszuübenden Einzelhandlungen postulierte.

Verschiedene klerikale Aufgaben waren vor allem für bereits geweihte Priester separat verhandelbar. Die autoritative Stelle war hier meistens dem Liber Extra entnommen. Dort wird einem zur Messfeier unfähigen Priester erlaubt, die übrigen Aufgaben seines Amtes auszuführen.[6] Dieser in der Traktatliteratur häufig wiederholte Ansatz kann auch in der Praxis der Konzilskongregation nachvollzogen werden. So findet sich die Aussage eines Bischofs, dass ein Priester der Diözese zwar fast blind sei, aber seine Dienste nichtsdestotrotz sehr nützlich seien, etwa um die Beichte im Nonnenkloster zu hören.[7] Der Gehörsinn wurde vom Bischof in diesem Fall also für ausreichend gehalten. Als Hintergrund für diese situative Hintanstellung des Sehsinns lässt sich an die posttridentinische Entwicklung des Beichtstuhls denken, die Blickkontakt vermeiden sollte.[8] Zudem spielen womöglich auch zeitgenössische Vorstellungen von sensorischen, insbesondere

---

5 »Qui caret sensu odoratus, integro tamen naso […] irregularis non est, quia hic sensus vix necessarius est ad sacra ministeria exercenda«; Leander, *Quaestiones*, S. 25. Die sichtbare Gestalt der Nase ist dagegen ein wichtiges, aber anders gelagertes Problem; vgl. unten Kap. 3.

6 »Ipsum autem ceteris officiis sacerdotalibus fungi minime prohibemus«; *Liber*, X.3.6.2. Vgl. auch Maiolo, *Tractatus*, S. 40 und Ugolini, *Tractatus*, S. 188.

7 »Mihi opus sit uti opera eius in audiendis Confessionibus Monialium«; Spoletana, 13.01.1691, Pos 87

8 De Boer, *Conquest*, S. 93: »many authors stipulated that eye contact between the confessor and the penitent be avoided«. Klassisch zum Thema Beichte Bossy, Confession, S. 21–38.

visuellen Gefahren für Priester durch weibliche Beichtende eine Rolle –
immerhin ist nur von Nonnen die Rede.[9] Umgekehrt heißt es im Falle eines
schwerhörigen Supplikanten, er sei leicht zuzulassen, wenn man die Klausel
hinzufüge, er werde in Zukunft nicht »der Aufgabe des Hörens der Beichte
ausgesetzt«.[10] Zugespitzt kann man formulieren, dass weniger das Körpergebrechen als solches disqualifizierte, sondern die Kombination mit einer
Aufgabe. Auch bei eindeutig konstatierten körperlichen Einschränkungen
konnte Nützlichkeit bei der Amtsverrichtung zugestanden werden. Diese
wurde wiederum häufig als Dispensgrund angeführt, sowohl von der Obrigkeit wie von den Supplikanten.[11]

Neben den einzelnen Sinnen sind für die Tauglichkeit Vorstellungen von
einzelnen Körperteilen wichtig. Der Körper wurde als ein Komplex einzelner *membra* beschrieben, die wiederum über die Begriffe von *functiones* oder
officium definiert wurden. In Traktaten findet sich häufig die Frage »Quid sit
membra?«, es handelte sich also um einen erklärungsbedürftigen Spezial-
begriff. Die Definition bestand generell darin, dass echte Körperteile *spezifische* Aufgaben haben mussten.[12] Dem Körper wurde so eine differenzierte,
hierarchische Struktur gegeben, die entsprechend für körperliche Beeinträchtigungen angewendet werden sollte, deren Bedeutung also nach den betroffenen Körperteilen variierte.

Die häufigsten Beispiele für echte *membra* waren die Augen mit der distinkten Funktion des Sehens, die Hände zum Fühlen und die Füße zum Gehen. Es waren entsprechend genau diese Körperteile, die in den Traktaten
am umfangreichsten besprochen wurden. Allerdings findet sich in den Traktaten auch die Tendenz, den Körper möglichst als Ganzes zu behandeln,
von den üblicherweise besprochenen Gliedmaßen und Sinnesorganen abzu-

---

9 De Boer, *Conquest*, S 113–115 zu den Gefahren des Sehens. Vgl. auch ders.,
  Disziplinierung, S. 9–49.
10 »Praesertim si addatur eum ad Munus Confessionum audiendam non exponendum«;
  Provinciae S. Mariae in Hungaria, 28.11.1693, Pos 124.
11 Ein Supplikant erbittet etwa eine Dispens, »per servire alla Chiesa, e non essere del tutto
  inutile«; Regiensis, 15.11.1698, Pos 188. Vgl. auch Triventina, 18.11.1702, Pos 239. Im
  heutigen Kirchenrecht besagt Codex Iuris Canonici 1983, Canon 1025 § 2: »Darüber hinaus wird verlangt, daß der Kandidat nach dem Urteil desselben rechtmäßigen Oberen für
  den Dienst der Kirche als nützlich anzusehen ist.«
12 »Membrum nil aliud est, quam corporis pars, quae officium proprium & distinctum habet
  ab aliis corporis partibus, ut pedes ad ambulandum, oculi ad videndum, manus ad
  palpandum.« Ugolini., *Tractatus*, S. 16: Zum Begriff *officium* von Körperteilen und dessen
  Übertragungen in den politisch-sozialen Bereich vgl. Guldin, *Körpermetaphern*, S. 63–66.

weichen und damit die Diskussion im Vergleich zu den bestehenden Rechtsquellen zu erweitern. Für die separaten Kapitel zur fehlenden Milz oder dem allzu großen Bauch eines Klerikers etwa bezog sich Simon Maiolo nur auf medizinische und antike, literarische Werke – kanonistische Vorlagen gab es dafür keine.[13] Autoren konnten so nicht zuletzt umfassende Gelehrsamkeit demonstrieren. Zugleich wurde die Diskussion stets an die rechtlich entscheidende Bedeutung solcher Körperteile für klerikale Aufgaben zurückgebunden. Der allzu große Bauch könne heilige Akte unbequem *(incommode)* machen. Tatsächlich wird Fettleibigkeit in der Praxis angesprochen (nicht dagegen die fehlende Milz).[14] Wichtig ist es, unabhängig von diesen Einzelfällen, dass auf diese Weise potentiell der *ganze* Klerikerkörper in den Blick kommen konnte – auch unabhängig von autoritativen Rechtsstellen. Es bleibt allerdings zu fragen, welchen Einfluss diese gesamte Diskussion um *membra* auf die Praxis hatte oder ob die Problematisierung nicht anderen Regeln gehorchte.

Seine Funktionalität verlor ein Körperteil entweder durch Schwäche *(debilitas)* oder Verstümmelung *(mutilatio)*. Die Begriffe *debilis* oder *debilitas* kommen in mindestens 170 Suppliken vor. Auch die Vertreter der Disability History haben sie – im deutschsprachigen Raum vor allem für lateinische Quellen des Mittelalters – als zentral herausgestellt.[15] Der Begriff meinte klassisch die Dysfunktionalität eines vorhandenen Körperteils, der auch als *ineptus, inutilis, inefficens* beschrieben wurde.[16] Beispiele sind hier das blinde Auge oder die sogenannte trockene Hand. Davon abgegrenzt wurde der Begriff *mutilatus* – dem mutilierten Körper fehlte ein Körperteil ganz, während ein debiles Körperteil vorhanden, aber unbrauchbar war.[17]

Diese Unterscheidung zwischen den Begriffen *debilis* und *mutilatus* leuchtet zunächst unmittelbar ein. Ersterer konnte in verschiedene Grade eingeteilt werden, während letzterer permanent Verlust beschrieb. Suppliken und Entscheidungen der Konzilskongregation verdeutlichen, dass es bei *debilitas* nicht um vollständigen Funktionsverlust gehen musste, sondern sich ein dynamisches Spektrum von Inabilität findet. So wurde eine *maxima*

---

13 Maiolo, *Tractatus*, S.45.

14 Auximana, 14.11.1699, Pos 200.

15 Zu Begriffen etwa Goetz, Debilis, S. 21–56, der ca. 1.000 Belege zu *debilis* auswertet.

16 Hostiensis, *Summa*, S. 192–194.

17 *Deficientia* und ähnliche Begriffe kommen in 20 Suppliken vor, vor allem als partielles Fehlen des Sehsinnes *(deficientia visus)* und damit in Richtung *debilis* gehend.

debilitas der Augen in aller Regel noch von Blindheit abgegrenzt, und es ist etwa vielmals von *caecutiens* (erblindend) statt *caecus* (blind) die Rede.

Sowohl Mutilation als auch Funktionsverlust- und einschränkung wurden systematisch in dem Begriff einer *inhabilitas ad functiones* zusammengeführt und somit abschließend definiert.[18] Ugolini etwa beschreibt diesen Sachverhalt mit Blick auf das Sehvermögen:»Wer Augen hat, aber dennoch nichts sieht, ist irregulär, denn keine Augen oder unbrauchbare Augen zu haben, ist dasselbe.«[19] Das galt auch für fehlende und nicht funktionsfähige Hände oder Arme, so dass beides unter dem Begriff *inhabilis* oder *ineptus* subsumiert wurde.[20] Letztlich zählte in dieser Logik also nur die Abilität eines Körperteils.

Eine Analogie zu den *membra* des metaphorischen Körpers Kirche, die sich etwa bei Augustinus findet, wurde hier dagegen nicht angesprochen.[21] Letztlich war die Einstufung eines Körperteils als echtes *membrum* für die Frage der Irregularität nämlich weniger entscheidend als seine Bedeutung für konkrete klerikale Aufgaben. Die einfache Verknüpfung, dass nur fehlende oder gebrechliche *membra* (also nicht Körperteile im weiteren Sinne) zur Irregularität führen sollten, wurde zwar postuliert, aber häufig wieder aufgelöst. So verfasste Ugolini ein eigenes Kapitel für jene Irregularität, die von einem fehlenden Körperteil kommt, das zwar kein *membrum* sei, ohne welches aber die *functiones Ecclesiasticae* nicht ausgeübt werden könnten.[22] Wer sich etwa einen Teil des Fingers abschneide und deswegen nicht zelebrieren könne, sei irregulär, obwohl Finger keine echten *membra* seien. Nach einer

---

18 Bei Reiffenstuehl etwa sieht man sehr gut, wie bei *drei* Arten von *vitium (debilitas corporis, mutilatio, deformitas)* die ersten beiden in eine Kategorie überführt werden, nämlich als Fehler, die die Messfeier behindern *(celebrationem impediens)*; Reiffenstuehl, *Ius*, S. 437.

19 »Qui ergo oculos habet, sed tamen nihil videt, irregularis est, idem enim est oculos non habere & habere, sed inutiles«, heißt es etwa bei Ugolini, *Tractatus*, S. 189.

20 »Idem enim censetur carere membro aut illud ineptum ad opus faciendum habere«; Gibalino, *Irregularitatibus*, S. 51. Bei Maiolo werden ein fehlender und ein unnützer Körperteil ebenfalls in eins gesetzt:»membrum enim carere videtur, qui habet inutile, quia mortuum est«; Maiolo, *Tractatus*, S. 39. Die Stelle ist aus dem Decretum Gratiani entnommen, wo sie aber als Metapher illustriert, dass der Glaube ohne entsprechende Werke tot ist (C.1 q.l c.47).

21 Bei Augustinus bezieht sich *membra* allerdings nicht nur auf Bischöfe und Presbyter, sondern auf alle Christen,»weil sie Glieder des einen Priesters sind«; Augustinus, *Gottesstaat*, 20,10. Vgl. auch Guldin, *Körpermetaphern*, S. 61–63.

22 »De Irregularitate, quae oritur à vitio corporis, habito respectu ad eum, qui parte aliqua corporis caret, quae membrum non est, sed ea tamen, sine qua functiones Ecclesiasticae absque periculo obire nequeunt.« Ugolini, *Tractatus*, S. 193.

Prüfung, ob es sich um ein *membrum* handelte, war man damit also stets auf die Frage nach der Bedeutung für klerikale Aufgaben zurückverwiesen.

Der Begriff des *membrum* konnte, auch wenn er in den Traktaten viel diskutiert wurde, für das Thema der Körpergebrechen nur bedingt eine tragende Funktion entfalten. Die Kategorisierung von Körperteilen war im kanonistischen Diskurs allerdings an anderer Stelle von Bedeutung, nämlich bei der Irregularität wegen aktiver physischer Gewalt. Bei zugefügten Verletzungen sollte die strikte Einordnung des beschädigten Körperteils als *membrum* ausschlaggebend sein.[23] Die genannte Kategorisierung der Finger als Nicht-*membra*, die aber doch wichtige Aufgaben hatten, führte deshalb zu einer etwas irritierenden Konsequenz: Wer einem anderen einen Finger abschnitt, war laut Ugolini *nicht* irregulär (denn weil kein *membrum* mutiliert wurde, läge keine Irregularität *ex delicto* vor); der Geschädigte hingegen schon,»weil er die Hostie nicht greifen kann«.[24] Er hatte also, echtes Körperteil hin oder her, einen *defectus corporis*. Der Vergleich mit dem Thema Gewalt zeigt gut, dass der Fokus auf spezifische Aufgaben für Körpergebrechen besonders galt.

Die Vielfalt körperlich zu vollziehender Aufgaben, die jeweils einzelne Sinne oder Körperteile einbeziehen konnten, spiegelte sich auch in den streng hierarchisierten Weihegraden wider.[25] Das Konzil von Trient legte großen Wert auf diese Auffächerung der kirchlichen Hierarchie.[26] Jeder Stufenaufstieg sollte auch Anlass zur besonderen Prüfung sein, etwa ein bischöfliches Examen.[27] Supplikanten wurden je nach hierarchischer Position rechtlich unterschiedlich behandelt. Einige Trennlinien waren allerdings zentraler als andere. Besonders häufig thematisiert wurde der Übergang von den niederen Weihen oder *minores* (Ostiarier, Lektor, Exorzist, Akolyth) zu den höheren respektive heiligen Weihen oder *maiores/sacros* (Subdiakon, Diakon, Priester). Dasselbe gilt für den Schritt zum Priestertum.[28] In den

---

23 Für die Bedeutung von Körperteilen generell in der Frühen Neuzeit siehe Hillman/Mazzio, *Parts*.

24 »Qui ergo abscindit alicui digitum, irregularis non sit, esto irregularis factus sit is, cui est abscissus, propterea quod hostiam contrectare non potest.« Ugolini, *Tractatus*, S. 18. Dass dies nicht nur eine in der Praxis irrelevante, gelehrte Fingerübung war, zeigt ein Blick auf die zahlreichen Mord- und Mutilationsfälle, welche die Konzilskongregation unter Sess 14 Cap 7 behandelte.

25 Reynolds, *Orders*.

26 Etwa Sess 23 C 2; vgl. auch Osborne, *Priesthood*, S. 326–331.

27 Sess 23 C 7 de ref *De examine ordinandorum*.

28 Zur Geschichte der *minores*, die 1973 abgeschafft wurden, vgl. Croce, Weihen.

Dispensfällen vor der Konzilskongregation ging es häufig um die Tonsur oder die *minores* insgesamt.[29] Kein einziges Mal wurde in den über 500 Fällen das Amt des Lektors oder Exorzisten separat angestrebt, wohl weil die Bedeutung dieser Ämter vergleichsweise gering war.[30] Für das Amt des Ostiariers (wörtlich Türsteher) findet sich ein Fall, der gut die Bezugnahme auf Einzelaufgaben demonstriert. Antonio Maniardo war bereits tonsurierter Kleriker und bat 1642, zum Ostiarier aufsteigen zu dürfen. Er argumentierte, dass er dafür trotz »träger Zunge und Stotterns« keine päpstliche Dispens brauche. Das Ostiariat werde nämlich durch Handlungen des Körpers *(opera corporis)*, nicht durch die Zunge beziehungsweise Sprache *(lingua)* ausgeführt. Es obliege ihm lediglich, »die Kirche zu öffnen und zu schließen, Gläubige einzulassen und Ungläubige und Exkommunizierte abzuweisen«.[31] Das Argument war also, dass er als Ostiarier nicht sprechen musste. Den Zugang zur Kirche konnte man in seiner Darstellung auch nonverbal regulieren. Wichtig war hier die Doppeldeutigkeit von *lingua* als Körperteil und Sprachvermögen, die es möglich machte, dass die Zunge nicht als Teil des Körpers im engeren Sinne gesehen wurde. Dieser Argumentation folgte der zuständige Bischof allerdings nicht, wenn er schrieb, Maniardo habe einen *defectus corporis*. Das Sprechen wurde somit doch wieder direkt dem Körper zugeordnet. Die Konzilskongregation entschied, dass der Supplikant nicht ohne Dispens Ostiarier werden könne.[32] Ob dieser sich später um eine solche bemüht hat, geht allerdings aus den Quellen der Konzilskongregation nicht hervor.

Supplikanten bezogen sich in ihrer Argumentation demnach auf die Ämterhierarchie und schilderten die genauen Aufgaben, die ihnen übertragen werden sollten. Dass die formalisierten Aufgaben der einzelnen Weihestufen gegenüber den Kardinälen der Konzilskongregation oder dem Papst dezidiert erwähnt wurden, hatte keinen informativen Charakter – denn die Kardinäle wussten, was mit Ostiarier oder Diakon gemeint war –, sondern

---

29 Vgl. Posnaniensis, 26.03.1695, Pos 145, wo wenigstens um Dispens für die Tonsur und die *minores* gebeten wird (»ut saltem cum eo dispensaret, quatenus primam tonsuram et ordines minores tantum consequi posset«).

30 Schon im 12. und 13. Jahrhundert wurden die *minores* häufig zusammen verliehen; vgl. Barrow, *Clergy*, S. 46f.

31 »Cum ostiarius ordo exerceatur opere, non linguam; spectat enim ad ostiarium cludere, et aperire templum Dei, recipere fideles, et eiecere infideles, et excommunicatos.« Catacensis, 15.09.1642, Pos (Sess.) 27, 16r.

32 »Sacra Congregatio respondit secundum ea qua proponuntur, oratorem non posse promoveri absque dispensatione.« Catacensis, 15.09.1642, Pos (Sess.) 27, 1 r.

verwies auf die funktionsorientierte Argumentation. Für die jeweils beschriebenen Aufgaben konnte der Supplikant dann als geeignet dargestellt werden.

Supplikanten und zum Teil Bischöfe operierten mit einem Konzept von Können, das gerade nicht binär in irregulär/nicht-irregulär teilte, sondern in der Praxis die Differenzierungen nach Amtsaufgaben nachvollzog.

Wie im Fall des Ostiariers zu erkennen, musste allerdings nicht unbedingt ein konkretes Problem bei den jeweiligen Amtspflichten angeführt werden, um Personen auszuschließen. Der Differenzierung von Aufgaben wurde häufig diejenige zwischen Kleruskandidaten *(promovendus)* und Kleriker *(promotus)* vorgeordnet. Beim Wunsch nach Aufstieg in der Hierarchie oder Eintritt in den Klerus überhaupt wurden stets größere Zurückhaltung und Strenge gefordert als bei Dispensen für Geweihte.[33] Das bedeutet, dass ausgeprägte Funktionsorientierung vor allem gegenüber bereits geweihten Priestern gelten sollte. Als Begründung hieß es, dass alle kirchlichen Rangstufen im Grunde auf das Priestertum ausgerichtet seien und dieses Amt daher auch als Gradmesser der Tauglichkeit für solche Personen dienen sollte, die es gar nicht anstrebten.[34] Die funktionsorientierte Logik wurde damit eingeschränkt, aber nicht außer Kraft gesetzt. So konnte ein Einhändiger nach einer Entscheidung der Konzilskongregation von 1669 ohne weiteres die Tonsur erhalten. Allerdings sollte er nicht zu den weiteren Orden aufsteigen.[35] In der Praxis wurde die strikte Ausrichtung an sazerdotalen Aufgaben also nicht umgesetzt.

Es war in verschiedener Hinsicht funktional, eine bereits ordinierte Person nur für diejenigen Aufgaben rechtlich zu disqualifizieren, die er nach dem Verständnis der Autoritäten körperlich nicht ausüben *konnte*. Normativ erhielten Betroffene wie Autoritäten damit weitgehende Sicherheit über die Reichweite der Irregularität und die weiterhin erlaubten Aufgaben – auch wenn die Definition von Tauglichkeit in der Rechtspraxis umstritten blieb. Zugleich antwortete die Funktionsorientierung auf ein Versorgungsproblem. Da die Irregularität wie erwähnt einmal erhaltene Weihen nicht aufhob, sondern lediglich die Ausübung untersagte, wurde der von ihr Betroffene nicht zum Laien, sondern blieb Kleriker ohne Aufgaben. Ein Ver-

---

33 Siehe auch Tridentinum, Sess 14 C 1, der der Fall des Ostiariers zugeordnet ist.
34 Silbernagl, *Lehrbuch*, S. 150.
35 Interamnensis, 13.07.1669, Pos (Sess.) 129, 375r–379v.

stoß aus dem Klerikerstand war bei »unschuldiger Nutzlosigkeit« keine Option.[36] Für Betroffene war problematisch, dass die materielle Versorgung an die Ausführung von Aufgaben gebunden war – also ein *beneficium* häufig nicht ohne *officium* zu haben war.[37] Priester unterstrichen entsprechend häufig ihre derzeitige oder mit der Irregularität zu erwartende Armut und ihre langjährigen Dienste für die gesamte Kirche oder einzelne Gemeinden.[38]

Die dahinterstehende Erwartungshaltung legt es nahe, die Dispensverfahren auch im Kontext der Zuteilung von Gerechtigkeit durch die Kirche zu betrachten. Für den unterschiedlichen Umgang mit bereits geweihten Klerikern und Kandidaten war – neben der Versorgungsproblematik – der Gedanke der *iustitia* von großer Relevanz.[39] Bereits Geweihten war durch das Recht etwas genommen worden, das sie bereits besessen hatten (die Ausübung ihres Amtes). Immer vorausgesetzt war hier, dass der ursprüngliche Schaden – hier also das Körpergebrechen – nicht in der Verantwortung des Beschädigten lag.[40] Prinzipiell galt auch gegenüber Anwärtern, dass man einem Geschädigten nicht noch weiteren Schaden zufügen sollte.[41] Anwärter mussten allerdings erst darum bitten, den Klerikerstatus zu erhalten, und gewissermaßen einen höheren Grad an Gnade verlangen als Geweihte. Letztere konnten zudem auf oft langjährige Dienste für die Kirche verweisen und damit auf besondere Weise den Dispensgrund der Belohnung für persönliche Verdienste aktivieren. Das Rechtsmittel der Dispens war für Zeitgenossen Teil einer *iustitia distributiva*, die vertikale Statusdifferenzen berücksichtigte.[42] Diese Vorstellung verstärkte wiederum die Konzentration auf

---

36 Zum Thema des Koadiutors im mittelalterlichen Recht vgl. Fowler, Uselessness. Sie behandelt auch ›unnütze‹ weltliche Herrschaftsträger, für deren Fälle das Kirchenrecht offenbar Vorbildfunktion hatte.

37 Zu den Effekten der Irregularität für Benefizien siehe Sess 14 C 7 de ref des Tridentinums und Ugolini, *Tractatus*, S. 245 (Kap. 65: *De effectibus irregularitatis per accidens*).

38 »Diu eidem Ecclesiae continue, et laudabiliter, servitium praestitit«; Nucerina, 26.09.1693, Pos 121.

39 Zur *misericordia* als Dispensgrund vgl. Corradi, *Praxis*, S.2.

40 Die Formulierung »ne scilicet afflicto addatur afflictio« findet sich in anderem Kontext bei Carpzov, wenn es um einen Vasallen geht, der *ex calamitate* zum Dienst unfähig wird und dennoch sein Lehen behalten darf (Carpzov, *Jurisprudentia*, S. 1197).

41 »Afflictionem non esse addendam afflictio«, heißt es in einem Fall der Konzilskongregation, vgl. *Causae selectae*, S. 50.

42 Corradi, *Praxis*, S. 2f. schreibt etwa zu den Ursprüngen der Dispens: »Fuit dispensatio inventa, ut esset pars justitiae distributivae.« Vgl. mit weiteren Angaben zum Begriff Brendecke, *Imperium*, S. 54–57 und Huber, *Beute*, S. 24–30.

konkrete *functiones*, die eine Person ausüben konnte. Gerechte Dispense waren einfacher zu geben, wenn es nicht um den Klerikerstatus als solches, sondern um Einzelaufgaben ging.

Supplikanten verwendeten die kanonistischen, funktionsorientierten Begriffe des Könnens oder der Unfähigkeit *(inhabilitas)* ausdrücklich zu ihrem Nutzen. Der Priester Giuseppe Pinto etwa berichtet von seiner verletzten Hand, mit der er nicht länger die Messe zelebrieren, aber die anderen Sakramente administrieren könne, besonders die Beichte und die Taufe. Zu seinen Gunsten, so der Supplikant, habe er in einem Traktat zur Irregularität *(trattato de Irregularitate)* eine Definition der kanonischen *inhabilitas* gefunden. Diese lasse sich mit Innozenz IV. und Hostiensis bezeichnen als Unfähigkeit »zu etwas, das jemand nicht machen könne und nicht zu allem [also nicht zu allen Aufgaben eines Klerikers]«.[43] Als Autor des erwähnten Traktats wird Francisco de Toledo genannt, in dessen moraltheologischer Summe sich tatsächlich eben diese Definitionen fast wörtlich wiederfinden.[44] Entscheidend ist an dieser Stelle die Nutzung eines speziellen Abilitätsbegriffs, mit dem Dürfen an Können gebunden wurde. Diese Konzeption bot den Rahmen für Supplikanten, den eigenen Körper zu beschreiben. So konnte Pinto im ersten Teil sein körperliches Können genau auflisten und dann bruchlos die zu seinen Gunsten gefundene kanonistische Stelle anführen. Der strategische und ökonomische Wert eines solchen Könnens-Konzepts für den Bittsteller selbst wurde in der Supplik explizit genannt. Durch die Ausführung der anderen Sakramente könne er weiter an den Einkünften seiner Pfarrei partizipieren.[45] Diese Forderung hatte stets einen spezifischen strategischen Wert im Rahmen der einzelnen Supplik, passte aber zugleich in das breitere Muster einer funktionalen Konzeption von Körpergebrechen, das in Diskurs und Rechtspraxis herrschte. Funktionsorientierung war folglich nicht nur Exklusionsmechanismus, sondern von Nutzen für Supplikanten und die Kirche.

Die angeführten Beispiele lassen eine systematische Beschreibung des Begriffs von ›Behinderung‹ im vorliegenden Kontext zu. Mit dem *impedimen-*

---

43 »Trovando a suo favore nel trattato de Irregularitate, quam Innocentius, et Ossiensis [sic] sic declarunt posse definiri Irregularitas est Canonica Inhabilitas, ordines suscepetos aut suscipiendos exercere, et explicant Inhabilitas id est qui aliquid non agere potest et non ad omnia. Ita Franciscus Toletus«; Theatina, 10.07.1678 Pos (Sess.) 130, 374r–376v.

44 De Toledo, *Summa*, S. 183.

45 Theatina, 10.07.1678 Pos (Sess.) 130, 374r–376v.

tum und der Verortung zwischen *abilis/inabilis* wurden stets relationale, situative Begriffe verwendet. Der Begriff der ›Behinderung‹ fungierte nicht als selbständige Personen- oder Gruppenbezeichnung, im Sinne eines immer und überall ›behinderten‹ oder einer stets am Körper vorhandenen Eigenschaft.[46] Eine Person konnte zwar *impeditus* sein, war dies aber in den Quellen in aller Regel mit dem Bezug auf etwas *(ad x)*.[47] Die Beschreibung erhielt ihre Bedeutung also aus der Relation, nicht so sehr aus der Person und ihrem Körper selbst. Zwar findet sich der Begriff der am Körper fehlerhaften Person *(corpore vitiatus)*. Gerade um diesen Fehler und damit um den Körper als solchen sollte es aber bei der rechtlichen Entscheidung nicht gehen. So heißt es in einer Zusammenfassung der Rechtslage in einem Fall eines Priesters aus Besançon:

»Bei dieser Irregularität kommt es einzig darauf an, ob der Defekt die Ausübung der Weihe behindert. Es geht nicht um den körperlichen Fehler an sich, sondern *nur* darum, ob er dem Altardienst entgegensteht.«[48]

Es wurde zwar ein gegebener körperlicher Makel angenommen, im Zentrum standen aber ausschließlich die Folgen für die Ausübung der Funktionen, in diesem Fall die Messfeier. Damit lässt sich resümierend die Nutzung von funktionsorientierten Konzepten von Behinderung durch die verschiedenen Akteure im Verfahren festhalten. Daran anschließend wird gefragt, wie diese Konzeption legitimiert und welche Rolle dabei der Natur im Verhältnis zum kirchlichen Recht zugesprochen wurde.

Körpergebrechen zwischen Recht und Natur

In diesem Abschnitt wird gezeigt, wie die untersuchten katholischen Autoren bei der Legitimation von Normen auf den Begriff der Natur rekurrierten. Damit wird an eine zentrale Forderung der kritischen Disability History

---

46 Eine solche Sammelbezeichnung hat politische, rechtliche und soziale Effekte; vgl. Schmidt, Behinderung, S. 619.

47 So heißt es, ein Supplikant sei »non impeditus ad sacras ceremonias peragendas« (Barensis, 27.08.1695, Pos 153) oder »in nihilo sit Orator praepeditus ad peragandas Sacras functiones« (Burgensis, 27.05.1702, Pos 232).

48 »In hac irregularitate unice attendetur an defectus usum ordinis impediat non curato corporis vitio in se, sed *tantum* habito respectu an obstet in Altaris ministerio«; Summarium, Bisuntina, 17.11.1696, Pos 169, 2. Teil (Hervorhebung durch den Verf.).

angeknüpft: Historiker und Historikerinnen sollten nicht von natürlichem Gebrechen ausgehen und dann nur noch den rechtlichen oder sozialen Umgang damit untersuchen.[49] Vielmehr gilt es zu zeigen, wie der rechtliche Diskurs mit Annahmen über Naturgegebenheit operierte. Dabei scheint es mir aber auch wichtig, Ambivalenzen des Naturbezugs bereits in der Frühen Neuzeit aufzuzeigen.

Zunächst erscheint es sinnvoll, idealtypisch eine rechtliche und natürlichkörperliche Bedeutungsebene der herausgearbeiteten funktionsorientierten ›Behinderung‹ zu unterscheiden. *Impedimentum canonicum* bezeichnete erstens im weitesten Sinne alle kirchenrechtlichen Ausschlussgründe von der Weihe. Auch illegitim Geborene, Sklaven oder Mörder waren in diesem Sinne behindert.[50] Sie durften die klerikalen Aufgaben rechtlich nicht ausüben und etwa Sakramente gültig spenden. Ihr physisches Können stand dagegen nicht zur Debatte. In diesem Fall verblieben Grund und Effekt im Bereich des Rechts – die Irregularität als Rechtszustand verhinderte den Aufstieg einer Person zu den Weihen oder die Ausübung eines Amtes. Der Grund für den Ausschluss war nicht der Status als Sklave als solcher, sondern die rechtliche Setzung, die Sklaven von der Weihe ausschloss. Bei Körpergebrechen wurde dagegen behauptet, dass bestimmte Einschränkungen gleichsam natürlich, also theoretisch auch ohne Rechtsnormen Geltung haben würden. Auf dieser Ebene bezogen sich sowohl das Behindernde als auch dessen Effekt auf den Körper. Eine Verletzung, so wurde etwa formuliert, machte den Daumen unfähig zur Bewegung und behinderte entsprechend die Person bei Handlungen, bei denen der Daumen bewegt werden musste.[51] In der Realität griffen diese beiden Aspekte ineinander. Das Begriffsfeld von *impedimentum* (Hindernis) und Fähigkeit ist deshalb von einer Doppelung gekennzeichnet.[52] In physischer Hinsicht wurde von der Fähigkeit zum Ausführen einer bestimmten Handlung gesprochen, etwa dem Lesen der Messen. Ein Supplikant »zeigte sich zum Lesen fähig *(habilem ad legendas)*«.[53] In

---

49 Zur Forderung nach einer konsequenten Historisierung von Naturalisierungsformen vgl. Bösl, Disability, S. 29–43. Zur Irregularität zwischen Natur und Recht vgl. auch Röder, Formbarkeit.

50 Für Frauen dagegen galt ein anderer Referenzrahmen; dazu Kap. 4.3.

51 »Digitus pollex ipsius dexterae manus totaliter est impeditus ad motum, et actionem aliquam«; Segobien, 16.02.1704, Pos 258.

52 Michel Foucault spricht im Zusammenhang mit Monstern vom »rechtlich-biologischen« Bereich und den gleichzeitigen Verstoß gegen Natur und Recht, vgl. Foucault, *Anormalen*, S. 86f.

53 Mediolanensis, 11.06.1695, Pos 149.

rechtlicher Hinsicht war ein Supplikant »fähig für die Gnade, die er erbittet *(abile per la grazia che implora)«*.[54] Das Ineinandergreifen von körperlicher und rechtlicher Ebene konnte die Normen der Irregularität legitimieren. Der Rechtsakt der Dispens gewann durch die Verknüpfung mit dem natürlichen Können, verortet am Funktionen ausübenden Körper, zunächst an Evidenz. Rechtlich behindert wäre in dieser Logik schlicht derjenige, der es auch körperlich war. Die Vorstellung, dass bestimmte Gebrechen augenscheinlich gleichzeitig körperlich und rechtlich disqualifizierten, findet sich in der frühneuzeitlichen Traktatliteratur häufig. Wem beide Hände oder die Füße fehlten, so Ugolini, der sei offensichtlich irregulär. Denn Letzterer könne *per se* nicht am Altar dienen, Ersterer die Heiligen Mysterien nicht berühren, wie sich von selbst verstehe *(per se patet)*.[55] So sei auch ein Blinder oder Stummer, egal ob so geboren oder aus sonst einem Grund, irregulär, weil er die Worte der Sakramente nicht sprechen könne *(nequit)*.[56] Die der Exklusion und Inklusion von Personen zugrundeliegende rechtliche Bestimmung wurde naturalisiert und zum Teil gänzlich unsichtbar gemacht.

Kernbegriff in diesen Argumenten war die *natura*. Der Begriff kommt in den Quellen in verschiedenen Bedeutungen vor. Er konnte ein Gebrechen von Geburt an oder ohne Gewalteinwirkung kennzeichnen, also eine dem menschlichen Handlungsspielraum entzogene Instanz meinen, die körperliche Eigenschaften zuteilte.[57] Daneben wurden die genannten, scheinbar offensichtlich ausschließenden Gebrechen teilweise auch im natürlichen Recht *(ius naturale)* verortet.[58] So findet sich die Aussage, dass Blinde nach diesem Recht auszuschließen seien, sowohl in den Traktaten also auch in

---

54 Aquileiensis, 27.01.1691, Pos 88.

55 »Nam posterior altari interesse per se non potest; prior autem sacra mysteria contrectare non valet, ut per se patet.« Ugolini, *Tractatus*, S. 188.

56 »Mutus etiam, qui linguam praecisam habet, quod verbis sacramentorum formas exprimere, septem horarum praeces recitare nequit, irregularis quoque est.« Ugolini, *Tractatus*, S. 188. Vgl. Thomas von Aquin, *Summa*, Pars 3, Quaestio 82, Art 10: »Quandoque quidem propter impossibilitatem executionis, sicut si privetur oculis aut digitis, aut usu linguae.«

57 Vgl. die Formulierung *a natura instructus* in Tullensis, 04.05.1652, Pos (Sess.) 126, 22r.

58 »Qui utraque, vel altera manu caret, iure naturali impedi sunt ab ordinum susceptione, et executione«; Sayer, *Casuum*, S. 601. Weiter heißt es ebenda zu Füßen: »Dicendum est, quod si quis ita cruribus, vel pedibus caret, ut nullo modo accedere possit ad altare [sic], iure naturali impeditus est. Item si nullo modo pedibus stare potest, iure naturali impeditus est.«

Dokumenten aus der Dispenspraxis.[59] Das *ius naturale* und das gesamte Begriffsfeld Natur mussten offenkundig nicht mit Körpern zu tun haben, sondern konnten auch Sittengesetze meinen.[60] Zugleich konnte *a natura* auch auf das Wesen eines Gebrechens hinweisen (dass etwa ein Blinder *per definitionem* nicht sehen könnte). Im Begriff des *naturale impedimentum* schwangen diese verschiedenen Bedeutungen mit.[61] Gemeinsam war ihnen die Betonung einer besonders starken Grundlage der Exklusion vom Klerus.

Allerdings wurde diese Selbstverständlichkeit selbst bei scheinbar eindeutig disqualifizierenden Gebrechen schon zeitgenössisch in Frage gestellt. Während die Suggestion von Unverfügbarkeit durch den Verweis auf *natura* legitimierend wirken konnte, warf sie die Problematik der Grenzen von kirchlichen Rechtsakten auf. Wurde der Könnensbegriff dergestalt naturalisiert, so implizierte er eine Eigenlogik, die ein Problem für die positivrechtliche, päpstliche Gewalt darstellte. Ob Dispense des Heiligen Stuhls auch im Bereich des natürlichen Rechts *(ius naturale)* galten, war Gegenstand von Kontroversen.[62] Der Papst konnte, so die übereinstimmende Meinung, in allen Irregularitäten dispensieren. In der zeitgenössischen Definition von Dispens findet sich der Ausdruck, dass diese »das Unmögliche möglich macht« *(facit impossibile possibile)*.[63] Der Dispensierte wurde in den Zustand zurückversetzt, in dem er sich vor dem Eintreten des Hindernisses befunden hatte. Es ist klar, dass hier von der rechtlichen Wirkung die Rede war, nicht von einer körperlichen. Was als Rechtsfolge evident war, wurde aber in der Anwendung auf reale Körper problematisch. Der Blinde konnte mit einer Dispens nicht wieder sehen. Das wundersame Nachwachsen von Händen oder Armen – etwa bei Leo dem Großen oder Johannes von Damaskus – wurde zwar in den Traktaten erwähnt, geschah aber mittels göttlicher Intervention und nicht durch päpstliche Gnadenakte.[64]

---

59 »Imo qui in totum caecus est, vel oculis privatus Iure naturali dicit esse impeditus«; Auximana, 30.01.1649, Pos (Sess.) 170, 9r.

60 So konnten verschiedene Praktiken, etwa auch Sodomie, als widernatürlich qualifiziert werden; vgl. nur Tortorici, *Sins*.

61 Ein deutschsprachiges Beispiel, das diese Logik verdeutlicht: »Sonst hindern den Priesterstand nur solche natürlichen Gebrechen, die den Menschen zu den priesterlichen Verrichtungen unfähig machen.« Schwarzel, *Anleitung*, S. 50.

62 Zu verschiedenen Definitionen von *natura* im kirchlichen und weltlichen Recht vgl. Weigand, Problematik, S. 239–263 und Weigand, *Naturrechtslehre*, S. 394–443.

63 Vgl. Corradi, *Praxis*, S. 1: Die Dispens »facit impossibile possibile«. Zur Wiederherstellung heißt es, durch die Dispens wird eine Person »redditur aptus & legitimus ad ea, super quibus fuit dispensatus; sicut erat ante incursum impedimentum«.

64 Vgl. Maiolo, *Tractatus*, S. 39.

Im Falle des hier interessierenden Nicht-Könnens war zum Teil von physischer Unmöglichkeit *(impotentia)* die Rede.[65] War hier nicht auch das positive Recht des Papstes ohnmächtig? Der Lösungsversuch Ugolinis für dieses Problem illustriert die Schwierigkeiten für katholische Werke. Der Autor differenzierte bei der Frage, ob der Papst bestimmen könne, dass ein Kleriker ekklesiastische Aufgaben ausüben dürfe, der dazu aber physisch nicht in der Lage war. Es gebe Fälle, in denen ein Kleriker *manche*, aber nicht alle Funktionen ausüben könne, und andere, in denen er gar keine Funktionen ausüben könne.[66] Ersterer sei dispensabel und könne die ihm physisch unmöglichen Aufgaben mit anderen kompensieren. Irgendeine klerikale Aufgabe musste allerdings als Minimalanforderung bleiben, denn wer überhaupt keine Handlungen ausüben könne, könne kein Kleriker sein. Weil die klerikalen Aufgaben – wie gezeigt – sehr vielfältig waren, musste diese letztere Gruppe relativ klein sein.

Der Papst, so präzisiert Ugolini, könne also durchaus in allen Irregularitäten wirksam *(cum effectu)* dispensieren.[67] Einem Stummen könne aber nicht wirksam erlaubt werden, dass er kirchliche Funktionen ausführe, da selbst der Papst »das natürliche Hindernis nicht aufheben kann«.[68] Hier findet sich also ein Begriff der »natürlichen Behinderung«, der das positive Recht jedenfalls theoretisch begrenzte. Alternativ konnte man bestimmte Einschränkungen definitorisch von den *per se* dispensablen Irregularitäten ausnehmen.[69]

Andere Autoren suchten konsequent nach Lösungen, um doch alle Gebrechen als dispensabel darzustellen. Das illustriert das Beispiel eines Priesters ohne Hände. Dieser stellte für Autoren wie de Soto und Avila gerade das Muster für einen Ausschluss gemäß natürlichem Recht dar.[70] Leander und Henríquez behaupteten dagegen, der Papst könne ihm durchaus die

---

65 Ein Beispiel aus der Dispenspraxis: Comensis, 25.09.1694, LD 44, 486v *(impotens ad celebrationem).*

66 Ugolini, *Tractatus,* S. 239.

67 »Igitur in omnibus Summus Pontifex dispensare potest cum effectu«; Ugolini, *Tractatus,* S. 239.

68 »Quandoquidem naturale impedimentum tolli non potest. Non igitur muto permittere potest cum effectu, ut functiones Ecclesiasticas obeat; inutilis enim est ea permissio«; Ugolini, *Tractatus,* S. 239.

69 Vgl. Sayer für den Priester, der keinen Wein trinken kann: »Qui vinum bibere, aut retinere non possunt, quin illud evomant, non tam irregulares sunt, quam iure naturali impediti«; Sayer, *Casuum,* S. 605.

70 Vgl. Avila, *Censuris,* S. 325 mit Verweis auf de Soto.

Messfeier erlauben.[71] Die Elevation und Brechung der Hostie müssten allerdings stellvertretend von einem anderen Priester vollzogen werden. Auch wenn sich kein Priester ohne beide Hände in den untersuchten konkreten Fällen findet, wurden diese Belegstellen in der Dispenspraxis angeführt.[72] Sie dienten dazu, die Reichweite von Dispensen auszuloten.

Resümierend ist festzuhalten, dass im Diskurs zu Körpergebrechen ein körperlich-juristischer Begriff von Tauglichkeit verwendet wurde, in dem physisches Können und rechtliches Dürfen verbunden wurden. Dem normativen Begriff *habilis* wurde ein vermeintlich natürlicher vielfach zugrunde gelegt. Dies kann als Naturalisierung von Gebrechen bezeichnet werden und legitimierte die Irregularität *ex defectu corporis*.

Es wurde gezeigt, dass die Funktion einer ›natürlichen Behinderung‹ nicht in einer Identifizierung von Natur als Grund und Irregularität als rechtlicher Folge liegen konnte. Dies wäre nicht nur theoretisch für die Abgrenzung von positivem und natürlichem Recht problematisch gewesen, sondern hätte unmittelbar die Autorität der römischen Zentrale eingeschränkt. Offenbar war es dennoch günstig, den Verweis auf die *natura* beizubehalten, auch wenn der Bereich ihrer Geltung entweder minimal oder problematisch für das päpstliche Recht war. Situativ konnten Argumente mit der Natur die Zahl der für die Entscheidung relevanten Aspekte eines Falles verringern. Der Grund für das Gebrechen blieb bestehen, ganz gleichgültig, ob eine körperliche Beeinträchtigung etwa aus eigener Schuld herrührte, ob etwa jemand so geboren oder von Feinden zugerichtet worden sei.[73]

Die Natur-Begrifflichkeit konnte auch für Supplikanten attraktiv sein. Durch die Verankerung bestimmter Einschränkungen in der *natura* konnte eine günstige Entscheidung als geradezu zwangsläufig eingefordert werden. Die Stellungnahme des Präpositus eines Benediktinerklosters zum Anliegen eines Supplikanten bringt dies gut auf den Punkt. Dessen Gebrechen am rechten Arm habe sich im letzten Jahr enorm gebessert: »Er will deshalb wie bereits von der Natur, so auch von der Kirche rehabilitiert werden, die religiösen Handlungen durchzuführen.«[74] So konnte gefordert werden, dass die

---

71 Vgl. Henríquez, Summa, S. 861: Er selbst habe einen Regularkleriker gesehen, der trotz Handeinschränkung dispensiert wurde, »ut celebraret assistente sibi ministrio«.

72 Etwa Trevirensis, 22.01.1774, Thesaurus Bd. 43, S. 11.

73 Ugolini, *Tractatus*, S. 197.

74 »Cupit propterea quemadmodum a natura, ita ab Ecclesia ad divina peragenda rehabilitari«; Nullius Pisciensis, 11.01.1698, Pos 180.

rechtliche Irregularität beendet sei, wenn der Körper sich veränderte. Entscheidender Akteur wäre dann die Natur, weniger die Kirche. Durch diese Konzeption des *impedimentum* waren Körpergebrechen natürlich und rechtlich reparabel. Die Belegstelle demonstriert aber gleichzeitig, dass die Natur eben *nicht* Entscheidungen fällte. Supplikanten konnten zwar auf die determinierende Wirkung der Natur verweisen, die rechtliche Aushandlung blieb aber notwendig. Zwischen Natur und Recht verblieb stets eine Lücke, die diese Entscheidungsprozesse erst ermöglichte und für Akteure so zentral machte. Im Folgenden geht es deshalb darum, wie in spezifischen Verfahren klerikales Können bestimmt wurde.

2.2 »Pro meliore informatione facto experimento«. Empirie im Verfahren

Bisher wurde gezeigt, dass die Definition von Tauglichkeit vor allem über einzelne klerikale Handlungen vorgenommen wurde. Die Argumentation mit dem Begriff *natura* war zwar stellenweise funktional, reichte aber nicht als Legitimationsgrundlage aus. In diesem Abschnitt wird gefragt, wie im Verfahren Evidenz erzeugt wurde.

Wie wussten Bischöfe vor Ort oder Kardinäle in Rom, welche Person tauglich war und welche nicht? Die Antwort scheint auf der Hand zu liegen: Man sah sich den Betreffenden an. Der Wert der Inaugenscheinnahme *(inspectio ocularis)* für die Entscheidungsfindung wurde in der Traktatliteratur in Abgrenzung zum Hörensagen hervorgehoben.[1] »Was durch die Ohren in die Seele geht, rührt immer schwächer, langsamer, als was die Augen sehen«, so zitierte etwa Borgasio die *Ars Poetica* des Horaz.[2] Auch in den Informationen von kirchlichen Amtsträgern findet sich die im Horaz'schen Diktum angedeutete Abgrenzung vom Hörensagen und dem, was »notorisch« war.[3] Dies bedeutete keineswegs, dass Notorität rechtlich unerheblich war, sondern vielmehr, dass Glaubwürdigkeit im Verfahren mit Augenschein verstärkt werden sollte. Die Horaz-Stelle griff auch Corradi in seinen Ausführungen zur Dispenspraxis auf. Ein Defekt müsse deshalb in der Praxis *(in praxi)* sorgfältig inspiziert werden.[4] Dabei war allerdings die Inaugenscheinnahme in aller Regel von der Entscheidung entkoppelt, denn die Kardinäle hatten kaum einen Supplikanten persönlich gesehen. Dies tat der Betonung

---

1 Für die Überlegenheit des Sehens gegenüber dem Hören bei Zeugen vgl. Cristellon, *Marriage*, S. 89.
2 »Segnius irritant animos demissa per aurem, quam quae sunt oculis subiecta fidelibus«; Borgasio, *Tractatus*, S. 113. In deutscher Übersetzung lautet das Zitat bei Horaz: »Schwächer erregt das Gemüth, was zu ihm durch die Ohren hinabsteigt, als was uns vor die Augen, die treuern, gebracht wird«; Horaz, *Dichtkunst*, S. 37.
3 »Praehabita diligente inquisitione praeterquam quod notorium sit«; Augustana, 22.09.1696, Pos 169.
4 Corradi, *Praxis*, S. 60.

einer Überprüfung mit den Augen keinen Abbruch, denn primär sollte der Bischof vor Ort den Supplikanten »seinem Blick unterwerfen« *(aspectui oculorum subjici)*.[5] Die Bischöfe nahmen in ihren der Konzilskongregation zugesandten Informationen entsprechend konsequent Bezug auf eine Inspektion. Der bischöfliche Blick trat auch vermittelt auf, denn die Untersuchung von Supplikanten konnte an Vikare delegiert werden.[6] Die Kardinäle wiederum nahmen den somit delegierten Augenschein in ihre Entscheidung auf, und untere Instanzen konnten metaphorisch als Augen der oberen beschrieben werden.[7] Die Inspektionen bezogen sich nicht lediglich allgemein auf den juristischen Gesamtsachverhalt, sondern zugrunde liegen sollte in jedem Fall eine direkte Inaugenscheinnahme des Körpers.[8]

Wie genau der Augenschein von körperlichem Können herzustellen war, konnten Amtsträger und Supplikanten der Traktatliteratur nicht entnehmen. Diese Leerstelle in der Literatur zum Thema zeugt allerdings nicht von einem praktischen Defizit der Autoren, sondern vielmehr von der kontextspezifischen Irrelevanz der genauen Ausgestaltung der Inspektion. In der rechtlichen Diskussion war die Kompetenz zur Beurteilung wichtiger. Sie wurde in der Regel dem Bischof zugesprochen – in Abgrenzung zu anderen Personen, etwa Regularklerikern oder dem persönlichen Beichtvater.[9] Dennoch lässt sich über den Gegensatz von Hörensagen und okularer Prüfung hinaus eine genauere Bestimmung des Augenscheins vornehmen. Im Folgenden möchte ich zeigen, dass das episkopale Schauen in der Praxis eine bestimmte Form hatte, die sich aus den archivalischen Quellen der Konzilskongregation rekonstruieren lässt.

---

5 Borgasio, *Tractatus*, S. 113. Zum Bischofsamt und seiner Bindung ans Sehen vgl. Brendecke, *Imperium*, S. 43f.

6 Corradi, *Praxis*, S. 60.

7 Friedrich, Augenschein; Zey, Augen. Dechanten als Vorsteher mehrerer Pfarreien galten wiederum als *membra et oculi* der Bischöfe; vgl. Hahn, Rezeption, S. 390.

8 So schreibt ein Bischof etwa, »testamur quod visa per nos et diligenter inspecta manu dextera«. Lingonen, 14.11.1699, Pos 200.

9 Ugolini, *Tractatus*, S. 200.

Ablauf und Personal des *experimentum*

Lokale Beobachtung wird regelmäßig als *experimentum* bezeichnet. Darunter wurde eine Art Probemesse verstanden, welche die zu prüfenden Supplikanten absolvieren sollten. 1727 wurde die Tatsache, dass der Bischof vor seinem Bericht ein *experimentum* durchführen sollte *(facto prius experimento)*, bereits als üblich beschrieben.[10] In späteren Fällen ist auch vom »gewohnten *experimentum*« die Rede.[11] Es handelt sich offenbar um eine administrative Erfolgsgeschichte, die einer Erklärung bedarf. Eine genauere Analyse des *experimentum* ist nicht zuletzt wichtig, da der Ausgang häufig existentielle Folgen für Betroffene hatte.

Zunächst sei auf den Begriff selbst eingegangen, der auch die Praxis der Beobachtung erhellen kann. Die erste Verwendung von *experimentum* im vorliegenden Quellenkorpus findet sich in einer Information von 1693, während 1656 und 1684 von *inspectione diligente* und, italienisch, von *essaminatione* die Rede ist.[12] Weitere frühere Verwendungen bezeichnen dagegen das Abwarten im Falle von Krankheiten.[13] In den folgenden 15 Jahren finden sich 42 Fälle, in denen *experimenta* erwähnt werden, wobei in einigen bis zu vier durchgeführt wurden. Sehschwäche war neben Gebrechen an Händen und Füßen der Hauptanlass für Überprüfungen.

Die Konzilskongregation forderte häufig *experimenta* ein, die der Bischof auszuführen hatte. In einem Brief des Präfekten an den Bischof von Burgos wird dieser folgendermaßen gebeten, über die Supplik eines Johannes Achiaga zu informieren:

»Wir [die Kardinäle] fügen diesem Brief die Supplik des Johannes Achiaga bei, damit du, nachdem du ein *experimentum* unter Hinzuziehung der Zeremonienmeister gemacht hast, die Konzilskongregation genau informierst *(distincte informes)*, ob das Erzählte wahr ist.«[14]

In Rückfragen der Konzilskongregation nach bereits erfolgter Auskunft des Bischofs ist häufig von »besserer Information« die Rede, die sich durch das

10 »Iuxta morem«; Florentina, 02.08.1727, *Folia Sacrae Congregationis* 1727.
11 *Causae selectae*, S. 30.
12 Trecensis, 05.02.1656, Pos (Sess.) 126, 8r/v und Ambianensis, 09.09.1684, Pos 22.
13 Albensis, 16.12.1684, Pos 23; Dolen. Dispensationis, 26.01.1692, LD 42, 91r.
14 Burgen, 27.05.1702, Pos 232.

experimentum auszeichnet *(pro meliore informatione facto experimento)*.[15] Der spezifische Wert dieser Form im Verfahren zeigt sich besonders in Fällen, in denen Bischöfe klar zwischen dieser und anderen Beschreibungen differenzierten. So lässt sich eine Unterscheidung zwischen bloßem Betrachten und *experimentum* konstatieren.[16] Eindeutig trennte etwa ein Bischof in seiner Information zwei Abschnitte:»Erst zum Zustand seiner Hand«, worauf die genaue Beschreibung der versehrten Hand des Supplikanten folgte. Daumen und Zeigefinger seien intakt, die übrigen drei Finger gänzlich amputiert worden.[17] Der nächste, visuell im Dokument durch einen Absatz getrennte Abschnitt berichtet über dieselbe Hand nun in Aktion:»Nach dem vollzogenen *experimentum* schließlich, mit Kelch, Patena und Brot, halte ich für besonders bemerkenswert« – worauf die einzelnen Bewegungen der Hand in der Messe folgen.[18] Der dem *experimentum* vorausgehende Schritt – die Beschreibung der körperlichen Einschränkung als solcher – wurde als *inspectio* oder *observatio* bezeichnet.[19] Diese vorgeschaltete Beobachtung ließ sich mit der bischöflichen Visitation verknüpfen. In einer Information heißt es etwa, über den Sachverhalt (hier Blindheit) wisse der Ordinarius»nicht nur aus der Inaugenscheinnahme *(ocularum inspectione)* während einer Visitation im letzten Jahr, sondern auch aus einem *experimentum*« Bescheid.[20]

Die bischöflichen Informationen griffen also häufig auf eine Sequenz von mindestens zwei Beobachtungsakten zurück, in der das *experimentum* die höchste Form darstellte. Schon die erste Beobachtung wurde als besonders

15 Etwa die Entscheidungen in Bisuntina, 15.09.1703, Pos 254 und Reatina, 28.11.1693, Pos 123. In Neapolitana 17.05.1704, Pos 262 heißt es»pro nova informatione facto experimento«.

16 Vgl. auch die Anweisung der Konzilskongregation an den Prior der Lazaristen,»qui videat, et facto experimento referat cum suo voto«. Barensis, 07.06 1698, Pos 184.

17»Nunc ad statum eius manus; per inspectionem ipsius nobis apparuit non superesse ex tota manu sinistra nisi duos digitos, scilicet pollicem et indicem, caeteris tribus sciliet medio, annulari et auriculari omnino amputatis.« Convenarum, 14.08.1700, Pos 169.

18»Facto demum experimento cum calice, patena et pane consecrando haec notandum maxime censui.« Convenarum, 14.08.1700, Pos 169. Für die Beobachtung der Hand in Bewegung siehe auch den Bericht eines Bischofs in einem anderen Fall, er habe noch keinen Priester gesehen, der so mit den Händen zitterte (»neque vidisse ullum Sacerdotem taliter tremularum manuum«; Segniensis, 15.11.1710, Pos 339).

19 Die Differenzierung und Verschaltung von *observatio* und anderen Formen des Sehens einerseits und dem *experimentum* andererseits erinnern an die Semantik der Naturbeobachtung vgl. dazu Daston/Lunbeck, Observation, S.3.

20»Certa mihi sunt non solum ex ocularum inspectione in visitatione anno praeterito Bononiae habita, sed etiam ex experimento«; Bononiensis, 19.04.1704, Pos 261.

aufmerksam bezeichnet, machte den zweiten Schritt aber nicht obsolet.[21] Der tatsächliche Grad an Aufmerksamkeit der Beobachtenden blieb den Kardinälen in Rom – wie der historischen Rekonstruktion – unzugänglich. Wir wissen also nicht, ob der Verwendung des Begriffs *experimentum* immer auch eine bestimmte Beobachtungspraxis entsprach. Die schriftliche Beschreibung von einzelnen Körperbewegungen spricht aber dafür, dass die ostendierte genaue Beobachtung auch praktische Effekte hatte.

Um zu verstehen, was das *experimentum* in den Augen der Zeitgenossen besser machte, wird zunächst auf seine praktische Ausgestaltung eingegangen. Zwei Fälle aus der Diözese Pienza zeigen beispielhaft die wichtigsten Elemente. Im Fall des teilweise gelähmten Klerikers Bernardino Goracci, der von den niederen zu den heiligen Weihen aufsteigen wollte, beschrieb die Information des Bischofs das Setting folgendermaßen: Er, der Bischof, habe Bernardino und in liturgischen Dingen erfahrene Personen *(in Sacris caeremoniis peritos)* zu sich gerufen. Diese hätten Hostie und Kelch hinzugenommen und damit ein *distincto experimento* des Supplikanten durchgeführt.[22] Die Berichte über die Probemessen gewinnen durch die Betonung der liturgischen Objekte an Anschaulichkeit.[23] Dass sie auch mit Anwärtern durchgeführt wurden, die Hostie und Kelch noch nicht gültig weihen konnten, mag für eine vorgängige Prüfung sinnig erscheinen. Es sollte geprüft werden, ob der Betreffende die Aufgaben des Priestertums ausführen könne. Die Frage nach dem theologischen Status des Rituals wurde offenbar nicht gestellt, ebenso sah man wohl keine Gefahr, dass priesterliche Aufgaben für Übungszwecke durch Nicht-Priester usurpiert wurden.

Bezeichnend für das praktische Arrangement von *experimenta* ist auch ein anderer Fall aus Pienza, der folgende Informationen zur Prüfung der Sehstärke eines Supplikanten enthält:

»Wir zeigten dem Supplikanten verschiedene Objekte in verhältnismäßigem Abstand, die er in Farbe und Wesen unterschied. Wir gaben ihm dann ein Missale – an

---

21 So wurde etwa eine Hand sorgfältig angesehen *(sinistra manu bene et diligentem perspecta)*, dennoch folgte das *experimentum pro validiore cautione*, Paretina, 01.09.1714, Pos 383.

22 »Adhibita hostia, et calice, pro distincto experimento Clerici Oratoris«; Pientina, 29.01.1707, Pos 214.

23 Andere Gegenstände erwähnt die bischöfliche Information in Asculana, 28.05.1695, Pos 148: »Exhibitis vero illi libro Missali, ac Sacris vasibus«.

einem Ort mit mehr Licht als seiner eigenen Kirche – um seine Sehkraft zu testen *(experientia potentiae visivae)*.«[24]

Die Erprobung der Sehkraft war – analog zur Beurteilung der motorischen Fähigkeiten – ganz auf die Messe ausgerichtet und nicht auf das Sehen generell. Der verhältnismäßige Abstand meinte wohl den bei der Messfeier üblichen. Die Beschreibung der Räumlichkeiten verdient nähere Aufmerksamkeit, zeigt sich hier doch der artifizielle Charakter der Prüfverfahren. Der Überprüfte zelebrierte nicht in seiner gewohnten Umgebung, sondern *experimenta* fanden meistens in der Kapelle des Bischofs statt. Im vorliegenden Fall wurden auch die Lichtverhältnisse als besonders beschrieben. Dies stellt zwar potentiell die Korrektheit der Prüfung in Frage – der Betreffende musste offenbar gewöhnlich mit weniger Licht auskommen –, wurde aber von den Beteiligten nicht als Problem gesehen. Vielmehr stand die bischöfliche Kontrolle der Situation im Zentrum. Zum einen wurde durch die genaue Schilderung des Ablaufs eine penible und kompetente Prüfung suggeriert, zum anderen schien helleres Licht zu gewährleisten, dass die Handlungen besser überprüft und beurteilt werden können, weil dem Beobachter dann nichts entgeht. In jedem Fall ist festzuhalten, dass das räumliche Setting der *experimenta* in den Berichten gesondert hervorgehoben wurde.

Mit dem *experimentum* wurde die Autorität des in die Verfahren eingebundenen Augenscheins erhöht. Die darin enthaltene Beobachtung wurde als besonders aufmerksam bezeichnet, da sie mit einer Art Isolierung von liturgischen Handlungen arbeitete. So schreibt der Bischof von Foligno, Giovanni Battista Pallotta, dass ein Supplikant vor seinen Augen und drei hinzugezogenen Doktoren zum *experimentum* angehalten worden sei.[25] Dabei habe der Geprüfte die Hostie wie bei der Messe erhoben und gebrochen – unter der »okularen Aufmerksamkeit« *(cum oculari attentione)* der Prüfenden.[26]

---

24 »Exhibitis Oratori, in proportionata distantia, variis obiectis, eadem, et quoad colorem, et substantiam distinxit. Dato eidem Missali Romano, in loco magis luminoso, quam propria Ecclesia, pro experientia potentiae visivae«; Pientina, 05.09.1705, Pos 282.

25 Die vom Bischof verwendete Form *experientia*, die nur in diesem Fall auftaucht, kann sinnbildlich für die Überlappung der Begriffe *experimentum* und *experientia* stehen; Spoletana, 31.07.1694, Pos 135. Der eigentlich zuständige Bischof von Spoleto, Kardinal Marcello Durazzo, war als päpstlicher Legat in Bologna offenbar nicht vor Ort, weswegen Pallotta das *experimentum* ausführte.

26 »Itaque comparuit Orator coram oculis meis et adhibitis tribus sacrae Theologiae Doctoribus regularibus fuit deventum ad experimentiam elevandi, et dividendi per modum

Zwar wäre auch ohne diese Betonung klar, dass der Bischof und die anderen Anwesenden ihre Augen zur Beobachtung nutzten. Wichtig war aber – neben der Betonung des Augenscheins –, dass das *experimentum* die Aufmerksamkeit der Beobachter auf ganz bestimmte Handlungen konzentrieren sollte, hier die Elevation und Fraktion der Hostie. Als Fokussierung des Blicks spiegelte das *experimentum* auch eine Hierarchie liturgischer Akte wider. Entsprechend findet sich hier das Vokabular von essentiellen Zeremonien, das unten mit Blick auf die Varianz von liturgischen Körperpraktiken noch näher besprochen wird.[27]

Es überrascht nicht, dass die wichtigsten Studien zur Semantik und Nutzung des Begriffs *experimentum* aus dem Bereich der Wissenschaftsgeschichte stammen.[28] Da der Begriff des Experiments zu den Kernelementen der sogenannten wissenschaftlichen Revolution des 17. Jahrhunderts zählt, lohnt es sich, das bisherige Gesagte zum Schluss dieses Abschnitts in Bezug zu diesem Themenfeld setzen. Sowohl der Begriff als auch das Verfahren des naturkundlichen *experimentum* werden in der neueren Forschung nicht mehr ahistorisch, sondern in Verbindung mit der jeweiligen Aktualisierung betrachtet.[29] Im naturphilosophischen Kontext wird hervorgehoben, dass nicht jede Erwähnung eines *experimentum* vorschnell im Sinne eines geregelten empirischen Experiments gelesen werden sollte. Vor diesem Hintergrund ist eine direkte Kontinuität mittelalterlicher *experimenta* zu neuzeitlichen Experimenten in Zweifel gezogen worden.[30] Auch in der Frühen

---

Missae hostiam cum oculari attentione mea, et Theologorum.« Spoletana, 31.07.1694, Pos 135.

27 »Fattoli provare le cirimonie essenziali della medesima [der Messe] et in particolare il coprimento e discoprimento del Calice, l'Alzata del medesimo coll'Ostia, la frazione di essa, le benedizioni, e tutto quello che per funzione occore fare«; Bericht über ein *experimentum* im Auftrag des Bischofs, Fesulana, 17.03.1708, Pos 310. Der Begriff *essentia Ceremoniarum*, zu welcher bestimmte Handlungen nicht gehören, findet sich etwa in Tholosana, 23.08.1692, Pos 105.

28 Insbesondere Park, Observation, mit weiteren Angaben.

29 Vgl. auch Agrini/Criscini, Experimentum; Sarnowsky, Expertus, S. 47–59.

30 Peter King schreibt etwa über mittelalterliche Verwendungen der Begrifflichkeit: »With regard to the appeal to experience – to experientiae or to experimenta […] it is misleading to view such appeals as evidence for an empirical method. King, Thought-Experiments, S. 10f. Zudem findet sich auch vielfach die Bedeutung als magisches Rezept; vgl. etwa Smith, *Body*, S. 12.

Neuzeit deutete der Begriff – wie auch *observatio* – keinesfalls immer auf Erfahrung aus erster Hand.[31] Für den vorliegenden kirchlich-rechtlichen Kontext ist eine Verengung auf das wissenschaftliche Experiment noch weniger angeraten. Dennoch sind einige der in der Wissenschaftsgeschichte herausgearbeiteten Aspekte wichtig für das hier untersuchte Phänomen.

Zunächst ist auf die lange Tradition hinzuweisen, in der *experimentum* als lateinische Übersetzung des griechischen *empeiria* allgemein Erfahrung bezeichnete. Diese Verwendung war eng mit der Diskussion über den Stellenwert von Erfahrungswissen im Vergleich zu ›echter‹ *scientia* verbunden.[32] Nach Lorraine Daston wurde die Bedeutung von *experimentum* im naturphilosophischen Diskurs sukzessive verengt. Von einem diffusen Begriff näherte es sich langsam dem an, was Francis Bacon 1620 noch als *artificial experiments* gefasst hatte. Letztere implizierten eine gezielte Manipulation von Objekten in einer Anordnung, oft unter Verwendung spezieller Instrumente, um verborgene Gesetzmäßigkeiten aufzudecken.[33] Diese mit geradezu missionarischem Eifer gefeierte Praxis habe fortan zum Kern moderner Naturbeobachtung gehört. Es geht mir an dieser Stelle nicht um den Nachweis eines direkten Zusammenhangs oder gar den Ausweis einer besonderen Modernität kirchlicher Verfahren, die den Heroismus der neuen Wissenschaften nachvollzieht, sondern um ein kontextuelles Verständnis des *experimentum*.

Die direkte Übertragung des Begriffs *artificial experiment* in den kirchlich-administrativen Kontext verbietet sich, weil es nicht um das Aufdecken von Gesetzmäßigkeiten und verborgenen Gründen und Ursachen ging. Unter den Handlungen lag zwar etwas verborgen, nämlich das eigentliche Geschehen der Messe, insbesondere die Wandlung – »wie der Geist unter dem Körper«.[34] Aus der Korrektheit des körperlichen Vollzugs konnte aber allenfalls indirekt auf das Gelingen der Transsubstantiation geschlossen werden. Es war nicht Aufgabe der Beobachtung, diese Vorgänge erst herauszustellen oder näher zu erklären. Der Begriff bewahrte etwas von der relativ allgemeinen Bedeutung als Test oder Probe. Die breitere Verwendung des Begriffs bricht nicht ab. So findet sich in den Quellen der Konzilskongregation das

---

31 Krämer, *Zentaur*, besonders S. 80f. zu Schenck von Grafenberg.

32 Park, Observation, S. 16–18 zu den Hintergründen, insbesondere zur Rezeption von Aristoteles' Analytica Posteriora.

33 Die Bedeutung verschob sich »from the broad and heterogeneous sense of *experimentum* as recipe, trial, or just common experience to a concertedly artificial manipulation, often using special instruments and designed to probe hidden causes«; Daston, Empire, S. 82.

34 Quarti, *Rubricae*, S. 2.

experimentum als Probezeit, sei es bei der Bewährung als Mitglied einer monastischen Gemeinschaft oder im Kontext von angeblich geheilten Krankheiten. Auch für die dreijährige Phase des Zusammenlebens von Ehepartner bei dem Verdacht von Impotenz findet sich der Begriff.[35] Er bleibt also auch um 1700 im kirchlichen Verfahren heterogen.

Mit *experimentum* ist in den Fällen der Konzilskongregation allerdings mehr gemeint als nur ein allgemeiner Bezug auf Empirie. So findet sich ein relativ geregelter materieller Ablauf. Die Verwendung des Begriffs *experimentum* in den Dokumenten der Konzilskongregation muss nach dem Gesagten gegenüber zwei Seiten abgegrenzt werden – dem diffusen Erfahrungsbegriff einerseits und der naturphilosophischen Anordnung, dem Experiment, andererseits. Ähnliche Praktiken finden sich in anderen rechtlichen Zusammenhängen. So ist bei Hexenprozessen von der Wasserprobe als *experimentum* die Rede, die ähnliche Funktionen übernommen haben mag.[36] In seiner kirchlich-rechtlichen Bedeutung im späteren 17. und frühen 18. Jahrhundert bezieht sich der Begriff auf die Versicherung im Verfahren durch geordnete empirische Beobachtung. Das *experimentum* war eine Technik im rechtlichen Verfahren, die Wissen für konkrete, individuelle Entscheidungssituationen schuf und keine generalisierbaren epistemischen Ansprüche erhebt. Wie gleich gezeigt wird, wurden dabei bestimmte Akteure als Beobachter privilegiert.

Nachdem der Begriff und Ablauf des *experimentum* geklärt wurde, soll nun das beteiligte Personal genauer beleuchtet werden. Zentraler Bestandteil des frühneuzeitlichen Prüfverfahrens war ein spezifischer Beobachterkreis. Das *experimentum* bezog serienweise spezialisierte lokale Akteure in das Verfahren ein. Unter diesen Experten vor Ort tritt besonders der bereits genannte *Magister Caeremoniarum* oder Zeremonienmeister hervor. Deutlich wird dessen starke Rolle im Vergleich zu den Quellen der mittelalterlichen Pönitentiarie. Inaugenscheinnahmen von Supplikanten in Rom, die sich dort ab der Amtszeit Sixtus IV. (1471–1484) belegen lassen, wurden noch durch hochrangige Würdenträger an der Kurie durchgeführt.[37] Auch wenn in der Frühen Neuzeit nicht immer explizit vom Zeremonienmeister die Rede ist, sondern in einem Fall auch schlicht von liturgischen Experten (*periti in*

---

35 Zum Thema Ehe vgl. Cristellon, *Marriage.*
36 Vgl. kritisch betrachtet etwa bei Freud, *Gewissens-Fragen*, S. 11.
37 Schmugge/Stöhr/Greule, Klerus, S. 270.

caeremoniis), so waren die Zeremonienmeister doch die paradigmatischen Beobachter im *experimentum.*[38] Zum Amt des Zeremonienmeisters und seiner Etablierung in den einzelnen Bistümern liegt meines Wissens keine umfassende Untersuchung vor. Dagegen haben die *Magistri Caeremoniarum* am Papsthof einige Aufmerksamkeit erfahren.[39] Als Experten der Form waren sie für liturgische Akte, aber auch für das Hofzeremoniell zuständig.[40] Hierdurch ergab sich ein breites Aufgabenspektrum von religiösen Riten, wie etwa päpstliche Messen oder Kanonisierungen, bis zum Empfang von Gesandten. Dabei beschrieben Zeremonienmeister wie Paris de Grassis immer wieder eindringlich die Unterschiede zwischen geplantem und tatsächlichem Ablauf. Die Wahrung der Form bei ständiger Varianz stellte eine Kernaufgabe der Zeremonienmeister dar.[41] Die permanente Abweichung und Improvisation waren nicht zuletzt durch die gebrechlichen Körper von Kardinälen oder des Papstes bedingt. Frühneuzeitliche Autoren, die mögliche Variationen der Messfeier behandelten, konnten den Diarien der Zeremonienmeister etwa entnehmen, dass Papst Pius III. stets im Sitzen zelebrieren musste.[42] Wichtig ist zudem, dass die päpstlichen Zeremonienmeister bei bestimmten Akten, wie dem Eid, durch die Protokollierung des Geschehens die Funktion eines Notars ausüben konnten.[43] Die Beglaubigung durch die Unterschrift auf dem Bericht über das *experimentum* lässt sich mit diesem Aspekt vergleichen. Anders als bei Zeugenaussagen in einem bischöflichen Informativprozess war jedenfalls keine weitere Zwischenschaltung eines Notars erforderlich.

---

38 In einem *experimentum* in Policastro wurden laut Bischof fünf in den heiligen Riten erfahrene Priester eingesetzt, von denen mindestens zwei *Magister Caeremoniarum* waren. »Coram me, et quinque aliis sacerdotibus, magistris Caeremoniarum, et peritis in Sacris Ritibus, factoque experimento«; Policastrensis, 30.08.1698, Pos 186.

39 Für die Frühe Neuzeit vgl. Wassilowsky/Wolf, *Zeremoniell.* Zu Paris de Grassis (gest. 1528) vgl. Stenzig, *Botschafterzeremoniell.*

40 »The Rubrics of the Tridentine Missal were drawn from the directions of the famous Master of Ceremonies of the papal court, Johannes Burchard.« Wandel, *Eucharist*, S. 241f. Zu Ritualen allgemein in Rom vgl. Visceglia, *Città.*

41 Zu de Grassis vgl. auch Burke, *Anthropology*, S. 178f. Burke konstatiert strukturelle Wandlungsprozesse um 1500 aufgrund der Präsenz von gedruckten Büchern und einer zunehmenden Kodifizierung, die sich mit dem Missale und der Ritenkongregation seit 1588 fortgesetzt habe.

42 Diese Episode zitiert Quarti, *Rubricae*, S. 16. Allerdings währte dieser Zustand nicht besonders lange, da Pius III. weniger als einen Monat Papst war.

43 Wassilowsky/Wolf, *Zeremoniell*, S. 19.

Bischöfe legten die Stellungnahme eines Zeremonienmeisters meist im Original bei oder verwiesen jedenfalls in ihrer Information an die Konzilskongregation darauf. Der Zeremonienmeister war zwar Teil der diözesanen Amtsträgerschaft, fungierte aber aus Sicht der Konzilskongregation, wie auch für die Bischöfe, als eine Art dritte, außenstehende Partei. Auf seinen Bericht nahmen beide Seiten Bezug, er gab aber selbst nur das Ergebnis der Prüfung zu Protokoll, teilte also keine Folgerung mit. Auch formal unterschied sich dieser Bericht insofern von anderen Dokumenten wie der bischöflichen Information, als er nicht als Brief mit Anrede und Schluss verfasst war.

Auf lokaler Ebene sollte jeder Bischof laut dem amtlichen Zeremonienbuch der Bischöfe von 1600 für die Anstellung zweier Zeremoniare aus dem Kreis seiner Geistlichen sorgen, die theologisch und kirchenrechtlich, besonders aber in den Riten der Kirche gebildet sein sollten.[44] Zur materiellen Ausstattung des Amtes zählten vor allem das Missale und weitere Zeremonienbücher. Die normative Konzeption des Zeremonienmeisters bietet einen Zugang zu ihrer Funktion als genaue Beobachter in den *experimenta*. Der Zeremoniar wurde als Wächter liturgischer Korrektheit dargestellt. In seiner wesentlich auf den eigenen Klerus und dessen Handeln gerichteten Aufmerksamkeit lässt sich der Zeremonienmeister am besten mit bestimmten Aspekten des Bischofs vergleichen – wenn auch ohne dieselbe seelsorgerische Verantwortung. Aufgabe des Zeremoniars war es, als eine Art Kapellmeister oder Dirigent die gute Ordnung der Zeremonien zu überwachen.[45] Aufgrund seiner Funktion als Beobachter befand sich der Zeremonienmeister in einer Art räumlichen Zwischenstellung. Laut den Dekreten der Ritenkongregation sollte er an Prozessionen teilnehmen, aber keinen festen Platz darin einnehmen, sondern zur Überprüfung der Ordnung »überall herumlaufen«.[46]

---

44 *Caeremoniale*, S.7.

45 »Presiedere, regolare e dirigere le ceremonie e funzioni sacre, ed attendere al buon ordine delle medesime« heißt es etwa bei Moroni, *Dizionario*, 160, der sich auf das *Caeremoniale Episcoporum* stützt. Zum Begriff »Kapellmeister«, der vom »Komponisten« zu trennen sei, vgl. Schulze, Ritualmacher, S. 143–148. Zur Rolle von Experten in Ritualen vgl. Gengnagel/Schwedler, Ritualmacher, S. 15, die den päpstlichen Zeremonienmeister als früheste Amtsbezeichnung nennen.

46 »Magister Caeremoniarum non habet certum locum in Processionibus, sed discurrere debet, ut necessarius ordo servetur.« *Decreta*, S. 123. Vgl. auch, dass der Magister »ubique discurrit, quando opus est pro ordinanda Processione«, Entscheidung der Ritenkongregation vom 08.05.1617, zit. nach Diclich, *Dizionario*, S. 152.

Die vom Zeremonienmeister geforderte Beobachtung involvierte seinen Körper. Im vorliegenden Kontext ist es bezeichnend, dass Aussehen und Statur *(aspectu et statura corporis)* besonders hervorgehoben werden.[47] Die schickliche Körperhaltung des *magister* sollte auch seinen harmonischen inneren Zustand anzeigen. An seinen Handlungen sollten keine Affekte ablesbar sein, und er solle seine korrigierende Beobachtung geduldig und vorausschauend ausführen. Er müsse den gesamten Kirchenraum überwachen, Korrekturen diskret durchführen, mit gesenkter Stimme oder, besser noch, nur mit Zeichen; zu schnelle, unangemessene Gesten seien zu vermeiden. Durch seine Handlungen und sein Auftreten sollte er nicht nur sein Amt ausführen, sondern auch die Funktion eines Vorbilds für andere Kleriker übernehmen. Die strikte Beobachtung anderer schloss also auch spezifische eigene Verhaltensweisen ein.[48] Definiert wurde er über Ideale der Observanz, in der Doppelbedeutung von *observare* als Beobachtung und Beachtung von Regeln. Diese normativen Richtlinien wurden mit den bischöflichen Zeremonienbüchern verbreitet. Ob dies darüber hinaus etwa in der Selbstwahrnehmung der bischöflichen Zeremonienmeister eine Rolle spielte, kann mangels Quellen nicht geklärt werden. Als relevante Praktik der parallelen Selbst- und Fremdbeobachtung wäre an die bereits erwähnten Tagebücher der päpstlichen Zeremonienmeister zu denken. Die hier untersuchten Berichte über *experimenta* beschränken sich auf die Beschreibung der Beobachteten und sagen praktisch nichts über die Zeremonienmeister selbst aus.

Auch der genau prüfende Blick gehörte zu den verkörperten Charakteristika des *magister* als Beobachter, wenn er im Caeremoniale als gründlicher Durchsucher oder Erforscher *(assiduus et diligens perscrutator)* bezeichnet wird.[49] Neben dem dominanten Sehen wird aus den Quellen der Konzilskongregation stellenweise auch die Bedeutung des genauen Hörens deutlich. So findet sich ein *experimentum*, in dem der Gehörsinn eines Diakons auf die Probe gestellt werden sollte. Darin berichteten die Zeremonienmeister, wie sie mit ihm gesprochen, ihm aber auch beim Singen von Psalmen zugehört hätten.[50]

---

47 Für die folgenden Aspekte vgl. *Caeremoniale*, S. 6f.
48 Pomata, Observation, S. 47. Zur wissenschaftsgeschichtlichen Forschung zur Körperlichkeit von Beobachtern Biagioli, Knowledge, S. 69–81; Smith, *Body*, S. 17–20.
49 *Caeremoniale*, S. 6.
50 Narniensis, 05.07.1710, Pos 335.

Bei mehreren Prüfern konnten Meinungsverschiedenheiten vorkommen, auch wenn diese in den Quellen selten zutage treten. Ein *experimentum* von 1699 gibt immerhin einen Einblick in die Entscheidungsfindung, wenn über die Einschätzung des Gesehenen Uneinigkeit bestand.[51] Von acht Examinatoren votierten nur drei für und fünf gegen den Supplikanten. Die endgültige Entscheidung fiel dennoch positiv aus. Offenbar wurde nicht nach Mehrheitsprinzip entschieden, oder jedenfalls achtete die Konzilskongregation nicht darauf, denn sie entschied gerade unter Verweis auf das *experimentum*, dass der Supplikant wieder zelebrieren dürfe.[52]

Auch in Rom kam es zu einer weiteren Ausdifferenzierung der prüfenden Instanzen. Für dort anwesende Supplikanten führten nämlich weder an der Kurie weilende Bischöfe oder Erzbischöfe – wie in den erwähnten Dokumenten der Pönitentiarie – noch der päpstliche Zeremonienmeister die *experimenta* für Supplikanten durch. Stattdessen wurden hier spezielle Examinatoren aus dem römischen Haus der Lazaristen *(Patres Missionis)* herangezogen.[53] Deren Berichte beschreiben bezeichnenderweise meistens nur sehr kurz die Ergebnisse des *experimentum*, während die Dokumente der lokalen Zeremonienmeister, die die Konzilskongregation von außerhalb Rom erhielt, deutlich länger waren und auf einzelne geprüfte Handlungen verweisen. Bei den Prüfungen in Rom verließ sich die Konzilskongregation womöglich noch mehr auf die spezialisierten Akteure. Dort wurde die Beschreibung regelmäßig in nur einem Satz zusammengefasst und der Name des oder der Prüfenden daruntergesetzt. Damit wurde nach Eignung oder Nicht-Eignung unterschieden, ohne dass einzelne Handlungsvollzüge gewichtet wurden.[54] Häufig wird zwar ein »gewisser Makel« festgestellt, den man aber durchaus dispensieren könne.[55] Aufschlussreich ist auch eine knappe Stellungnahme des Vizesuperiors der Lazaristen von 1699, der festhielt, dass »dem Supplikanten die Erlaubnis kaum zugestanden werden kann,

---

51 »Patres fuerunt discordes, nam ex octo in experimento interventis, tres […] fuerant pro concessione. […] Alii vero quinque pro negative«; Asculana, 05.09.1699, Pos 198.

52 »Sacra Congregatio audita relatione Vicarii perpensoque experimento per Oratorem facto coram Eminentissmo Urbis Vicario et Patribus Domus missionis benigne commisit eidem Vicario […] gratis dispenset et ad exercitium Sacrorum Ordinum rehabilitet.« Asculana, 05.09.1699, Pos 198.

53 Etwa Lunen Sarzanensis, 31.05.1704, Pos 262.

54 Beispielhaft der Superior der Lazaristen: »Facto experimento, censeo nullum esse impedimentum«; Barensis, 21.06.1698, Pos 184.

55 Etwa Placentina, 29.01.1707, Pos 214.

aber doch kann«.[56] Diese etwas kryptische Aussage deutete wohl vage in Richtung einer zu gewährenden Dispens, betonte aber vor allem die Offenheit der Entscheidung. Die knappe Form war offenbar auch administrativ weniger aufwendig, findet sich doch die Beurteilung der Lazaristen oft auf der Rückseite der Supplik.[57] Dabei fehlte, wohl als selbstverständlich vorausgesetzt, auch der explizite Hinweis auf die Rubriken, nach denen beurteilt wurde. Nicht-römische Dokumente hoben dagegen immer wieder hervor, ob ein Untersuchter einzelne Handlungen nach den Rubriken und dem römischen Missale vollziehen könne.[58] Das Missale war ein wesentliches Element im materiellen Setting des *experimentum*. Prüflinge mussten in der Probemesse mit ihm umgehen, und zugleich strukturierte es die Beobachtung. Mit der Publikation des *Missale Romanum* von 1570 wird in der Forschung die entscheidende Homogenisierung der Messfeier verbunden.[59] So findet sich die Ansicht, dass vor dem 16. Jahrhundert weitaus unterschiedlichere Handlungen lokal zugelassen waren. In jedem Fall machte es die Regulierung von liturgischen Körperbewegungen in der Messe in post-tridentinischer Zeit massenhaft in gedruckter Form zugänglich.[60] Das bedeutet nicht, dass nach 1570 *de facto* überall dieselbe Messe zelebriert oder vor 1570 Abweichungen – etwa aufgrund von körperlichen Gebrechen – nicht problematisiert worden wären. Man sollte die Bestimmungen der Konzilskongregation, wie die der 1588 eigens eingerichteten Ritenkongregation, immer auch als normative Dokumente lesen, die Uniformität suggerieren sollten. In den Suppliken wurde lokale Varianz in liturgischen Normen – im Gegensatz zur Praxis – selten zum Thema. In einem einzigen Fall berief sich ein Supplikant auf den ambrosianischen, offiziellen Sonderritus in Mailand. Er habe lange nach diesem zelebriert und sei nun mit neunzig Jahren zu sehschwach, um nach einem Umzug den an diesem Ort vorgeschriebenen römischen Ritus zu erlernen.[61] Ansonsten stehen die römischen Regelungen als Norm im Zentrum, während Varianz weitgehend ausgeblendet bleibt.

56 »Oratori celebrandi facultatem vix concedi posse, sed tamen posse«; Asculana, 05.09.1699, Pos 198.
57 Etwa in Policastrensis, 09.06.1714, Pos 379.
58 Etwa in Senensis, 20.12.1698 Pos 189.
59 Wandel, *Eucharist*, S. 232.
60 Zur Geschichte des Missale vgl. Wandel, *Eucharist*, S. 331–351. Zum Verhältnis von lokalen und zentralen Elemten generell aufschlussreich Ditchfield, *Liturgy*, besonders S. 357.
61 Derthonensis, 11.06.1695, LD 45, 410r/v.

Die Fixierung der genauen Handlungsabläufe im *Missale Romanum* hat eine solche Beobachtung liturgischer Handlungen zwar nicht erst ermöglicht, strukturierte aber den Ablauf der Beobachtung und deren Kommunikation. Die häufige Referenz der Zeremonienmeister darauf ist als Inszenierung von Autorität und daraus folgender Uniformität vor Ort zu sehen, die in Rom offenbar vorausgesetzt wurde. Diese Postulate kennzeichneten als Hintergrund auch die Berichte über *experimenta*. Dabei ging es – anders als etwa bei den genannten Prozessionen, die der mitlaufende Magister überwachte – nicht darum, zu intervenieren oder zu korrigieren, sondern Abweichungen zu beobachten, sie schriftlich festzuhalten und die Ergebnisse auf korrekte Weise in den administrativen Ablauf einzuspeisen.

Zusammenfassend kann am Ende dieses Kapitels nochmals die wichtige Funktion des *experimentum* im Verfahren hervorgehoben werden. Die Konzilskongregation privilegierte einen hohen Grad an Genauigkeit in der kommunizierten Beobachtung. In ihren Entscheidungen nahm die dergestalt informierte Konzilskongregation direkt Bezug auf die Ergebnisse der Prüfung. Dies geschah in allgemeiner Form (*attenta relatione Episcopi / Superioris Missionis Urbis*) oder unter dem ausdrücklichen Hinweis auf die Beobachtungstechnik, etwa mit dem Zusatz »das *experimentum* gründlich erwägend« *(perpenso experimento)*.[62] Bei der römischen Behörde fügten sich die verschiedenen Berichte zu einem Pool an korrekt gewonnenen Informationen zusammen, deren Form durch die Anweisung zum *experimentum* dann wiederum in die verschiedenen lokalen Zentren wirkte.

Es sollte klargeworden sein, dass die zugrundeliegende Information nicht notwendigerweise in ihrem Inhalt ›besser‹ oder genauer geworden war, auch wenn die Beobachtungstechnik *experimentum* diese Effekte durch Konzentration und Hierarchisierung von Information hervorrufen konnte. Sie folgte aber einer bestimmten Rationalität, deren entscheidender Punkt mehr als ein allgemeiner Bezug auf Empirie war. Mehr als um eine beliebige Überprüfung des Könnens ging es um die Entscheidungsbegründung durch eine regulierte Beobachtungstechnik. Diese konnte beliebig oft wiederholt werden.[63] Die Evidenz der ermittelten Information beruhte auf der Kombination von autorisiertem Augenschein und Regularisierung. Von entscheidender Bedeutung war dabei das räumliche und personelle Setting –

---

62 Vgl. etwa Suessionensis, 09.04.1701, Pos 217; Asculana, 05.09.1699, Pos 198.

63 So spricht ein Bischof etwa von *iterata experimenta*; Burgi S. Sepulchri, 28.05.1785, Thesaurus Resolutionum 1785, S. 75.

insbesondere die Wächterfigur des Zeremonienmeisters. Mit den ausgeführten Charakteristika kann man diese Verfahrenselemente als Mittel betrachten, die neben der Informationseinholung über individuelle Körper auch Korrektheit im Ablauf suggerierten und Entscheidungen legitimierten.[64]

Die Fortsetzung der Wachsamkeit

Die Aufmerksamkeit auf die Korrektheit der Messfeier sollte nicht nach der Erteilung einer Dispens enden. Nachdem der Ablauf des *experimentum* und die beteiligten Personen analysiert wurden, muss deshalb nun nach der weiteren Reichweite von Beobachtung gefragt werden. Finden sich Tendenzen zur Universalisierung, also reguläre *experimenta* für Kleriker – sei es nur als Zielvorstellung? Entsprechend dem Charakter der Quellen aus der Konzilskongregation ging es in aller Regel um anlassbezogene Prüfungen. Allerdings finden sich tatsächlich vereinzelte Hinweise, dass *experimenta* regulär – also nicht nur zur Prüfung eines Einzelfalls – eingesetzt wurden. Der Zeremoniar Bernardino Macoffi aus Jesi etwa berichtet zu einer Supplik von 1708, dass er vier Jahre zuvor auf Befehl des Bischofs mit allen Priestern der Diözese ein *experimentum* durchgeführt habe.[65] Dieses habe ergeben, dass ein nun supplizierender Priester zwar sehschwach, aber fähig zur Messfeier sei. Der Bericht belegt, dass es offenbar regelmäßige, als *experimenta* bezeichnete Überprüfungen von bereits geweihten Priestern vor Ort gegeben hat. Die Information des Bischofs im Dispensfall stützte sich auf das inzwischen vier Jahre alte *experimentum* und beschrieb dabei keine genauen Handlungen, sondern begnügte sich mit dem knappen Ergebnis, dass der Betreffende fähig zur Messfeier sei *(abile alla celebratione)*.[66] Bezeichnend ist nun, dass die Konzilskongregation hierauf veranlasste, dass der Bischof eine »bessere Information« anfertige, die einen genaueren Bericht über ein aktuelles *experimentum* enthalten solle.[67] Die anfänglich angeführte Überprüfung lag womöglich schlicht zu lange zurück. Zugleich zeigt sich, dass

---

64 Luhmann, *Legitimation.*

65 »Essendosi fatto per ordine di Illustrissimo l'anno 1704 l'esperimento a tutti li Sacerdoti della Città, e Diocese sopra le Sagre [sic] Ceremonie della Santa Messa.« Aesina, 17.03.1708, Pos 310.

66 »Fù giudicato abile alla celebratione«; Aesina, 17.03.1708, Pos 310.

67 Aesina, 17.03.1708, Pos 310. Für einen weiteren Fall eines nochmals eingeforderten *experimentum* siehe Bisuntina, 15.09.1703, Pos 254.

Körperüberprüfungen zwar breit einsetzbar und wiederholbar waren, aber in aller Regel anlassbezogen durchgeführt werden sollten. Das minderte wohl den Wert einer regelmäßigen, unaufgeforderten Wiederholung. Die angestrebte, individualisierte Präzision für spezifische Entscheidungssituationen und deren Aufwendigkeit waren vielleicht auch ein Hindernis für eine flächendeckende Verbreitung. Es finden sich keine Hinweise, dass eine regelmäßige Kontrolle durch dieses Instrument vonseiten der kirchlichen Obrigkeit angestrebt wurde. Hier gab es andere Formen der periodischen Prüfung wie Visitationen. Diese spielten zwar als Anlässe für Verfahren eine Rolle, sind aber in Form, Inhalt und Funktion klar vom *experimentum* abzugrenzen.

Auch bei bescheinigter Abilität verordnete die Konzilskongregation häufig, dass zukünftige Messen nur unter Beisein eines weiteren Priesters zelebriert werden sollten. Diese sogenannte Assistenz diente in der Darstellung aller Beteiligten zunächst der rituellen Sicherheit. Der Assistierende konnte die notwendigen Handlungen im Zweifel abschließen. So wurde dem unvollendeten Opfer – einer zentralen Gefahr, die der Messfeier drohte – vorgebeugt.[68] Die verordneten Assistenten hatten jedoch – anders als die Zeremoniare im *experimentum* – keinen Einfluss auf den Status des Beobachteten. In den untersuchten Quellen findet sich jedenfalls kein einziges Beispiel dafür, dass Assistenten in einem Verfahren befragt worden wären. Vielmehr sollten sie wohl vor Ort eingreifen, wenn etwas bei der Messe zu korrigieren war. Deshalb findet sich stets der Verweis darauf, dass der Assistent geweihter Priester oder wenigstens Diakon sein sollte. War dies problematisch, lautete die Mindestanforderung, wenigstens einen erfahrenen Kleriker zur Seite zu haben *(clerico saltem experto)*.[69] Gerade dieser Begriff der Erfahrung, der einigen Spielraum zuließ, erinnert stark an die Beschreibung der Prüfenden in *experimenta* und macht eine gewisse Kontinuität von Assistenz und Prüfung einleuchtend.

Die Assistenz bei der Messe kann also trotz Unterschieden als Instrument der Gewährleistung erfolgreicher religiöser Handlungen und als Perpetuierung des wachsamen Blickes des Zeremonienmeisters interpretiert werden. Bemerkenswerterweise waren es aber gerade Zeremoniare, die der

---

68 Wenn Krankheit oder Tod den Priester, der die Messe begonnen hatte, von der Vollendung abhielten, sollte *vor* der Konsekration kein anderer Priester fortfahren. Wenn aber die Wandlung des Leib Christi geschehen war, dann war sie zu vollenden, denn »neque esset reliquendum Sacrificum imperfectum«; Lambertini, *Missae*, Padua 1764, S. 297.
69 Firmana, 28.07.1696, Pos 167.

Assistenz teilweise skeptisch gegenüberstanden. Nach einer genauen Beschreibung der beobachteten Fingerbewegungen des venezianischen Priesters Franciscus Schiavini, der blind oder jedenfalls sehschwach (so schildert
es seine Supplik) war, schrieb ein Zeremonienmeister: »Es wird nicht so
leicht sein, so akkurate und eifrige Assistenten zu finden, die diesen Dienst
auf sich nehmen wollen und genug Geduld haben, einen Blinden zu lenken.«[70] Es wird also in diesem Fall nicht auf das körperliche Gebrechen ab-
gehoben, sondern die Fähigkeiten der Assistenten zur Anleitung und Beobachtung werden in Frage gestellt. Damit kann die Bemerkung des
Magisters trotz des karitativen Tons auch als Selbstinszenierung der eigenen
Kompetenz als geübter Überwacher interpretiert werden. In letzter Konsequenz wäre wohl der hervorgehobene Expertenstatus bedroht gewesen,
wenn jeder assistierende Priester oder selbst ein nicht geweihter Kleriker
dieselbe Kontrollfunktion ausüben könnten. Die kirchlichen Autoritäten
hätten so auch pauschal lokale Assistenzregelungen verordnen können,
ohne *experimenta* durchführen zu lassen.

Bei der Auswahl von Assistenten war ein großes Potential zur flexiblen
Regelung vor Ort gegeben. Der genannte sehschwache Supplikant
Franciscus Schiavini versuchte nach dem skeptischen Bericht des
Zeremonienmeisters zu belegen, dass er sehr wohl der notwendigen Aufmerksamkeit und Kontrolle unterliege. Als Beweis dafür findet sich die Aussage von Petrus Thomas Schiavini, seinem Ordens- und offenbar auch
leiblichen Bruder, der im selben Konvent lebte. Er versicherte, »größte
Wachsamkeit auf diesen Priester zu richten *(maximam habere vigilantiam)*«.[71]
Die ostentative Darstellung des Überwachtseins hatte für den Supplikanten
an dieser Stelle entscheidende Vorteile. Weil sich für diesen Fall keine endgültige Antwort aus Rom erhalten hat, lässt sich nicht sagen, ob problematisiert wurde, dass der (Mit-)Bruder womöglich gerade nicht das Ideal des distanzierten Beobachters verkörperte.

Die Verordnung eines ständigen Assistenten konnte insbesondere
finanzielle Probleme mit sich bringen. Die Spärlichkeit parochialer Einnahmen sprach für die Ausübung eines Amtes ohne Assistenz (wie auch für

---

70 »Non essendo forse cosi facile trovar ministri tanto accurati e zelanti che vogliano as-
sumersi questo pero et haver pazienza di reggere un cieco all'Altare con quella carita, che
si deve«; Laurentius Licinius Caeremoniarum Examinator, Venetiarum, 14.11.1693, Pos
122.

71 »Petrus Thomas Schiavini Frater ipsiusmet Sacerdotis, Magister, ac filius huius Conventus
Venetiarum actualis in eodem permanens, maximam habere vigilantiam de ipso Sacerdote«; Venetiarum, 14.11.1693, Pos 122.

die Dispens als solche), da sonst ein weiterer Priester zur Administration der Sakramente unterhalten werden musste.[72] Zudem musste ein Assistent überhaupt erst vor Ort gefunden werden. Wie flexibel hierbei verfahren wurde, verdeutlicht der Fall des Eremiten Antonio Luparino aus der Eremitensiedlung Monteluco nahe Spoleto von 1698. Aufgrund einer beträchtlichen Sehschwäche hatte er die Erlaubnis erhalten, die Messe unter der Auflage eines Assistenten zu zelebrieren. Daraufhin wandte Luparino sich erneut an die Konzilskongregation und bat darum, ohne Assistent in seiner Kirche zelebrieren zu dürfen,»weil es unmöglich sei, einen anderen Priester-Eremiten zu finden, der ihm assistieren würde«.[73] Zudem brauche er diesen auch nicht unbedingt, da er die Fragmente der Hostie noch selbst sehen könne. Die Konzilskongregation forderte hierauf, dass der Bischof zwei Punkte klärte: erstens, ob es stimme, dass kein geeigneter Assistent vorhanden sei, und zweitens, ob Luparino wirklich fähig *(capax)* sei, was mithilfe eines *experimentum* mit Zeremonienmeister festzustellen sei.[74] Das Können beschrieb der Bischof daraufhin unter Verweis auf das *experimentum* als ausreichend, denn er feiere»anständig und ohne jegliches Zögern«.[75] Die Frage der Assistenz sei damit, so der Bischof weiter, nicht besonders relevant, aber in der Tat schwierig: Besagter Luparino habe sich nämlich von seiner Eremitengemeinschaft abgesondert und lebe nun – womöglich als besonders konsequenter Eremit – weit entfernt von dieser. Die Konzilskongregation überließ dem Bischof die weitere Regelung und verzichtete damit auf eine abermalige Forderung nach der Assistenz. Wenn allerdings nicht gesondert und begründet erneut suppliziert wurde, blieb diese Formel häufig Bestandteil einer erteilten Dispens.

Insgesamt zeigt sich in den Fällen der Konzilskongregation, dass relativ flexible Instrumente wie die Assistenz der Regelfall waren. Auch als gravierend beschriebene Rechtsfälle – wie sie oben mit Blick auf die Vorstellung

---

72 Ähnlich wie bei der Einsetzung eines permanenten Koadiutors vgl. Ravennaten, 22.09.1696, Pos 169:»Paupertas tam Parociae quam Rectoris non permittat ultra propriam substentationem alterum sacerdotis.«

73»Modo Orator supplicat ut celebrare possit in sua Ecclesia sine dicta assistentia stante impossibilitate inveniendi alium Eremitam Sacerdotem, qui ei assistat«; Spoletana, 29.11.1698, Pos 189.

74 Spoletana, 29.11.1698, Pos 189. Die Entscheidung der Konzilskongregation vom 21. Juni 1698 lautete:»Episcopo pro Informatione facto experimento coram ipso et adhibitis Magistris Ceremoniarum et an in Ecclesia Eremitorum adsit aliquis Sacerdos, vel alius in Sacris constitutus, qui possit Oratori assistere.«

75 Spoletana, 29.11.1698, Pos 189.

von ›natürlicher Behinderung‹ angeführt wurden – konnten mittels dieses Instruments dispensiert werden. So beschrieb etwa Henríquez einen Regularkleriker, der trotz Unbeweglichkeit seiner Hände mit Assistent zur Messe zugelassen wurde.[76] Diese Stelle wiederum war für Leander Beleg genug, dass Priester, denen eine oder sogar zwei Hände fehlten, zur Messfeier zugelassen werden konnten.[77] Ein *experimentum* hätten die Betreffenden alleine kaum bestehen können, so dass die Assistenz hier weniger eine Überprüfung, sondern eine weitere Flexibilisierung darstellte. Mit der Assistenz wurde versucht, Abweichungen im Ablauf der Liturgie zu verhindern und deren Gefahren abzufedern. Zugleich wurde die Verantwortung dafür lokal verankert, und Rom enthob sich und im Prinzip auch die Bischöfe einer praktisch ohnehin nicht zu leistenden Dauerprüfung.

---

76 Vgl. Henríquez, *Summa*, S. 861: »Ut celebraret assistente sibi ministrio.«
77 Vgl. Leander, *Quaestiones*, 89 und 90. Eine gangbare Alternative zu diesem Arrangement stellten Prothesen dar, die unten näher besprochen werden (Kapitel 3.4).

2.3 Verkörpertes Können. Variabilität und Materialität von Körperpraktiken

In den vorangegangenen Abschnitten wurden die für die Tauglichkeit von Klerikern ausschlaggebenden Handlungen genauer analysiert und das *experimentum* als Mittel der Überprüfung hervorgehoben. Dabei wurden *experimenta* im Wesentlichen als Instrumente obrigkeitlicher Entscheidungsfindung behandelt. Im Folgenden geht es dagegen um ihre Adaption durch Supplikanten. Gezeigt werden soll, dass diese nicht passive Prüfobjekte waren, sondern ihre Präsenz in Prüfungssituationen gezielt nutzten und körperliche *agency* entfalten konnten. Zunächst wird nach der Inanspruchnahme der *experimenta* durch Supplikanten im Verfahren und der Rolle von physischer Anwesenheit in Rom gefragt. Anschließend werden Formen der körperlichen Adaption während der Prüfung herausgearbeitet, um zu erläutern, wie Supplikanten gekonnt mit dem eigenen Körper und materiellen Objekten umgingen.

Beim Thema Körpergebrechen bedarf der Begriff der *agency* besonderer Erklärung. So wäre es problematisch, von vollständiger körperlicher Handlungsmacht zu sprechen, etwa in den Fällen fehlender Gliedmaßen oder Mobilität – und sei es nur mit Blick auf soziale und kulturelle Beschränkungen im Setting des administrativen Verfahrens.[1] Gerade im Blick auf die katholische Liturgie besteht aber auch die Gefahr, den Individuen jegliche *agency* abzusprechen und den strikten oder repressiven Rahmen zu betonen. Es wird deutlich werden, dass damit das Quellenmaterial völlig unzureichend erfasst würde. Mit der Konzeption als Adaption und *agency* wird zudem der Begriff des Widerstandes vermieden. Offener Widerstand gegen eine Prüfung findet sich sehr selten und wirkte sich sehr wahrscheinlich negativ auf das Anliegen des Betreffenden aus. Ein Bischof etwa berichtete, ein Priester habe sich anfangs einer Untersuchung verweigert. Nach dem dann doch erfolgten *experimentum* entschied die Konzilskongregation

---

1 Zum Begriff der *agency* in den Disability Studies siehe die kritische Auseinandersetzung mit Foucault bei Hughes, Analysis, S. 78–92.

schließlich gegen das Gesuch.[2] Der Begriff Widerstand erscheint also weniger passend, da sich die hier untersuchten Individuen dem obrigkeitlichen Verfahren jeweils unterwarfen – und dieses häufig selbst angestoßen hatten.[3]

Die Nutzung des *experimentum* durch Supplikanten

Gegen die Vorstellung einer kontrollierenden Technik ›von oben‹ lässt sich anführen, dass Supplikanten ein *experimentum* erfolgreich einforderten und seine Wiederholbarkeit nutzten. Die prinzipielle Ergebnisoffenheit der Prüfung kann erklären, warum auch Supplikanten situativ Interesse an einem *experimentum* hatten. Die Einbindung eines Supplikanten ins Verfahren zeigt der oben bereits genannte Fall des Bernardino Goracci aus Pienza besonders deutlich. Der Bischof berichtete, er habe »zum Trost des Supplikanten« ein *experimentum* vornehmen lassen.[4] Damit wird dessen Initiative an diesem separaten Verfahrensschritt suggeriert. Nachdem die Probe vor Ort negativ ausgefallen war, begab sich der Supplikant nach Rom. Bemerkenswert ist die Bitte des Supplikanten an die Konzilskongregation, ein weiteres *experimentum* vorzunehmen: »Er bittet an erster Stelle, eine Person zu deputieren, vor der er seine Fähigkeit erproben kann, die Messe angemessen zu feiern *(esperimentare la sua capacità)*«.[5] So erreichte der Supplikant ein *experimentum* bei den Lazaristen in Rom, das allerdings auch keine positive Entscheidung der Konzilskongregation herbeiführte.[6] Die eindeutig negative Stellungnahme durch den Bischof hatte seine Chancen sicherlich verschlechtert.

Mit dem Gang nach Rom konnten Supplikanten die Einschätzung des Bischofs vor Ort aber auch revidieren. Antonio Eupitio aus Asculi, dem der ganze linke Daumen und die Spitzen von Zeige- und Mittelfinger nach einem Jagdunfall fehlten, ging nach einem negativen *experimentum* ebenfalls nach Rom und bat die Konzilskongregation, »Experten zu deputieren, um

---

2 »Recusavit se legentem ostendere«; Asculana, 28.05.1695, Pos 148.

3 Zum Begriff vgl. Schulze, Widerstand, besonders S. 40 und 86–114. Dort auch zum Konzept des prozessualen Widerstands, bei dem es um Widerstand *mittels* Verfahren geht.

4 »Pro consolatione praedicti Clerici«; Placentina, 29.01.1707, Pos 214.

5 »Supplica in primo luogo a degnarsi deputare persona avanti della quale possa esperimentare la sua capacita di poter commodamente celebrare la S. Messa«; Placentina, 29.01.1707, Pos 214.

6 Placentina, 29.01.1707, Pos 214.

ihn zu inspizieren und darüber zu berichten«.[7] Die Konzilskongregation ließ ungewöhnlicherweise gleich zwei einander folgende *experimenta* in Rom abhalten, die tatsächlich zu einer positiven Entscheidung führten. In manchen Fällen begnügte sich die Kongregation selbst nicht mit dem Augenschein des Bischofs, sondern holte den Betreffenden von sich aus nach Rom. Supplikanten kamen also entweder unaufgefordert oder auf Verlangen der römischen Behörde.[8] Auch wenn es sich um eine in hohem Maße schriftbasierte Verwaltung handelte, konnte Präsenz in Rom sowohl von der Behörde gefordert als auch von Supplikanten in Eigeninitiative ins Verfahren eingebracht werden. Dieser Weg ist auch keineswegs als antiquiertes Phänomen zu sehen, blieb er doch für Supplikanten auch im 19. Jahrhundert eine Option.[9] Die Revision eines negativen *experimentum* und das Abhalten einer weiteren Prüfung verbanden sich häufig mit dem Gang nach Rom, also der physischen Überschreitung des lokalen Kontextes. Mit dem Drängen auf wiederholte Prüfungen brachten Supplikanten auch den eigenen Körper nochmals ins Verfahren ein.[10] Der Präsenz des Körpers *innerhalb* des *experimentum* wird im Folgenden weiter nachgegangen.

Zuvor muss aber knapp eine Form der Adaption erwähnt werden, die man als externe Einflussnahme bezeichnen kann. Die Forschung zur römischen Kurie gerade im deutschsprachigen Raum legt nahe, dass sich die Entscheidungsfindung nicht in formellen Verfahren – wie im vorliegenden Kontext dem *experimentum* – erschöpfte, sondern soziale Beziehungen eine wichtige Rolle spielten.[11] Geht man davon aus, dass eine gewisse Ausdifferenzierung des Verfahrens aus der Gesellschaft legitimierende Wirkung für die Entscheidung hatte, läge es nahe, dass solche Elemente tendenziell verdeckt wurden.[12] Hier wäre an eine möglicherweise existierende Parallelkommunikation zu ostentativ sachorientierten Informationen und

---

7 »Supplica humilmente Eminenze Vostre a degnarsi di deputare qualche persona perita a riconoscerlo, e farglene relatione«; Asculana, 05.09.1699, Pos 198.

8 Letzteres vermied ein Supplikant mit Hinweis auf sein Alter, seine Krankheit und die schlechte Jahreszeit. Auf die Entscheidung, dass »oratorem sese praesentare posse oculis Emi. Urbis Vicarii«, bat dieser, lieber von einem Bischof geprüft zu werden; Spoletana, 19.06.1694, Pos 134.

9 »Maximo dolore affectus Orator ex denegata dispensatione, superiori mense Septembris Romam advenit, seque novo examine seu experimento hic in Urbe subeundo paratum exhibuit«; Utinensis, 08.07.1865, *Causae selectae*, S. 47. Die Strategie ging in diesem Fall auf, denn nach einem neuen *experimentum* wurde eine Dispens erteilt.

10 Zum strategischen Wert des anwesenden Körpers bei Hof vgl. Hengerer, Konstellation.

11 Reinhard, Politik.

12 Zur Ausdifferenzierung vgl. Luhmann, *Legitimation*, S. 59–68.

experimenta zu denken, wie sie Birgit Emich am Beispiel des Kardinalnepoten herausgearbeitet hat.[13] Ein Glücksfall für die Frage der flankierenden sozialen Intervention ist die Supplik von Paolo Gigliani aus Agnone. Der Priester hatte sich an der Hand verletzt und begab sich nach der Aufforderung der Konzilskongregation persönlich nach Rom.[14] Ein dort abgehaltenes *experimentum* bei den Lazaristen verlief positiv. Außergewöhnlich ist, dass der Supplikant im Anschluss daran noch vor den Präfekten der Kongregation gerufen wurde. In den Akten findet sich nun neben den üblichen Dokumenten ein weiterer Brief, in dem eine unbenannte Person den Supplikanten dem Präfekten folgendermaßen empfiehlt:

»Der Überbringer dieses Briefes muss sich in der Konzilskongregation vorstellen, damit der Defekt seiner Hand untersucht werde. Die Kongregation sandte ihn dafür an Eure Exzellenz, deshalb empfehle ich ihn Eurer Güte. Er ist im Übrigen ein mir bekannter Edelmann und Nachbar der Lehen *(feudi)* meines Neffen.«[15]

Somit kann die Existenz einer solchen Parallelkommunikation festgehalten werden, auch wenn Belege dafür die große Ausnahme bleiben. Parallel ist dabei so zu verstehen, dass soziale Vernetzung auch in diesem Fall nicht in den Berichten über das *experimentum* selbst vorkamen. Die genauen persönlichen Verflechtungen gehen nicht aus den Quellen hervor. In der offiziellen Version der positiven Entscheidung in den *Libri Decretorum* wurde, ungewöhnlich genug, zwar auf den Präfekten der Kongregation verwiesen, aber nicht auf die Hintergründe.[16] Schon dieser Einzelfall deutet aber auf die soziale Dimension von Körpergebrechen hin und stellt insofern ein wichtiges Korrektiv für die Logik des sachorientierten Verfahrens dar, die in den *experimenta* zum Ausdruck kommt. Dies bedeutet aber nicht, dass sich hier zwei konträre Prinzipien gegenüberstanden.[17] Vielmehr wurden soziale Res-

---

13 Emich, *Bürokratie*.
14 Als Hergang der Verletzung wird ausgeführt, dass Gigliani nachts verdächtige Geräusche an seiner Haustür gehört und prophylaktisch (»zur Abschreckung«) seine *pistola* abgefeuert habe, da er Einbrecher vermutete. Was letztlich vor der Tür war, wird nicht erklärt, aber die selbst verursachte Explosion trennte ihm den gesamten Mittelfinger der linken Hand ab (Triventina, 04.02.1713, Pos 363).
15 »Il renditore del presente dover presentarsi in S. Congregazione per riconoscersi il difetto della mano, e la S.Congregazione lo rimise all Eminenza Vostra per la ricognizione, onde lo raccomando alla sua benignita essendo per altro Gentilhuomo a me cognito, e vicino a feudi di mio nipote, ed um. m'inclino a V.Em.« Triventina, 04.02.1713, Pos 363.
16 »Recognito per Emum Praefectum premisso defectu«; Triventina, 04.02.1713, LD 63, 41r.
17 Vgl. Emich, *Bürokratie*, S. 9–13.

sourcen mit formalisierter Körperbeobachtung und -beschreibung im Verfahren kombiniert.[18] Der Supplikant hatte offenbar einen Gönner, der beim Präfekten der Kongregation für ihn eintrat, durchlief aber dennoch Inaugenscheinnahmen und das *experimentum* und unterlag damit, so wird jedenfalls suggeriert, den liturgischen Anforderungen. Während somit eine Art externer Adaption des *experimentum* skizziert wurde, soll es im folgenden Abschnitt um die körperlich-handelnde *agency* von Supplikanten innerhalb dieser Prüfungen gehen.

»Hort est torpus meum« – Form und Funktion in der Liturgie

Sicherlich muss das *experimentum* nach dem bisher Gesagten damit weiterhin auch und sogar primär als obrigkeitliches Entscheidungsinstrument verstanden werden. Zwar konnten Supplikanten, wie eben gezeigt, auf ein *experimentum* drängen. Dass sie ein *experimentum* nicht selbst durchführen und den eigenen Körper in diesem Modus beurteilen konnten, gehörte aber zum Kern des Verfahrens. Damit die Kirche praktische Uniformität der Messfeier über weite Räume behaupten konnte, musste das *experimentum* hierarchisch strukturiert sein. Damit ist allerdings nicht gesagt, dass Supplikanten in dieser Situation passiv oder machtlos waren, also keine körperliche *agency* einbringen konnten. Supplikanten konnten sich durchaus auf die eigene Erfahrung mit ihrem Körper berufen. Während oben bereits vom besseren Licht bei einer bischöflichen Prüfung die Rede war, ›experimentierte‹ ein anderer Supplikant selbst in einer helleren Kapelle mit seiner Sehkraft und verwendete die dabei gewonnene Erfahrung anschließend als Argument, dass er unter den richtigen Bedingungen weiterhin die Messe lesen könne.[19] Die Möglichkeit einer erfolgreichen körperlichen Adaption *im experimentum* hängt eng mit der Frage nach Formgebundenheit und Variabilität in der Liturgie zusammen. Speziell die katholische Vorstellung einer Wirksamkeit

---

18 Zur gezielten Einbeziehung des sozialen Kontexts von Gebrechen durch die Kirche vgl. auch unten Kap. 3.

19 Die andere Kapelle sei besser,»per esser detta Capella piu luminosa, et avendo sperimentato, che la vista se ben debbe«; Ordinis Praedicatorum, 20.09.1715, Pos 393.

der Sakramente aus dem korrektem Vollzug *(ex opere operato)* wurde als Hindernis für Gebrechliche im Klerus betrachtet.[20] Dass körperliche Abweichungen im Verlauf Irritationen hervorrufen und gegebenenfalls sanktioniert werden können, ist kein Spezifikum religiöser Rituale. So werden auch in säkularen Abläufen häufig Brüche thematisiert – man denke etwa an das Sitzenbleiben beim Eintreten des Richters.[21] Für religiöse Kontexte wird häufig von einer stärkeren Formgebundenheit ausgegangen, wobei besonders das Bild einer hyperritualistischen katholischen Kirche zu finden ist, für die Varianz lediglich Devianz darstellen konnte.[22] Diese Formstrenge wird dabei je nach Standpunkt positiv oder negativ gesehen – sie verstellt aber in beiden Fällen den Blick auf Phänomene der körperlichen Adaption, die ich im Folgenden aufzeigen will.[23] Die Zentralität der Form für die gelingende Messfeier, insbesondere die Eucharistie, und ihr Verhältnis zur Varianz müssen im Folgenden differenziert betrachtet werden.

Die gute *dispositio* des Körpers war als Abschnitt in liturgischen und moraltheologischen Werken Standard, wenn es um Vorschriften für die Feier der Messe ging. Dabei ging es allerdings weniger um Gebrechen, sondern besonders um die »vorgängige Dignität« des Zelebranten – man denke etwa an den nüchternen Magen oder die Problematik der nächtlichen *pollutio*.[24] Vorstellungen von »Reinheit und Gefahr« (Mary Douglas) spielten für den Priester also eine große Rolle, sie erstreckten sich zum Teil aber auch auf Rezipienten der Messe, wie die Debatten um Menstruation und Geschlechtsverkehr von Laien zeigen.[25] In den hier untersuchten Fällen wird der Körper dagegen vor allem bezüglich der motorischen Korrektheit liturgischer Vollzüge und nicht wegen seiner kultischen Reinheit thematisiert.

Welche Handlungen ein Kleriker bei der Messfeier durchführen sollte, war Gegenstand der Rubrizistik oder Zeremonienlehre.[26] Es erscheint des-

20 Vgl. Kienitz, Weihehindernisse, S. 60–66.
21 Vgl. Lepsius, Sitzen.
22 Vgl. Hahn, Kontrolle.
23 Zur älteren Einschätzung der nachtridentinischen Epoche als »Zeitalter der Rubrizistik« siehe Bärsch, Ritengentik, S. 185–211. Für ein heutiges Beispiel einer positiven Sichtweise der Formstrenge siehe Mosebach, *Häresie*.
24 Der Begriff bei Hahn, Kontrolle, S. 241.
25 Douglas, *Purity*.
26 Abgeleitet von der roten Farbe *(rubrum)*, mit der die Anweisungen in liturgischen Büchern hervorgehoben werden; vgl. Kieffer, *Rubrizistik*.

halb sinnvoll, als Hintergrund für die Bedeutung der Form weniger allgemeine religiöse Muster, sondern die tridentinischen Diskussionen um Messe und Priestertum in den Blick zu nehmen.[27] Die Bedeutung des Priesters für die Eucharistie wurde für den Katholizismus als singulär bezeichnet, da dem katholischen Zelebranten eine mit dem Sakrament der Ordination erhaltene Handlungsmacht in der Messfeier zugesprochen wurde.[28] Priesterliche Handlungen waren genau bei diesem Ereignis, beim Umgang mit dem real und substantiell vorhandenen Leib Christi, dem größten Gelingensdruck ausgesetzt.[29]

Für die Zentralität der eucharistischen Form sprach auch die epigrammatische Parallelisierung zwischen den Handlungen des Priesters und dem biblischen Text.[30] Das Tridentinum legte großen Wert auf diesen Vergleich von Zelebrant und Christus, auch wenn die Unterschiede in der historisch gewachsenen Ausführung im Vergleich zum biblischen Text offenkundig waren. Während er las, dass Christus das Brot genommen habe, nahm der Zelebrant selbst die Hostie. Die Bedeutung des zelebrierenden Körpers in der Ausübung festgelegter Handlung war damit zugleich effektiv (für die Wandlung) und repräsentativ (mimetisch als *sacrificium*).

Mit der Bedeutung des Zelebranten ging eine immer stärkere Thematisierung der Gefahren einer fehlerhaften Messfeier einher, die im Kontext der Assistenz bereits erwähnt wurden. Die entsprechenden Kapitel von den *pericula* oder *defectus*, die in der Messe vorkommen konnten, wurden bereits im Spätmittelalter stetig ausgebaut und in aller Ausführlichkeit Gegenstand von frühneuzeitlicher Rubrizistik und Kasuistik.[31] Eine Auswahl fand Eingang in das *Missale Romanum*. Dabei waren ausdrücklich alle Zelebranten gemeint und nicht nur diejenigen, deren Körper als versehrt problematisiert wurden. Was prinzipiell immer und überall bei der Messe zu befürchten stand, wurde im Falle von gebrechlichen Körpern aber als wahrscheinlicher

---

27 Sess 7, Can 10–12. Diese Beschlüsse waren Ergebnis langer Diskussionen, die hier nicht nachgezeichnet werden können; vgl. Ditchfield, Worship; Wandel, *Eucharist*, S. 216–231. Freitag, *Sacramentum* befasst sich aus theologischer Perspektive mit den Verhandlungen zum *ordo* (also nicht nur Priestertum) in den verschiedenen Phasen des Konzils.

28 Zur Rolle des Zelebranten bei der Eucharistie als zentralem Gegenstand konfessioneller Auseinandersetzung siehe Wandel, *Eucharist*, S. 100. Zur Relevanz von Gesten für das Gelingen der Eucharistie Schmitt, Gestures, S. 59–70.

29 Sicherlich äußerte sich dieser Druck auch in der Forderung nach exemplarischem Verhalten oder moralischer Lebensführung, wie Wandel, *Eucharist*, S. 229 betont.

30 Zum Folgenden Wandel, *Eucharist*, S. 23 und 226f.

31 Jungmann, *Missarum*, Bd. 1, S. 171.

gesehen. Der Analogieschluss vom ›Defekt‹ der Messe zum ›Defekt‹ des Körpers lag insofern nahe, etwa wenn bei einem an *morbus paralyticus* erkrankten Priester die Gefahr konstatiert wird, den Wein zu verschütten.[32] Wie das Verhältnis von Form der Handlung und Effekten in den Fällen der Konzilskongregation thematisiert wurde, kann ein Beispiel zur fehlerhaften Aussprache der Wandlungsworte verdeutlichen. Der Subdiakon Ignatius Rodrigo aus Tarazona war laut seinem Bischof im Examen für das Diakonat durch »Stottern« aufgefallen. Der Ordinarius schrieb, dass Rodrigo anstelle des Buchstabens C die Buchstaben T und R ausspreche. So werde aus »Hoc est corpus meum« ein »Hort est torpus meum«.[33] Dass genau diese Wörter vom Bischof hervorgehoben werden, veranschaulicht, dass es nicht um den Sprachfehler als solchen ging, sondern spezifisch um die zentrale Stelle der Eucharistie. Auf dem Spiel stand vor allem anderen die transformative Wirkung der genannten Worte. Diese mussten auch beim für die Zuhörer kaum wahrnehmbaren Sprechen des Kanons korrekt ausgesprochen werden.[34] Für den Bruch in der Messe kann auch der vom Bischof verwendete Ausdruck der »großen Gewalt« *(magna violentia)* stehen, mit der der Supplikant am Ende eines Wortes nicht das C ausspreche, sondern R und T.[35] Neben der Schwierigkeit der Aussprache signalisiert das Wort *violentia* auch die gleichsam gewaltsame Störung im liturgischen Ablauf. Die Änderung im Klang störte nicht nur peripher den Ablauf, sondern verhinderte die Wandlung.[36]

Wenn der Zelebrant bei den Worten *hoc est corpus meum* die Hostie hob, dann zeigte er der Gemeinde in katholischer Vorstellung den Leib Christi. Mit dem *torpus* statt *corpus* zerbrach dieser Zusammenhang von Immanentem

---

32 Vgl. etwa Civitatis Castellanae, 21.05.1718, Pos 420.

33 »Ignatius Rodrigo iam promotus ad Sacrum Subdiaconatus ordinem in examine pro suscipiendo Diaconatu, detectus fuit balbutiens, ita ut in pronunciando verba, loco litterae C. soleat proferre T. et R. et ita loco verborum = Hoc est corpus meum = pronunciet = Hort est torpus meum = Verum quia Episcopus dubitat; Oratorem ob huiusmodi defectum esse Irregularem«; Tyrasonensis, 15.12.1703, LD 53, 555r.

34 Dies erklärt auch, dass in diesem Fall nicht von möglichem Spott über die Aussprache des Diakons die Rede ist. Zum Lachen der Gemeinde, das für andere Gebrechen zentral war, siehe unten Kap. 3.2.

35 »C finaliter pronunciat, non ipsam, sed R et T, cum magna violentia solet pronunciare«; Tyrasonen, 15.12.1703, Pos 256.

36 Wandel, *Eucharist*, S. 231.

sind auch Begriffe wie *disordine*[38] oder *absurda*[39] für mögliche fehlerhafte
Zelebrationen hervorzuheben. Diese theologisch begründete Relevanz
bleibt in den Dokumenten allerdings weitgehend implizit, letztlich ging es
um das körperliche *impedimentum*, aufgrund dessen dem Supplikanten von
der Konzilskongregation die Weihe zum Priester verweigert wurde.[40] Der
Fall zeigt deutlich, dass das Insistieren auf einer bestimmten Form im Vollzug negative Effekte für Supplikanten hatte.

Ein starkes Narrativ der katholischen Überregulierung, der völligen Be-
stimmtheit von Handlungen erscheint dennoch wenig zielführend. Die hohe
symbolische Aufladung von Sprechakten und nonverbalen Handlungen
konnte im Umgang mit Gebrechen ein Grund für Restriktivität sein, hatte
aber auch die gegenteilige Wirkung. Dies lässt sich durch den häufig besprochenen Fall des Blinden verdeutlichen. Entgegen der Vorstellung vom Blinden als gleichsam naturgemäß untauglich bestand weitgehend Einigkeit
unter den rubrizistischen und moraltheologischen Autoren, dass ein Blinder
die Hostie gültig konsekrieren könne.[41] Die notwendigen Akte zu vollziehen
und die Wandlungsworte aussprechen zu können, wurde als ausreichend er-
achtet. Auf das Sehen der eigenen Bewegungen kam es also nicht an.
Bedenken aufgrund von möglichem Verschütten des Weins und dergleichen
waren damit nicht ausgeräumt, das Beispiel zeigt aber, dass sich
Differenzierungen lohnen. Das Sehen, sonst vielfach ganz zentral, erscheint
in dieser Hinsicht weniger wichtig als das Greifen beziehungsweise Brechen
und die Sprache.

Auch wurde die Formstrenge je nach Handlung abgestuft. In der
rubrizistischen Literatur finden sich vielfältige Differenzierungen zwischen
einzelnen liturgischen Akten. In seinem monumentalen Kommentar zu den

---

37 Diese Sichtweise der Konsekration und Elevation ist Ergebnis komplexer historischer
Prozesse; vgl. Kennedy, Moment; Browe, Elevation.
38 »Da detta grazia non potra nascere disordine alcuno di dispersione de fragmenti«;
Veronensis, 14.11.1693, Pos 122. In einem anderen Fall bestätigt ein Mitbruder, dass der
Supplikant »possa celebrarle senza pericolo di disordine«; Neapolitana, 12.04.1710, LD
60, 161v.
39 Cremonensis, 10.05.1710, LD 60, 194v.
40 Tyrasonen, 15.12.1703, Pos 256.
41 So schreibt etwa der Theatiner Antonino Diana (1585–1663): »Dico igitur Sacerdotem
caecum consecrare posse materiam praesentem, quam coram se habet, quamvis illam non
videat.« Diana, *Resolutiones*, Lyon 1680, S. 130.

Rubriken des *Rituale Romanum* unterscheidet Paolo Maria Quarti etwa sogenannte *ritus graves* oder *essentiales* von weniger wichtigen Handlungen.[42]
Essentiell waren nur solche Vollzüge, die eine spezifische Bedeutung von
großem Gewicht hatten und damit näher an der Substanz des Sakraments
standen. Auch wenn also in der Eucharistie im Prinzip allen Akten des
Zelebranten (wie gesehen) eine tiefere Bedeutung zugesprochen werden
konnte, so wurden diese Bedeutungen doch untereinander hierarchisiert.
Auch in der Rechtspraxis ging es bei der Frage möglicher Variabilität im
physischen Ablauf nicht zuletzt darum, wie viel Gewicht einzelne Handlungen relativ zu anderen hatten. Für das spezifische Problem von Körper
und liturgischem Gelingen führt Quarti konkrete Beispiele an. Wer wegen
einer Lähmung bei der Messe nicht mit der rechten Hand kommunizieren
könne, aber mit der linken, gelte für die meisten Theologen als fähig. Das
Kommunizieren mit der Rechten sei nämlich kein *ritus gravis*. Als
unterstützendes Argument wird das Beispiel der Dominikaner angeführt, die
die Hostie an einigen Stellen im Ablauf mit der linken Hand führten.[43] Das
konkrete Beispiel der Dominikaner und die Hierarchisierung der Handlungen untereinander verstärkten sich also gegenseitig.

Neben der Abstufung von Handlungen lassen sich weitere Argumente
zur Flexibilisierung ausmachen. In einigen Fällen wurde etwa argumentiert,
es genüge, Handlungen ›geistig‹ oder ›moralisch‹ zu vollziehen. Ein Supplikant etwa konnte das Kreuzzeichen nur »moralisch, ohne die physische Berührung« der Schulter ausführen.[44] Auch bei Taubheit findet sich die Einschätzung, es sei nicht notwendig, die Antworten des Ministrierenden zu
hören. Vielmehr genüge es, bestimmt zu glauben, dass er geantwortet habe.[45]

Es lässt sich festhalten, dass Handlungen durchaus mit Bedeutung auf-
geladen und strikt reguliert wurden, sich daraus allerdings keine absolute
Formgebundenheit im gesamten liturgischen Ablauf ergab. Insgesamt sollte
die liturgisch-religiöse Aufladung von Vollzügen sicherlich nicht ausgeblendet werden, denn sie führte dazu, dass körperliches Können nicht nur
nüchtern-technizistisch verstanden wurde, sondern symbolische Bedeutung

---

42 »Censentur autem ritus graves, qui specialem, & magni ponderis habent significationem,
vel proxime accedunt ad substantiam sacrificii.« Quarti, *Rubricae*, S. 469. Zur Flexibilität
bei Quarti auch knapp Camporesi, *Casa*, S. 206f.

43 Vgl. Bonniwell, *Liturgy*, S. 187f.

44 »Fatto moralmente, senza il tatto fisico«; Suanensis, 07.05.1701, Pos 218.

45 »Quia non est simpliter necessarium ut Sacrificans audiat responsiones Ministri, satisque
est, si certo moraliter putet eum respondisse«; Provinciae S. Mariae in Hungaria, 28.11.1693,
Pos 124.

erhielt. Das schloss aber eine funktionsorientierte Sicht keineswegs aus, bei der bestimmte Handlungen variiert oder ausgetauscht werden konnten. Eine Auflistung symbolischer Bezüge birgt bei aller Wichtigkeit die Gefahr, historisch ungenau zu werden, da sie universell eine Formstrenge konstatiert, aber wenig über die Aktivierung solcher Aspekte in spezifischen Situationen aussagt.

Die Bewertung von linker und rechter Körperseite ist an dieser Stelle aufschlussreich. In der Traktatliteratur finden sich sowohl essentialistische als auch funktionsorientierte Betrachtungsweisen von rechter und linker Hand. So lassen sich aus dem theologischen und liturgischen Kontext zahlreiche Beispiele einer grundlegenden Bevorzugung von rechts gegenüber links anführen.[46] Dies führte jedoch nicht zu einer Skandalisierung von Ausnahmen – etwa der Praxis der Dominikaner. Dass der Wechsel der Hände in der Rechtspraxis akzeptiert wurde, wird im folgenden Abschnitt gezeigt. Zudem wurde dem linken Auge eine höhere Bedeutung zugesprochen, da es für das Lesen des Kanons zuständig war *(oculus canonis)*.[47] Letztlich, so möchte ich weiter zeigen, kam es aber stärker auf das körperliche Geschehen in der praktischen Prüfungssituation an als auf eine vorgängige Bedeutungszuschreibung.

Körperliches Geschick in der Messe. Routinisierung und Gedächtnis

Im vorigen Abschnitt wurde gezeigt, dass normativ bei aller Formstrenge ein gewisser Raum für die Variation von körperlichen Vollzügen bestand. In diesem Abschnitt geht es nun um Supplikanten, denen es vor diesem Hintergrund gelang, neue und ungewohnte Bewegungsabläufe zu erlernen, etwa Bewegungen mit der linken Hand zu vollziehen. Der Dominikaner Tomaso Bianchi etwa hatte aufgrund einer Krankheit die Beweglichkeit der rechten Hand verloren und supplizierte 1692 für eine Dispens, damit er »die Hostie mit der Linken heben, diese mit der Rechten begleiten und mit derselben Linken alle anderen Zeremonien ausführen könne«.[48] Der Patriarch von

---

46 Vgl. Nußbaum, Bewertung.

47 Arianen, 15.01.1707 LD 57, 6r.

48 »Potendo nell´alzar l'Hostia Sacra con la sinistra, accompagnarla con la destra, et con l'istessa sinistra farle altre ceremoniie.« Venetiarum, 19.04.1692, Pos 100.

Venedig und die hinzugezogenen Zeremonienmeister berichteten der Konzilskongregation von einem *experimentum*, bei dem der Supplikant während des Kanons zwischen rechter und linker Hand gewechselt habe. Dabei kam ihm der Status als Dominikanermönch zugute.[49] Allerdings waren auch für Dominikaner viele Bewegungen mit der rechten Hand vorgeschrieben, die Bianchi nur mit der Linken ausführen konnte. Der Bericht über das *experimentum* nannte diese auch ausdrücklich, insbesondere das Einschenken von Wein und Wasser in den Kelch, dessen Elevation sowie das Kreuzzeichen beim *per ipsum, et cum ipso, et in ipso* und dem *pax domini sit semper vobiscum*. Ganz besonders aber wirke sich sein Defekt beim Brechen der Hostie aus. Wo man sie eigentlich über dem Kelch brechen solle, müsse er sie auf den Hostienteller legen.[50] Nach diesem ersten *experimentum* wurde ihm die Feier der Messe mit einem Assistenten erlaubt.

Für die Frage der körperlichen Adaption ist der Fall aber wegen seiner weiteren Entwicklung besonders relevant. Bianchi durchlief im Laufe der nächsten acht Jahre zwei weitere Überprüfungen, die sukzessive feststellten, dass er immer besser mit der linken Hand agiere.[51] In der Folge wurde er ohne rechtliche Auflagen – also auch ohne Assistenten – zugelassen. Weder hatten sich die Normen geändert noch die Bewegungen, die er mit der Linken ausführen musste. Vielmehr waren eben diese Handlungen nun freier und geschickter. Dieses Können war direkte Konsequenz der körperlichen Gewöhnung und Einübung *(essercizio)*.[52]

Die hier untersuchten Quellen erlauben einen seltenen Einblick in die Einübung eines Individuums in ungewohnte Körperbewegungen. Dieses körperliche Lernen im zeitlichen Verlauf wurde als »Übung« oder »Geschick«, aber auch als »Erfahrung« bezeichnet.[53] Solche Lerneffekte im Umgang mit dem Körper wurden von Supplikanten und kontrollierenden Zeremonienmeistern gleichermaßen angeführt. Besonders ergiebig für die Analyse körperlichen Könnens sind Fälle fehlender oder gebrechlicher

---

49 »Essendo Dominicano operando in alcune Rubriche con Rito diverso dal Romano.« Venetiarum, 19.04.1692, Pos 100.

50 »Che dove si deve spezzare su la bocca del Calice, è costretto di romperla, con qualche dimora distesa e giacente su la Patena«; Venetiarum, 19.04.1692, Pos 100.

51 Venetiarum, 17.09.1696, LD 46, 464r.

52 »Hora esssendosi coll'essercizio reso piu franco nell'operare colla detta mano sinistra.« Venetiarum, 17.09.1696, Pos 169.

53 Venetiarum, 17.09.1696, Pos 169; vgl. auch die Formulierung »in sacris caeremoniis ita peritus factus esset«; Coloniensis, 13.09.1862, *Causae selectae*, S. 21.

Finger und Hände bei der Messfeier. Ein Supplikant aus Burgos, so der Bericht über das *experimentum*, ersetze den fehlenden Daumen der Linken beim Aufnehmen und Brechen der Hostie mit dem Zeige- und Mittelfinger, so dass er dies alles »perfekt« ausführen könne.[54] Es habe sich nur ein gewisses Zittern gezeigt *(aliquali tremore)*, das aber die Ausführung nicht behindere. Zudem stand nach einer Zeit von 15 Tagen fest, dass dieses Zittern weitgehend aufgehört habe. Daraus schloss der Prüfende, dass es in kurzer Zeit wohl ganz verschwinden werde, gerade bei dem ›virilen‹ Alter des Supplikanten.[55] Vielleicht spielte auch die Beobachtungssituation eine Rolle beim Zittern der Hand zu Beginn. Die Routine in den Bewegungsabläufen wäre dann mit einer zunehmenden Gewöhnung an die Prüfung einhergegangen. Innerhalb bestimmter Grenzen wurde diese schwierigere Situation etwa direkt nach einer Verletzung auch von den kirchlichen Autoritäten anerkannt.

Das Alter von Supplikanten, welches in den Quellen häufig genannt wird, spielte eine ambivalente Rolle für die Einschätzung von Gebrechen. So konnte Jugend die Zuschreibung von Genesungsfähigkeit plausibel machen: Der Priester Bernardino Madonna etwa, der nach einem chirurgischen Eingriff aufgrund eines Tumors am Knie hinkte, argumentierte erfolgreich, er sei noch »in jugendlichem Alter und deshalb fähig *(habile)*, diesen Defekt immer mehr zu überwinden«.[56] Ob dies mit der körperlichen Wirklichkeit übereinstimmte, konnte zwar erst die Zukunft erweisen, war aber weniger entscheidend als die offenbar einleuchtende Verbindung von Jugend und Abilität. Fortgeschrittenes Alter war dagegen zugleich Risikofaktor und ein potentielles Argument für Erfahrung. So wurde für die Abilität eines sehschwachen Supplikanten mit seiner Praxis und dem ausgezeichneten Tastsinn argumentiert *(ob praxim, et exquisitum tactum)*.[57]

Die vielen Fälle der Augenschwäche bei meist älteren Klerikern sind für die Frage der Übung im Umgang mit dem Körper sehr aussagekräftig. Geübt

---

54 Burgensis, 27.05.1702, Pos 232.

55 »Reperi habilem et idoneum pro celebrando missae sacrificio supplendo defectum pollicis, cum digito indice, et medio, in fractione signis et sumptione Sacramenti, idque perfecte peragere licet cum aliquali tremore qui tamen non impedit praemissonum exercitium, et experientia constitit intra spatium quindecim dierum dictum tremorem multum cessasse, ita ut inferre possimus, quod brevi tempore penitus evanescet attenta ipsius virili etate«; Burgensis, 27.05.1702, Pos 232.

56 »Per essere nell'età giovanile, habile sempre più à superare il rubricato difetto.« Theatina, 15.03.1710, Pos 332.

57 Asculana, 28.05.1695, Pos 148.

wurde hier nicht so sehr das Sehen und Lesen von Texten selbst, sondern der routinisierte Bewegungsablauf bei der Messe, durch den die Sehkraft weniger wichtig wurde. In den Berichten über Probemessen lässt sich insgesamt eine Mischung aus Akzeptanz und Ablehnung von Routine konstatieren. Es zeigt sich, dass allzu eingespielte Handlungsabläufe problematisch gesehen wurden. Allerdings war nicht unmittelbar klar, welche Handlung routinisiert und welche ganz bewusst ausgeführt wurde. Nach dem *experimentum* über die krankheitsbedingte Sehschwäche eines Supplikanten schrieb etwa der Bischof von Pienza, Antonio Forteguerra, dieser würde die Texte der Messe nicht *lesen*, sondern *durch-lesen (perlegit, non legit)*.[58] Der Bischof bezeichnet hier eine feine Differenz zwischen zwei Lesepraktiken. Es wird nicht weiter ausgeführt, was den Gegensatz zum echten Lesen genau ausmachte und ob sich dieser am Tempo, der Augenbewegung oder dem gesprochenen Wort zeigte. Womöglich war eine Art ›Herunterlesen‹ gemeint. Jedenfalls war es gerade der hohe Grad an Genauigkeit der Beobachtung, der diese uneindeutig machte. Unklar war auch, so der Bischof weiter, ob der Supplikant nicht richtig lesen konnte oder es nicht wollte. »Ich wage nicht darüber meine Meinung zu sagen, weil ich nicht unterscheiden kann, ob er wegen seiner Krankheit nicht lesen kann oder mit Fleiß nicht liest.«[59] Welchen Zweck das absichtliche Nicht-Lesen erfüllen würde, bleibt unklar.

Der Fall aus Pienza ist deswegen so relevant, weil sich deutlich die Grenzen der Beobachtung im *experimentum* zeigen. Die Beschreibung des Bischofs versuchte, nicht nur die äußerlichen Vollzüge genauer zu beschreiben, sondern diesen auf den Grund zu gehen. Je genauer man nun aber das Lesen ergründen wollte, desto unsicherer wurde das eruierte Wissen. Die Funktion des *experimentum* war es ja gerade, äußere Handlungen und nicht Intentionen zu beobachten. Der Bischof schloss seine Information im vorliegenden Fall mit der Aussage, es sei in einer solchen Angelegenheit besser zu glauben als zu urteilen. Die Zurückhaltung im Urteilen gehörte zwar standardmäßig zu den abschließenden Sätzen eines Briefes an die Kongregation, aber üblicherweise eher in Form einer allgemeinen Formel *nach* der eben doch dezidiert vorgebrachten eigenen Einschätzung, die im

---

58 »Orationes, Epistolas, et Evangelica perlegit, non legit.« Pientina, 05.09.1705, Pos 282.

59 »Non audeo super praemissis animum meum aperire, quia an legere nequeat ex infirmitate, vel ex industria distinguere non valui, quoniam in similibus satius est credere, quam iudicare.« Pientina, 05.09.1705, Pos 282.

administrativen Ablauf schließlich gefragt gewesen war.[60] Dem Bischof ging es um seine Unsicherheit, die zugrundeliegende körperliche ›Wirklichkeit‹ (die Sehschwäche) nicht beurteilen zu können.[61] Auch das eigentliche Messgeschehen, insbesondere die Wandlung, ließ sich nicht beobachten. Der Status des in *experimenta* ermittelten Wissens in der Beobachtung von Körpern war also weniger eindeutig als im Verfahren suggeriert. So zeigen sich in der Beschreibung durch kirchliche Autoritäten Bruchstellen, die den Wert von *experimenta* zwar nicht prinzipiell in Frage stellen, aber auf einen Rest von Unsicherheit verweisen.

Der genaue Anteil von Routinisierung im Vergleich zu jeweils überlegtem Vollzug war kaum festzustellen. Ernst Gombrich hat diesen Sachverhalt im kunsthistorischen Kontext als die unsichtbaren Voraussetzungen des Sehens beschrieben. Er spricht von der»impossibility of telling at any moment which visual experience is due to the optical world and which to memories and guesses«.[62] Als Antwort auf dieses Problem bestehen etwa Sehtests nicht aus einer stets gleichen Folge von Zeichen (etwa A, B, C), sondern aus zufälligen Zeichenkombinationen. Beim *experimentum* war das Gedächtnis von erfahrenen Zelebranten dagegen offensichtlich im Einsatz, denn es war klar, dass man Texte aus der Messe nach hundert- oder tausendfacher Lektüre auch ›herunterlesen‹ konnte.

Der Begriff der *memoria* taucht in Suppliken häufig auf. Er beschrieb eine individuelle, kognitive Fähigkeit von Supplikanten. Häufig ging es dabei um sehschwache Personen, die zwar nicht oder kaum mehr lesen konnten, sich aber imstande sahen, mit Kelch und Hostie umzugehen.[63] Wie oben erwähnt, war dies selbst für gänzlich Blinde theologisch kein Problem, da es auf den körperlichen Vollzug und nicht das Sehen der eigenen Handlungen ankam. Allerdings musste die Komplexität der zu lesenden Texte reduziert werden, so dass Supplikanten um Erlaubnis baten, sogenannte einfachere Messen *(missae faciliores)* oder Votivmessen mittels der *memoria* zu zelebrieren.

---

60 So auch derselbe Bischof in einem anderen Fall:»Animi mei sensum aperire non praetermisi«; Pientina, 29.01.1707, Pos 214.
61 Ein möglicher Ansatz zur Verstärkung der Autorität von Beobachtung lag in der Hinzuziehung von Medizinern, die beanspruchten, der Sache, in diesem Fall der Blindheit, auf den Grund gehen zu können. Diese Art von Experten wurde allerdings im *experimentum* sehr selten hinzugezogen und war auch nicht systematisch erforderlich. Es findet sich nur ein Fall, in dem die Anwesenheit eines Mediziners im *experimentum* erwähnt wird (Asculana, 28.05.1695, Pos 148).
62 Gombrich, *Image*, S. 179.
63 Firmana, 28.07.1696, LD 46, 336v.

Die Entscheidungen der Konzilskongregation lassen bei diesem Thema eine pragmatische Strategie erkennen, indem sie in aller Regel die Zelebration von Votivmessen erlaubte. So wurde die Messe nicht durch andere Sakramente ersetzt, sondern Messtypen variiert.[64] In den Akten der Konzilskongregation erscheint das Gedächtnis als praktische Fähigkeit, über die Akteure verfügten. Kleriker konnten mit der eigenen Gedächtnisleistung argumentieren, und auch die Zeremoniare stuften dies in ihren Berichten positiv ein.[65] Höheres Alter war dabei im Sinne von größerer Erfahrung und Praxis günstig, auch wenn das mit Blick auf heutige biologische und gesellschaftliche Sichtweisen auf die Gedächtniskapazität älterer Menschen nicht selbstverständlich erscheint.[66] Eine *longa pratica*[67] oder den *longus usus*[68] bei der Messfeier konnten konsequenterweise nur bereits geweihte Priester plausibel machen, weil andere diese Art von Erfahrung nicht rechtlich gültig einbringen konnten. Die lange Erfahrung fungierte insofern zugleich als Hinweis auf den Dienst an der Kirche und einen umso größeren Anspruch als bereits Geweihter.

Allerdings lassen sich auch gegenläufige Bewertungen des Gedächtnisses in den Verfahren feststellen. So war in den positiven Antworten der Konzilskongregation bei Sehschwäche regelmäßig die Klausel enthalten, dass die Texte auch bei der Votivmesse nicht auswendig vorgetragen, sondern tatsächlich gelesen werden sollten. Typisch für die zunächst paradox erscheinende Verknüpfung von positivem und negativem Bezug auf das Gedächtnis ist etwa der Fall des 62-jährigen Priesters Joseph Lapedra aus Portugal. Dieser argumentierte erfolgreich, er könne die Votivmessen trotz des Verlusts des Augenlichts leicht feiern – aufgrund seiner *praxis* und *memoria*.[69] Die Antwort der Konzilskongregation erlaubte ihm die Messfeier, enthielt aber

---

64 Dieser Gebrauch hat mittelalterliche Wurzeln, in Cluny wurden von Abt Hugo (gest. 1109) solche Votivmessen für kranke Mönche eingeführt; vgl. Eisenhofer, *Liturgik*, S. 560. Zum ökonomischen Aspekt dieser Messen vgl. Merk, *Meßstipendium*.
65 Spoletana, 16.03.1709, Pos 321.
66 Die Konzilskongregation wollte regelmäßig das Alter von Supplikanten erfahren; vgl. Ordinis Cappuccinorum, 19.07.1704, LD 54, 304r, wo eine erste Supplik mit *exprimitur aetatem* beantwortet wurde.
67 So in Mediolanensis, 15.09.1703, Pos 254.
68 »Non potest aliam missam celebrare nisi a mortuis, quam ob longum usum memoria tenet«; Regiensis 16.03.1709, Pos 321.
69 Barchinonensis, 18.07.1705, LD 55, 269r.

die Bedingung, dass er gerade *nicht* aus dem Gedächtnis rezitieren dürfe (*memoriter non recitet*).[70]

Unterschiedliche Einschätzungen zur *memoria* finden sich auch in der kirchenrechtlichen und moraltheologischen Literatur. Der Bischof von Spoleto etwa verwies in einer Information auf die widersprüchlichen Meinungen der Autoren. Einige schrieben, man könne in einer so wichtigen Sache wie der Messfeier dem Gedächtnis nicht trauen; andere dagegen, dass das gut möglich sei und mit dem Danebenliegen des Missale der verbleibenden Gefahr abgeholfen sei – eine Meinung, die der Bischof im vorliegenden Fall vorzog.[71] Im Hintergrund stand hier wohl die Vorstellung, dass allein der Blick auf das Missale dem Gedächtnis helfen werde, auch wenn der Betreffende die Buchstaben nicht mehr wirklich erkennen konnte.[72] Gegen die Notwendigkeit, das Missale auch neben blinde oder sehschwache Zelebranten zu legen, findet sich das kasuistische Argument, dass auch Priester mit guter Sehstärke vielfach den Kanon nicht ablesen würden, da sie ihn auswendig kannten. Ob das Missale dabei läge oder nicht, könne entsprechend kein Kriterium für eine erfolgreiche Messe sein.[73] Bei solchen differenzierten Diskussionen, was mit körperlicher Einschränkung möglich oder geboten sei, ging es immer auch darum, kirchliche Obrigkeiten moraltheologisch gegen den Vorwurf der Leichtfertigkeit abzusichern.[74]

---

70 In einem anderen Beispiel heißt es, die Supplik sage offen, der Supplikant müsse wegen seines Gebrechens aus dem Gedächtnis zelebrieren (»ei necesse est missam praecipue mortuorum memoriter celebrare«). Die Antwort ist positiv, enthält aber die Klausel, »ita tamen ut fas ei non sit missam memoriter celebrare«; Melevitana, 07.08.1683, LD 33, 232v.

71 »Fagundez, Reginaldus, et Filiccius negativam teneant opinionem, eo quia in re tam ardua memoriae fidendum non sit, contrariam tamen sententiam defendunt Vilalobos, Ledesma, Vasquez hoc speciali fundamento innixi, quod cessante errandi periculo, censent pariter finis, et obligatio adhibendi Missale, et ita firmat etiam Paulus Maria Quartus Clericus regularis in suis Commentariis Rubricae Missalis Romani«; Spoletana, 16.03.1709, Pos 321. Im Recht war (und ist) die Frage der Verlässlichkeit menschlicher Erinnerung vor allem bei Zeugenaussagen relevant; zum zeitgenössischen, skeptischen Diktum »Cum humana *memoria labilis* sit« vgl. Bähr, *Sprache*, S. 42.

72 Vgl. Pasqualigo, *Sacrificio*, S. 725.

73 Vgl. ebd., S. 725. Nicht verpflichtend war der Gebrauch anderer Hilfsmittel, wie der *tabella secretorum*, also der Tafel mit dem Text des Kanons für den einfacheren Gebrauch.

74 Es ging also weniger um Fragen der ›Kunst‹ des Gedächtnisses als um liturgische und moraltheologische Sicherheit. Zu vormodernen Gedächtnistechniken und -vorstellungen vgl. Carruthers, *Book*; Carruthers/Ziolkowski, *Craft*, besonders S. 17–23 zu monastischen Mnemotechniken. Mehr zur *ars memorativa* bei Yates, *Art*, inbesondere S. 368–389 zur Entwicklung im 17. Jahrhundert.

Die Kapazität der *memoria* war in diesen Fällen Voraussetzung für die Zulassung zur Messe, ihre Leistung wurde aber zugleich verborgen. Supplikanten sollten das Messbuch auch dann vor sich legen, wenn sie kaum oder gar nicht mehr lesen konnten. Mit dieser Regelung konnte man die Routinisierung des Gedächtnisses in Anspruch nehmen und zugleich den Verweis auf die Fixiertheit des Textes aufrechterhalten. In diesem Sinne war die Messfeier formgebunden *und* individuell, da man auf das Gedächtnis des Einzelnen und den Text angewiesen war. Die ambivalente Rolle der *memoria* macht deutlich, dass die Kirche die bei jeder Praxis gegebene Spannung aus Kreativität und Routine im Falle der Messfeier durch Kompromissformeln zu lösen suchte. Das Missale war dabei weniger instrumentell von Bedeutung, sondern zeigte nach außen, dass die Form der Messe für die jeweilige Person unverfügbar war. Dabei kam es wesentlich auf die Wirkung auf Zuschauer an. Sollte das Lesen im Missale echt wirken, müsste auch ein gänzlich Blinder die Seiten immer im richtigen Moment umblättern – so der Theatiner Zaccaria Pasqualigo in seinen moraltheologischen *Quaestiones* von 1662.[75] Dies erhöhe aber den Anspruch an die Person und die Gefahr von Fehlern derart, dass man es besser unterlassen solle.[76]

In der Praxis überwogen in den allermeisten Fällen wohl Mischverhältnisse zwischen Lesen und auswendigem Vortrag. Der Bischof von Malta berichtete etwa über seine Beobachtung in einem *experimentum* über einen Supplikanten, dessen Augen beide schwach seien. Er habe ihn in seiner Kapelle die Votivmesse der Heiligen Jungfrau zelebrieren lassen und halte ihn dabei für geeignet, »weil er die Messe, sich *ein wenig* mit dem Gedächtnis behelfend, gut lesen kann und dabei alle im Missale Romanum vorgeschriebenen Zeremonien einhält«.[77] Dem Gedächtnis wird also nur so viel Leistung zugesprochen, dass die Form gewahrt bleibt. Die Rückkopplung an die schriftlichen Fixierungen wurde, wie gezeigt, weiterhin eingefordert. Diese Maßnahmen zeigen ein reflektiertes Bewusstsein der Spannung aus Repetitivität und Kreativität. Sie versicherten durch ambivalenten Bezug auf

---

75 Pasqualigo, *Sacrificio*, S. 725.

76 Der Aspekt der Wirkung auf außenstehende Betrachter wird im nächsten Kapitel dieser Studie detailliert behandelt (Kap. 3).

77 »Havendo io in esecutione de loro ordini riconosciuto l'asserto difetto per mezzo d'una esperienza oculare, con haverlo fatto recitare nella mia Capella la messa […] mentre coll'aiutarsi *un poco* con la memoria la legge bene, e osserva pure bene le ceremonie prescritte dal Messale Romano, cio che non gli riesce nelle correnti per la cecità dell'occhio sinistro, e debolerra di quella del destro«; Melevitana, 19.07.1692, Pos 122 (Hervorhebung durch den Verf.).

Routine und Text gegen Abweichungen und zugleich gegen auswendiges ›Herunterbeten‹. Hier stimmten die Verordnungen für Sehschwäche strukturell mit allgemeinen Anforderungen an jede Messe überein, Fälle von Augenschwäche stellten somit nur bedingt Abweichungen dar.

Besonders zentral waren Gedächtnis und körperliche Erfahrung im Falle völliger Blindheit. Die in der Traktatliteratur und den Entscheidungen der Konzilskongregation zum Teil vertretene Ablehnung von gänzlich Blinden wurde in manchen Fällen zwar umgesetzt, war aber ebenfalls verhandelbar.[78] Dies macht der Fall des Johannes Niccoli aus Florenz von 1727 deutlich.[79] Dabei war klar, dass es um einen völlig blinden Priester ging. Allerdings attestierte der Bischof, dass dieser trotz Blindheit die Votivmesse ausgezeichnet, eben aus dem Gedächtnis zelebrieren könne. Er verwies die Kongregation auf den beiliegenden Bericht des Zeremoniars, der wiederum das vom Gedächtnis ergänzte, vollständig ausreichende körperliche Können konstatierte.[80] Die Messfeier, so die Entscheidung Roms, sei deshalb »in diesem Falle noch leichter zuzulassen, da mit dem durchgeführten *experimentum* ausreichend feststeht, dass der Supplikant für die Messen geeignet ist«.[81] Verbunden mit der schon bekannten Auflage der Assistenz eines Priesters oder anderen *vir expertus* wurde ihm die Messe erlaubt. Ob das Missale vor ihm liegen musste, wird an dieser Stelle nicht erwähnt. Für den Blinden reichten im Zweifel also das Gedächtnis und seine körperliche Routine aus, um den Ansprüchen der Kirche zu genügen.

In diesem Abschnitt wurde gezeigt, dass die Quellen zu Gebrechen seltene Einblicke in Formen der in langer Routine sedimentierten Alltagspraxis bieten.[82] Katholischer Priester zu sein war nicht nur eine Frage der Übereinstimmung mit Glaubenssätzen oder der einmal korrekt vollzogenen Ordination, sondern auch der verkörperten Erfahrung. In der Erprobung des eigenen Könnens war die Lebensgeschichte von Individuen als Kleriker praktisch präsent. Habitualisierungen wurden im Fall der Körpergebrechen allerdings besonders expliziert.

---

78 Abgelehnte Suppliken von Blinden etwa Surrentina, 26.09.1689, LD 39, 392v; Brixiensis, 10.12.1695, Pos 158; Comen, 20.08.1701, LD 51, 478v.

79 Florentina, 02.08.1727, *Folia Sacrae Congregationis* 1727.

80 Ebd.

81 Ebd.

82 In Anlehnung an Morgan, Matter, S. 5.

Hilfreiche Objekte

Objekte spielten für die körperliche Anpassungsfähigkeit eine enorm wichtige Rolle. Hostie und Kelch waren entsprechend ihrer religiösen Bedeutung die zentralen materiellen Elemente der in den Suppliken, Informationen und Berichten über *experimenta* beschriebenen Körperpraktiken. An dieser Stelle geht es mir vor allem um die Veränderung von Objekten, um zum Gelingen vorgeschriebener Handlungen beizutragen. Einerseits wurde die aktive Rolle der menschlichen Fähigkeit hervorgehoben, etwa im Ausdruck *maneggiare il Calice*.[83] Andererseits konnte die Beschaffenheit des Objekts entscheidend den Umgang damit beeinflussen.[84] Im Fall eines Gebrechens an der rechten Hand etwa beschreibt der Generalvikar folgende ›Manipulation‹ des gewöhnlichen Kelches: Man könne abhelfen, indem man dem Supplikanten empfehle, »einen Kelch anzufertigen, der zwischen Kuppa [der Schale für den Wein] und Fuß zwei Nodi [Knauf] hat, so dass er den Kelch mit der Rechten heben könne«.[85] Der Knauf am Kelch diente, neben der Möglichkeit der Verzierung, ohnehin zum Greifen. Das Ziel des Vorschlags war offenbar, mit einem zweiten Knauf leichteres und sichereres Halten zu ermöglichen.

Auch die Beschaffenheit der Hostie war von Bedeutung. Damit diese leichter gebrochen werden konnte, konnte sie vor der Messfeier an eingezeichneten Linien bereits leicht angebrochen werden. Dies war für Priester mit gebrechlichen Fingern oder Prothesen ein entscheidender Aspekt.[86] Auch die Temperatur spielte beim Vollzug der Eucharistie eine Rolle. So galt das Brechen einer weichen und warmen Hostie als schwieriger. Entsprechend sollte bei Fingergebrechen die Messfeier in einer Kirche vermieden werden, in der viele Menschen auf engem Raum standen und den

---

83 Ravennatensis, 22.09.1696, Pos 169.

84 Zur Frage der *agency* von Dingen vgl. Freist, Praktiken, S. 267–274.

85 »Si potrebbe rimediare, commendandoci fare un Calice, che dalla coppa ai piedi havesse due nodi, e da nodo à nodo la groseza d'una Ciave moderata, e la distanza di nodo à nodo un ditto di traverso, e di questa forma potrebbe elevare il Calice tanto nella Consecratione, quanto nella sumptione del sangue, e senon si puol rimediare in questa forma è necessaria dispensatione, accioche possa fare l'elevazione del Calice ponendo la mano sinistra nel nodo, e la diritta al piedi del med., e per consumare il sangue, prendere il calice con detta mano sinistra e segnandosi col medesima prendere il sangue e l'ablutioni«; Nullius Provinciae Toletana, 14.04.1696, Pos 163.

86 Vgl. für einen späteren Fall aus der Konzilskongregation *Acta Sanctae Sedis* 1891–92, S. 132.

Raum erwärmten.[87] Demgegenüber steht der seit dem Mittelalter belegte Gebrauch von Wärmekugeln speziell vor der Eucharistie, um Gefahren im Umgang mit Hostie und Kelch durch kalte Finger zu vermeiden.[88] Hilfreich für Kleriker war auch der Gebrauch von Messbüchern mit größeren Buchstaben, die das Lesen erleichterten.[89] Die Anfertigung solcher Hilfsmittel stellte Supplikanten nicht vor rechtliche, aber finanzielle Probleme. Ein Supplikant versicherte, dass er ein Missale größeren Drucks trotz Augenschwäche problemlos lesen könne. Weil er arm sei, stünden der Anschaffung eines solchen Werkes aber die Kosten von 18 *scudi* entgegen.[90] Ein Beispiel eines solchen Großdrucks war ein 1694 mit erzbischöflicher Autorität herausgegebenes Missale aus Salzburg. Schon im Titel findet sich der Hinweis, es sei »zur Bequemlichkeit der Leser in größeren Lettern gedruckt«.[91] Auf genau diese Ausgabe berief sich ein sehschwacher Priesterkandidat gegenüber der Konzilskongregation noch im Jahr 1862.[92]

Das wohl offenkundigste Beispiel eines hilfreichen Objektes, das anders als die genannten sonst keine Funktion in der Messe hatte, war die Brille. Augengläser wurden in den Verfahren nicht problematisiert, sondern im Gegenteil bei Sehschwachen als Korrektiv mitgedacht. So belegte ein *experimentum* aus Ferrara, dass ein Supplikant mit Brille problemlos den Text erkennen könne.[93] Noch wichtiger als das Lesen war hier das Erkennen der

---

87 »Solummodo si praesente in Ecclesia copiosissimo populo per calorem, uti fieri consuevit, hostia emolliatur, aucta sic difficultas, hostiam frangendi«; *Acta Sanctae Sedis* 1891–92, S. 133.

88 Schiedlausky, *Wärmapfel*.

89 »Libro patriculari ubi hae duae missae maioribus characteribus scripta«; Ordinis Cappuccinorum, 27.06.1699, LD 49, 239r. Auch der Mailänder Kleriker Andreas Guidus, ein seltener junger Supplikant mit Sehschwäche, hebt auf ein speziell angefertigtes Missale mit größeren Buchstaben ab; vgl. Mediolanensis, 11.06.1695, LD 45, 232r.

90 »Tandem ipsemet Orator affirmavit, quod Missale Romanum grandioris impressionis facilius legeret, sed cum expensa sit scudi decem, et octo, eius paupertati repugnat«; Pientina, 05.09.1705, Pos 282.

91 Ein Exemplar dieses Missale von 1694 befindet sich in der Bayerischen Staatsbibliothek in München. Die Funktion ist bereits im Titel enthalten *(Missale Romanum [...] Pro commoditate Legentium, litteris maioribus impressum).*

92 Der Supplikant argumentierte, »ut omnes res videre possim quas sani vident, sed parum distincte ac clare. Hinc etiam in legendo litteras paulo grandiores ac latiores distinguere possum. Ratione officii divini et Missale Romanum, quod Salisurgi majoribus literis impressum jussu et auctoritate Archiepiscopi«; Coloniensis Dispensationis, 13.09.1862, *Causae Selectae*, S. 19.

93 »Facto experimento, memoriter non leget et adhibitis conspicillis non difficulter«; Ferrariensis, 08.08.1705, 281. In einem weiteren Fall mit Brille heißt es, »siquidem parvum

kleinen Teile der gebrochenen Hostie, die mit dem Wein getrunken wurden. Der Umgang mit Brillen folgte also der funktionsorientierten Schwerpunktsetzung der Kirche.

Aus all diesen Fällen lässt sich folgern, dass eine gezielte Modifizierung der Messe im Umgang mit Gebrechen von den kirchlichen Obrigkeiten bis zu einem gewissen Grade akzeptiert wurde. Der Verweis auf Können im Umgang mit dem eigenen Körper und Objekten versprach allerdings nicht immer Erfolg und geschah vor dem Hintergrund eines zutiefst asymmetrischen Verhältnisses. Die Akzeptanz des kreativen Umgangs mit Gebrechen lag in der Hand der Kirche, die die Rechtsmittel in ihrer Hand behielt. Ein Bischof berichtet etwa, der Supplikant könne trotz eines Makels am Auge problemlos zelebrieren, und zwar aufgrund seiner langjährigen *consuetudo* des täglichen Zelebrierens.[94] Es läge also gar kein *impedimentum* vor. Dennoch habe er ihn ermahnt, lieber nicht die Messe zu feiern, bevor er nicht um eine Dispens in Rom angefragt habe. Der Verweis auf obrigkeitlich legitimierte Sanktionierung fing die Praxis der Supplikanten gleichsam ein und war nicht lediglich dem Wunsch nach liturgischer Einheitlichkeit geschuldet, sondern auch eine Frage der Autorität. Dennoch sollten die körperlichen Spielräume von Individuen nicht vernachlässigt werden. Verkörpertes Können und Adaption ergänzten, rechtliche und schriftbasierte Strategien der Suppliken.

Man kann deshalb von einer ›Gegen-Erfahrung‹ im Vergleich zu den prüfenden Instanzen sprechen, die aufgebaut wurde. *Memoria, habitudo, praxis/tactus* und *consuetudo* der Supplikanten stehen den liturgischen Experten mit ihren *experimenta* gegenüber. Die Begriffe verwiesen in erster Linie auf eine körperliche Fähigkeit, die dann mit einem Rechtsanspruch verbunden werden konnte. Im erwähnten Fall aus Florenz von 1727 wird dem blinden Priester von der Konzilskongregation sogar explizit *peritia* zugeschrieben. Trotz dieser Semantik sollte diese ›Gegen-Erfahrung‹ strikt vom Expertenwissen der Magister unterschieden werden.[95] Letztere werden im Verfahren institutionell für die Darstellung und Herstellung der Entscheidung angerufen. Die Supplikanten konnten ihre Erfahrung lediglich in der spezifischen Situation der Prüfung rechtlich relevant einbringen.

---

caecutiens mediantibus conspiciliis quibus utitur quando legit fragmenta SS.mae Hostiae optime detegit«; Venetensis, 10.05.1710, LD 60, 200r.

94 »Qua re cognita, maximo ob reverentiam, […] ipsum monui, a celebratione abstineri debere, donec in huiusmodi defectu obtineret dispensationem, nonobstante supplemento acuminis dexteri oculi, et plurimorum Annorum consuetudine, quotidio celebrandi, adeo ut ullum impedimentum, vel incommodum apparuerit«; Massensis, 26.11.1701, Pos 223.

95 Vgl. oben Kap 2.2.1.

Die zugrundeliegende Ressource dieses positiven Bezugs auf die Erfahrung war ein praktisches Wissen der Kleriker.[96] Dieses kann nicht in einer völlig vom liturgischen Regelwissen losgelösten Praxis verortet werden, bezogen sich doch die Beurteilenden in den *experimenta* auf das Missale, und auch die Supplikanten hatten dieses im Laufe ihrer Priesterlaufbahn materiell bei der Messfeier vor Augen. Allerdings ist es bemerkenswert, wie wenig es um die Abfrage dieses Regelwissens ging. Lag bisher – entsprechend der hohen Quellendichte – der Schwerpunkt auf dem Handlungsvollzug in der Eucharistie, wird im nächsten Abschnitt den Spuren verkörperten Könnens außerhalb der Messfeier nachgegangen.

Körperliches Können außerhalb der Messe

Blindheit und Tonsur

Das *experimentum* war lediglich für die Zulassung zum Priesteramt das wesentliche Prüfungsinstrument. Den Kontext der Messe überschreiten dagegen schon der Sache nach Dispensgesuche für niedrigere Grade im Klerus. So war die Zulassung Blinder zur *prima tonsura* deutlich leichter als zum Priesteramt. Das galt besonders, wenn weitere Faktoren hinzukamen, die als kompensierend angesehen wurden. Einem jungen Pariser *scholaris* etwa bescheinigten seine Lehrer, dass ihm zwar das Augenlicht fehle; er besitze dafür aber »ein geradezu einzigartiges Licht des Geistes und Verstandes *(lumen mentis et intelligentiae)*«.[97] Die Tonsur wurde ihm auch deshalb erlaubt, damit er entsprechende Einkünfte beziehen konnte. Nicht zuletzt ging es also um eine Versorgungsfunktion der Kirche. Allerdings erscheint es mir zentral, dass nicht nur von Mitleid die Rede ist, sondern gerade das für die Kirche wichtige Können des Betreffenden hervorgehoben wird.[98] Dabei spielte womöglich auch die zeitgenössische, wiederum funktionsorientierte Vorstellung eine Rolle, dass Personen eine fehlende Kapazität (etwa das Sehen) an anderer Stelle kompensierten (hier durch die Geisteskraft).[99]

---

96 Vgl. Reckwitz, Grundelemente, besonders S. 289; Biagioli, Knowledge, S. 69–81.
97 Parisiensis, 14.07.1670, Pos (Sess.) 129, 397r–402v. Er könne besonders gut mit Häretikern diskutieren und kenne die Glaubenssätze des Tridentinums bestens.
98 Ein ähnlicher Fall von Gelehrsamkeit in Pampilonen, 28.03.1733, *Folia Sacrae Congregationis* 1733.
99 Vgl. Jütte, *Sinne*, S. 120.

Der blinde Mailänder Graf Don Pietro Quintana wurde ebenfalls zur
Tonsur zugelassen. Dabei half sicher nicht zuletzt sein adliger Status.[100] In
beiden genannten Fällen traten mehr oder weniger einflussreiche Unterstützer für die Supplikanten ein. Damit sind sie zwar Ausnahmen – wobei
im Folgenden noch weitere Fälle sozial hochgestellter Personen behandelt
werden –, demonstrieren aber zugleich bestimmte Muster im Verfahren. Die
Unterstützer verwendeten nämlich die Sprache des körperlichen Könnens,
verwiesen also nicht ausschließlich auf Rang oder Status. Der Advokat im
Falle Quintana argumentierte sogar hauptsächlich mit einem spezifischen
körperlichen Können des Supplikanten. Dieser könne »gut schreiben und
unterschreiben sowie alleine in der Stadt herumlaufen«.[101] Interessanterweise werden diese Fähigkeiten vom Advokaten sogar als Beleg betrachtet,
dass man nicht von vollständiger Blindheit ausgehen könne.[102] Zu Ende gedacht wäre damit auch das fehlende Augenlicht zeitgenössisch letztlich
funktionsorientiert bestimmt und kein statischer Körperzustand. Wer so viel
konnte, zählte nicht als blind. In der Information des Bischofs und den
Dokumenten der Konzilskongregation ist dagegen ausdrücklich von einem
Blinden die Rede, dem allerdings ein hoher Grad an Eigenständigkeit und
physischem Können zuerkannt wurde.[103]
     Die Behauptung von körperlicher Fähigkeit wurde stets von weiteren
diskursiven Strategien flankiert, um das Können glaubwürdig zu machen.
Die Argumentation für eine Zulassung Blinder zeichnet sich dabei besonders durch die vielen historischen *exempla* blinder Priester aus.[104] Diese
konnten eine direkte rechtliche Präzedenzfunktion haben. Die *exempla* stammen allerdings aus unterschiedlichen Quellen, etwa Historien, und konstituierten keine direkte Präzedenz. Sie handelten alle von dem körperlich
Möglichen – dem Gesuch der Supplikanten und den dort angeführten Fähigkeiten wurde so gewissermaßen historische Tiefe verliehen. Man kann
geradezu von der Formation einer Art Ahnentafel oder einem Könnens-
Archiv sprechen, das aus besonders heiligen, einflussreichen, gelehrten oder
berühmten, jedenfalls aber fähigen Individuen mit demselben Gebrechen

---

100 Mediolanensis, 08.08.1705, Pos 281.

101 Mediolanensis, 08.08.1705, Pos 281.

102 »Orator non est absolute caecus, nam ipse bene subscribit, scribit, solus per Civitatem
     deambulat«; Mediolanensis, 08.08.1705, Pos 281.

103 Mediolanensis, 08.08.1705, Pos 281.

104 So in Mediolanensis, 08.08.1705, Pos 281 und Florentina, 02.08.1727, *Folia Sacrae Con-
     gregationis* 1727. Ähnliche Listen von herausragenden Blinden finden sich zum Teil auch
     in der Sekundärliteratur; vgl. Farrell, *Blindness*, S. 4–17.

bestand. Dies lieferte den Supplikanten argumentative Ressourcen, wobei auch die Traktate zu Irregularitäten reichlich Anschauungsmaterial enthielten.[105] Diese Strategie wurde nicht *gegen* die Konzilskongregation eingesetzt, sondern von dieser selbst eingefordert und selbst praktiziert. Im oben genannten Mailänder Fall forderte sie bereits 1704 *exempla* und wiederholte diese Forderung ein Jahr später, weil die vom Advokaten angeführten zu unspezifisch seien und sich nicht lediglich auf Blindheit bezogen.[106] Der Advokat führte daraufhin zahlreiche mittelalterliche und frühneuzeitliche Beispiele an. Neben dem Text des gedruckten Folios ist handschriftlich noch der Verweis auf ein weiteres *exemplum* angefügt, das sich direkt mit einer Dispens zur Tonsur befasste. Offenbar hatte man erst nach dem Druck der Ausführungen dieses noch passendere Beispiel gefunden.[107] Historische *exempla* garantierten nicht rechtlichen Erfolg, so wenig wie sie das Gelingen liturgischer Handlungen sicherstellten, machten das Können aber plausibel. Körperliche Fähigkeiten waren nie ganz diskursiv verfügbar, sondern mussten auch praktisch-körperlich umgesetzt werden. Ein *experimentum* wurde allerdings für die *prima tonsura* konsequenterweise nicht vollzogen.

Gehörlosigkeit und Zugehörigkeit zum Malteserorden

Eine besondere Spielart der Argumentation mit körperlichem Können bildet der Fall des von Geburt an ›taubstummen‹ Charles de Glandèves aus der Grafenfamilie Niozelles, der 1705/06 um die Aufnahme in den Malteserorden bat.[108] Der Orden schloss in seinen Statuten die Aufnahme körperlich Versehrter und besonders auch sogenannter Tauber und Stummer aus. Eine Dispens erschien also notwendig, so dass der entsprechende Fall der Konzilskongregation vom Papst zum Votum übergeben wurde.[109] Dabei wäre es naiv, den adligen Status und die Verbindungen der Person in der

105 Lambertinis Folium zitiert aber auch geschichtliche Werke, etwa die Chronik der Jesuiten; Florentina, 02.08.1727, *Folia Sacrae Congregationis* 1727.
106 »Sub die 20.12.1704 resolutum fuit, quod perquirantur exempla […] causa reproposita fuit sub die 16.05. currentis anni, iterum rescriptum fuit, quod perquirantur exempla quoad caecitatem tantum.« Mediolanensis, 08.08.1705, Pos 281.
107 »Repertum fuit alterum exemplum precise ad primam tonsuram pro caeco sub Clemente X. quod ibidem datur in calce«; Mediolanensis, 08.08.1705, Pos 281.
108 »Mutus et surdus a Nativitate«; Melevitana, 08.05.1706, Pos 288.
109 Aus den Statuten des Ordens: »Niuno si riceva in modo alcuno, che non sia gagliardo e ben composto di corpo, ed atto alle fatiche, di prospera sanità, di sano intelletto e di buoni costumi ornato«; zitiert in Melevitana, 08.05.1706, Pos 288.

Analyse außer Acht zu lassen, erwähnte doch die Konzilskongregation selbst die den Supplikanten unterstützenden Briefe »etlicher sehr edler Männer«.[110] Zudem habe Glandèves' Onkel derzeit die Großkomtur des Malteserordens inne.[111] Es ging also abermals nicht um einen gewöhnlichen Supplikanten. Umso bemerkenswerter ist, dass das Gesuch zweimal abgelehnt und erst beim dritten Mal die Dispens erteilt wurde.[112] Die Gründe für die anfängliche Ablehnung lassen sich dabei anhand eines Votums rekonstruieren.[113] Der Advokat des Supplikanten hatte argumentiert, dass Gehörlose laut dem Kirchenrecht heiraten könnten und somit – von der fleischlichen auf die spirituelle Ehe schließend – auch eine Ordensweihe möglich sei. Der Verfasser des negativen Votums für die Konzilskongregation stimmte zwar diesem Argument zu, hegte aber andere Zweifel:

»Es geht nämlich um einen militärischen Orden, dessen wichtigste Aufgabe es ist, Waffen zu führen und gegen die Ungläubigen zu kämpfen […] und der Taubstumme ist von Natur aus nicht für die militärischen Aufgaben geeignet, kann nicht […] den Befehlshaber hören oder die Zeichen der Trompete hören.«[114]

Damit rückte die Tauglichkeit des Körpers *(aptitudo corporis)* unter dem militärischen Aspekt ins Zentrum der Diskussion und musste von der Seite des Supplikanten bewiesen werden. Die Natur, deren ambivalente Rolle bereits vorgestellt wurde, hatte eine wichtige legitimierende Funktion für die negativen Entscheidungen.[115] Neben dem eigentlichen Votum findet sich ein Dokument mit Zitaten aus einigen Traktaten, vielleicht das Ergebnis eines vorgeschalteten Exzerpierens, das die Argumentation mit der natürlichen Exklusion deutlich macht. Die Belege aus der Literatur sind zwei

---

110 »Praenobilium aliquot virorum«; Melevitana, 08.05.1706, LD 56, 99v. In einem der beigefügten Briefe schreibt der Bischof von Digne, François Le Tellier, von der »particolar amicizia che habbiamo per la famiglia di Monsignore Niovelles«, womit der Vater des Supplikanten gemeint ist. Zur Familie Glandèves im 17. Jahrhundert vgl. Kettering, *Patrons*, S. 90f.

111 Der Onkel war wohl Charles de Glandèves Cuges. Dessen Grabstein wurde 1708 vom Supplikanten gestiftet *(Archives*, S. 198).

112 Negative Entscheidungen finden sich für den 08.08.1705 und 27.03.1706, die positive am 08.05.1706 (Melevitana, 08.05.1706, Pos 288).

113 Melevitana, 08.05.1706, Pos 288.

114 »Nihilominus in casu praesenti valde dubitare de concessione gratiae. Agitur enim de Religione militari, cuius praecipuum munus est arma gerere e contra infideles pugnare […] et quia ex ratione naturale surdus et mutus functionibus militaribus aptus non est, non potest solemne iuramento praestare, ducis audire imperium, tubae signum intelligere«; Melevitana, 08.05.1706, Pos 288.

115 Siehe oben Kap. 2.1.

Hypothesen zugeordnet: Taubstumme seien *a Natura* tauglich zur Profession, aber ebenfalls *a Natura* untauglich als Krieger.[116] Die Supplik, so das Votum, sei also entweder abzulehnen oder eine Resolution zu formulieren, die *exempla* einfordern sollte – ganz überzeugt war man von der natürlichen Exklusion also offenbar nicht.

Da es wohl keine Beispiele Gehörloser im Orden gab, beschränkte sich der Advokat in seiner Antwort darauf, dass aus dieser empirischen Tatsache keine rechtliche Verbindlichkeit zur Nicht-Zulassung entstehe.

Die entscheidende Argumentation für das körperliche Können erfolgte dann entlang einer anderen Linie. Die Unterstützer bescheinigten de Glandèves großes Geschick *(destressa)* im Reiten und dem Führen von Waffen sowie bei der Gebärdensprache.[117] Für Ersteres war die Annahme eines adligen Habitus von entscheidendem Vorteil: Er sei als Malteserritter geeignet, weil

»er in allen Übungen ausgebildet ist, die einem adligen Mann zukommen. In diesen Fähigkeiten zeigt er sich sehr geeignet und von der Natur mit Geschick ausgestattet. Es ist zu erwarten, dass er sich in Schlachten furchtlos verhält und die Waffen, mit denen er bewundernswert umgeht, würdig verwendet.«[118]

Der Advokat fügte dem hinzu, dass es im Orden genügend Aufgaben gebe, die der Supplikant erfüllen könne, etwa Wache halten oder den Vorräten vorzustehen. Überhaupt gebe es, so weiter,

»in heutigen Zeiten, da mehr mit Feuer[waffen] als dem Schwert gekämpft werde, wenige, die beim Getöse der Geschütze die Befehle des Feldherr und den Klang der Trompete hörten, so dass diejenigen, die große Geschütze bedienen, oft taub werden«.[119]

---

116 »Mutus et surdus a Natura potest profiteri in Religione«; »Mutus et surdus a Natura miles esse non potest«; Melevitana, 08.05.1706, Pos 288.

117 »Maneggia bene ogni cavallo, e trata l'armi con ogni spirito, e destressa«; Summarium Nr. 3, Dokument unterzeichnet von acht *chevaliers*, Melevitana, 08.05.1706, Pos 288.

118 »Formatus sit ad omnia Exercitia Viro nobili convenientia in quibus habilissimum se reddidit viribus, et aptitudine a natura acceptis adiutus: Hinc speratur fore, ut in praeliis intrepide se gerat, et armis, quae tractat mirifice, utatur graviter.« Melevitana, 08.05.1706, Pos 288.

119 »Quia hodiernis temporibus igne magis, quam gladio pugnantur, & propter tormentorum fragorem, qui tonitrui strepitum imitatur & vincit, pauci sunt, qui Ducis imperium, & tubae sonitum audiant, usque adeo, ut qui maioribus assistunt tormentis surdi saepe fiant, quia vehemens sensibile laedit sensatum.« Melevitana, 08.05.1706, Pos 288.

Der Gehörsinn war nach diesem Argument in zeitgenössischen Schlachten vergleichsweise nutzlos. Daneben trat das zweite Feld des Könnens, nämlich die Exzellenz des Supplikanten in der Zeichensprache. Man kann davon ausgehen, dass die adressierten kirchlichen Autoritäten die Möglichkeiten der Zeichensprache kannten. Abgesehen vom Feld der Körpergebrechen begegnete man ihr vor allem in Mönchsorden, die zu bestimmten Zeiten und an bestimmten Orten im Kloster nur mit Gebärden kommunizierten.[120] Zeichensprache wurde auch in der Traktatliteratur erwähnt, allerdings vergleichsweise skeptisch. So schrieb etwa Ugolini, wer Zeichen verstehe, könne leicht getäuscht werden und nicht angemessen kirchliche *functiones* ausüben.[121] Im vorliegenden Fall, in dem es um die Profession und die militärische Tauglichkeit ging, argumentierten dagegen der Advokat und die Zeugen mit einer vollkommenen Kommunikationsfähigkeit des Gehörlosen. Die Fähigkeit, Zeichen zu verstehen, wurde in der Schlacht als ausreichend bezeichnet. Der Bischof von Digne berichtet zudem von seinem großen Erstaunen, als er de Glandèves die Heilige Schrift lesen und anschließend schriftlich erklären sah.[122] Zudem habe er auch bei der Messe ministriert und in Paris und der Provence einen Beichtvater, der im Umgang mit Tauben und Stummen erfahren sei *(sperimentato in sordi e muti)*, um zu beichten und das Abendmahl zu empfangen.[123] Der ebenfalls zur Unterstützung schreibende Bischof von Apt formulierte das Können folgendermaßen:»Die Schreibfeder ersetzt bei ihm die Sprache, vorzüglich vertraut er dem Papier an, was er kenntnisreich gelernt hat.«[124] In der Praxis scheint sich der Austausch des Gehörlosen mit dem Umfeld also schriftlich abgespielt zu haben. Der wesentliche Unterschied zum Reiten und Kämpfen lag darin, dass gleichzeitig mit dem körperlichen Können (Gebärden, Schreiben) auch die geistige Fähigkeit demonstriert wurde.[125] Dies diente der Entkräftung des

---

120 Barakat, *Sign Language*, 1975 enthält auch ein ›Wörterbuch‹ der Zisterzienser mit Fotografien.

121 »Decipi enim facile possunt, & non commode functiones Ecclesiasticas obire valent«; Ugolini, *Tractatus*, S. 189. Siehe auch Maiolo, *Tractatus*, S. 56–58.

122 Summarium Nr. 2, Melevitana, 08.05.1706, Pos 288.

123 Bischof von Digne, Pos 288.

124 »Linguam in eo calamus supplet, apprime quod erudite cogitavit cartae mandat«; Summarium Nr. 1, Melevitana, 08.05.1706, Pos 288. Auch die genannten acht Ritter beschrieben, dass er alles verstehe und alle seine Gedanken zu Papier bringen könne (Summarium Nr. 3).

125 »Dignoscitur ex nutibus, & signis, quibus animi sui sensus prudenter exprimit, ac etiam in scriptis mirabiliter explicat, cum non aliter mentis sanitas, & capacitas coniici possit«; Melevitana, 08.05.1706, Pos 288.

Arguments, dass man Glandèves als ›Taubstumme‹ im Grunde wie kleine Kinder, ›Geistesschwache‹ oder sogar Tiere behandeln sollte.[126] Unterstützende Aussagen zur Tauglichkeit beriefen sich auf die genaue Beobachtung von Können bei Körperbewegungen. Die *quotidiana exercitatio* seines Standes (Übungen im Reiten und Waffenführen) und die »bewundernswerte Beherrschung der Zeichensprache« wurden von den Zeugen als selbst gesehen beschrieben.[127] Der Fall des Charles de Glandèves war ohne Zweifel außergewöhnlich in der Intensität der Unterstützung, in der angestrebten Tätigkeit und, damit verbunden, im Charakter des behandelten Gebrechens. Nachdem die Verfahrensform des *experimentum*, wie sie zuvor im Fokus stand, an die Messe gebunden war, erscheint der Fall geradezu als ein Gegenmodell, das offener hinsichtlich der Beobachter war, also gerade nicht die Anwesenheit von liturgischen Experten erforderte. Auch solche Ausnahmefälle illustrieren aber bestimmte Grundtendenzen der aus den Quellen erarbeiteten Thematik des körperlichen Könnens. Diese wesentlichen Punkte sollten zum Schluss dieses Kapitels nochmals kurz resümiert werden.

Die in den Dokumenten vorgefundene Annahme einer natürlichen Grundlage für physische wie rechtliche Behinderung erscheint zunächst wie eine Garantie von Statik. Durch die Analyse der Verfahren zu Körpergebrechen konnte aber gezeigt werden, wie viel Dynamik bei der Zuordnung am Werk war. Mit dem Körper und seinem Gebrechen hatte man trotz aller Kategorisierungsversuche der Traktate keinen festen Ankerpunkt für Entscheidungen an der Hand. Die kontingente Entscheidungsgrundlage der Kategorisierung und Exklusion ließ sich nur sehr eingeschränkt hinter dem Begriff des Naturgegebenen verbergen. Vielmehr wurde der Körper individuell, veränderlich und reparabel konzipiert.

Wie gezeigt wurde, dominierte ein Begriff von funktionsorientierter Behinderung, der den Blick auf das jeweils individuelle Können bei der Erledigung spezifischer Aufgaben lenkte. Diese Vorstellungen von Körperlichkeit lassen sich weniger in theoretischen Erörterungen, etwa von der Messe als liturgischem Vollzug, als in praktischen Verfahren finden. Das interessierende Können konnte nicht generell fixiert werden, sondern nur über individuelle Beobachtung. Ein Anwachsen dieser Form der Körperbeobachtung lässt sich aus der intensiven Kommunikation über *experimenta* ablesen.

---

126 Zur rechtlichen Behandlung vgl. Gadebusch Bondio, Tier.
127 »Dichiariamo d'haver esaminato il nobil Carlo Glandeves«; Summarium Nr. 1, Melevitana, 08.05.1706, Pos 288.

Körpergebrechen wurden somit weniger naturalisiert als vielmehr prozeduralisiert.

Erklärtes Ziel der detaillierten Vorschriften der liturgischen Rubriken war die weitgehende Ausschaltung von Kontingenz im Ablauf.[128] Die verkörperte Aktualisierung der liturgischen Ordnung führte aber ständig zu Phänomenen der Adaption und Innovation. Ausgangslage war die oben erläuterte eucharistische Handlungsmacht des Priesters in den tausendfachen Messen überall in der katholischen Welt. Auch wenn dieses als *representative agency* für die Kirche zu fassende Vermögen nicht mit einer Freiheit zur Variation verwechselt werden sollte, so konnte durchaus auch individuellkörperliche *agency* der Kleriker in den Quellen beobachtet werden.[129] Im Gegensatz zum idealen Ablauf auf normativer Ebene werden in der Rechtspraxis Brüche sichtbar, ging es doch nicht um quasi-maschinelle, sondern körperliche Vollzüge. Dank der intensiven Beschreibung der Übung im Umgang mit dem eigenen Körper und den Objekten werden die Materialität und Körperlichkeit von Handlungsvollzügen in einem hohen Maße greifbar.[130]

Das bedeutet nicht, dass normative und praktische Restriktionen unwirksam waren oder körperliche Variabilität gar um ihrer selbst willen akzeptiert wurde. Die vorgestellten Beispiele können aber dazu dienen, den Fokus der Betrachtung von der Restriktion auf das Können zu verschieben. Diese Verschiebung hilft uns, von generalisierenden Aussagen (körperlich Gebrechliche waren ausgeschlossen, jede Bewegung in der Messe wurde kontrolliert) zur Variabilität der Praktiken zu kommen. Diese Aufmerksamkeit für das Können statt die negative Beschreibung von Devianz ist kein Ergebnis moderner Diskurse, sondern wird den Quellen gerechter. Priesterkörper waren keine dressierten oder disziplinierten Körper, und Abweichungen im Ablauf wurden zwar häufig beobachtet und markiert, aber nicht unbedingt sanktioniert.

Der Fall des zum *experimentum* beigebrachten Empfehlungsschreibens zeigt ebenso wie der Fall des taubstummen Charles de Glandèves und anderer Adliger die starke soziale Eingebundenheit dieser Verfahren. Beobachtung ereignete sich nicht nur in der relativ kontrollierten und abgegrenzten Situation des *experimentum*. Im Folgenden wird die soziale Dimension von Körpergebrechen systematisch analysiert und gezeigt, dass die Kirche spezifische Umgangsformen mit der Beobachtung durch Laien entwickelte.

---

128 Wandel, *Eucharist*, S. 240.

129 Ebd., S. 215.

130 Zur Materialität und Körperlichkeit sozialer Praktiken vgl. Reckwitz, Grundelemente.

3. *Scandalum in populo.*
Moral, Sichtbarkeit und Gemeinde

In der Traktatliteratur finden sich viele Gebrechen, bei denen nicht der korrekte Vollzug von Handlungen problematisch war, sondern die Wirkung des Körpers auf Beobachter. Als konkrete Beispiele nennen die Autoren etwa Verletzungen an Ohren und Nase – ebenso wie schlicht die Hässlichkeit des Gesichts *(turpitudo faciei)*.[1] Daneben finden sich ungewöhnliche Körpergröße und *monstruositas*, etwa bei Wesen mit zwei Köpfen und Schweinemündern, Geweih oder Zyklopen.[2] In dieser Reihe stehen auch »Hinkende« *(claudi)* und »Bucklige« *(gibbosi)*. Besonders letztere ließen sich zu den Monstern zählen und dabei zugleich als Überschreitung der Grenze zum Animalischen deuten, da sich der Mensch durch aufrechten Gang auszeichne.[3]

All den genannten Menschen respektive Monstern wurde nicht die Fähigkeit zur liturgisch korrekten Messfeier abgesprochen, sondern die geeignete Art, mit dem Körper zu kommunizieren und wahrgenommen zu werden. Zwar waren in vielen Fällen korrekte Ausführung und Außenwirkung verschränkt, weshalb diese Gebrechen nicht völlig trennscharf von anderen unterschieden werden können.[4] Die genannten Beispiele stehen aber paradigmatisch für das im Folgenden interessierende Register der Außenwirkung von Gebrechen. Auch auf dieser Ebene ging es um das Gelingen der Liturgie, aber in der Dimension des Zwischenmenschlichen, weniger des Heilsgeschehens an sich.[5] Die Zeitgenossen differenzierten also

---

1 Laymann, *Theologia*, S. 171 spricht von denen, »cui aures vel nares abscissae sunt«. Vgl. Maiolo, *Tractatus*, S. 35–37.

2 Ugolini, *Tractatus*, S. 192; Maiolo, *Tractatus*, S. 36; Gibalino, *Irregularitatibus*, S. 56.

3 Maiolo, *Tractatus*, S. 48.

4 Zur Irregularität unter beiden Gesichtspunkten gleichzeitig vgl. Layman, *Theologia*, S. 172.

5 Die Liturgiewissenschaft unterscheidet beim Gottesdienst zwei »Handlungs-dimensionen«, die Dimension des Heilsgeschehens und die Dimension des zwischenmenschlichen Verhaltens und Handelns; vgl. Adam/Haunerland, *Grundriss*, S. 95. Erstere

zwischen zwei Dimensionen des Kleriker-Körpers: seiner Funktion im Vollzug liturgischer Handlungen einerseits und seiner sozialen Funktion in der Gemeinde. Die unerwünschten sozialen Reaktionen auf Körper wurden mit dem Begriff des *scandalum in populo* erfasst. Nimmt man die Formulierungen des *in populo* beim Wort, so ergibt sich die Hypothese, dass im Register des *scandalum* weniger über gegebene körperliche Charakteristika gesprochen wurde als über soziale Konsequenzen und Ansichten über Körper. Es gilt deshalb zu zeigen, inwiefern in diesem Register nicht nur Körper beschrieben, kategorisiert und diskreditiert, sondern Reaktionen der Gemeinde auf Körper inkorporiert wurden. Es soll erläutert werden, dass der Begriff keine leere Formel war, sondern sich ein komplexes Bild der sozialen Aushandlung von Sichtbarkeit und Auffälligkeit von Körpern gewinnen lässt.[6] Die soziale Dimension und die spezifische Rolle der Gemeinde *(populus)* als Beobachter von körperlichen Defekten werden in vier Schritten geklärt. Zunächst werde ich die diskursive Funktion des *scandalum in populo* besonders in der Traktatliteratur analysieren. Dabei wird erstens geprüft, ob Gebrechen mit moralischen Wertungen verbunden und negative soziale Ansichten letztlich anthropologisch begründet wurden (3.1). Darauf aufbauend wird untersucht, was genau mit dem *populus* gemeint war (3.2). Die beiden folgenden Schritte fokussieren die Praxis des *scandalum*. Wie und von wem wurde dieser Begriff in Anspruch genommen und mit Bedeutung gefüllt (3.3)? Für diese Frage werden besonders solche Fälle analysiert, in denen Konflikte zwischen Bischof und Supplikant die soziale Einbindung von Klerikern in den Blick rückten. Zuletzt werden Praktiken des Verbergens im Umgang mit der Gefahr des *scandalum* herausgearbeitet (3.4)

---

lasse sich nur vom Glauben her erfassen und entziehe sich daher einer empirischen Beobachtung. Der körperliche Vollzug dabei war allerdings, so wurde oben mit den *experimenta* gezeigt, durchaus empirisch zu beobachten.

6 Die Einschätzung als triviale, leere Formel findet sich bei Helmholz, Scandalum, S. 273, für das Spätmittelalter.

3.1 Die Logik des *scandalum*

In der kanonistischen Traktatliteratur bezeichnete das *scandalum in populo* einen eigenständigen Grund für eine Irregularität *ex defectu corporis*. Die Autoren hoben hervor, dass ein *scandalum* an sich zur Irregularität führte, selbst wenn ein Körpergebrechen seiner Natur nach nicht die Erledigung der geistlichen, vor allem liturgischen Aufgaben behinderte.[1] Der bloße Rekurs auf Natur oder Können reichte also nicht aus, um die Irregularitäten *ex defectu corporis* vollständig zu erklären. Die zentralen Begriffe, mit denen Körper klassifiziert wurden, die ein *scandalum* wahrscheinlich machten, waren die *deformitas* oder, deren Steigerung, die *monstruositas*. Beide wurden klar von Begriffen des Könnens getrennt, die sich auf den korrekten körperlichen Vollzug bezogen.[2] »Die Kirche Gottes braucht keine monströsen Priester« – hieß es etwa in den Dokumenten der Konzilskongregation zum am Beginn dieses Buches erwähnten Gesuch des 14-jährigen José de Andrade, der einen Teil seiner Nase verloren hatte und nun eine Laufbahn im Klerus einschlagen wollte.[3] Diese Problematisierung kontrastiert mit einer monofunktionalistischen, auf den korrekten Vollzug der Messe gerichteten Sichtweise. Die organische Funktion der Nase, der Riechsinn, wurde für den Klerus als irrelevant angesehen und spielte keine direkte Rolle in liturgischen Handlungen.

---

1 Entsprechend findet sich bei Maiolo eine doppelte Bedeutung von *impedire / impedimentum*: »Scandalum etenim etiam in ea re, quae sui natura *non impedit* ordinum executionem, sufficit ad inducendum *impedimentum*.« Maiolo, *Tractatus*, S. 36 (Hervorhebung durch den Verf.). Vgl. ebenso Corradi, *Praxis*, S. 61: »Etiam in re, quae sui natura non impedit exequutionem ordinis, illud scandalum sufficit ad inducendum impedimentum.«

2 Vgl. schon Hostiensis, *Summa*, S. 194 zu separaten Kategorien. Zwar ist das Substantiv *monstra* von *monstruosus* und *deformis* zu trennen, allerdings bestehen Verbindungen, wenn etwa Maiolo im Kapitel *De monstris* schreibt: »Monstra sunt deformissima.« Maiolo, *Tractatus*, S. 35.

3 Hispalen, 03.03.1703, Pos 244.

Eine Abgrenzung vom Alltagsbegriff des Skandals, der heute vor allem Politik- und Medienereignisse beschreibt, erscheint geboten, um *scandalum* als spezifisch kirchlichen Rechtsbegriff zu kennzeichnen.[4] Zugleich hebt auch die soziologische und politikwissenschaftliche Perspektive auf moderne Skandale deren soziale und kulturelle Einbindung hervor, nach der im vorliegenden Kontext anhand des Begriffs *in populo* gefragt wird.[5] Die Forschung hat herausgearbeitet, dass Skandale Normüberschreitungen sichtbar machen, und aufgezeigt, welche Regeln sich gesellschaftlich besonders eignen, um weitergegeben zu werden, etwa sexuelle Normen der Zeit, moralische Vorstellungen oder Sehgewohnheiten.[6] Skandale verbinden sich also nicht *per se* mit bestimmten Personen oder Handlungen oder – im vorliegenden Kontext – mit Körpergebrechen, sondern sind kontextabhängig.

Die Begrifflichkeit des *scandalum* findet sich in Bezug auf Körpergebrechen vor allem im hochmittelalterlichen Liber Extra.[7] Zur Beschreibung von Außenwirkung beschränkte sich der Begriff aber keineswegs auf körperliche Gebrechen. So befasste sich eine umfangreiche Diskussion mit der Wirkung von Verfehlungen oder Verbrechen im Klerus.[8] Entsprechend findet sich der Begriff *scandalum* auch in der Rechtspraxis der Konzilskongregation in verschiedensten Feldern.[9] Je nachdem, bei wem man ein *scandalum* auslöste, konnte der Begriff prinzipiell auch positiv besetzt sein.[10] Eine übergeordnete Glaubenswahrheit sollte nicht aus Angst vor

---

4 Zur juristischen Kategorie im Mittelalter neben Helmholz, Scandalum; auch Fossier, Scandalum.

5 Neben rechtshistorischen Ausführungen zum Begriff des *scandalum* existieren vor allem politikwissenschaftliche und anthropologische Arbeiten; vgl. Thompson, *Scandal*, zur Einbindung etwa S. 13, sowie Gluckman, Gossip.

6 Bösch, Kampf.

7 *Liber*, X.1.20.1 und X.3.6.2.–4, allerdings nur in letzterem Fall in Kombination mit *in populo*. Die mittelalterliche und frühneuzeitliche etymologische Herleitung aus dem Griechischen gab dem *scandalum* selbst eine körperliche Dimension, da *scandalon* mit Stolperstein oder Gehhindernis übersetzt wurde.

8 Siehe *Summa Tabienae*, II, sv. Scandalum, S. 619 mit Bezug auf Thomas von Aquin. Vgl. zum Begriff auch Moos, *Fehltritt*.

9 Zwei Beispiele zur Illustration: So trieb etwa ein Kleriker Handel in der Nähe des Bischofspalasts, was zum *populi scandalum* führte (Clodiensis, 20.12.1581, Pos (Sess.) 55, 27r–28v). In einem anderen Fall sollte ein gewisser Laie Richardus *ob scandala publica* das Fenster seines Hauses schließen, durch das er auf den Altar der benachbarten Kirche schauen konnte (Imolensis, 13.08.1650, Pos (Sess.) 170, 150v).

10 Diese positive Lesart – vor allem, wenn das *scandalum* bei Juden oder konfessionellen Gegnern ausgelöst wurde – spielt im vorliegenden Kontext keine Rolle. Im Hintergrund stand

einem *scandalum* verborgen werden.[11] Meist galt es *scandala* aber zu vermeiden. *Ad (e)vitandum scandalum* und ähnliche Formeln dienten als multifunktionales Argument für strikte Normanwendung, aber auch im Gegenteil für Flexibilisierung, etwa als Grund *für* eine Dispens, wenn durch diese ein *scandalum* verhindert werden könne.[12]

Als *scandalum* im engeren Sinne wurde in der theologischen Diskussion die Wirkung von Taten oder Worten bezeichnet, die andere zur Sünde bringen konnten. Der unmoralisch handelnde Kleriker oder Laie konnte durch sein schlechtes Beispiel andere zu ebensolchen Handlungen ermutigen.[13] Diese moralische Dimension lässt sich von einer eher affektiven unterscheiden, die der heutige Begriff »Ärgernis« umfasst und die für die folgenden Ausführungen besonders wichtig ist.[14] Die affektive Verärgerung einer Referenzgruppe ist zwar ebenfalls negativ, muss aber nicht direkt mit Sünden in Verbindung stehen.

Zur Verknüpfung von Körper und Moral

Die dem *scandalum* zugeordneten Beschreibungen von Körpern wie *deformitas* oder *monstruositas* wurden in anderen Wissensfeldern der Frühen Neuzeit wie der Naturphilosophie oder Naturgeschichte auf komplexe Weise mit moralischen Einstufungen verbunden.[15] Die Frage liegt deshalb nahe, inwiefern Körpergebrechen bei Klerikern in den Augen der Beobachter moralische Implikationen hatten. Anders formuliert: War das Problem der

---

die Trennung zwischen *scandalum Pharisei* und *scandalum pussilorum*. Auch Luther spricht von katholischen Praktiken, die ein *scandalum* für die Schwachen seien. Er zielte aber selbst darauf ab, ein *scandalum* unter den ›Papisten‹ auszulösen; vgl. Szabari, Religion. Zum konfessionellen Gebrauch auch die begriffsgeschichtliche Studie von Hodler, »*Ärgernis*«.

11 Nicht zu vermeiden, sondern auszuhalten ist das *scandalum* laut Liber Extra, wenn man andernfalls die (Glaubens-)Wahrheit aufgeben müsste: »Propter scandalum evitandum veritas non est omitenda« (*Liber*, X.5.41.3).

12 »Scandalum, quod iustam causam praebet ad dispensandum«; Corradi, *Praxis*, S. 2. So können laut dem Liber Extra auch Gewohnheiten, die geltendem Recht entgegenstehen, zur Vermeidung des *scandalum* geduldet werden (»Consuetudo observanda est ad vitandum scandalum«; *Liber*, X.4.14.3).

13 Bryan, Stumbling Block.

14 Vgl. Szabari, *Scandals*, S. 11–14.

15 Vgl. Davies, *Ethnography*, S. 33 und 157. Zur naturphilosophischen Debatte auch James-Cavan, Nature.

Außenwirkung, dass sich vom skandalösen Äußeren auf ein sündhaftes Inneres schließen ließ? Eine enge Verknüpfung von Körpergebrechen und moralischer Verworfenheit würde wohl die Zulassung Gebrechlicher zum Klerus erschweren.

Die Verbindung zur Moral war bei körperlichen Gebrechen prinzipiell weniger offensichtlich als etwa in Fällen, in denen sündhaftes Verhalten schon der Anlass zum *scandalum* war. Die gängige Einteilung der Weihehindernisse in *ex defectu* und *ex delicto* spricht eher dafür, dass die erste Kategorie keinen gleichermaßen direkten Zusammenhang zur Moralität aufweist, wie es bei Delikten der Fall war.[16] Weil das Zelebrieren der Messe als rechtlich Irregulärer eine schwere Sünde darstellte, war die Sündhaftigkeit zwar auch für den körperlich gebrechlichen Priester nicht weit entfernt.[17] Komplexer ist allerdings die Frage nach einer bereits vorausgesetzten moralischen Schlechtigkeit aufgrund bestimmter Körpereigenschaften.

Als Form der Moralisierung von Gebrechen wird in der Forschung häufig die Figur der Gottesstrafe ausgemacht. Für Nancy Eiesland etwa war die Verbindung von Sünde und Behinderung wesentlicher Teil einer »behindernden Theologie«, die auch für den Ausschluss behinderter Menschen von geistlichen Funktionen verantwortlich gemacht werden kann.[18] Diese in den Disability Studies« unter dem Schlagwort »religiöses Modell« firmierende Relation könnte man gerade im kirchlichen Kontext erwarten.[19] Für die Quellen aus der Konzilskongregation lässt sich aber ein klarer Negativbefund festhalten: Die Figur der Gottesstrafe fehlt in der Dokumentation der Rechtspraxis beinahe völlig. In einem einzigen Fall findet sich diese Vorstellung – nämlich Taubheit als Strafe wegen eines gelobten, aber dann verzögerten Klostereintritts – und dort nur in der Supplikation selbst.[20] Weder die lokalen Informationen noch die Konzilskongregation erwähnten diesen Aspekt. Man kann daraus nicht folgern, dass Supplikanten, Ärzte, Bischöfe, Kardinäle und Advokaten nicht persönlich an Gebrechen als Strafe oder in jedem Fall als Wirken Gottes glaubten. Der Negativbefund aus den Quellen zeigt aber, dass dieses Muster in den Verfahren keine große Rolle spielte und zumindest nicht offen angesprochen wurde.

---

16 Siehe zur Einteilung der Irregularitäten etwa Ugolini, *Tractatus*, S. 253.

17 Quarto, *Rubricae*, S. 468.

18 Eiesland, *Gott*, S. 87–89.

19 Vgl. Barnes/Mercer/Shakespeare, *Disability*, Cambridge 1999.

20 Der Supplikant sei »in den Orden eingetreten, weil er die Strafe Gottes über sich sah«; Proviniae S. Mariae in Hungaria, 28.11.1693, Pos 124.

Auch in der Traktatliteratur ging es nicht um Gebrechen als Gottesstrafe. Allerdings findet sich dort durchaus eine andere Form der Moralisierung, die man physiognomisch nennen kann. Sie postulierte die Lesbarkeit des seelischen oder moralischen Zustands anhand des Aussehens.[21] So heißt es etwa bei Maiolo: »Wenn jemand ein monströses Aussehen *(facies)* hat, kann das eine noch monströsere Seele verbergen.«[22] Die vorsichtige Formulierung suggerierte zwar keine Notwendigkeit, doch bereits der im Titel des Kapitels verwendete Begriff der *turpitudo* (Hässlichkeit, auch Schändlichkeit, sittliche Verkommenheit) erleichterte, wie viele andere Begriffe in diesem Kontext, das Changieren zwischen innerer und äußerer Ebene. Im Decretum Gratiani wird Augustinus zitiert, der von der Unordnung *(incompositio)* des Körpers auf die Beschaffenheit des Geistes geschlossen habe.[23]

Die Lesbarkeit der Seele am Körper wurde in der Frühen Neuzeit intensiv diskutiert.[24] Zeitgenössisch war diese Debatte vor allem Gegenstand der *physiognomia*-Literatur, deren bekanntester Vertreter wohl Giambattista della Porta mit seinem Traktat *De humana physiognomia* von 1586 war.[25] Dieser Diskurs fand deutlichen Wiederklang in moraltheologischen und kanonistischen Werken, etwa bei Agostinho Barbosa. Dabei wurde die Physiognomie als natürlicher und korrekter Teil der *divinatio* von der falschen und gefährlichen *astrologia* unterschieden.[26] Bei letzterer bestand die Gefahr, dass über die Vorhersage der Zukunft der Wille Gottes in Zweifel gezogen wurde. Die Verknüpfung des Innern und Äußeren bei Körpergebrechen findet sich mit explizitem Bezug zur Physiognomie etwa in André Delvauxs Dekretalen-Kommentar, wo es heißt: »Wessen Gesicht entstellt ist, der kann kaum mit gutem Charakter ausgestattet sein, denn ein verunstaltetes Gesicht bedeutet *(significaret)* einen schlechten Charakter.«[27] Als Quelle wird auf den

---

21 Zur Devise *mens sana in corpore sano* für frühneuzeitlichen Körperübungen vgl. Behringer, Fugger, S. 115–134.

22 »Si monstruosam quis faciem habeat, monstruosior animus latere potest«; Maiolo, *Tractatus*, S. 35.

23 »Incompositio enim corporis (ut Augustinus ait) qualitatem indicat mentis«; *Decretum*, D. 41 C. VIII.

24 Vgl. etwa Foucault, *Ordnung*, S. 47. Foucault hebt auf die Spezifik der Analogieschlüsse für die Renaissance ab.

25 Zur Gattung der Physiognomie-Bücher vgl. Porter, *Windows*.

26 Barbosa, *De Officio*, Bd. 3, S. 62–64. Wobei stets eingeschränkt wird, dass das Lesen der *mores* an den natürlichen Körperteilen nicht notwendigerweise funktioniere *(non imponunt necessitatem)*, sondern auf Wahrscheinlichkeit beruhe.

27 »Cuius deformis facies est, vix queat praeditus esse bonis moribus & foeda facies malos mores significet, iuxta Rhasin Medicum«; Delvaux, *Paratitla*, Lib I, Tit. XX, S. 67.

persischen Arzt al-Rhazi (ca. 854–925) und damit auf dessen elaboriertes Physiognomie-System verwiesen. Die gelehrte Verknüpfung von sichtbarem Äußeren und unsichtbaren Charaktereigenschaften war dabei stets von Optimismus und Skepsis zugleich begleitet. Das trügerische Äußere bot Anhaltspunkte für das wahre Innere, aber selbst bei Protagonisten der Physiognomie wie später Lavater blieb die Gefahr stets anwesend, dass gezielter Betrug funktionierte und sich das Innere also doch verbergen ließ.[28]

Die kirchenrechtliche Diskussion körperlicher Defekte im Klerus bettete Analogien zwischen Körper und Seele in ein breiteres christliches Verständnis von Innerem und Äußerem ein, das nicht unbedingt direkt auf den physiognomischen Diskurs der Zeit verwies. Das Bild der körperlichen Unordnung und Verschiedenheit wird etwa im Liber Extra metaphorisch für die ungeordnete Kirche und konkurrierende Jurisdiktionen darin verwendet.[29] Der (un)geordnete Körper konnte demnach auf so verschiedene Dinge wie Geist, Seele oder die politische Verfasstheit der Kirche verweisen.[30] Wenn frühneuzeitliche Autoren mit diesen Stellen den Ausschluss von gebrechlichen Körpern legitimierten, handelte es sich um eine Rückübertragung einer politischen Figur in den Bereich des Physischen.[31] Ein häufig aufgegriffener Topos der Parallelisierung lag in der doppelten Anforderung an den priesterlichen Zelebranten in der Eucharistie, die mit dem Begriff der *claritas* gefasst wurde: Dieses Sakrament umfasste, so die in den Traktaten häufig zitierte Stelle bei Thomas von Aquin, die Göttlichkeit und Menschlichkeit Christi. Die Feier verlange deshalb zugleich äußere und innere *claritas* vom Menschen.[32]

Die eher allgemeine, theologische Anforderung der äußeren *claritas* an den Kleriker wurde in den untersuchten Traktaten auf spezifische Körperdefekte angewandt. Maiolo etwa zitierte die Stelle aus Thomas von Aquins *Summa* genau in dem Kapitel von der Hässlichkeit des Gesichts. Die *claritas* sei »noch mehr im Gesicht erforderlich, als am übrigen Körper«.[33] Das Gesicht war also der Paradefall für die Bedeutung des Aussehens. Seine herausgehobene Stellung in der Konkretisierung der priesterlichen *claritas personae*

---

28 Vgl. Hahn, *Konstruktionen*, S. 379f.

29 »Quia diversitatem corporum diversitas saepe sequitur animorum.« *Liber*, X.3. 8. 5.

30 Ich verwende die jeweiligen Begriffe für das Innere (Geist, Herz, Seele) hier ohne Differenzierung in ihrer Funktion als Gegenpole zum körperlichen Äußeren, auch wenn sie jeweils eigene komplexe Begriffsgeschichten haben.

31 Delvaux, *Paratitla*, Buch I, S. 68.

32 Etwa bei Maiolo, *Tractatus*, S. 53.

33 »Claritas magis in facie requirenda est, quam in reliquo corpore«; Maiolo, *Tractatus*, S. 53.

findet sich auch bei Henríquez.[34] Aus dem Aussehen des Gesichts, so auch Gibalino, werde am meisten auf Schönheit oder Deformität des ganzen Menschen *(pulchritudo aut deformitas hominis)* geschlossen.[35]

Narben im Gesicht und das Fehlen der Nase waren häufig diskutierte Beispiele von deformierenden Gebrechen. Wie der Ohrenlose mit unbeeinträchtigtem Gehörsinn könne auch der Nasenlose sicherlich die kirchlichen Handlungen ausführen.[36] Zusätzlich zur *deformitas* wirkte es sicherlich diskreditierend, dass laut Maiolo Narben häufig direkt auf konkretes Fehlverhalten verwiesen, etwa die Teilnahme an gewaltsamen Auseinandersetzungen.[37] Ähnliches galt bei den Nasen- und Ohrenlosen, ein Zustand, der eine *deformitas maxima* darstelle. Der Autor widmete der Nase ein eigenes Kapitel, worin er auch von Makeln an der Nase als Entehrung *(dehonestatio)* sprach.[38] Sei dieser Makel aber mit Schuld verbunden, erneuere er stets die Erinnerung daran, konnte also ein rememoratives Zeichen tragen.[39] Man kann annehmen, dass die besondere Bedeutung der Nase im Feld der Ehre eine Rolle spielte.[40]

Die Problematisierung von Narben und fehlender Nase gehorchte weniger der Logik der indirekten Moralisierung, denn statt um Analogieschlüsse ging es um konkretes Fehlverhalten. Wichtig ist auch, dass der Fokus auf den Schuldverweis nicht unwidersprochen blieb: Gibalino kritisierte Maiolo bezüglich dessen Ausführungen zu Narben. Diese seien zwar in der Tat auffallende Zeichen im Gesicht, die spezifische Schuld sei aber ganz unerheblich für die *ex-defectu*-Irregularität.[41] Es genüge demnach die bloße *deformitas*. Auch bei Leander wird die *claritas personae* unabhängig von deren Verweis auf ihren Hergang durch Narben gestört.[42]

---

34 »In sacerdote decet claritas personae sine deformitate, maxime in facie«; Henríquez, *Summae*, S. 861. Ebenso heißt es: »Deformitas clarius cernitur in oculo & facie«; ebd., S. 860.

35 Gibalino, *Irregularitatibus*, S. 49.

36 »Qui caret odoratus sensu, integro tamen naso […] irregularis non est, quia hic sensus vix necessarius est ad sacra ministeria exercenda«; Leander, *Quaestiones*, S. 25.

37 Maiolo, *Tractatus*, S. 53.

38 Ebd., S. 54.

39 Groebner, *Schein*, S. 73.

40 Vgl. Gadebusch Bondio, Denasati.

41 »Neque quidquam interest, quod culpa illas patientis inductae sint, uti velle videtur Maiolus cap. 21. cit nam cum haec Irregularitas non sit poenalis, nulla requiritur culpa, qua puniatur, satisque est reperiri illam difformitatem, propter quam sacrorum sanctitas postulat quosdam ab illis excludi.« Gibalino, *Irregularitatibus*, S. 49f.

42 Leander, *Quaestiones*, S. 25 zu Narben.

Postulate körperlicher Ordnung galten nicht nur für Gebrechen, sondern konnten auf jede Art von Körperbewegung, Gang, Haltung, aber auch Haar oder Kleidung bezogen werden. Dabei findet sich vor allem die Semantik des Würdevollen oder Anständigen – *decentia/decens* und *decus/decorus* beziehungsweise die jeweiligen Gegenbegriffe.[43] »Sie sollen würdige Haltungen und Bewegungen des Körpers haben«, forderte etwa Maiolo für alle Kleriker.[44] Aus »unwürdigen und possenhaften Gebärden« könne man dagegen ablesen, dass einer nicht gesunden oder gläubigen Geistes sei.[45] Diese religiöse Ästhetik wurde ebenso auf die Zuschauer der Messe bezogen, auch wenn dabei stets von Verhalten und nicht von Körpergebrechen die Rede war. Das Tridentinum befasst sich in seiner 22. Sitzung mit der Körperpräsenz der Gemeinde und deren Lesbarkeit. Ein Zelebrant solle nicht die Messe feiern, »wenn nicht zuvor die Beiwohnenden durch geziemend geordnete Haltung des *Körpers* an [den] Tag legen, daß sie auch mit dem Gemüthe und andächtigs Herzensstimmung, und nicht allein *körperlich*, demselben beiwohnen«.[46] Diese Verweisstruktur brachte die Schwierigkeit mit sich, dass man gerade körperlich anzeigen musste, dass man nicht nur körperlich anwesend war. Der Körper war das Mittel, um *devotio* zu signalisieren, eine nicht-andächtige Handlung indizierte umgekehrt einen inneren Mangel. Gleichzeitig bestand aber offenkundig die Möglichkeit, spirituelle Präsenz vorzutäuschen und nur körperlich präsent zu sein. Verlassen konnte man sich also nicht auf den Körper. Zugespitzt könnte man sogar sagen, dass dieser je nach Situation entweder gar nichts oder im Gegenteil ganz sicher etwas über den inneren Zustand aussagte.

In den Traktaten finden sich also Ansatzpunkte, um vom gebrechlichen Körper auf die moralische Qualität einer Person zu schließen. Anders als im Fall der oben besprochenen rein metaphorischen Lesart sollte damit offenbar etwas über physische Körper ausgesagt werden, die entsprechend moralisch einzustufen waren. Eine lange Liste körperlicher Anforderungen an den Priester und deren Bedeutung im moralischen Bereich findet sich etwa bei Maiolo und stützt sich im Wesentlichen auf das Gratians

---

43 Für die Begriffe *gravità* und *decoro* vgl. Aesina, 17.03.1708, Pos 310.

44 »Gestus, & motus coporis habeant decorem«; Maiolo, *Tractatus*, S. 378.

45 »Indecentes & scurriles gestus«; ebd., S. 378.

46 Hervorhebung durch den Verf. Der Originaltext in Sessio 22 lautet: »nisi prius qui intersint decenter composito corporis habitu declaraverint se mente etiam ac devoto cordis affectu non solum corpore adesse«; deutsche Übersetzung hier nach Smets, *Concilii*, S. 159. Vgl. zur Forderung der Symmetrie zwischen innerer Andacht und äußerer Haltung auch Jungmann, *Missarum*, Bd. 1, S. 315–317.

Decretum.[47] Eine bestimmte Form der Augenbrauen zeige Arroganz an, eine große Nase Indiskretion, die zu kleine dagegen allzu viel Feinheit. Die allegorische Lesart lag offenbar stellenweise so nahe, dass Maiolo seinem Kapitel zu den Hinkenden *(de claudicantibus)* voranstellte, dass es zwar auch innerlich, spirituell ›Hinkende‹ gebe (zum Beispiel gewinnsüchtige Bischöfe), er aber an dieser Stelle ausschließlich vom Hinken des Körpers handeln wolle.[48] Im Grunde wurde mit dieser Differenz, jedenfalls wenn es um die rechtliche Einschätzung von Gebrechen ging, die Analogie von Körper und Seele wieder in Frage gestellt. In einer konsequenten physiognomischen Parallelisierung wäre ja *qua* Analogie zugleich vom physisch und innerlich Hinkenden die Rede gewesen. Die Körper/Seele-Verbindung führte für die Thematik der Irregularität offenbar nur begrenzt weiter.

Von der Moral zur Sichtbarkeit

An vielen Stellen im Diskurs wurden prinzipielle Zweifel oder jedenfalls Skepsis an der moralischen Lesbarkeit äußerer Zeichen geäußert. François Hallier (1596–1659), selbst Bischof von Cavaillon, hob die Sorgfalt hervor, mit der Bischöfe Weihekandidaten hinsichtlich von Gesicht, Haltung, äußerer Erscheinung und Auftreten examinieren sollten.[49] Die Bedeutung unterstrich er damit, dass äußere Erscheinung und innere Qualität häufig korrespondierten. Als Beispiel führte er die Beschreibung Julian Apostatas bei Gregor von Nazianz an, eine häufig im *physiognomia*-Diskurs anzutreffende Stelle.[50] Habe ein examinierender Bischof, so Hallier weiter, einen Kandidaten wie Julian Apostata vor sich, sei dieser wohl abzulehnen. Allerdings warnte er zugleich, dass all dies »mit einer Prise Salz« zu nehmen sei.[51] Manchmal wäre eine Vermutung, die man aus dem Gesicht *(ex vultu)* schließe, trügerisch und man müsse achtgeben, dass nicht Kandidaten unverdientermaßen wegen ihrer *deformitas* büßen müssten. Schon diese

---

47 Maiolo, *Tractatus*, S. 46.
48 »Sed hoc loco de corporis claudicatione sola agimus«; Maiolo, *Tractatus*, S. 46.
49 »In examen […] vultus & habitus corporis & vestitus & incessus & gestus & sermo inspiciatur diligenter.« Hallier, *Electionibus*, S. 164 mit Verweis auf den vorbildlichen Bischof Carlo Borromeo.
50 Mit der für christliche Autoren einleuchtenden Verdorbenheit des Kaisers korrespondierte sein scheußliches Erscheinungsbild.
51 »Adhibenda sit ea in re mica salis«; Hallier, *Electionibus*, S. 162.

Möglichkeit von Unschuld trotz äußerlicher Entstellung verweigert sich einer automatischen Parallelisierung von Äußerem und Innerem.

Eine klare Trennung der beiden Bereiche Moral und Körper findet sich bei Paolo Borgasio, der mahnte, dass keinesfalls von einer Verantwortlichkeit für Körpergebrechen gesprochen werden dürfe.[52] Die Forderung führte allerdings nicht zu einer Revision der Regeln zur Irregularität *ex defectu*, die Borgasio, wie alle anderen Autoren, aufrechterhielt und detailliert ausformulierte. Sie konnten für ihn allerdings gerade nicht durch eine wie auch immer geartete Innen-Außen-Verknüpfung legitimiert werden.

Bei Maiolo lässt sich gut zeigen, dass die Haltung zu Körper-Seele-Schlüssen in den Traktaten zur Irregularität letztlich ambivalent bleibt. In dessen bereits erwähntem Kapitel zur Hässlichkeit des Gesichts findet sich eine enge Verschaltung von Aussagen, die die Verbindung von Äußerem und dem Innern vertreten, und solchen, die dem widersprechen. So wird einerseits Äsop zitiert, dass die Natur oft ausgerechnet eine gute Seele in eine hässliche Form lege.[53] Diese Aussage wird aber andererseits gleich dadurch diskreditiert, dass Äsop selbst als *deformissimus* beschrieben wird, der nur seine eigene Sache bei den Samiern habe schützen wollen. Zudem gelte, wie bereits oben zitiert, meistens das Gegenteil, nämlich dass die innere *monstruositas* durch die äußerliche angezeigt werde, wie Homer dies vom Verräter Thersites überliefere.[54] Entscheidend ist nun, dass diese gesamte klassische Diskussion im nächsten Satz in einer weiteren Wendung durch den Verweis auf Christus überholt und zugleich direkt auf den Zugang zum Klerus bezogen wurde:

---

52 »Cum non sit arbitrarium homini, aut in eius potestate, vel voluntate nasci sine macula.« Borgasio, *Tractatus*, S. 108.
53 »In turpi forma saepe bonum animum natura imposuerit, ut dixerat Aesopus«. Maiolo, *Tractatus*, S. 53. Als Beispiel einer späteren Verwendung der Aesop'schen Parallelisierung von hässlicher Form und vorteilhaftem Inneren sei der englische Parlamentarier William Hay genannt; vgl. Cavan James, Nature.
54 Ilias, 2, 216–219. In der Übersetzung von Johann Heinrich Voß lautet die Stelle zu Thersites: »Der hässlichste Mann vor Ilios war er gekommen: Schielend war er, und lahm am anderen Fuß; und die Schultern Höckerig, gegen die Brust ihm geengt; und oben erhob sich Spitz sein Haupt, auf der Scheitel mit dünnlicher Wolle besäet.« Homer, *Ilias*, S. 37.

»Aber weil die Lehre unseres Herrn ist, dass wir nicht nach dem Äußeren richten sollen, Johannes 7, ist es billiger, dass niemand nur wegen einer natürlichen Deformität ausgeschlossen wird, außer sein Aussehen geht bis zur Monstrosität oder Lächerlichkeit.«[55]

Damit war wieder auf die Aussage Äsops über seine guten inneren Qualitäten trotz Hässlichkeit verwiesen, freilich mit weit höherer Legitimität.[56] *Deformitas* reichte also nicht als Exklusionsgrund aus. Hinzu musste das Element des Monströsen oder Lächerlichen hinzutreten. Die Samer hatten in der Geschichte des Äsop über diesen gelacht, der Dichter war also innerlich wirklich gut, aber eben doch aufgrund seines Körpers diskreditiert.

Bei einer Überbetonung der Analogie von Innerem und Äußerem war Maiolo die prinzipielle Gefahr bewusst, oberflächlich und unchristlich zu erscheinen – eine Problematik, die das ganze Thema der Körpergebrechen bestimmte.[57] Bei den untersuchten frühneuzeitlichen Autoren zeigt sich, wie wichtig die ostentative Privilegierung von Innerlichkeit im Kontext der Körpergebrechen offenbar war. Diese führte aber gerade *nicht* zur Abschaffung der kirchenrechtlichen Regelungen, sondern im Gegenteil zum Insistieren auf der Bedeutung von *deformitas* und Ästhetik. Christliche Innerlichkeit und Beibehaltung der Äußerlichkeit als Kriterium schlossen sich also nicht aus, sondern wurden vermittelt.

Für gelehrte Autoren wie Maiolo ging es nicht zuletzt darum, Vorwürfe der mangelnden Orthodoxie zu entkräften, die speziell die Bezugnahme auf die Physiognomie treffen konnte. Dass dieser Vorwurf Maiolo selbst vor

---

55 »Sed quia Domini nostri praeceptum est, ne secundum faciem iudicemus, Ioan. c. 7. aequius est, ne quisquam sola naturali deformitate excludatur, nisi ad monstruositatem & ridiculosam faciem vergeret.« Maiolo, *Tractatus*, S. 53. Die frühneuzeitlichen Naturphilosophen, die physiognomische Schlüsse vertraten, begegneten diesem Zitat aus Johannes 7:24 zum Teil mit der Verpflichtung auf ein Ideal der Objektivität: Der Alchemist Gratarolo schreibt etwa, wenn jemand ihm mit Johannes entgegentrete, »respondeo dictum illud a Domino esse in illos qui ex pravis affectionibus arrepti, non ex re & causa iudicium faciunt, sed a personarum acceptione, hominumque odio vel contemptu alienatur à rei veritate«. Gratarolo, *Opuscula*, S. 66.

56 In der betreffenden Stelle aus der *Vita Aesopi* soll Äsop den Samiern Zeichen deuten, die ihn aber wegen seiner Hässlichkeit auslachen und beleidigen. Darauf überzeugt der Dichter sie folgendermaßen: »Bürger von Samos, was spottet ihr so sehr über mich? Nicht auf mein Äußeres dürft ihr sehn, sondern solltet meine Gedanken prüfen. Denn es ist unsinnig, den Verstand eines Menschen zu tadeln, weil er nicht hübsch aussieht. Viele Häßliche haben doch einen klugen Verstand [...]. Hast du ein Weinfaß nur von außen gesehen, ihm aber noch keine Probe entnommen, so kannst du über den Inhalt nichts wissen.« *Leben Äsops*, S. 97.

57 Vgl. oben Kap. 1.2.

Augen stand, verdeutlicht ein Blick auf seine naturhistorisch-philosophische Schrift *Dierum Canicularium* (Hundstage). Darin lässt er unter anderem einen *philosophus* und einen *theologus* über die Zulässigkeit der Physiognomie diskutieren. Ersterer stellt als Grundzug der Physiognomie dar, dass »das Äußere die Geheimnisse des Herzens enthülle«.[58] Der *theologus* spricht sich dagegen klar gegen die Lesbarkeit der Seele am Körper aus und postulierte einen epistemischen Bruch zwischen dem Äußeren und Inneren: »Das Herz des Menschen ist verborgen und unergründlich. Die Menschen schauen auf das Äußere *(faciem)*, aber Gott allein blickt in die innersten Höhlen des Herzens.«[59] Alles andere mache sich der *vanitas*, also dem leeren Schein oder der Eitelkeit gemein. Die Diskussion verschiedener Figuren und Standpunkte war Teil des gelehrten Disputs, denn hier war dem Gelehrten ein Weg eröffnet, zwei ganz unterschiedliche Logiken darzustellen: diejenige des Naturphilosophen, zu der sich die Physiognomie zählen ließ, und die gegenläufige des Theologen, die auf die Problematik der Schöpfung durch Gott, des freien Willens und der Uneinsehbarkeit der Seele für den Menschen abhob.

Der administrativ und theologisch hochproblematische Blick ins Innere wurde im Umgang mit Körpergebrechen Gottes Allsicht überlassen. Die Einschätzung der Menschen bot dagegen eine leichter umsetzbare Richtlinie. Gott als transzendente Größe musste dabei nicht gänzlich abwesend sein. So schrieb Corradi im Abschnitt zu körperlichen Gebrechen, es sei »unwürdig, Gott anzubieten, was der Mensch verschmäht«.[60] Die Formulierung stammte ursprünglich aus dem Alten Testament und richtete sich dagegen, versehrte Tiere oder Gaben, die unter den Menschen geringgeschätzt wurden, am Altar Gott darzubringen. Bei Gratian findet sich ebenfalls die Verbindung zu versehrten Menschen, die Gott nicht opfern sollten.[61] Der Ausschluss aufgrund von *deformitas* operierte also insgesamt mit dem Verweis auf ein menschliches, nicht-göttliches Maß. Die wesentliche Formulierung dieses menschlichen Maßes war das *scandalum in populo*.

Mit dem *scandalum* wurde, so meine These, ein argumentativer Ausweg aus der Problematik von Äußerlichkeit versus Innerlichkeit gefunden. Damit wurde auch kirchlichen Entscheidungsträgern eine Lösung geboten, im Umgang mit Körpergebrechen die Gefahr der Oberflächlichkeit zu vermeiden.

---

58 Maiolo, *Dierum*, S. 450.
59 »Cor hominis abditum & inscrutabile: Faciem hominis […] intuentur homines, sed specus illos penitissimos cordis solus Deus introspicit«; Maiolo, *Dierum*, S. 452.
60 »Indignum est offerere Deo, quod homo dedignatur.« Corradi, *Praxis*, S. 58.
61 *Decretum*, D 49, c. 2.

Der entscheidende Punkt war, dass dem *scandalum* ein Subjekt, der *populus*, zugeschrieben wurde. So ergab sich aus der Perspektive der Kirche eine Art ›Über-Bande-Spielen‹ durch den Referenzpunkt dieses *scandalum*, die christliche Gemeinde.[62] Das *scandalum in populo* rechtfertigte für kirchliche Autoritäten eine Beachtung der äußeren Erscheinung, ohne dass starke Annahmen über deren Bedeutung vertreten werden – sei es theologisch oder naturphilosophisch. Damit wird die funktionale Rolle der Legitimationsfigur des *scandalum in populo* im Diskurs deutlich. Diese lag nicht in der direkten Verknüpfung von Moral und körperlichem Aussehen. Der Verweis auf das *scandalum* ermöglichte vielmehr gerade die effektive Ausklammerung von komplexen und aufwendigen Fragen nach der konkreten Schuldhaftigkeit, dem seelischen Zustand des Individuums, dem genauen Zusammenhang von äußeren Zeichen und Seele und dem Wahrheits- oder Wahrscheinlichkeitsgrad physiognomischen Wissens. Mit dem *scandalum in populo*, das sei nochmals betont, wurde ein Teil der Verantwortung für den Ausschluss Gebrechlicher von der Kirche fortgenommen. Durch die Externalisierung von ›Oberflächlichkeit‹ konnte man auch innerlich-christlich bleiben, ohne deswegen die Normen zu Körpergebrechen grundsätzlich in Frage zu stellen.

Körperzeichen verwiesen im Register des *scandalum* nicht auf eine tiefere Ebene des Charakters, der Moral oder der Natur eines Menschen. Sie waren keine »Wahr-Zeichen« im Sinne Valentin Groebners, die einen besonderen Zugang zur ganzen Person ermöglichen.[63] Ihre Bedeutung erhielten Körperzeichen dezidiert indirekt, über die Außenwirkung. Zugespitzt könnte man sagen, dass sie nicht nach innen, sondern nach außen gewendet sind, also die Blickrichtung geradezu umgekehrt ist. Das führte zu einer Verschiebung des gesamten Vokabulars und der Konzeption von Zeichen. Die *signa* im Gesicht eines pockennarbigen Supplikanten hatten keine tiefere Bedeutung, sondern wurden als merklich *(notabilia)* problematisiert.[64]

Die in der Traktatliteratur entwickelte Vorstellung, dass es primär auf die Einschätzung der Menschen ankam, ließ sich auf die Ebene der

---

62 Auch in der von Maiolo zitierten Vita des Aesop waren es ›die Leute‹, die das hässliche Aussehen beanstandet hatten.

63 Groebner, *Schein*, S. 78. Die menschliche Haut ist in diesem Kontext auch kein Dokument oder Archiv, sondern eher eine Oberfläche, die ihre Bedeutung aus der Reaktion gewinnt.

64 Entsprechend erteilte die Konzilskongregation die Erlaubnis zunächst für die niederen Weihen, um die Entwicklung der Narben abzuwarten. Lucana, 22.02.1698, Pos 181.

Entscheidungsfindung in der Kirche übertragen, also administrativ im Umgang mit Körpergebrechen operationalisieren. Wenn Maiolos Schriften bei Entscheidungen herangezogen wurden, ging es weniger um seine Gelehrsamkeit als um plausible Optionen für den kirchlichen Umgang mit Rechtsfällen. Wurde die Frage von Körper und Seele in ihrer Ambivalenz in der Traktatliteratur häufig behandelt, so fehlen in den Dokumenten der Konzilskongregation physiognomische Argumente und moralisierendes Vokabular beinahe gänzlich. In einem einzigen Fall findet sich die Aussage eines Bischofs, die Buckligkeit eines Supplikanten sei »entehrend«.[65] Mit diesem insgesamt negativen Befund zur Anwesenheit moralisierender Formulierungen in den Verfahren soll abermals nicht behauptet werden, dass Bischöfe und sonstige kirchliche Akteure nicht moralisierende Ansichten hatten. Diese wurden generell aber im Verfahren weder abgefragt noch angeführt, während sich gleich zeigen wird, dass das Gegenteil für den enorm häufig anzutreffenden Begriff des *scandalum* festzustellen ist.

Bisher ist als Zwischenfazit zum *scandalum* zu konstatieren, dass der Begriff sich weder essentiell auf Verfehlungen bezog noch die zugrundeliegenden Körperzustände moralisch verstanden werden mussten. Fragen der Moralität traten in der Praxis völlig in den Hintergrund und wurden weitgehend – so möchte ich im Folgenden erläutern – durch solche der Visibilität und der Außenwirkung ersetzt, also der Relation von Körper und Beobachtern. Im folgenden Abschnitt wird gefragt, wer mit dem so häufig genannten Begriff *populus* genau gemeint war und welcher Logik die Reaktionen folgten. Darauf aufbauend kann gezeigt werden, wer wann die beschriebene Figur des *scandalum in populo* in der Praxis nutzte.

---

65 »Gibbositatis vitium dehonestat.« Senensis, 19.07.1704, Pos 265.

3.2 Vertraute Körper – fremde Körper. Kleriker im Blick der Gemeinde

Mit dem *scandalum in populo* stand das Verhältnis von Klerikern und Gemeinde im Zentrum. In der bisherigen Forschung ist für dieses Thema vor allem die regelmäßig scheiternde Einforderung von Distanz zum weltlichen Verhalten mit Blick auf klerikales Verhalten untersucht worden.[1] Als Hintergrund dieser normativen Betonung der Distanzierung lässt sich die reformatorische Ablehnung eines besonderen Priestertums anführen, die im posttridentinischen Katholizismus zu einer besonderen Betonung von Unterschieden zwischen Priester und Volk führte.[2] Ähnliche Postulate finden sich auch für das Feld der Körperlichkeit. So schrieb Maiolo im Kontext der Körper-Irregularitäten, ein Kleriker müsse tadellos sein *(irreprehensibilis)*, damit er sich »so sehr vom Volk unterscheide wie der Hirte von seiner Herde«.[3] Die Irregularitäten insgesamt zielten somit auch darauf ab, den Klerus über die Laien zu erheben, für die die körperlichen Anforderungen nicht galten. Bezeichnend ist nun, dass durch die Figur des *scandalum in populo* die ›Herde‹ schon begrifflich in die Bewertung des eigentlich über sie erhobenen ›Hirten‹ eingebunden war.

Gelächter und Staunen

Die genauere Annäherung an die Beobachter und ihre »Skandal-Sensitivität«[4] kann zunächst von den körperbezogenen Begriffen ausgehen,

---

1 Zum Thema der Distanz zwischen Gemeinde und Pfarrer instruktiv Taylor, *Magistrates*, besonders S. 177–179, sowie Michelle Armstrong-Partidas, *Priests* zum Konkubinat im Spätmittelalter. Für eine Fallstudie zu Padua im 17. Jahrhundert McNamara, Priest.

2 Die Bemühungen um eine Distanzierung von Klerus und Gemeinde begannen natürlich nicht erst mit der Reformation; vgl. Jungmann, *Missarum*, Bd. 1, S. 188.

3 Maiolo, *Tractatus*, S. 377.

4 Thompson, *Scandal*, S. 15.

durch die das *scandalum in populo* genauer bezeichnet wurde. Zum *scandalum* führte eine *deformitas* dann, wenn sie auffallend oder sichtbar *(notabilis* oder *apparens)* war.[5] Zugleich finden sich zahlreiche Begriffe, die nicht Körpereigenschaften, sondern die Reaktionen darauf bezeichneten. Die mit dem *scandalum* einhergehenden Regungen in der Gemeinde *(affectus)* sind etwa Schrecken *(horror* oder *terror)*, Ekel *(nausea)*, Abscheu *(stomachum)* und Verachtung *(contemptum)*.[6] Daneben finden sich auch Spott und Gelächter *(risus, deridere)* und besonders das Staunen beziehungsweise Wundern *(admiratio)*.[7] *Scandalum* selbst subsumierte als breiter, technischer Begriff diese sehr unterschiedlichen Reaktionen. In der Regel ging es weniger um die weiteren Konsequenzen, etwa, dass dergestalt abgestoßene Menschen der Kirche fernblieben, sondern es genügte der Verweis auf die ausgelösten affektiven Reaktionen selbst.

Die Begriffe des Spottes und der Verwunderung können gut die Funktionsweise des *scandalum* aufzeigen. Das Gelächter und Wundern der Gemeinde sollte als Element der Diskussion nicht außer Acht gelassen werden, denn auch wenn es in den Quellen selten weiter spezifiziert wird, erscheint es als wichtiger Referenzpunkt.[8] Die Logik des *scandalum* stattete selbst vermeintlich unbedeutende Dinge, etwa den Spott von Jugendlichen über einen schielenden Priester, mit einer Relevanz aus, die diese sonst für die Kirche nicht gehabt hätten.[9]

Der Konnex von Körpergebrechen und Lachen war sicher nicht zufällig, wie ein Blick in andere kulturelle Bereiche in der Frühen Neuzeit zeigt, etwa Theater und Literatur.[10] Zwei Ebenen des Lachens in der Gemeinde lassen sich unterscheiden. Zunächst können wir von Spott über den Körper einer spezifischen Person ausgehen, die damit persönlich diskreditiert wurde. Da diese Person auch die Kirche repräsentierte, wurde zudem die Gefahr gesehen, dass die Reaktion auf die Institution übertragen werden könnte.

---

5 Zur Frage der Sichtbarkeit siehe genauer unten das Kap. 3.4.

6 Beispiele etwa Romana, 31.01.1682, Pos 3 für *stomachum* und *horrorem.* Für den Begriff *terror* siehe Brugnatensis, 08.07.1690, Pos 80. Für *nausea* Viterbiensis, 05.07.1710, Pos 335 und für *contemptum* Narniensis, 12.04.1710, Pos 331.

7 Andere Irregularitäten, bei denen es zwar um *scandalum* als Folge ging, etwa die illegitime Abstammung oder Bigamie, werden kaum mit Verwunderung in Verbindung gebracht. Bei Fehlverhalten bestand eine Verbindung zur Belustigung am ehesten noch für die Trunkenheit von Geistlichen; vgl. Sabinensis, 17.07.1700, Pos 209.

8 Methodisch zur Greifbarkeit in den Quellen Bynum, Wonder, S. 14f.

9 So in einem späteren Fall vgl. *Acta Sanctae Sedis* 35, 1902, S. 281.

10 Zur ›Behindertenkomik‹ siehe Schmidt, *Bettler,* S. 156f. Vgl. auch die breit angelegte Studie von Gottwald, *Lachen.*

Wenn Gelächter als gefährlich beschrieben wurde, dann zeigt dies das Bewusstsein einer möglichen Degradierung religiöser Kernereignisse wie der Eucharistie. Das Lachen über den Geistlichen bewirkte, dass gerade in hohem Maße symbolisch aufgeladene, spirituell-kirchliche Ereignisse auf die Ebene des Körperlichen überführt wurden.[11] Sichtbare physische Brüche im Ablauf konnten die letztlich fragile, körperliche Grundlage der klerikalen Handlungen ins Bewusstsein der Zuschauer rufen und so das spirituelle Geschehen auf eine körperliche Ebene herabziehen. Das negative Auffallen des Körpers im Messablauf war in jeder Messfeier als Gefahr vorhanden, wurde aber für Körperdefekte als wahrscheinlicher wahrgenommen. Die Gefahr ging dabei von der Gemeinde aus, ohne dass man mit Michail Bachtin eine stabile, uralte Volks- und Lachkultur unterstellen muss, die alle Werte der offiziellen Kultur umzukehren drohte.[12]

Der Status dieses Lachens war aus Sicht der Kirche klar negativ, denn es sollten genau solche Reaktionen vermieden werden. Allerdings erscheint das Lachen im administrativen Umgang mit Körpergebrechen als gegebenes Faktum, mit dem es zu rechnen galt – es wurde also kaum moralisch bewertet. Das war nicht selbstverständlich, denn Ansätze zu einer Kritik daran hätte es durchaus gegeben. In der Traktatliteratur wie auch in Dokumenten aus der Konzilskongregation wird etwa die Geschichte der Begegnung von Kleinwüchsigen mit einem Papst wiederholt.[13] In einer Variante heißt es, Papst Bonifaz VIII. (1294–1303) habe einen aufrecht vor ihm stehenden Kleinwüchsigen aufgefordert aufzustehen, weil er glaubte, dieser sei noch auf den Knien. Dies habe bei allen Anwesenden – auch dem Papst selbst – großes Gelächter ausgelöst.[14] Dennoch wird der Kleinwüchsige als exzellenter Geistlicher beschrieben, das Gelächter also implizit als unberechtigt eingestuft. Ganz ähnlich heißt es in einer anderen Variante, Papst Gregor der Große habe sich bei einem Treffen sehr gewundert *(miratus est)*, wie der kleinwüchsige Gregor von Tours hatte Bischof werden können.[15] Dessen Hinweis, dass Gott selbst die Menschen so gemacht habe, wie sie sind, und nicht diese sich selbst *(ipse Deus fecit nos & non ipsi nos)*, war vom Papst als berechtigte Kritik an seiner Verwunderung aufgenommen worden.[16]

---

11 Vgl. Bachtin, *Rabelais*, S. 358–360, der besonders von körperlichen Prozessen wie Essen oder Defäkieren spricht, aber auch von Alter und Gebrechlichkeit.
12 Zu diesem Punkt in der Bachtin-Rezeption vgl. Unger, Lachkulturen, S. 14f.
13 Die Referenz in Mexicana, 12.07.1721, Pos 413.
14 Maiolo, *Tractus*, S. 37; Corradi, *Praxis*, S. 61.
15 Corradi, *Praxis*, S. 61.
16 Maiolo, *Tractus*, S. 37

Sicherlich wurde dem gemeinen Volk nicht die Einsichtsfähigkeit eines Papstes zuerkannt. Allerdings findet sich eine breitere didaktische Verurteilung des Spotts über Körpergebrechen zur selben Zeit in anderen katholischen Quellen. Eine bayerische Predigt von 1721 verwies etwa auf den Ausspruch: »So tadle und verspotte dann keinen Menschen in seiner Gestalt« (Eccl. 11), da dies Gott selbst verachten hieße.[17] Bemerkenswert ist in unserem Kontext die in die Predigt eingefügte Geschichte, die genau den Spott über einen Geistlichen behandelt. Ein Edelmann hatte seinen Pfarrer »wegen ungestalten Angesichts (denn er hatte ein kupffers Gesicht) verspottet und auch zu Oesterlicher Zeit die Communion aus seinen Händen nit angenommen, sonder[n] bey einem andern communiziert«.[18] Kaum hatte er die Hostie von diesem anderen Priester empfangen, wurde sein Gesicht genau gleich verunstaltet wie das des verspotteten Pfarrers, er bekam also auch ›Kupferrose‹. Der Spott von Laien über Priester wurde damit didaktisch verurteilt. Diese Dimension fehlt im Gegensatz dazu im kirchenrechtlichen Diskurs. Der wesentliche Aspekt am *scandalum in populo* war gerade, dass sich die kirchlichen Akteure von diesem Lachen weder distanzierten noch völlig damit gemein machten.[19]

Das Lachen der Gemeinde hatte in den Fällen der Konzilskongregation einen komplexen Hintergrund, denn seine Funktionsweise zeigte Ansätze zu einer ›Psychologie‹ der Reaktionen auf Körper. Lachen wurde, dem Diskurs der Zeit folgend, als physische Folge von Verwunderung (*admiratio*) angesehen und hatte von daher selbst etwas konkret Körperliches.[20] Das

---

17 Neumayr, *Caemeterium*, S. 129. Dort auch die Geschichte des kleinwüchsigen Gregor von Tours vor dem Papst.

18 Neumayr, *Caemeterium*, S. 130.

19 Aus ideengeschichtlicher Perspektive konstatiert Skinner mit Bezug auf Elias eine zunehmende Skepsis gegenüber dem Lachen als ›unzivilisiert‹; Skinner, *Visions*, S. 173. An dieser Stelle ist eher eine kirchliche Selbstdarstellung gegenüber einer klar als weltlich gekennzeichneten Verhaltensweise festzustellen. Gleichzeitig beschäftigten auch Kardinäle ›Hofzwerge‹ und ließen sie in ihren Palästen an die Wand malen, ein Phänomen, das mit der Rhetorik didaktischer Predigten wenig gemein hatte.

20 Die Abfolge von Verwunderung und Lachen beschreiben auch Autoren medizinischer Werke des 16. und 17. Jahrhunderts; vgl. Skinner, Laughter und Skinner. Zur Geschichte des Begriffs Wunder(n) umfassend Daston/Park, *Wonders*.

Wundern *(admiratio)* war nicht im gleichen Maße negativ konnotiert wie Abscheu oder *horror*.[21] Der Begriff bezeichnete für mittelalterliche und frühneuzeitliche Autoren auch die angemessene Haltung gegenüber Heiligem, insbesondere gegenüber der Eucharistie oder Wundern im Sinne von *miracula*.[22] In der Regel wird die verehrende *Be*wunderung von der durch die Kirche negativ konnotierten *Ver*wunderung getrennt. Allerdings wurde auch die Gefahr gesehen, dass der bewundernde und verehrende Blick in bloße Verwunderung oder Neugierde umschlug.[23]

Wesentlicher Bestandteil der Idee der *admiratio* war, dass sie vom Neuen, Ungewohnten oder Unerwarteten ausgelöst werde.[24] Diese Bindung an Neuheit machte sie für den naturphilosophischen Diskurs der Zeit ganz besonders relevant, denn Staunen konnte zwar einerseits als Ignoranz gedeutet werden, andererseits aber geradezu als Grundlage von Forschung auf dem Weg zu neuem Wissen.[25] Mit Blick auf den Körper des Geistlichen war dieser Mechanismus für die Kirche gerade nicht erwünscht, unabhängig davon, ob daraus nun Gelächter oder Neugierde entstünden.[26] Die Funktionsweise der *admiratio*, dass Gewohntes in der Gemeinde keine unerwünschten Reaktionen hervorrufe, hatte wichtige Konsequenzen für die kirchliche Konzeption der Gemeinde.

---

21 Stephen Greenblatt etwa spricht vom Wundern als kurzem Aussetzen von Kategorisierung und Bewertung: »When we wonder, we do not yet know if we love or hate the object at which we are marveling.« Greenblatt, *Possessions*, S. 20.

22 In den Dekreten des Konzils von Trient auch Sess 13 C 8 *(de usu admirabili huius Sacramenti)*. Zu Heiligen, die man nicht nachahmen *(imitatio)*, sondern bewundern *(admiratio)* sollte, vgl. Bynum, Wonder, S. 1–26.

23 Vgl. Scribner, Visuelle, S. 16, der dies am Beispiel von Bildern und Reliquien für das 15. Jahrhundert ausführt. Bei Objekten wie dem Gnadenbild der sechsfingerigen Madonna von Maria Laach am Jauerling kann man von einer Überschneidung beider Aspekte ausgehen.

24 Skinner spricht von einer »new emphasis on the role of suddenness and surprise« als wichtigem frühneuzeitlichem Akzent in der Theorie des Lachens und Wunderns; Skinner, Laughter, S. 155. Vgl. für mittelalterliche Vorstellungen auch Daston/Park, *Wonders*.

25 Vgl. Daston/Park, *Wonders*, S. 112.

26 Zur Einstellung der Kirche zum verwandten, aber im vorliegenden Kontext weniger gebräuchlichen Begriff der *curiositas* vgl. Kenny, *Curiosity*. Eine negative Verwendung des Begriffs findet sich bei Maiolo, der *curiositas* gemeinsam mit *vagatio* als Laster den Augen zuordnet; Maiolo, *Tractatus*, S. 377.

Unter Pygmäen

Die Ansichten der Gemeinde waren für das *scandalum in populo* von entscheidender Bedeutung. Den Autoren war dabei bewusst, dass »die Regungen der Völker *(affectus populorum)* wahrlich verschieden sind«.[27] Man konnte also nicht von einer immer gleichen christlichen Gemeinschaft ausgehen. Vielmehr mussten die Völker und Gemeinden und ihre entsprechenden Reaktionen als Referenzpunkt des *scandalum* im Plural konzipiert werden. »Die einen bewundern Menschen, die die anderen für lächerlich halten«, schrieb etwa Maiolo.[28] Dabei berief er sich auf Plutarchs Aussage zum Ideal der Hakennase im antiken Persien: »Bey den Persern wird eine Habichtsnase für eine reizende und vorzügliche Schönheit gehalten, und zwar deswegen, weil Cyrus, der geliebteste unter ihren Königen, eine solche Nase soll gehabt haben.«[29]

Die Relativität der ästhetischen Ansichten war an dieser Stelle weniger eine Frage des kontingenten Geschmacks, der sich im Zeitverlauf schnell ändern konnte, sondern lag in der jeweiligen Natur der sozialen Gemeinschaft begründet. Insbesondere die körperlichen Eigenschaften von Gruppen determinierten, was unter ihnen als skandalös galt. Das einschlägige und vielfach wiederholte Beispiel war hier die Körpergröße:

»Die Körpergröße macht jemanden nur irregulär, wenn sie ein *scandalum* hervorruft oder zum Lachen bewegt; sonst aber nicht, was passieren kann, wo Gleiche unter sich sind. Pygmäen sind also unter Pygmäen nicht irregulär, ebenso wenig wie Giganten unter anderen Giganten.«[30]

Es wurde auch diskutiert, was passierte, wenn sich Individuen aus ihrer körperlich gleichartigen Gruppe herausbewegten. Leander etwa differenzierte bei den Pygmäen: Diese seien nicht »per se irregulär in ihrem Volk und

---

27 »Sunt vero varii populorum affectus«; Maiolo, *Tractatus*, S. 37.
28 »Nam alii alios homines magnificiunt, quos alii ut ridiculosos habent«; Maiolo, *Tractatus*, S. 37.
29 *Plutarchs*, S. 169. Die persische Nase war in der Frühen Neuzeit ein feststehender Begriff, der auch mit Blick auf die Physiognomie diskutiert wurde. So merkte etwa der englische Kleriker und Gelehrte Thomas Walkington 1607 kritisch gegenüber physiognomischen Schlüssen an, dass »every Persian Nose argues not a valiant Cyrus« (zit. nach Gilman, *Body*, S. 30).
30 »Magnitudo quoque nimia sicut etiam parvitas irregularem quem reddunt, modo scandalum praebeat, vel risum moveat; alias autem non, quod contingere potest, ubi inter suos pares sunt. Pigmei ergo inter pigmeos irregulares non erunt, nec gigantes inter alios gigantes.« Ugolini, *Tractatus*, S. 192.

können deshalb sogar zum Priestertum geweiht werden«.[31] Aber »unter uns sind sie irregulär wegen der körperlichen *deformitas* und weil sie die Betrachter am Altar leicht zu Verachtung und Lachen bewegen«.[32] Es kam also für die Frage der Zulassung ganz auf den jeweiligen sozialen Kontext an.

In der Beschreibung körperlicher Diversität konnten sich Autoren und kirchliche Amtsträger auf eine lange intellektuelle Tradition zur Vielfalt der Welt stützen, die Caroline Walker Bynum für das Mittelalter als *perspectivalism* bezeichnet hat.[33] Bynum verweist etwa auf *Jean de Mandevilles Reisen* oder das Werk von Jacques de Vitry und damit vor allem auf den Wunderdiskurs, der auch in den Traktaten zur Irregularität prominent war. Die Verbindung zum Wundern über Neues und Fremdes ist eindeutig. So heißt es bei Vitry, dass einäugige Zyklopen genauso uns Zweiäugige bestaunen wie wir sie.[34] Im Folgenden wird anhand des Themas Kleinwuchs weiter verfolgt, welche Rolle das Denken über fremde ›Völker‹ für den Mechanismus der *admiratio* und dessen relativierende Tendenz im Umgang mit Körpergebrechen spielte.

Mehrere Studien haben auf die hohe Präsenz von Pygmäen im gelehrten Diskurs der Frühen Neuzeit hingewiesen.[35] Ihre Wissensgeschichte kann als gut erforscht gelten, so dass hier nur die Kernelemente angeführt werden sollen, die für die Frage der Körper-Irregularitäten wichtig waren. Der Zusammenhang solcher Diskurselemente mit der europäischen Expansion sollte nicht überschätzt werden, die Verwendung intensivierte sich aber in der Frühen Neuzeit.[36] Wie hinsichtlich anderer *monstra* wurde auch bei Giganten und Pygmäen vor allem über zwei Dinge diskutiert: ihre Existenz und damit über die Glaubwürdigkeit von (antiken oder rezenten) Berichten darüber; und zweitens, sofern man sie für real hielt, über ihre Einordnung zwischen Mensch, Tier und Monster.[37] Die Pygmäen wurden etwa von

---

31 »Non esse per se irregulares in sua natione; & ideo posse initiari, etiam Sacerdotio«; Leander, *Quaestiones*, S. 29.
32 »Apud nos irregulares ob deformitatem corporis & quia intuentes in Altari facile moverent ad despectum & risum«; Leander, *Quaestiones*, S. 29.
33 Bynum, Wonder, S. 14.
34 Ebd, S. 14. Zur Vorstellung in der Antike vgl. Garland, *Eye*, S. 159–177.
35 Toggweiler, *Pygmäen*, mit weiterer Literatur. Vgl. auch Janni, *Etnografia*. Zur Präsenz des Topos an frühneuzeitlichen Universitäten vgl. Roling, *Drachen*, S. 481–549. Der Begriff ›Pygmäe‹ wird durchweg für das frühneuzeitliche Phänomen verwendet und nicht als (ohnehin unbrauchbare) ethnologische Kategorie.
36 Davies, *Ethnography*, S. 23–46 behandelt den Übergang um 1500. Vgl. auch Rubiés, *Travel*.
37 Davies, *Ethnography*, S. 149 spricht ähnlich von »problem of ontology« und »questions of probability and knowledge«. Den ersten Aspekt betont Roling, *Drachen*, S. 494–498.

Conrad Gessner als Affen klassifiziert;[38] für den Philosophen Agostino Nifo waren sie ebenfalls eher Tiere – weil es ihnen an einem Staatswesen, ausgeprägtem Sprachvermögen und, bezeichnenderweise, auch an *religio* fehle.[39] Der Kontrast zur Vorstellung von legitim geweihten, katholischen Pygmäen-Priestern könnte nicht größer sein. Im Diskurs zur Irregularität blieben ontologische Fixierungen von *monstra* oder Tieren die Ausnahme. Es ist bezeichnend, dass Henríquez weitgehend isoliert den Pygmäen die Kapazität zu den Weihen *per se* absprach, da diese keine vernünftigen Menschen seien.[40] Bei den meisten Autoren ging es dagegen ausschließlich um die Frage einer Irregularität wegen Lächerlichkeit und *scandalum*.

Die Priorisierung des *scandalum* galt nicht nur für die Körpergröße, sondern lässt sich insgesamt für *monstra* konstatieren. Zunächst lässt sich festhalten, dass es für die Autoren durchaus essentielle *monstra* gab. Auf der Ebene des Diskurses sind *monstra* stark präsent, während in den Akten der Konzilskongregation eher von *monstruositas* die Rede ist.[41] Diese Einschätzung traf nicht nur für ferne Völker, sondern auch für sogenannte Wundergeburten zu:»Wenn einer mit einem überhaupt nicht menschlichen Körperteil geboren wird, ist dieser völlig vom den kirchlichen Rängen auszuschließen, weil er monströs *(monstruosus)* ist.«[42] Die Regungen in der Gemeinde wurden in der Kategorie der Monster fundiert, aber der Fokus auf die Beobachtung berührte auch die Definition dieser Kategorie. Für diese war letztlich der zu erwartende Effekt ausschlaggebend. So schreibt ein Autor, wenn man sich nicht sicher sei, ob etwas wirklich ein *monstra* sei, sollte man zum Ausschluss tendieren.»Der Grund ist: auch wenn es keine wirklichen Monster sind, rufen sie trotzdem eine ungeheure Hässlichkeit in den Augen der Leute hervor *(hominum oculis)*.«[43] Selbst wenn es *monstra* gab, bei denen von Natur aus schlimmste Reaktionen zu erwarten waren, lag dieser Status doch weitgehend im Auge des Betrachters.[44] Auch Wesen mit zwei

38 Roling, *Drachen*, S. 543.
39 Zu Diskursen der Grenzziehung zwischen Menschen und Tieren anhand von Pygmäen vgl. Friedrich, *Menschentier*, S. 138–141.
40 Henríquez, *Summae*, S. 861. Der Autor nennt eine absolute Größe *(unius cubiti)*.
41 Zu den ebenfalls genannten Hermaphroditen siehe unten Kap. 4.3.
42 Maiolo, *Tractatus*, S. 37. Dasselbe gilt für zwei Köpfe.
43 »Ratio est; quia, etsi Monstra non sint vere; deformitatem tamen hominum oculis ingentem inferunt.« Vivaldo, *Candelabrum*, S. 30.
44 Der Begriff des Monströsen ist hinsichtlich seiner rechtlichen Relevanz nicht klar vom Deformierten getrennt. Die Literatur zur Funktion von Monstern ist umfangreich und umfasst Wissens-, Kultur- und Literaturgeschichte; vgl. nur Hagner, *Körper*.

Köpfen, vier Füßen und dergleichen waren vor allem deshalb auszuschließen,»weil sie leicht zum Spott oder Horror bewegen«.[45] Der Grund, warum Monster in aller Regel als irregulär gelten, war also nicht so sehr ontologisch, sondern lag in den Reaktionen. Essentialistische Kategorisierungen, etwa der Status als Nicht-Menschen, wurden immer wieder durch *scandalum* und Reaktionen ergänzt und letztlich in ihrer Bedeutung ersetzt. Für die rechtliche Einschätzung der Irregularität wurden statt essentialistischer Kategorien vielfach relative herangezogen.

Die entscheidende Frage lautet, ob und wie diese Vorstellungen über weit entfernte Völker wie die Pygmäen auf den Kleinwuchs in der europäischen Welt bezogen wurden. Inwiefern hatten Diskurselemente wie ›der Pygmäe unter Pygmäen‹ also überhaupt praktische Bedeutung? Die Annahme einer Diskontinuität zwischen Traktatebene und Rechtspraxis sollte man dabei nicht lediglich mit dem Unterschied von real und fabelhaft voraussetzen. Die Unterscheidung von europäischen ›Zwergen‹ und fernen Pygmäen findet sich zwar durchaus schon im gelehrten Diskurs.[46] Zugleich unterstrich etwa Maiolo emphatisch die Glaubwürdigkeit des präsentierten Wissens und die reale Existenz der Pygmäen und Giganten.[47] Auch konnte die (gelehrte) kirchliche Welt sogenannte Pygmäen in Europa sehen oder jedenfalls von ihrer Anwesenheit hören. So gab es in der Sammlung des Naturalisten Ferrante Imperato in Neapel angeblich einen *pygmeo*.[48] Für die Frühe Neuzeit wurde geradezu eine Überpräsenz von Wundern konstatiert, die von den Rändern der bekannten Welt materiell und gedanklich ins europäische Zentrum gerückt seien.[49] In seiner gedruckten Begründung, warum sein *pygmeo* echt sei, nannte der Sammler Imperato übrigens eine andere körperliche

---

45 Leander, *Quaestiones*, S. 29:»An monstruosus, hoc est habens duo capita, quatuor manus, aut pedes, & c. sit irregularis. Respondeo ut certum: Esse irregularem. Quia huiusmodi *facile movet ad risum, aut horror*« (Hervorhebung durch den Verf.). Vgl. auch Bonacina, *Tractatus*, S. 322:»Monstruosum esse irregularem, qualis est habens duo capita, quatuor manus, aut vultum adeo foetidum, ut ipsum intuentibus facile incutiat risum, aut horrorem.« Autoren wie Reiffenstuel oder Pirhing, die die Irregularität streng im Kontext eines Kommentars zum Liber Extra behandeln, nehmen tendenziell weniger Bezug auf *monstra*.
46»De homuncionibus & pumilionibus seu nanis a Pygmaeis distinctis«; Bartholin, *Opuscula*, fol. 2r. Vgl. auch Rolig, *Drachen*, S. 521. Für Wundergeburten und Wundervölker vgl. Daston/Park, *Wonders*, S. 50f.
47»Pigmeos esse non est fabulosum«; Maiolo, *Tractatus*, S. 35. Damit etwa gegen Aldrovandi; siehe Roling, *Drachen*, S. 515.
48 Imperato, *Discorsi*, S. 32. Vgl. Findlen, *Nature*, S. 39–43 und dies., Jokes, S. 309.
49 Daston/Park, *Wonders*, S. 173.

152 DER KÖRPER DES PRIESTERS

Differenzerfahrung:»Ich führe hier das Beispiel der vielen Japaner an, die zur Zeit Pauls V. nach Rom gekommen sind. Sie waren alle von gleicher, kleiner Statur.«[50] Insofern könne es auch Pygmäenvölker geben, deren Präsenz im kirchlichen Denken schon deshalb nicht nur hypothetisch war. Pygmäen wurden in das breitere Feld von Kleinwuchs eingebettet.[51] Nach Leander etwa seien Kleinwüchsige – er spricht spanisch von *enanos* – wie Pygmäen zu behandeln. Der rechtliche Effekt entfalle nicht nur unter Pygmäen, sondern auch in anderen Gegenden, wo die Menschen relativ klein seien.[52] Selbst Henríquez, der ja Maiolos Diktum nicht für die Pygmäen gelten ließ, wendete dieselbe Figur doch für den *pumilio* und *nano* an. Diese seien nicht irregulär,»wo viele klein am Körper sind«.[53]

Die Perspektive des relativen *scandalum* als rechtlicher Referenzpunkt wurde in konkreter Entscheidungsfindung in einem Fall aus der ›Neuen Welt‹ genutzt. Der Subdiakon Fernando Llorente Perez aus Mexiko wandte sich 1721 an die Konzilskongregation, weil der Erzbischof ihn aufgrund seiner kleinen Statur nicht zu den höheren Weihen zulassen wollte.[54] Laut der erzbischöflichen Information, die für eine Ablehnung plädierte, habe man ihn bereits zu den niederen Weihen nur in dem Glauben zugelassen, dass der junge Mann noch wachsen werde. Wie in den Traktaten wurde hier im Entscheidungsregister *scandalum* eine Distanz zur Körperbeurteilung eingebaut. Von einer moralischen Verurteilung des Betreffenden war überhaupt keine Rede. Im Gegenteil sprach der Sekretär der Konzilskongregation, Prospero Lambertini, in seinem *folium* von Kleinwüchsigen unter Heiligen und anderen vorbildlichen Figuren der Kirche als Exempla, die für eine Zulassung des Subdiakons sprächen.[55] Das Problem an dieser Stelle ging aber darüber hinaus: Man konnte oder wollte nicht nur am Körper nichts über die Seele ablesen, sondern den skandalösen Körper auch nicht zentralisiert beurteilen, weil die Kontexte einfach zu verschieden waren. Die Entscheidung der Konzilskongregation überließ dem Bischof das Urteil darüber, ob

---

50 »Portarò l'essempio di molti Giapponesi, che al tempo della felice memoria di Papa Paulo Quinto, vennero in Roma; e tutti eran di uguale bassa statura«. Imperato, *Discorsi*, S. 36.

51 Zum umfangreichen Genre visueller Karikaturen von Kleinwüchsigen und Zwergenvölkern, die zum Teil auch (unter sich) kirchliche Zeremonien vollziehen, siehe Olivari, *Faustino*.

52 Leander, *Quaestiones*, S. 29.

53 »Ubi multi essent pusilli corpore«; Henríquez, *Summae*, S. 861.

54 Mexicana, 12.07.1721, Pos 413.

55 Unter anderem auch die oben genannte Geschichte von Papst Gregor dem Großen, der verwundert ist, dass Gregor von Tours als Kleinwüchsiger Bischof geworden ist.

Spott oder *horror* entstehen würden.[56] Dies lag ganz im Rahmen der gewöhnlichen Entscheidungspraxis. Bemerkenswert an diesem Fall ist aber die Formulierung, mit der Lambertini sie in seinem *folium* vorwegnahm: »Es wäre gänzlich unangemessen, dass das Urteil des Bischofs von der Konzilskongregation revidiert werde, da der Bischof den Mann vor sich sieht und die Größe der Altäre und der umgebenden Menschen kennt.«[57] Der bischöfliche Augenschein erstreckt sich nicht nur auf den Körper des Betreffenden und dessen Fähigkeit zur Messfeier. Vielmehr wurde die körperliche Beschaffenheit der mexikanischen Gemeinde als entscheidend für die zu erwartenden Reaktionen gesehen und damit, ganz im Sinne des Pygmäen unter den Pygmäen, das Muster des relativen *scandalum in populo* angewandt.

Betrachtet man die zehn Fälle von Kleinwuchs aus den 1690er und frühen 1700er Jahren in der Konzilskongregation, erscheint das Phänomen als paradigmatisch für die *scandalum*-Logik. Prospero Lambertini kommentierte den Fall des mexikanischen Klerikers Llorente Perez in seinem *folium*, dass im Recht bezüglich dieses Körperdefekts nichts Präzises bestimmt sei. Deshalb sei man auf die generelle Regel für Irregularität verwiesen, dass entweder eine Einschränkung des Könnens oder eine sichtbare, *horror* oder Spott verursachende Deformität vorliegen müssten.[58] Damit ging es wesentlich um Fragen des *scandalum* und der Reaktionen.[59] Zwar wurde auch die Problematik der Höhe des Altars beziehungsweise dessen Stufen im Sinne des Könnens angesprochen. Diese wäre aber mit einem Schemel zu

---

56 Die Folgen für Llorente Perez bleiben unklar. Einerseits hatte der Bischof ihn ja bereits abgelehnt. Andererseits wird der Fall in späteren Entscheidungen zu Kleinwuchs eindeutig begünstigend für eine Dispens genannt (vgl. Taurinensis 29.01.1848, *Causae selectae*, S. 88).

57 »Incongruum omnino videri posset, quod Episcopi judicium, viso homine, aliisque ponderatis circumstantiis, staturae scilicet aliorum hominum, & altitudinis Altarium, interpositum, ab hac Sacra Congregatione […] petractaretur.« Mexicana, 12.07.1721, *Folia Sacrae Congregationis* 1721.

58 »Quod in iure nihil praecise statutum est, quoad hunc corporis defectum & solum datur pro regula generali, quod defectus ille causat irregularitatem, qui impedit congruum Ordinis exercitium, aut qui notabilem deformitatem & sic horrorem, vel risum affert.« Mexicana, 12.07.1721, *Folia Sacrae Congregationis* 1721.

59 Dabei verband sich Kleinwuchs häufig noch mit anderen Körpergebrechen, etwa Urbaniensis, 06.09.1687, LD 37, 516r/v, wo es von einer Person heißt, »homo plusquam brevis staturae et a nativitate claudicans, proindeque monstruosus, Populoque ridiculus«. Leider fehlt die entsprechende *Positio*.

lösen gewesen, der Supplikanten wiederum lediglich mit Blick auf das daraus resultierende *scandalum* untersagt wurde.[60] Es gab entsprechende Versuche, die fehlende rechtliche Präzision beim Thema Kleinwuchs durch Verfahrensschritte zu kompensieren. Im mexikanischen Fall hatte der Erzbischof »für sein Gewissen« bereits zwei Theologen konsultiert, einen Säkularkleriker sowie einen Jesuiten. Er suggerierte also in seiner Information der Konzilskongregation, dass sein Ermessen nicht arbiträr sei.[61] Dass die beiden Theologen genau entgegengesetzter Meinung waren, mag dem Einzelfall geschuldet sein, kennzeichnet aber gut die unklare Rechtslage.[62]

Im Umgang mit Kleinwuchs wurde auch eine spezifische empirische und objektivierende Technik, nämlich das Messen der Körpergröße, angewandt *(mensura)*.[63] Im Falle des Ferdinando Llorente Perez aus Mexiko wurde gemessen, er sei fünf und zwei Drittel *palmi* groß (circa 127 Zentimeter).[64] Die Messung wurde als öffentlich dokumentiert beschrieben. Mag das in der Praxis nicht mehr bezeichnet haben als die Durchführung vor bischöflichen Vertretern, so steht dahinter doch der Anspruch, nachvollziehbar zu verfahren. Für das Messen im Verfahren wurden zum Teil auch Spezialisten eingesetzt. Im Fall des Petrus Angelus Godi aus Narni wurde die Messung etwa von zwei Schneidern vorgenommen. Diese attestierten auch das Ergebnis, nämlich sechseinviertel *palmi* und einen Finger.[65] Die Funktion des Messens vor Ort lag auch darin, das Ergebnis dann der Konzilskongregation mitzuteilen. So schrieb der Bischof von Siena im Jahr

---

60 Für den Einsatz eines Schemels siehe die (erfolglose) Argumentation des Elias Cornador in Barchinonensis, 07.02.1711, Pos 282. In einem Fall aus dem 19. Jahrhundert erbot sich der Vater eines Kleinwüchsigen, einen speziellen Altar für diesen erbauen zu lassen (Taurinensis, 29.01.1848, *Causae Selectae*, S. 87).

61 Mexicana, 12.07.1721, Pos 413.

62 Die Gutachten, sofern schriftlich vorhanden, wurden nicht nach Rom geschickt, so dass wir nicht wissen, wie der Säkularkleriker und der Jesuit jeweils argumentierten.

63 Zur späteren Anthropometrie seit Lavater vgl. Theile, *Anthropometrie*.

64 Die genaue Umrechnung ins metrische System ist schwierig. Um eine ungefähre Vorstellung zu geben, folge ich den Angaben von Finardi, *Manuale*, S. 12. Imperatos Pygmäe war angeblich etwa einen *palmo* groß, aber noch nicht ausgewachsen. Normal seien sie nicht länger als drei *palmi*; vgl. Imperato, S. 32.

65 »Noi infrascritti Sartori facciamo piena et indubitata fede come d'ordine di Monsignore Illustrissimo Vescovo di Narni, alla praesenza del Monsignore Carlo Stefano Bacciarelli Vicario Generale habbiamo misurato nella Cancellaria Episcopale Pietro Godi di detta Città«; Narnien, 12.04.1710, Pos 331.

1704, er habe den Kleriker Joseph Maria Bagnini gemessen, damit die Kardinäle der Kongregation sich die *structura corporis* des Supplikanten besser vorstellen könnten.[66] Von Kopf bis Fuß sei er ebenfalls fünf und zwei Drittel *palmi cannae* groß, jener Maßeinheit, welche auch die Kaufleute in Rom zum Messen ihrer Waren verwendeten. Insgesamt lässt sich womöglich eine gewisse Tendenz zu einer Größe ablesen, die als problematisch, aber nicht sehr klein galt – etwa im Vergleich zu Hofzwergen.[67] Es wäre meines Erachtens trotzdem falsch, diesen quantitativ ohnehin wenig aussagekräftigen Befund so zu lesen, als wäre hiermit die Schwelle zum *scandalum* absolut bestimmt.

Der Bischof von Narni empfahl dem vermessenen Supplikanten Godi 1710, sich an die Konzilskongregation zu wenden, da es ihm in diesem Fall »sicherer schien, sich des Ermessens des Bischofs zu enthalten«.[68] Die Messung brachte zwar ein empirisches Maß ins Verfahren, lieferte aber offenbar nicht die gewünschte einfache Entscheidbarkeit – das zeigen bereits die komplementären Verfahrensschritte wie der Verweis an Rom. Das Messen suggerierte eher Verlässlichkeit, als dass es direkt die Beurteilung vorgab, die meist dem Bischof überlassen wurde. Messen ist damit Teil des breiteren Phänomens der Empirie im Umgang mit Körpern, deren Funktion darin lag, eine korrekte Verfahrensweise zu demonstrieren. Es sei nochmals hervorgehoben, dass es bei diesem Blick auf den Körper dezidiert nicht um die Bestimmung von moralischen Qualitäten ging. Man konnte buchstäblich, wie es beim Kirchenvater Gregor von Nazianz passenderweise zum Thema Kleinwuchs nachzulesen ist, »die Seele nicht am Körper messen«.[69] Als administrativer Schritt brachte das Messen den Kardinälen in Rom den entfernten Körper näher, setzte aber die relative, auf lokale Beobachter zentrierte Logik des *scandalum* nicht außer Kraft.

66 »Ut vero Eminentissimis Patribus innotescat corporis supplicantis structura, dimetiri eam curavi, et a planta pedis ad scapulas inclusive, inventa est in longitudinem palmorum quatuor, cum duabus ex tribus partibus alterius palmi Cannae, quam adhibent in Urbe Mercatores ad mensurandum venalia. Ab eadem vero a planta pedis usque ad verticem capitis palmorum quinque similium cum duabus ex tribus paribus alterius palmi.« Senensis, 19.07.1704, Pos 265.

67 Vgl. Seeman, Unterschied.

68 »Mihi tutius visum fuit abstinere ab arbitrio Episcopis concesso«; Senensis, 19.07.1704, Pos 265.

69 »Animum mensurae subjici«; Epistola ad Nicobulo, zit. nach *Patrologiae*, Bd. 37, S. 43.

Fremde Körper und die globale Kirche. Das Beispiel Hautfarbe

Fragt man nach frühneuzeitlichen Spezifika des im *scandalum* zu finden-den ›Perspektivismus‹, ist die Behandlung der Hautfarbe instruktiv. Mit Blick auf körperliche Irregularitäten diskutierten Autoren dieses Thema analog zu dem beschriebenen relativen Umgang mit Kleinwuchs.[70] Der Ausgangs-punkt war in der Regel Maiolos Diktum, dass die *color faciei*,»ob hell, rötlich oder dunkel, wie beim Mohren oder Äthiopier *(aethiopes)*, keineswegs die Ordination behindert«.[71] Der spanische, in Bologna lehrende Dominikaner Martín Alfonso Vivaldo (1545–1605) stimmte dem zu, denn die Hautfarbe werde in keinem rechtlichen Verbot erwähnt. Der zugrundeliegende Grund *(ratio rationis)* sei, dass»die Farbe nicht zu den *essentialia*, sondern den *accidentalia* gezählt wird«.[72] Diesen Status der Hautfarbe erläutert er per Ana-logie mit der Eucharistie. Es sei im Grunde gleichgültig, ob heller oder dunk-ler Wein im Kelch sei, solange es Wein sei.[73] Allerdings schränkt Vivaldo dann ein, dass die Hautfarbe aufgrund eines *scandalum* dennoch zum Aus-schluss führen könne.[74] Die Sache wurde also – wie schon bei der Körper-größe – zur Abwägungsfrage. Gibalino etwa differenzierte, dass Maiolos Aussage nur in Gegenden gelte, in denen andere *aethiopes* wohnten, nicht dagegen für Europa:»Die Äthiopier [...], die sich unter uns aufhalten, rufen *horror* hervor.«[75] Auch Leander beantwortete die Frage,»ob die Farbe des Äthiopiers oder Mohren irregulär macht«, damit, dass wegen ihrer Hautfarbe unter anderen Schwarzen keine Irregularität vorliege, allerdings durchaus »bei weißen Völker, unter denen ein schwarzer Priester leicht Spott oder Terror hervorrufe«.[76] Wenn diese Umstände wegfielen, entfalle auch deren Effekt, also die Irregularität. Keiner der Autoren sah an der Hautfarbe etwas

---

70 Zur Hautfarbe vgl. Groebner, Hautfarben; Burschel, Codierung, S. 431–442.

71»Color vero faciei sive candidus, sive rubeus, sive niger, ut in Mauro, vel Aethiope, ne quicquam impediunt, ne ullo iure hi prohibentur promoveri«; Maiolo, *Tractatus*, S. 53.

72»Quia color non inter essentialia, sed inter accidentalia computantur.« Vivaldo, *Candelabrum*, S. 33.

73»Nihil enim refert sit ne album, vel nigrum, dummodo vinum sit.« Vivaldo, *Candelabrum*, S. 33.

74»Poterit nihilominus ratione indecentiae impediri«; Vivaldo, *Candelabrum*, S. 33.

75»Aethiop[es] inter nos versant[es], horrorem enim generant«; Gibalino, *Irregularitatibus*, S. 49.

76»Apud Gentes candidas, inter quas Sacerdos niger facile incutit risum, aut terrorem.« Leander, *Quaestiones*, S. 34.

essentiell Problematisches, die Meinungen gingen allenfalls darüber ausei-
nander, ob akzidentiell mit Irregularität aufgrund eines *scandalum* zu rechnen
sei. Für den vorliegenden rechtlichen Kontext war stets die Frage der zu
erwartenden Aufmerksamkeit und Reaktion entscheidend, die besonders
vom Fremden oder Ungewohnten ausgelöst wurde.

Am Beispiel der Hautfarbe lässt sich nochmals der anti-physiognomische
Charakter der Diskussion um die Irregularität hervorheben. Maiolo, der
Hautfarbe allenfalls wegen eines *scandalum* als rechtlich problematisch beschrieb, hatte in seinem naturphilosophischen Werk gerade dunkle Hautfarbe als Beispiel eines physiognomischen Schlusses angeführt. »Die
Physiognomen nämlich beschreiben die allzu Dunklen als dumm und
starrsinnig, wo doch die *aethiopes* so sind.«[77] Diese apodiktische Annahme
aus der Klima- und Komplexionstheorie mochte naturphilosophisch wichtig
sein, war aber offenbar wenig relevant für die Irregularität.

Welche Funktionen erfüllten diese relativistischen Elemente im Diskurs
und der Rechtspraxis? Es ging nicht nur um konkrete Probleme der Ordination, auch wenn diese in nahen und fernen Regionen auftauchten. Zugleich
konnte effektiv der globale Anspruch der Kirche demonstriert werden. Der
Umgang mit Menschen anderer Hautfarbe demonstriert nicht nur die Variabilität von Gottes Schöpfung, sondern zeigt, dass auch die katholische Kirche jede spezifische Körperordnung transzendierte.[78] Universal anwendbar
blieb das Muster des *scandalum*, mit dem diese Variabilität administrativ be-
wältigt und diskursiv zur Schau gestellt werden konnte.

Das Thema »Hautfarbe und Irregularität« erlaubt so Einblicke in die
Konzeption des Eigenen und Fremden, also einen Alteritätsdiskurs, der die
Forschung zum Kulturkontakt in der Frühen Neuzeit stark beschäftigt hat.[79]
Die Vorstellung von fremden Körpern ließe sich als Element der Selbst-
vergewisserung und Superioritätsbehauptung beschreiben. Die Logik des
scandalum ist hier instruktiv, geht sie doch über die bloße Abgrenzung vom
Anderen hinaus. So meinten die hier behandelten kirchenrechtlichen Auto-
ren und die deren Schriften heranziehenden Amtsträger mit ›wir‹ und dem
Anderen zwei verschiedene Dinge. Wenn von ›uns‹ als Europäern und den
fremden Anderen die Rede war, ging es um eine Differenz, die körperlich

---

77 »Definiunt nimium fuscos, stupidos ac pertinaces esse, quoniam Aethiopes sunt huiusmodi.« Maiolo, *Dierum*, S. 451. Die Richtung des Arguments wird nicht ganz klar, womöglich funktionierte es auch zirkulär.

78 Rolig, *Drachen*, S. 520.

79 Vgl. etwa Chatterjee/Hawes, Introduction.

fixiert wurde und Affekte wie das Staunen bewirkte. Das Eigene konnte aber auch die katholische, klerikale Einheit bezeichnen, die diese körperliche Differenz überschritt. Gänzlich fremde Körper konnten katholisch sein und sogar die Kriterien des Priestertums erfüllen und damit bei aller Differenz eine große Gemeinsamkeit mit europäischen Klerikern aufweisen. Man sollte diesen Befund nicht einseitig in Richtung einer besonderen Akzeptanz oder Toleranz der Kirche auslegen. Die Logik des *scandalum* war sicherlich offener und flexibler als der Ausschluss unter Verweis auf essentielle Nicht-Eignung und das Tierische oder Monströse fremder Körper. Diese wurden nicht mehr als das gänzlich Andere gesehen. Sie galten aber auch nicht als positiv, und relativistische Vorstellungen führten nicht zu einer umfassenden De-Hierarchisierung zwischen Menschen verschiedener Hautfarbe.[80] Der entscheidende Punkt war, dass die körperliche Differenz je nach den Umständen in ihrer rechtlichen und sozialen Bedeutung stark eingeschränkt oder aufgewertet wurde. Dieses Vorgehen fügten sich in das breitere Muster des *scandalum in populo* ein, das für die Kirche spezifische Funktionen wie die Repräsentation von Universalität erfüllte.

Am Beispiel des Falls von Llorente Perez konnte hier gezeigt werden, dass Denkfiguren wie der Pygmäe unter Pygmäen eine wichtige Rolle für die Verwaltung der katholischen Welt spielten. Für die im Diskurs analog behandelte Hautfarbe wäre ebenfalls nach der praktischen Adaption zu fragen. Gerade im außereuropäischen Raum war man zwar auf den einheimischen Klerus häufig angewiesen, doch zugleich gab es starke Widerstände, insbesondere von europäischstämmigen Ordensgeistlichen.[81] Die Adaption des kanonischen Rechts in Außereuropa und das komplexe Thema der Akzeptanz und Ablehnung von einheimischen Klerikern würden den Rahmen dieser Studie sprengen.[82] Deshalb seien nur zwei Beispiele für die Diskussion von Hautfarbe und Irregularität angeführt, die beide aus dem spanischen Imperium stammen. Zunächst ist das Kapitel zu Körpergebrechen im *Cursus Iuris Canonici, Hispani, Et Indici*, einem der wichtigsten kanonistischen Handbücher des 18. Jahrhunderts, instruktiv.[83] Bezeichnenderweise erweiterte der

---

80 Zum Begriff der »Positivierung« vgl. Röcke, Aneignung. Daston/Park, Wonders, S. 38f., argumentieren, dass die Wunder des Ostens letztlich keine autonome Alternative darstellten, weil die Überlegenheit der eigenen natürlichen und moralischen Ordnung bestehen blieb.

81 Boxer, *Church*; auch ders., *Racisms*, S. 224–226.

82 Vgl. dazu Boxer, *Church*, besonders S. 1–38. Vielversprechend ist die Beschäftigung mit lokaler Normsetzung; vgl. Duve, Autorisierung.

83 Vgl. zur Quelle Duve, Iurista, hier S. 361f.

Autor, Pedro Murillo Velarde (1696–1753), selbst als Missionar auf den Philippinen tätig, genau die Passage zur Hautfarbe, während sich der Rest des Kapitels kaum von den anderen hier untersuchten Traktaten unterscheidet. Er unterstreicht zunächst, dass die Hautfarbe die *mauri* oder *aethiopes* nicht irregulär mache, um dann auf die ›Neue Welt‹ zu kommen:

»Die Hautfarbe führt nicht zur Irregularität und deshalb können die Mauren und Äthiopier ordiniert werden, [wie auch] in diesen Gebieten Indiens Inder, die dunkel sind, Malabren und Kanariner, die schwarz sind, zu Priestern geweiht werden, wie wir täglich auf diesen Inseln sehen.«[84]

Das Zitat veranschaulicht, dass bei der augenscheinlichen Präsenz geweihter Personen unterschiedlicher Hautfarbe diese jedenfalls vor Ort nicht zur Irregularität führen konnte. Körperliche Vielfalt wird als alltäglich beschrieben. Vom selben Murillo Velarde findet sich eine illustrierte Karte, die eben jene visuell Vielfalt verdeutlichte.[85] Schrift- und Bildquellen konnten auch den Kardinälen in Rom vielfältige Körper vor Augen führen.[86] Die Einschätzungen hinsichtlich der Hautfarbe zeigen, dass es offenbar für verschiedene kirchliche Akteure funktional war, von absoluten Urteilen in diesem Bereich abzusehen. Besonders im iberischen und iberoamerikanischen Raum kollidierte diese Haltung Roms mit anderen Positionen, etwa in den Orden.[87]

Mit *aethiopes* waren nicht zuletzt die aus Afrika verschleppten Sklaven in Spanisch-Amerika gemeint.[88] Als zweites Beispiel aus der ›Neuen Welt‹ kann auf den Bischof von Quito, Alfonso de la Peña Montenegro (1596–1687),

---

84 »Color non inducit irregularitatem ac proinde Mauri, & Aethiopes possunt ordinari […] & in his Indiarum Regnis, Indi, qui sunt fusci, & Malabares, & Canarines, qui sunt nigri in Sacerdotes promoventur, ut quotidie in his Insulis videmus.« Velarde, *Cursus*, Bd. 1, S. 103.

85 Siehe https://www.wdl.org/en/item/10089 [abgerufen am 04.12.2020].

86 Davies, *Ethnography*, S. 6 geht davon aus, dass »geographical discourses about the nature of the peoples of the Americas informed scholarly and juridical reflections on how the New World should be administered«. Konkrete Verwaltungspraktiken werden von der Autorin aber kaum beleuchtet, so dass über den Einsatz der Medien entsprechend wenig gesagt wird. Siehe dazu anhand des spanischen Hofes vgl. Brendecke, *Imperium*, S. 101.

87 Hier ergibt sich eine Verbindung zur Haltung der Kurie zum Problem der Abstammung. Das Thema bildet einen eigenen Typ von Irregularität und bleibt, auch wenn es körperhistorisch relevante Komponenten hat, an dieser Stelle ausgespart. Große Debatten um die Ordination von Mestizen finden sich etwa in einem Fall aus Caracas, an dem auch die Konzilskongregation beteiligt war; vgl. Figuera, *Formación*.

88 Vgl. Sandoval, *Treatise*.

verwiesen werden.[89] Hinsichtlich der dunklen Hautfarbe kam dieser zu dem Schluss, dass freie Schwarze ordiniert werden können und sollen, da sie keinen *horror* hervorriefen, sondern im Gegenteil *gran devoción al Pueblo*. Dies gelte jedenfalls in Regionen, wo es andere freie Schwarze gebe und diese militärische Ämter bekleideten, also auf anderer gesellschaftlicher Ebene bereits Akzeptanz erlangt hatten.[90]

Asymmetrisch blieb auch das relative Denkmuster des *scandalum*, insofern es allenfalls nicht-weiße Hautfarben problematisierte. Die Regel der Relativität galt nicht umgekehrt – man denke nur an die weißen Missionare.[91] Der umgekehrte Fall war auch bei Giganten und Pygmäen nicht reflektiert worden. Dort wirkte entgegen der relativierenden Tendenz implizit auch eine Vorstellung des Mittelmaßes, das den Extrema überlegen war. Für das zentrale Ziel, die christliche Seelsorge, waren die körperlich Fremden in Europa nicht nur skandalisierbar, sondern aus katholischer Sicht wohl auch weniger benötigt, insofern es dort eine größere Menge an einheimischen, europäischen Klerikern gab.

Ein kursorischer Blick in andere Quellenkorpora kann allerdings Ansätze der Umkehrung des *scandalum* aufzeigen. Die generelle Maxime der Vermeidung eines *scandalum* galt auch für Christen in fremden Regionen, so dass sich damit etwa Verhaltensweisen bestimmter Missionare diskreditieren oder rechtfertigen ließen.[92] Jenseits dieser Relativierungen aus europäischer Sicht kann hier knapp auch auf nicht-europäische Zeugnisse verwiesen werden. Die körperliche Dimension der Fremdheit wird etwa in der Beschreibung der ersten europäischen Landung in Japan in *Kirishitan monogatari* von 1639 deutlich:

»From this ship for the first time emerged an unnamable creature, somewhat similar in shape to a human being, but looking rather more like a long-nosed goblin or the giant demon Mikoshi Nyūdō [...]. The length of his nose was the first thing which attracted attention: it was like a conch shell (though without its surface warts) attached by suction to his face. His eyes were as large as spectacles, and their insides were yellow. His head was small. On his hands and feet, he had long claws. His

---

89 Zur Bedeutung Montenegros Taylor, *Magistrates*, S. 152–161. Vgl. auch Boxer, *Church*, S. 20f.

90 »En estas partes adonde ay tantos, y algunos con oficios de Capitanes, y otros militares«; Montenegro, *Itinerario*, S. 457.

91 Vgl. dazu Waldschmidt, »Wir Normalen«, S. 6.

92 Aufgrund von Fehlverhalten heißt es zum Beispiel in den Analecta der Kapuziner: »Scandalum a christianis datum ethnicis«; *Analecta*, Bd. 41, S. 31. Die Frage der Akkomodation würde hier zu weit führen; vgl. dazu nur Collani, Akkomodationsmethode.

height exceeded seven feet, and he was black all over; only his nose was red. His teeth were longer than the teeth of a horse.«[93]

Ziel dieser im Wortsinne dämonisierenden Darstellung war die Diskreditierung des Christentums. Eine Relativierung wird hier also allenfalls aus der historischen Vogelperspektive sichtbar. Die Logik des *scandalum* ist damit durchaus besonders, weil sie schon zeitgenössisch direkt auf Relativität abzielt. Auch die Darstellung des indigenen Wunderns über Europäer, etwa bei Bartolomé de Las Casas (ca. 1484–1566), erfüllte andere Zwecke als die Flexibilisierung von Normen. Die *natives* wunderten sich laut ihm über die Bärte der Spanier und »inspizierten sorgfältig die weiße Haut an den Händen und Gesichtern«.[94] Der Verweis auf die Hautfarbe diente wohl vor allem der Identifikation der Europäer für die Leser.[95]

Das Denkmuster des *scandalum* ließ sich auch auf andere Felder menschlicher Unterschiedlichkeit übertragen. Für »Kropferte« *(gutturosi)* in nicht näher bezeichneten Gegenden, wo Kröpfe üblich seien, war laut Maiolo eine Dispens sehr leicht zu erhalten oder sogar unnötig.[96] Auch für den Bereich mentaler Fähigkeiten war der Gedanke offenbar geeignet. Für ein Wald- oder Alpenvolk, dessen Geist schwach sei, genüge auch ein geistig schwacher Priester.[97] So konnte auch für ländliche Regionen Europas eine nahe Fremdheit konstruiert werden, eine Art »anderes Indien«.[98]

Als Zwischenfazit zum *scandalum in populo* kann hier festgehalten werden, dass relativistische Vorstellungen von fremden Körpern auf konkrete Dispensentscheidungen zurückwirkten. Die Konzilskongregation nutzte die Figur des Pygmäen unter Pygmäen auch in vergleichsweise alltäglichen Verfahren der Entscheidung über Kleinwuchs. Der mexikanische Fall von 1721 demonstriert die Verschaltung von rechtlich-administrativen Verfahren mit *monstra*-Diskursen. Eine klare Trennung zwischen aus moderner Sicht hanebüchenen Monstergeschichten und ›realen‹ Phänomenen bestand vor

---

93 Zit. nach Elison, *Deus*, S. 30.

94 Zit. nach Groebner, *Schein*, S. 98.

95 Ebd., S. 98.

96 »Facilius dispensabuntur, quando intra consimilis gutturosos populos sacerdotio fungi oportebit.« Maiolo, *Tractatus*, S. 49. Die Vorstellung der ›Kropferten‹ hat eine lange Tradition, in der Frühen Neuzeit wäre etwa an das Bild der Steiermärker bei David Hume zu denken; vgl. Stanzel, Schemata.

97 »Silvestris est populus, & in summis alpibus.« Maiolo, *Tractatus*, S. 49. Zur späteren Medikalisierung des ›Kretinismus‹ vgl. Baecque, *Crétins*.

98 Zum Begriff vgl. Prosperi, Indias.

diesem Hintergrund nicht. Prospero Lambertini etwa zitierte in seinen Fall-
zusammenfassungen neben deutlich nüchterneren Rechtsquellen auch die
Physica Curiosa Caspar Schotts (1608–1666).[99] Die Funktion von solchen
Wissensbeständen lag in der Imagination von menschlicher Verschiedenheit,
im Ausloten von Grenzen und der Plausibilisierung der Logik des *scandalum*.
Relativistische Sichtweisen auf den menschlichen Körper fügten sich offenbar gut in bestehende administrativ-rechtliche Herausforderungen. Die
Denkfigur des *scandalum* definiert eine Art relativer Normalität. Bemerkenswert ist, wie man sich damit Situationen vorstellte, in denen in anderem Kontext problematisierte Körper unproblematisch wurden.

Die eingangs angesprochene Distanz von Gemeinde und Priester, von
Herde und Hirte, wurde in der Logik des *scandalum* geradezu in ihr Gegenteil
verkehrt. Je mehr Ähnlichkeit zwischen beiden Gruppen, je gleichartiger und
damit weniger exponiert der Priester war, desto geeigneter erschien er. Mit
der Weihe ging es dabei allerdings gerade um eines der wichtigsten
Distinktionsmerkmale zwischen Klerus und Laien – Gleichartigkeit wurde
also zu einer Voraussetzung von Differenz. So wäre letztlich nicht etwa der
körperlich perfekte oder besonders schöne Priester ideal, sondern derjenige,
der in seiner Gemeinde nicht auffiel. Ortsunabhängige Ideale bezüglich des
geistlichen Aussehens ließen sich zwar weiter propagieren, sie wurden im
Umgang mit Gebrechen aber stark relativiert.[100]

Scandalum als Kernelement von Diskurs und Rechtspraxis enthielt
ein ›psychologisches‹ (wie funktionierten Individuen?) wie auch kollektiv-
bezogenes Kalkulieren mit den Reaktionen von Beobachtern (wie funktionierten spezifische Gemeinden?). Wenn es in der Praxis zum Problem kam,
beurteilte die Kongregation nicht nach absoluten Maßstäben, sondern ließ
der Flexibilität Raum. Die Antwort Roms auf die Variabilität von Körpern
und Reaktionen lag darin, gerade die zentrale Unregulierbarkeit zum Prinzip
zu erheben. Mit der Imagination von radikaler körperlicher Alterität war dieses Prinzip von seiner Grenze gedacht und plausibilisiert worden. Anhand
der Beispiele von Hautfarbe und Kleinwuchs lässt sich als Ergebnis formulieren, dass eine im Begriff *scandalum* angelegte und von Akteuren an-
gewendete Vorstellung von körperlichen Makeln bestand, mit der diese relativ zu ihren sozialen und kulturellen Bedingungen interpretiert wurden.

---

99 Dubium Professionis, *Folia Sacrae Congregationis* 1721.
100 Siehe Maiolo, *Tractatus*, S. 377.

Auch wenn diese Relativität in den Traktaten manchmal phantastischen Charakter hatte, spielte sie eine wichtige Rolle im Umgang mit individuellen Körpern in der Entscheidungspraxis der Konzilskongregation.

Vertrautheit und Akzeptanz

Im vorigen Abschnitt wurde gezeigt, dass die Logik des Pygmäen unter Pygmäen für die Rechtspraxis relevant war. Die relativistische Sichtweise war sogar noch weiter verallgemeinerbar, denn das *scandalum* galt auch dann nur örtlich begrenzt, wenn die allgemeinen Körpernormen von Ort zu Ort dieselben waren. Henríquez hielt etwa den Nasenlosen für lediglich lokal irregulär, nämlich in der Stadt, wo der Sachverhalt »Schändlichkeit, *deformitas* und *scandalum* bewirke, nicht aber an einem anderen Ort«.[101] Es bleibt unklar, ob an diesem anderen Ort der möglicherweise unehrenhafte Hergang des Nasenverlustes unbekannt war oder der körperliche Makel aus einem anderen Grund unproblematisch blieb (um eine ausschließlich aus Nasenlosen bestehende Gemeinde ging es wohl nicht). Für die rechtliche Einschätzung war der Hintergrund weniger entscheidend als die Frage, ob ein *scandalum* vorlag. Der verwendete Begriff der *foeditas* konnte Hässlichkeit und Schändlichkeit bedeuten, war also potentiell ein moralisch wertender Begriff. Dass *foeditas* hier örtlich begrenzt wurde, zeigt die Unmöglichkeit starker Verknüpfungen des Innen und Außen. Dabei lässt sich an das anknüpfen, was oben zur Moral festgehalten wurde. Konzepte, die sich semantisch für eine Innen-Außen-Spiegelung gut eigneten, wurden in der Logik des *scandalum* stark relativiert. Auch bei der Irregularität *ex delicto*, beispielsweise wegen eines Mordes, wurde ähnlich verfahren. Am Ort des Verbrechens durfte der Betreffende aufgrund des *scandalum* nicht zelebrieren, wohl aber andernorts.[102] Das Fundament für die Abwägung eines *scandalum* verschiebt sich dabei gegenüber der Logik des Pygmäen unter Pygmäen. Zentral waren

---

101 »In urbe ubi res foeditatem generat & deformitatem ob scandalum & irrisionem […] in alio loco non.« Henríquez, *Summae*, S. 861.

102 In der Praxis wurde meist das Minimum von zwanzig Meilen als Entfernung genannt; vgl. etwa Salernitana, 01.12.1708, *Folia Sacrae Congregationis* 1708. Dass es dabei um die Kenntnis der Tat ging (und nicht etwa eine rituelle Verunreinigung des Ortes), belegt die Rückkehrmöglichkeit, sobald die Tat »vergessen« worden sei. So heißt es etwa »in dicto loco vix eius memoria supersit«; Civitatis Castelli, o.D., Pos (Sess.) 24, 319r–329v.

hier nicht die variablen, aber für eine Gemeinde jeweils fixierten körperlichen Charakteristika der Beobachter, sondern deren Kenntnis oder Unkenntnis eines Sachverhalts. Die Frage nach der Akzeptanz einer Person war in der Praxis zumeist komplexer, als es abgeschlossene, gleichartige *populi*, aber auch die Möglichkeit des Ortswechsels suggerierten.

In der Verfahrenspraxis unterstützten Bischöfe Suppliken unter Verweis auf die lokale Vertrautheit mit gebrechlichen Supplikanten. Dabei kam die Funktionsweise der *admiratio* als Staunen über Neues zum Tragen. So heißt es in einem Fall aus Piacenza: »Das Holzbein [des Supplikanten] ist zwar für alle sichtbar, aber für niemanden neu oder schrecklich, da er dieses seit circa 20 Jahren benutzt.«[103] Man kann also eine Argumentation mit einer Art Gewöhnungseffekt feststellen.[104] In einem deutlich späteren Fall wurde dies in einer Dispensfrage *ex defectu corporis* folgendermaßen auf den Begriff gebracht: Der Bischof sprach von einer gewissen *admiratio* in der Gemeinde, aber »diese werde sicherlich mit fortschreitender Zeit verschwinden, wegen der Gewöhnung in der Gemeinde, den Supplikanten bei der Messfeier zu sehen, und dem bekannten Axiom *ab assuetis non fit passio*«.[105] Diese Maxime, die als »von gewohnten Dingen entstehet keine Leidenschafft« ins Deutsche übertragen wurde, war auch frühneuzeitlich präsent und sinngemäß bereits in den Stellungnahmen zu Supplikationen zu Beginn des 18. Jahrhunderts enthalten.[106]

Ein weiterer Beleg für das Argument der Vertrautheit findet sich in der Information des Bischofs von Massa Marittima in der Toskana. Dieser teilte

---

103 »Pes ligneus […], licet omnibus pateat, nemini tamen novitatem, aut horrorem generat, tum quia a viginti duobus annis citra eo utitur, tum quia eiusdem beneficio, genuflexiones, caeterasque actiones ad Sacrum pertinentes optime complere potest.« Placentina, 19.04.1704, Pos 257. Das Thema der Prothesen wird unten im Kap. 3.4. noch im Kontext von Sichtbarkeit und Künstlichkeit behandelt.

104 Erving Goffman diskutiert ganz ähnlich die »Vertrautheit« des Umfeldes mit einem Gebrechen, aus der potentiell Akzeptanz resultieren könne; vgl. Goffman, *Stigma*, S. 67–72.

105 »Tamen certissime haec admiratio progressu temporis evanescet […] ex consuetudine in populo videndi Oratorem in Missae celebratione, ex noto axiomate ab assuetis non fit passio«; *Acta Sanctae Sedis* 36, 1903, S. 371.

106 Der Mechanismus der Gewöhnung hatte in der Vorstellung der Frühen Neuzeit selbst etwas Naturgegebenes. Abraham a Santa Clara etwa nennt »ab assuetis non fit passio« eine »Grund-Regul aus der Physic« und fügt hinzu: »Ex frequentatis actibus sit habitus, ex habitu sit consuetudo, consuetudo est altera natura« (Santa Clara, *Kramer-Laden*, S. 344). Die negativ betrachtete Gewöhnung an die Sünde findet sich auch bei Augustinus: »Dazu kommt dann noch, daß an sich große und schreckliche Sünden nur mehr für kleine oder gleich für gar keine Sünden mehr gehalten werden, wenn sie einmal zur Gewohnheit geworden sind.« Augustinus, *Schriften*, S. 467.

1720 der Konzilskongregation mit, der Diakon Seraphinus Sacchi hinke aufgrund einer kürzlich erlittenen Nervenlähmung im rechten Fuß, so dass er an zwei Stöcken laufen müsse. Dennoch wolle er zum Priester geweiht werden, weil er, einmal dort, ohne Stütze gut vor dem Altar stehen und die Kniebeuge wie die anderen Zeremonien ausführen könne. Entscheidend ist vor allem, dass kein *scandalum* im Volk auftreten werde – »zumal in der Stadt Massa, wo das Gebrechen des Supplikanten bekannt ist«.[107] Die lokale Vertrautheit mit dem Körper des Geistlichen ließ an diesem spezifischen Ort die Voraussetzungen einer *scandalum*-Irregularität entfallen. Die im weiteren Verlauf genannten positiven Qualitäten des Diakons, die von Mitgliedern der Gemeinde bezeugt wurden, erhielten dadurch besondere Geltung: Sein rechtschaffener Lebensstil, ausreichende Bildung und nicht zuletzt das ausdauernde Verbleiben an diesem Ort, der sich wegen schlechten Klimas keiner großen Beliebtheit unter Klerikern erfreue – all das sprach komplementär zur Vertrautheit für eine Zulassung zur Priesterweihe. Die hier analysierten Argumentationsmuster erklären sich nur aus der kontextuellen Logik des *scandalum in populo*. Sie wären völlig unverständlich, wenn es den kirchlichen Autoritäten immer um ein gegebenes, gleichsam essentiell fixiertes Körpergebrechen gegangen wäre.

An dieser Stelle lässt sich aber auch eine Ambivalenz der Vertrautheit aufzeigen. Mit dieser Argumentation wurden Gebrechen notwendigerweise gerade in ihrer Bekanntheit oder Sichtbarkeit thematisiert. Diese sollten dabei umgekehrt proportional zur Gefahr des *scandalum* sein. Je bekannter und länger präsent also ein Gebrechen, desto akzeptierter sei es in der Gemeinde. Offenbar teilten aber nicht alle Entscheidungsträger die Annahme, dass gerade dort kein *scandalum* entstehe, wo das Wissen über ein Gebrechen besonders groß sei, denn das Argument der Vertrautheit erzielte nicht immer die erwünschte Wirkung.[108] Die relativierende Logik des *scandalum* griff hier offenbar nicht so umfassend wie etwa in der Frage des Kleinwüchsigen unter anderen Kleinwüchsigen.

Das Wissen der Gemeinde über ein Gebrechen konnte einerseits entlastend wirken, so dass ein bestimmter Makel akzeptiert wurde. Andererseits

---

107 »Presertim in Civitate Massanense ubi nota est huiusmodi Oratoris infirmitas, et quod maxime attendendum vitae probitas, plusquam sufficiens scientia, permanentia continua Oratorii in Conventu dictae Civitatis uti Filius et communiter Civium votum, qui ob inclementiam aeris summa Sacerdotium patiuntur penuriam.« Massanensis, 12.07.1721, Pos 452.

108 Vgl. etwa die negative Entscheidung in Placentina, 19.04.1704, Pos 257.

gab es die gegenläufige Interpretation, dass idealerweise Unkenntnis und Unsichtbarkeit, besonders bei der Messe, anzustreben waren. Zur Veranschaulichung sei an dieser Stelle auf ein mit Körpergebrechen eng verbundenes Thema verwiesen – das Tragen einer Kopfbedeckung. Dieses war bei der Messe nur mit guten Gründen, etwa Krankheit, erlaubt, weil das Tragen eines Hutes oder einer Kapuze abgesehen von der mangelnden Ehrbezeugung gegenüber dem Sakrament auch ein *scandalum* hervorrufen könne. In der rubrizistischen Behandlung wurden zwei gegensätzliche Möglichkeiten genannt, ein *scandalum* trotz Kopfbedeckung zu vermeiden. Entweder man enthüllte allen Anwesenden den Sachverhalt, inklusive Gründen, wies also ganz ostentativ auf die Ursache des potentiellen *scandalum* hin, um ihm vorzubeugen; oder man verbarg im Gegenteil das Tragen der Kopfbedeckung vor der Gemeinde, am wirksamsten durch eine heimliche Messfeier.[109] Diese beiden Optionen kennzeichnen zwei Seiten der Logik des *scandalum* – Akzeptanz durch Transparenz versus Akzeptanz durch Verbergen. Beide Aspekte hatten Vor- und Nachteile für Obrigkeiten und Supplikanten und brachten bestimmte Argumentations- und Handlungsmuster mit sich, die im Folgenden genauer analysiert werden. Auf der einen Seite geht es um den Einbezug des *populus*, die offene Positionierung des Körpers und der eigenen Person in der Gemeinde, deren Wissen positiv in Anspruch genommen wird. Diesen Aspekt behandele ich im folgenden Abschnitt (Politik des *populus*). Auf der anderen Seite stehen das Verheimlichen und die Frage der Unsichtbarkeit im Zentrum. Dieser Aspekt wird im übernächsten Kapitel zu den Praktiken des Verbergens analysiert.

---

109 »Cavendum est tamen scandalum, quod fieri potest, vel si adstantibus causa patefiat, vel celebretur secreto.« Quarto, *Rubricae*, S. 191. Bei Laymann heißt es ganz ähnlich, dass »scandalum cesset, si videlicet in loco privato sacrificetur, vel si causa omnibus praesentibus manifesta sit«; Laymann, *Theologia*, S. 857. Zur Privatmesse vgl. unten Kap. 3.4.

3.3 Die Politik des *populus*

Nachdem die diskursive und administrative Logik des *scandalum in populo* aufgezeigt wurde, soll im Folgenden die politische Dimension des Umgangs mit Körpergebrechen in der Praxis herausgearbeitet werden. Wer konnte Akzeptanz und die Unterstützung durch die Gemeinde überhaupt im Verfahren einbringen? Handelt es sich beim *scandalum* um ein Ordnungsmuster, das lediglich durch die kirchlichen Behörden angewandt wurde, oder ließ es sich durch andere Akteure adaptieren? Um diese Fragen zu beantworten, wird zunächst ein Überblick über die Anlässe des *scandalum* gegeben, bevor anhand von ausgewählten Fällen des Konflikts zwischen Bischof und Supplikant das Ringen um Dispensfragen behandelt wird. »Politik« ist dabei kein Quellenbegriff, sondern bezeichnet den Fokus auf die Frage, wie Individuen und Gruppen ihre Interessen einbrachten und Konflikte austrugen.[1]

Anlässe des *scandalum*

Einen wichtigen Beitrag zum Verständnis der politischen Dimension bietet der Blick auf die Anlässe von Verfahren, die ein *scandalum in populo* thematisierten. Hier kann nach beschriebenen Situationen oder nach den Akteuren differenziert werden, die sich zuerst an die Kurie wandten. Beginnt man mit den Situationen, wurde das Auftreten eines *scandalum* von Phasen erhöhter pastoraler Aufmerksamkeit, etwa während der bereits im Kapitel zum Können erwähnten Visitationen, sowie von personellen Wechseln vor Ort begünstigt. Es ging also nicht nur um den angestrebten oder vollzogenen Statuswechsel des Betroffenen selbst, der etwa Priester werden wollte, sondern auch um die Amtsübernahme durch einen neuen Ordinarius.

---

1 In Anlehnung an Emich, *Integration*, S. 20.

Schriftliche Garantien oder stillschweigende Formen der Duldung durch Amtsvorgänger konnten in Frage gestellt und die Situation einer Person damit prekär werden. Eine Kombination aus Visitation und Amtswechsel findet sich in einem Fall von 1715.[2] Der neue Kardinalbischof von Sabina, Fulvio Astalli, hielt einen Priester nach seiner ersten Visitation für irregulär, da dessen unvollständige Nase ein großes *scandalum* verursache.[3] Die vom Betreffenden vorgebrachte Lizenz, die er vom Vorgänger Gasparo Carpegna wegen der Nase erhalten hatte, sei nicht zu beachten. Astalli rechtfertigte dies gegenüber der Konzilskongregation damit, dass er sicher sei, dass der genaue Defekt dem Kardinal nicht bekannt war.[4] Da die Lizenz offenbar tatsächlich vorlag, sprach dies nicht für die Sorgfalt des verstorbenen Carpegna, aber umso mehr für Astallis eigene, der nun die Situation bereinigen wollte. Die Konzilskongregation beauftragte den Kardinal letztlich damit, eine neue Erlaubnis auszustellen.

Differenziert man nach Personen, die an die Kurie herantraten, waren es in einigen, allerdings vergleichsweise wenigen Fällen Bischöfe, die selbst die Konzilskongregation anriefen. Ihr Klärungsbedarf konnte nicht nur den Körper einer Person betreffen, sondern auch die Frage, wer zuständig war oder wie mit einer obstinaten Person zu verfahren sei. Wir sollten uns hüten, eine bischöfliche Reverenz an das höhere Urteil Roms in ihrer rhetorischen Bescheidenheit mit Selbstlosigkeit zu verwechseln.[5] Schon auf der Ebene der Rechtfertigung von Bischöfen an die Konzilskongregation sind Aussagen über das eigene Gewissen, den Wunsch, korrekt zu entscheiden, und Machtfragen kaum voneinander zu trennen.

Rechtlich erschien die Zuständigkeit klar. Die Einschätzung, ob ein *scandalum* vorlag, sollte wie schon im Falle ›natürlicher‹ Einschränkung dem Ermessen *(arbitrium)* des klugen Bischofs *(prudens Episcopus)* obliegen.[6] Der

---

2 Beim Antritt sollten sich neue Bischöfe zunächst einen Überblick über ihre Diözese verschaffen; vgl. McNamara, *Burden.*

3 Sabinensis, 20.09.1715, Pos 393.

4 »In nihilo attenta licentia ab eodem exhibita celebrandi Missam hic Romae per duos annos eidem concessa a Cardinali de Carpineo, quia certus sum non innotuisse Eminentiam Suam predictum defectum.« Sabinensis, 20.09.1715, Pos 393.

5 Der Bischof schreibt an die Konzilskongregation:»Edoceri malui, quam arbitrari et superiorum potius iudicium expectare, ac sequi, quam proprium proferre«; Narniensis, 12.04.1710, Pos 331.

6 Maiolo, *Tractatus,* S. 55 am Beispiel der Lippen.

Begriff der *prudentia* verweist genau auf die hier gefragte Beachtung der lokalen und temporalen Umstände *(pro loco et tempore)*.[7] Der lokale Bischof fungierte so als Mittler, der die große Diversität der *populi* und das Zentrum in Rom zusammenhalten sollte. Die praktische Umsetzung des Ermessens war, wie schon im Falle der Beurteilung von Können, in den Traktaten nicht genauer ausgeführt. So schrieb Maiolo etwa für das Beispiel eines Klerikers mit tränendem Auge: »Die ganze Sache hängt völlig vom Urteil des Bischofs ab, der erwägen soll, inwieweit daraus in der Zukunft *horror* im Volk entstehen werde.«[8] Das Zitat macht auch deutlich, wie unsicher die Grundlage des bischöflichen Ermessens sein konnte. Nicht nur ist von der Zukunft die Rede, insofern beim *scandalum* auch zukünftige Wirkungen mit einbezogen werden sollen; auch war eben die Reaktion der Gemeinde, wie gesehen, variabel konzipiert.

Bischöfe waren in ihrer Handhabung von Körpergebrechen dem doppelten Vorwurf der Parteilichkeit ausgesetzt. Zum einen findet sich der Verdacht auf die Zulassung ›Deformierter‹ trotz *scandalum in populo* aus Unachtsamkeit oder, noch schlimmer, aus Freundschaft oder Verwandtschaft mit dem Betreffenden.[9] Zum anderen begegnet man in den Quellen der Konzilskongregation dem Vorwurf einer ungerechtfertigten Behauptung eines *scandalum* gegen eine Person, die im Volk eigentlich anerkannt sei. In beiden Fällen wird dem Bischof die Nicht-Beachtung des *populus* vorgeworfen, sei es zugunsten oder gegen einen Kleriker. Der Gemeinde wurde damit eine Korrektivfunktion zugesprochen. Dass die Gemeinde Kleriker und insbesondere Pfarrer brauchte, stand nicht zur Debatte, und ein spezifischer, lokaler Mangel wurde vielfach betont. Eine solche Notwendigkeit als Dispensgrund findet sich besonders häufig bei ländlichen Gegenden und in Fällen aus der ›Neuen Welt‹.[10] Die Entscheidung über das Anliegen eines

---

7 Vgl. zur *prudentia* als Beachtung der Umstände Mohnhaupt, *Prudentia*.

8 »Res tota pendebit ab arbitrio Episcopi, qui cogitabit, quantum populo sit res illa futura horrori.« Maiolo, *Tractatus*, S. 51. Vgl. auch Pirhing, der schreibt, der Bischof müsse entscheiden, »cum nulla certa regula generalis in hoc constitui possit.« Pirhing, *Ius*, S. 486.

9 Corradi, *Praxis*, S. 59. Zu Familienstrategien siehe unten Kap. 3.3.

10 Zwei Beispiele aus der ›Neuen Welt‹ seien angeführt. Eine erfolgreiche Supplikation aus Mexiko argumentierte, »che concedendo la Santità Vostra la dispensa sudetta, non solo consolara l'Oratore, ma di più quella gente, che hanno bisogno de Sacerdoti, e Missionarii, de quali sono necessitati a condurne dell'Europa«; Mexicana, 29.04.1702, Pos 230. In einer Supplikation aus dem Franziskanerorden *in Indiis Occidentalibus* heißt es: »Considerata necessitate et utilitate Sacerdotum in ea regione.« Ordinis Sancti Francisci, 10.05.1687, LD 37, 339v.

Geistlichen konnte somit immer auch als wichtig für ein Kollektiv dargestellt werden.

Die Gemeinde besaß einen eigenen rechtlichen Ort und behielt trotz der normativ festgelegten episkopalen Entscheidungsgewalt einen gewissen Grad der Unverfügbarkeit gegenüber dem Bischof. Ob und wie Akteure vor Ort diese Rolle ausfüllen konnten, lässt sich nur in der praktischen Auseinandersetzung um *scandala* prüfen.

Der Bischof von Ortona etwa wandte sich in dem frühesten vorliegenden Fall zum Thema bereits 1584 wie folgt an die Konzilskongregation:

»Ein gewisser Bruder der Augustiner hat ein so lepröses Gesicht, dass die Menschen ihn nicht ohne große Abscheu und Übelkeit ansehen können. Wegen dieser so großen Deformität des Körpers habe ich ihn oft ermahnt, dass er sich der Heiligen Messe enthalte.«[11]

Trotz dieser Ermahnung zelebriere dieser zum Anstoß aller weiterhin *(offensio omnium)*.[12] Nachdem er mit Ermahnungen laut eigener Aussage nichts hatte ausrichten können, konsultierte der Bischof die Konzilskongregation bezüglich weiterer Maßnahmen gegen den Frater. Er ersuchte um Roms Zustimmung, diesem entweder die Kirche ganz zu verbieten oder per Edikt anzuordnen, »dass die Leute nicht mehr hingehen sollen, um seine Messe zu hören«.[13] Es erscheint widersprüchlich, dass der Bischof der Gemeinde offenbar verbieten musste, in die Messe dieses Ordensbruders zu gehen, wenn als Grund wiederum der große »Ekel und Abscheu« derselben Gemeinde herangezogen wurden.[14] Die offenkundige Diskrepanz zwischen der Haltung des Bischofs und der Gemeinde kann den strategischen Gehalt des *scandalum in populo* verdeutlichen. Konflikte zwischen Bischöfen und

---

11 »Quidem frater ordinis eremitarum Sancti Augustini habet faciem ita leprosam ut eum homines sine magno fastidio ac nausea intueri non possent, quem ego et si propter tantam corporis deformitatem saepe admonui ut se a sacro sancto missae sacrificio peragendo abstineret.« Ortonensis, 20.12.1584, Pos 55 (Sess.), 3r.

12 Ortonensis, 20.12.1584, Pos 55 (Sess.), 3v. Das frühe Datum scheint auch die Form der Verarbeitung in der Kongregation zu beeinflussen. So heißt es in der Entscheidung, es sei eigentlich nicht die Angelegenheit der Konzilskongregation, darüber zu urteilen. Dennoch wurde eine Einschätzung abgegeben, was den Fall zusammen mit der vorliegenden *informatio* des Bischofs aussagekräftig macht.

13 »Ut homines ad ipsius missam audiendam amplius non accedant.« Ortonensis, 20.12.1584, Pos 55 (Sess.), 3r. Offenbar ging es dabei um die Kirche des Ordens, so dass im Hintergrund auch eine Konkurrenzsituation mit einer anderen Kirche stehen könnte.

14 »Magno fastidio ac nauseam«; Ortonensis, 20.12.1584, Pos 55 (Sess.), 3r.

Regularklerikern sind insgesamt nichts Ungewöhnliches.[15] In diesem Fall sind weder von dem namenlosen Frater noch dem ebenfalls betroffenen Orden oder aus der Gemeinde Argumente erhalten – es sei denn, man rechnet den vom Bischof angedeuteten Besuch der Messe selbst an.

Mit der Lepra ging es um einen klassischen Fall des *scandalum*.[16] Das Gesicht als exponierter Körperteil wurde erwähnt *(faciem ita leprosam)*, die Hände und ihre Funktion in der Messe dagegen nicht. Offenbar stellten sie kein Problem oder jedenfalls keinen geeigneten Anknüpfungspunkt für die bischöfliche Beschwerde dar. Für die Exklusion wird der Makel im Gesicht als ausreichend betrachtet, denn das bloße Anschauen führe bei der Gemeinde zu negativen Reaktionen. Eine moralische Dimension der Lepra findet dagegen überhaupt keine Erwähnung.[17]

Die Antwort der Konzilskongregation belegt abermals die Verbreitung der oben eingeführten *scandalum*-Logik: Man könne dem Augustiner keineswegs die Messe verbieten, er dürfe weiterhin nicht-öffentlich oder unter anderen Lepra-Kranken weiter zelebrieren, wo er keinen Anstoß erregen könne. Ein vollständiger Ausschluss wäre nur möglich, wenn seine Hände von der Lepra derart korrodiert wären, dass sie den Vollzug der Messe behinderten – also das Register des körperlichen Könnens zum Zuge käme.[18] Es galt damit, wie beim Pygmäen unter den Pygmäen, die Erlaubnis der Messfeier unter Gleichen. Dort verschwanden zwar nicht der Makel und die Krankheit, aber die Aufmerksamkeit darauf. Für Leprakranke konnte man sich dabei auf eine längere Tradition stützen, insbesondere auf Thomas von Aquin.[19] Dem Leprakranken ging somit nicht jeglicher Status verloren, sondern es bestanden verschiedene Optionen für die weitere Ausübung geistlicher Aufgaben.[20]

---

15 Vgl. auch unten Kap. 4.1.

16 *Liber*, X.3.6.3 und 4, wo einem Leprakranken verboten wird, die Messe zu feiern »pro scandalo et abominatione populi ab administrationis debet officio removeri«.

17 Zur starken Betonung der moralischen Dimension in literarischen Quellen siehe Brody, *Disease*. Zur Lepra vgl. auch unten Kap. 4.1.

18 »Leprosus propter abominationem non debere in publico celebrare, posse tamen occulte; et publice aliis leprosis missam dicere, nisi propter corrosinonem lepra eum reddiderit impotentem.« Ortonensis, 20.12.1584, Pos 55 (Sess.), 3v.

19 »Quandoque propter abominationem, sicut patet de leproso, qui non debet publice celebrare; potest tamen dicere missam occulte, nisi lepra adeo invaluerit, quod per corrosionem membrorum eum ad hoc reddiderit impotentem«; Thomas von Aquin, *Summa*, 3a, q. 82, 10.

20 Hinzu kam aus der Tradition des Libra Extra auch die Möglichkeit des Koadiutors, also einem Gehilfen (»Si rector ecclesiae sit leprosus, dandus est ei coadiutor«); *Liber*, X.3.6.3.

Die Dokumentation des Falles endet mit der allgemeinen Aussage der Konzilskongregation, und offenbar betrieben weder der Bischof noch der Betroffene die Sache vor dieser Behörde weiter. Bei aller Konsequenz im Sinne der Logik des *scandalum* musste die Antwort Roms bezüglich des lokalen Problems wenig befriedigend sein. Wir können davon ausgehen, dass der Bischof den Augustiner gänzlich von der Messe ausschließen, der Frater dagegen wie gehabt vor der Gemeinde und nicht in einem Leprosarium zelebrieren wollte. Die Konzilskongregation verzichtete auf eine klare Intervention in dieses Gefüge von bischöflichem Gewissen, Recht, Macht und Reaktionen in der Gemeinde, stellte aber immerhin klar, dass der Bischof die Person nicht von der Messe ausschließen konnte.

In der Regel stammte das erste schriftlich dokumentierte Zeugnis über eine Irregularität vom Betroffenen – wie es dem Aufbau des Dispenswesens entsprach. Selten blieb also der putative Verursacher eines *scandalum* so stumm wie der anonyme Augustinerfrater. Vielmehr versuchten Supplikanten oft wortreich zu belegen, dass keine negative Reaktion *in populo* zu erwarten sei. Als Schlüsselmoment eines drohenden *scandalum* erweist sich in den Dokumenten der Konzilskongregation vielfach nicht das tatsächlich geschehene offene Auffallen eines Körpers, sondern der Zweifel der Supplikanten über eine mögliche Irregularität.[21] Der Priester Joseph de Nobili etwa schrieb 1696 an die Kongregation, sein Auge sei aufgrund einer langen Krankheit mit einem Makel befleckt *(machinato)*, denn er habe einen blutigen Punkt im linken Auge. Er habe Skrupel, so zu zelebrieren, da er »sehr gut wisse, dass das Kirchenrecht dies allen Priestern mit ähnlicher Einschränkung *(impedimento)* verbiete«.[22] Die Darstellung dieser Skrupel war aber argumentativ nur ein Schritt auf dem Weg zum gewünschten Ergebnis der Supplik, der Erlaubnis zur Messfeier: Das Auge sei zwar makelhaft *(deturpato)*, aber nicht entstellt oder deformiert, ein *scandalum* damit ausgeschlossen. Supplikanten schrieben sich selbst das Bewusstsein der potentiellen Problematik zu und ordneten dann den eigenen Körper in ein ästhetisches Spektrum ein.

---

21 Etwa Neapolitana, 17.05.1704, Pos 262. Vom Zweifel des Umfelds muss der rechtliche Begriff des *dubium* unterschieden werden. Das *dubium* hatte bereits eine spezifische Frageform angenommen und wurde innerhalb der Konzilskongregation formuliert.

22 »Havendo scrupolo di celebrare con essa [flussione di sangue], sapendo benissimo cio proibirsi da Sacri Canoni a tutti quei Sacerdoti a quali sopraggiunse simile impedimento«; Firmana, 31.03.1696, Pos 163.

Skrupel hatten eine strategisch bedeutende Funktion im Narrativ der Supplikationen. Bezeichnend ist, dass die Gewissensnöte häufig den Wendepunkt zwischen einer offenbar unproblematischen Zeit direkt nach einem Ereignis (Verwundung, Krankheit oder dergleichen) und der rechtlichen Initiative kennzeichnen. Sie markieren also genau die Schwelle der Aufmerksamkeit, die die vorliegenden Fälle vor der Konzilskongregation erst kreierten.[23] Die Vorwegnahme möglicher Reaktionen durch eine Supplikation erschien als probates Mittel der Gewissensberuhigung des Einzelnen. Schon in der stets wiederholten Aussage, es resultiere daraus keine *deformatio* oder jedenfalls keine, die ein *scandalum in populo* erzeuge, wird klar, dass Supplikanten Beobachter als Dritte neben sich selbst und den angesprochenen Autoritäten mitdachten, wenn sie ihren Körper beschrieben.

Der Bezug auf das Gewissen folgte bezeichnend häufig auf ein kursierendes Gerücht.[24] Die gewünschte Dispens fungierte idealerweise als doppelte Abhilfe. Nach innen konnte das Gewissen beruhigt werden, nach außen das Gerücht. Zum Teil kamen die zugrundeliegenden Bedenken über den Körper schon im Narrativ der Supplikation explizit von anderen. In einigen Fällen finden sich die Weigerung *(renitenza)* von Klosterbrüdern zur Aufnahme eines Klerikers oder die Denunziation eines Pfarrers durch andere Priester der Gemeinde, die heruntergefallene Partikel der Hostie nach seiner Messfeier beobachtet hatten.[25] Dass diese Stimmen Dritter häufig eine Rolle spielten, macht eine substantielle Trennung zwischen Eigeninitiative und Druck von außen problematisch.[26] Es lässt sich im Einzelfall kaum feststellen, ob das rechtliche Gesuch vorbeugend gegen möglichen Protest anderer schützen sollte oder dieser bereits vorlag. Wichtig ist dabei,

---

23 Im Fall eines Priesters, der den Tod seiner Liebhaberin verursacht hatte, heißt es etwa, »a biennio tamen scrupulo conscientiae ductus ab illis abstinuit dubitans per irregularitatem aut aliquam censuram ecclesiastiam contraxerit«. Oriolensis, 31.07.1610, Pos (Sess.) 24, 371r.

24 »Publica fama vagatur in irregularitatem incidisse […]. Ideo per suae conscientiae quiete et ut ad alios ordines promoveri possit, ac et ut huic famae erroneae consulatur […] suplicat […] An stantibus premissis Oratore in aliquam irregularitatem inciderit itaut dispensatione indigeat.« Messanensis, o.D., Pos 24, 362r.

25 Zur *renitenza* siehe Urbevetana, 15.01.1701, Pos 213. Für die Denunziation wegen einer zittrigen Hand siehe Civitatis Castellanae, 21.05.1718, Pos 419, wo der Bischof berichtet: »Quia Praesbyteri, et Clerici fide digni mihi retulerunt saepe adinvenisse in corporali, ubi ipse paulo ante Sacrificium peregerat, particulas Ostiae Consecratae, forsan in eius fractione ob manuum tremorem dilapsus, et respective aliquid de sanguine Christi etiam ex calice cecidisse pariter testati sunt.«

26 Zu Petitionen als Quellen vgl. etwa Voos, *Petitions*.

dass die negative *publica fama* sich nicht nur auf das Körpergebrechen beziehen konnte, sondern auch auf die daraus folgende Irregularität. Genannt sei hier etwa ein anonymer »anderer Kleriker«, der den Betroffenen, nachdem dieser die Messe dreimal mit einem Stock zelebriert hatte, auf seine mögliche Irregularität hinwies.[27] Dritte sprachen also neben dem Körper auch über den Rechtsstatus einer Person und hatten so einen wichtigen Anteil an der lokalen Präsenz von zentralen Normen und Institutionen.

Die Dispens im Konflikt

Die Aussagen Dritter waren zum Teil auch positiv für Supplikanten. Die Unterstützung der Gemeinde konnte in Streitfällen gegen die Einschätzung des Bischofs stehen. Konflikte zwischen Bischöfen und Individuen oder Gruppen aus der Gemeinde waren für die Behörden in Rom an der Tagesordnung.[28] Was geschah, wenn *populus* und bischöfliches Ermessen in der Praxis im Widerspruch standen? Besonders deutlich war die Partizipation der Gemeinde bei der Auswahl eines Geistlichen dabei in einem Fall aus Lugano in der Schweiz. Ein an der Hand versehrter Diakon war dort für eine vakante Pfarrstelle »einstimmig vom Volke gewählt worden *(unanimi voto Populi)«.[29]* Ein *scandalum in populo* sei deshalb nicht zu erwarten, so die Supplikation, zumal der Bericht darauf schließen lässt, dass die Wahl nach dem Erleiden seiner Verletzung stattgefunden hatte. Diese spezifische Form des Argumentierens mit der Gemeinde war möglich, weil das Volk in dieser Gegend das Recht zur Wahl hatte.[30] Allerdings setzte dies nicht alle anderen Argumente außer Kraft, insbesondere Kriterien des korrekten Vollzugs. Der Kandidat, so der Bischof, könne nach der Konsekration der Hostie nicht die Patene (den Hostienteller) nach den Rubriken handhaben, sondern nur entweder die linke Hand zur Hilfe nehmen oder Daumen und Zeigefinger unzulässigerweise öffnen. Die Supplikation wurde von der Konzilskongregation abgelehnt. Ob sich hier auch ein breiterer Konflikt zwischen

---

27 »Essendone poi avvertito da altro Sacerdote, ha subito desistito«; Feretrana, 03.12.1707, Pos 306.

28 Zu denken wäre etwa an Beschwerden über die mangelnde Einhaltung der Residenzpflicht durch Bischöfe; vgl. Wiesner, Rezeption.

29 Comensis, 22.06.1776, Thesaurus 45, 79f.

30 Damit stellt der Fall eine Ausnahme dar; zum Phänomen vgl. Kurze, *Pfarrerwahlen.*

bischöflicher Autorität und Gemeindewahlrecht zeigte, geht aus dem Material nicht hervor. Der Fall zeigt, dass Argumente mit dem *populus* kein Monopol der Autoritäten waren, aber die Durchsetzungschancen ›von unten‹ genauer betrachtet werden müssen. Im Folgenden wird der Begriff *populus* konkretisiert, indem Zeugenaussagen aus der Gemeinde in konfliktiven Verfahren behandelt werden.

Der unpopuläre Bischof. Der Fall Lancia

Die Politik des *populus* und die Rolle der verschiedenen Akteure wird anhand von zwei Fällen genauer analysiert. In beiden standen Supplikanten mit dem jeweiligen Bischof in offenem Konflikt, wobei einmal erstere und einmal letztere Partei eine günstige Entscheidung im Verfahren erhielt. Es wird sich zeigen, wie sehr die Entscheidungen der Konzilskongregation selbst Interventionen in die lokale Politik darstellten.

Das Beispiel des angeblich kleinwüchsigen Nicola Lancia zeigt gut, wie der Versuch fehlschlagen konnte, das Urteil des Bischofs mittels Anrufung Roms und Unterstützung aus der Gemeinde zu übergehen. Der Bischof von Amelia, Giuseppe Crispini, verweigerte Lancia bereits die Tonsur mit der Begründung: »Gegen Nicola spricht nichts, außer dass er dreiundzwanzigjährig von sehr kleinem Wuchs und Körper ist, wenn auch nicht so sehr, dass er deformiert oder irregulär genannt werden könnte.«[31] Das Alter Lancias war dabei nicht als solches problematisch, sondern der Hinweis darauf lässt sich eher als Versicherung lesen, dass er nicht mehr wachsen werde – man denke an den oben genannten mexikanischen Kleriker.[32] Der Bischof gab selbst zu, dass der auf den Körper bezogene Vorwurf nicht für eine rechtliche Irregularität ausreichte. Entsprechend ging es nicht direkt um eine Dispens, sondern Lancia erhoffte sich, dass die Konzilskongregation den Bischof dazu bringen würde, ihn zum Klerus zuzulassen. Der Fall macht deutlich, dass der Vorwurf eines skandalösen Körpers so vage sein konnte, dass er rechtlich strenggenommen irrelevant wurde, aber dennoch diskreditierend wirkte. Dass der Bischof Lancia als körperlich ungewöhnlich, aber nicht deformiert beschrieb, lässt den Schluss zu, dass das Argument des *scandalum* jedenfalls in diesem Fall nicht leichtfertig eingesetzt wurde. An die

---

31 »Adversus quem nihil obicit, nisi quod annos natus 23. statura et corpore sit exiguus, non tamen usque adeo ut deformis, vel Irregularis censeri possit.« Amerina Ordinationis, 31.07.1694, Pos 135.

32 Vgl. Mexicana, 12.07.1721, Pos 413.

Behauptung eines rechtlichen Körpergebrechens waren offenbar Anforderungen geknüpft, die der Bischof vermeiden wollte. Der Fall Lancia bringt die Diskussion um die bischöfliche Urteilsgewalt bezüglich eines *scandalum* besonders gut zum Ausdruck. Bischof Crispini insistierte vehement auf der Unbeschränktheit seines Ermessens für den Zugang zum Klerus *(id pendere totaliter ab Ordinarii arbitrio)*. Indem er die Behauptung vermied, dass Lancia deformiert und irregulär sei, trieb er den arbiträren Aspekt seines Urteils geradezu auf die Spitze. Gegen die von Lancia vorbrachten Zeugenaussagen stellte der Bischof seine eigene Urteilsfähigkeit. Diese ordnete er polemisch der bloßen Empfehlung eines Kandidaten durch Hörensagen und Geschrei des Pöbels über *(famae, & vulgi clamoribus commendatum)*. Die Missachtung der Meinungen aus der Gemeinde verankerte er unter Verweis auf Johannes Crysostomus im patristischen Ideal des Bischofs und inszenierte sich als besonders qualifiziert, um seine Hirtenpflichten auch gegenüber der Gemeinde oder bestimmten Gruppen ernst zu nehmen.[33] Die Zeugen des Supplikanten diskreditierte der Bischof als gekauft und wertlos, denn »die tägliche Erfahrung demonstriert, wie leicht man solche erbettelten Beglaubigungen erhalten kann, die sie oft einer nach dem anderen aus höflichen Sitten *(urbanitas)* unterzeichnen«.[34]

Die Anforderungen ans Bischofsamt waren, so lässt sich festhalten, flexibel genug, um strategisch jeweils Be- oder Missachtung des *populus* darin zu verankern. Den zeitgenössischen episkopalen Pflichtenkatalog konnte Bischof Crispini in der Tat wie kaum ein anderer vertreten: Sein Traktat *De visita pastorale* galt als wichtiges Werk in diesem Bereich und es liegt nahe, dass seine grundlegenden Aussagen zum Bischofsamt auch in Rom besonders wahrgenommen wurden.[35] Sieht man von der offenkundigen Polemik ab, verweist die bischöfliche Zeugenkritik auf einen wichtigen Punkt: Die engere Umgebung einer Person war besonders geeignet, um Aussagen zum körperlichen Zustand eines Klerikers zu machen. Sie konnte aber nicht nur

---

33 »Iuxta S. Ioannes Chrisostomi sententiam, Episcopus non esset excusandus, si aliquem famae, & vulgi clamoribus commendatum, non Ordinandum tamen, ordinaret; *cum saepe usu venit*, ait S. Doctor *ut vulgi opinio falsa sit, lib. 2. de Sacerd. cap. 4.*« Bischof Crispini, Amerina Ordinationis, 31.07.1694, Pos 135.

34 »Experientia quotidiana demonstrat, quam facile obtineatur huiusmodi mendicatae fides & non raro a multis uno post alium, ex urbanitate, se se subscribentibus.« Amerina Ordinationis, 31.07.1694, Pos 135.

35 Zu Crispini vgl. Rosa, *Tempo*, S. 65f.

als informiert, sondern eben auch als ›interessiert‹ gelten.[36] So bezeichneten sich Zeugen in den hier untersuchten Fällen wegen ihrer Freundschaft *(amicitia)* oder semantisch ähnlicher Ausdrücke als besonders glaubwürdig.[37]

Der Fall Lancia zeigt besonders gut, wie eine dezidiert gegen den *populus* gerichtete Argumentation des Bischofs breiten Raum für das Aufgreifen des Begriffes durch die Seite des Supplikanten schuf. Lancias Advokat Corradini nutzte den Begriff *populus* dreimal in dichter Folge in seiner Eingabe. Der Charakter und die Bildung Lancias würden, so ein Beispiel, »von der gesamten Gemeinde gelobt«.[38] Flankiert werden Aussagen über die Beliebtheit Lancias und seinen guten Umgang allerdings stets von Aussagen über seinen Körper. Auf den Vorwurf des Kleinwuchses antwortet die Verteidigung, dass »diese kleine Statur nicht einmal für das Bischofsamt problematisch wäre, also umso weniger für die Tonsur«.[39] In der Tat sei das Schaf (Lancia) im Körperwuchs nicht sonderlich weit von seinem Hirten (Crispini) entfernt – der Leser sollte wohl folgern, dass der strenge Bischof selbst kaum größer sei.[40]

Der angegriffene Bischof zeigte sich in seiner Antwort unbeeindruckt und beharrte auf dem Argument der Körpergröße. Allerdings fügte er an dieser Stelle eine Wendung ein: Weil der Supplikant »so klein von Statur sei, fehle es nicht an Leuten, die seine Ordination missbilligen«. So bezog sich der Ordinarius letztlich doch wieder auf außenstehende Beobachter, denn ›die Leute‹ nahmen eine ähnliche Funktion ein wie der *populus* des rechtlich-formellen *scandalum*. Auch wenn, so der Bischof weiter, die kleine Statur kein kanonisches Weihehindernis sei, sei sie doch zu beachten. Das gelte erst recht, »da der Betreffende nicht durch besondere Doktrin und kirchlichen Geist hervorsteche, mit denen er seine Statur kompensieren könne und man gewohnheitsmäßig über ihn lachen würde«.[41] Das Vokabular

---

36 Siehe stellvertretend Albensis, 16.12.1684, Pos 23. Dort werden acht Zeugen befragt, die durchweg als *familiari* oder *domestici* beschrieben werden.

37 Der Begriff *Amicitia* findet sich in Tudertina, 19.07.1704, Pos 265. Offenbar konnte die Vormoderne mit diesem Paradox in aller Regel gut umgehen; zu Nähe und Interesse als Teil von Kommunikation Brendecke, Papierbarrieren.

38 Ein Beispiel: »Oratorem, cuius mores & Scientia a toto Populo laudantur«; Advokat Corradini, Amerina Ordinationis, 31.07.1694, Pos 135.

39 »Ista parva statura non esset dissona ad Episcopatum, ergo multo minus ad primam tonsuram«; Advokat Corradini, Amerina Ordinationis, 31.07.1694, Pos 135.

40 »Imo est ovis in statura parum distans a Suo Pastore«; Advokat Corradini, Amerina Ordinationis, 31.07.1694, Pos 135.

41 »Quia cum hic statura pusillus sit, non desunt, qui mihi eius ordinationem reprobant. Nam licet parva statura non sit impedimentum canonicum, repellens a Sacra Ordinatione,

des Gelächters eines anonymen Kollektivs *(irrideantur)* bringt die Vorwürfe ebenfalls nahe an das *scandalum in populo*. Eine Art Kompensationslogik wurde von Crispini zwar prinzipiell anerkannt, sollte bei Lancia aber nicht greifen; der Supplikant müsste schon, so die womöglich ironische Formulierung des Bischofs, über sich »hinauswachsen« *(superexcedere)*, um geeignet zu sein.

Der Konflikt beschränkte sich nicht auf den Austausch rechtlicher Argumente. Lancia versuchte sehr praktisch, sein Anliegen voranzubringen und die Konzilskongregation im Rahmen seiner Möglichkeiten materiell präsent zu machen. Das Problem war nämlich, dass der Bischof zunächst überhaupt nicht reagiert hatte. Lancia hatte sich deshalb selbst um den Fortgang seiner Angelegenheit bemüht. Ein Zeuge erzählt, er habe einen anderen Priester getroffen, »in der Hand einen Brief von der Konzilskongregation (wie er mir versicherte), den er für Nicola Lancia gerade dem Bischof Crispini überbringen wollte und so ging er Richtung bischöflichen Palast«.[42] Zwei weitere Zeugen berichteten von folgender Begebenheit: Als der Bischof an einem Januartag des Jahres 1694 aus der Kathedrale kam, habe Nicola Lancia ihm einen Brief überreicht und dabei gesagt, das sei ein Brief von der Konzilskongregation.[43] Aus den Quellen geht nicht hervor, welche Briefe genau Lancia dem Bischof überbrachte oder überbringen ließ. Eine Aufforderung an den Bischof durch den Supplikanten zu übersenden, erscheint ungewöhnlich. Allerdings ist eine Kommunikation der Konzilskongregation mit Lancia immerhin möglich, die dieser dem Bischof womöglich buchstäblich vor das Gesicht hielt.

Das weitere Vorgehen im Falle Lancia wurde von der Konzilskongregation – allen vom Supplikanten ausgeführten Argumenten zum Trotz – dem Ermessen des Bischofs anheimgestellt.[44] Der Fall war letztlich

---

tamen considerandum, quando in Ordinando non superexcedat aliqua specialitas doctrinae & Spiritus ecclesiastici, unde compensetur, & de more non irrideantur ista statura pusilli«; Bischof Crispini, Amerina Ordinationis, 31.07.1694, Pos 135.

42 »Trovavi il Signore Don Domenico Presedi Sacerdote d'Amelia con una lettera in mano della Sacra Congregazione del Concilio (come lui mi asserì) dicendomi che in quel punto voluto portarla a Monsignore Illustrissimo Crispini Vescovo d'Amelia per parte del Signore Nicola Lancia, e cosi si parti da me, e se ne ando al Palazzo Vescovale.« Aussage von Girolama Lanata, Amerina, 31.07.1694, Pos 135.

43 Aussagen von Marco Vetio und Ludovico Cocchieio, Amerina Ordinationis, 31.07.1694, Pos 135.

44 »Instantiam remisit arbitrio Episcopi non obstantibus deductis«; Amerina, 31.07.1694, LD 44, 369v.

zum Prüfstein für die bischöfliche Autorität innerhalb der Kleriker-gemeinschaft seiner Diözese geworden. Die Kongregation sah in dieser Situation offenbar keinen Anlass, gegen den Bischof Stellung zu beziehen, vielleicht auch weil die Implikationen einer anderen Entscheidung als zu groß angesehen wurden. Einen expliziten Ausschluss Lancias vonseiten Roms hatte man auf diese Weise allerdings auch vermieden.

Die lokale Akzeptanz der Dispens. Der Fall Balestrieri

Ein konfliktiver Fall aus Apulien zeigt die Konsequenzen, die Roms Fest-legung auf eine Dispens hatte. Der Priester und Kanoniker Dominico Balestrieri beschuldigte den Bischof von Bovino 1711, ihn aus bloßem Groll *(per mero livore)* suspendiert zu haben.[45] Das bischöfliche Argument einer Bucklickeit *(gibbositas)* sei zwar nicht frei erfunden, er habe aber vor seiner Ordination eine päpstliche Dispens dafür erhalten. Der von der Konzils-kongregation befragte Bischof Angelo Cerasi (1643–1728) setzte dem Supp-likanten eine zweifache Strategie entgegen, die auf den Körper zielte. Zum einen sei die bereits zuvor vorhandene *gibbositas* des Supplikanten ge-wachsen, womit der sich verändernde Körper gewissermaßen objektiv be-schrieben werden sollte. Zweitens sei der Körper des Supplikanten ein An-lass für Lachen und Spott für solche Beobachter, die in der Gemeinde neu seien – es entstehe also ein *scandalum*.[46] Es war offenbar nicht hinreichend, dass der Körper sich verändert hatte. Vielmehr wurde auch die veränderte Reaktion der Gemeinde beschrieben. Der Bischof demonstrierte damit seine Kenntnis der Funktionsweise von Spott beziehungsweise Verwunderung *(admiratio)*. Darauf beruhte die Geltung des Arguments, auch ohne dass ge-nauer fixiert werden musste, wer diese neuen Betrachter sein sollten. Neu-ankömmlinge seien, so die bischöfliche Logik, weder gewohnt an Balestrieris Körper, noch hätten sie Kenntnis von der Dispens. Deren Ausführung sei

---

45 Bovinensis, 05.09.1711, Pos 349. Die Suspendierung war ein wichtiges bischöfliches Instrument, wenn die Frage der Irregularität im Raum stand.

46 »At vero in temporis progressu usque ad praesens ipse naturalis defectus adeo in posteri-ore et anteriore parte corporis intumuit, ut in Missis, et in functionibus canonicalibus, eum preseferret deformitatem, ut spectatoribus, praesertim novis, ridendi et deridendi causa daretur.« Bischof Cerasi, Bovinensis, 05.09.1711, Pos 349.

damals dem bischöflichen Ermessen überlassen worden, so dass der aufmerksame Ordinarius sie nun rückgängig machen müsse, weil der Körper und die Beobachtergruppe sich verändert hätten.[47] Die Vagheit der bischöflichen Argumentation bot aber auch in diesem Fall eine Angriffsfläche für entgegengesetzte Argumentationen mit dem *populus*. Die Antwort des Supplikanten versuchte zugleich, die Vorwürfe gegen seinen Körper und die Behauptung der angeblichen Reaktionen darauf zu entkräften. Das Mittel der Wahl war die Anrufung eines selektiven *populus* der Stadt in Gestalt von zehn »würdigen Bürgern« als Zeugen.[48] Diese sagten durchweg aus, dass sie Balestrieri als ihren Mitbürger gut kannten.[49] Zudem sei unter allen Bürgern bekannt (»è fatto notorio fra tutti i Cittadini«), dass er ein Breve aus Rom erhalten habe, eben wegen jenes Defektes, den er an der Schulter hatte und noch habe.[50] Mit dieser Wendung war demnach nun nicht der körperliche Makel notorisch, sondern die Dispens dafür. Das erlaubte es den Zeugen, Balestrieris Gebrechen problemlos anzuerkennen und nur die vom Bischof unterstellte Veränderung zu bestreiten: Seine Haltung sei seit der Dispens unverändert, der Defekt nicht gewachsen.[51] Ein bestimmter, selektiver Ausschnitt der Gemeinde konnte so auch seine ästhetischen Vorstellungen in die Diskussion einbringen. So heißt es bei den Zeugen, der Körper Balestrieris sei wohlproportioniert, nicht zu groß oder zu klein, und seine Körperteile seien symmetrisch angeordnet. Insgesamt wäre er keinesfalls deformiert, sondern im Gegenteil schön in Aussehen und Erscheinung *(buono aspetto e presenza)*. Er singe auch mit schöner Stimme in

---

47 »Hic a primis annis, quibus huic Ecclesia inservio, repertus Clericus in minoribus, mediocriter gibbus, non vero curvus, ut asserit, apparebat. Aetate sua procedente, deformitas maior visa est, et inde memorata dispensationem obtinuit a S. Sede, arbitrio nostro remissa.« Bischof Cerasi, Bovinensis, 05.09.1711, Pos 349.

48 »L'attestationi di dieci Persone degne di fede di quella Città«; Bovinensis, 05.09.1711, Pos 349. Zu Zeugen in ähnlichen Verfahren vgl. De Renzi, Witnesses.

49 »Conoscono molto bene il D. Sr. Dom. Balestrieri per esser lor cittadino«; gemeinsame Aussage von acht Zeugen für Balestrieri, Bovinensis, 05.09.1711, Pos 349.

50 »È fatto notorio fra tutti i Cittadini, che detto Canonico Balestrieri ottene Breve da Roma sopra il difetto, che teneva, e tiene d'una spalla un poco più alta dell'altra«; Aussagen von acht Zeugen für Balestrieri, Bovinensis, 05.09.1711, Pos 349.

51 »Difetto dal tempo, che ottenne il Sacerdozio, e Canonicato non è cresciuto da quello che era«; gemeinsame Aussagen von acht Zeugen für Balestrieri, Bovinensis, 05.09.1711, Pos 349. Ebenso die Aussage des Frater Gabriello da Bovino: »Si mantiene nel' essere corporale, che nella fangiullezza era, ne si e fatto più diforme, ne cresciuta la gobba«; Bovinensis, 05.09.1711, Pos 349.

der Messe *con ogni decoro*.[52] Das gute Aussehen trug in den Augen der Zeugen zur Eignung für das Amt bei. Dabei richtete sich ihr Blick weniger auf spezifisches Können in einzelnen Handlungen, wie es in den oben ausgeführten *experimenta* geprüft wurde.[53] Vielmehr ging es um den ästhetischen Gesamteindruck. Balestrieri wurde offenbar in seiner Gemeinde nicht auf seinen ›buckligen‹ Körper reduziert, sondern dieser war lediglich ein Element in einer breiteren Wahrnehmung durch die Zeugen aus der lokalen Gemeinde.

Argumente, die auf die Gemeinde Bezug nahmen, konnten den Blick vom Körper auf andere Qualitäten des Supplikanten lenken. In vielen Fällen lässt sich diese Art Kompensationslogik beobachten, die die Meinungen über eine Person in der Gemeinde in Anschlag brachte. Weil der gute soziale Umgang von Betroffenen oft formelhaft in Supplikation und bischöflicher Information genannt wurde, lassen sich oft nur in Konfliktfällen genauere Hintergründe erschließen, da dann die argumentativ eingebrachte Unterstützung auf die Probe gestellt wurde. Für die Behörden in Rom wurde in solchen Fällen die Einbindung der jeweiligen Geistlichen in die Gemeinschaft ablesbar. Durch deren Anrufung und die suggerierte Akzeptanz seiner Versehrtheit erhöhte sich nicht zuletzt für Rom der Preis einer Intervention gegen die betreffende Person. Im Fall des Balestrieri hätte diese zudem die Abkehr von einer ursprünglichen Entscheidung bedeutet. Das Anliegen Balestrieris war gerade wegen der vorigen Entscheidung Roms und der erfolgreichen Unterstützung so stark, dass er nach der erreichten Aufhebung der Suspension auch die entgangenen Einnahmen zugesprochen bekam.

Der Fall des bereits dispensierten Gebrechens erlaubt einen Einblick in die soziale Funktion der Dispens vor Ort. Dabei zeigt sich eine Spannung zwischen Sicherheit (vorige Dispens) und Vulnerabilität (weiterbestehender Angriffspunkt Körper), die das Register des *scandalum* besonders ausmachte. Auch weitere Fälle einer solchen Nachverhandlung zeigen, dass Supplikanten diskreditierbar blieben.[54] Auch lässt sich gut ablesen, wie wichtig die

---

52 »Per altro è soggetto di giusta statura, nè basso, nè alto e tutti li membri stanno nella loro simetria«; Er sei »di buono aspetto [sic] e presenza, et non è deforme«; »di buona voce […] canta le Messe Conventuale conogni decoro«; gemeinsame Aussage von acht Zeugen für Balestrieri, Bovinensis, 05.09.1711, Pos 349.

53 Vgl. Thompson, *Scandal*, S. 246.

54 Vgl. Lucana, 12.01.1697, Pos 171. Dort geht es um eine bereits gegebene Dispens, die die übliche Klausel enthalten hatte, »si talis non sit, nec ex eo tanta proveniat deformitas ut scandalum generet in populo aut divinis prestet impedimentum«. Mit der Exekution der

Konzilskongregation als intervenierender Akteur in lokalen Abläufen war. Die vorher erteilte Dispens hatte eine erhebliche bindende Wirkung für alle Beteiligten. Dass in der Regel in Dispense die Klausel eingebaut war, sie sollten nur dann ausgeführt werden, wenn wirklich kein *scandalum* vorliege, hatte einen ambivalenten Effekt. Einerseits konnten sich Bischöfe aufgrund dieser Formulierung zur Rücknahme entschließen. Andererseits konnte die Ausführung der Dispens gegen ein *scandalum* sprechen.

Der Fall Balestrieri zeigt, dass Stimmen aus der Gemeinde gegen die lokale Kirchenobrigkeit ins Verfahren einbezogen werden konnten. Die körperliche Ästhetik wurde nicht kategorial verschieden gegenüber anderen Zuschreibungen (spirituell, moralisch, gelehrt, geübt) gesehen. Das Aussehen erscheint vielmehr als Teil einer allgemeinen Persona, die im Verhältnis zum lokalen Kollektiv gesehen wurde. Für die Zeugenaussagen lässt sich daher, folgt man der Einteilung von Andrea Frisch, sowohl das ethische Modell, bei dem die Glaubwürdigkeit oder der Charakter der Person bezeugt wird, als auch das epistemische Modell anwenden, bei dem es um Beobachtung aus erster Hand, im vorliegenden Fall des Körpers, ging.[55] Für die Zeugen war es entscheidend, dass sie die Person kannten *und* glaubhaft versicherten, wie der Körper aussah.

Der Vorwurf eines vom Körper ausgelösten *scandalum* war ein wichtiges Element, wenn lokale Konflikte ausgetragen wurden. Zugleich prägt der Körper als Hauptgegenstand der Konflikte die verwendeten Begriffe und Argumentationsmuster, etwa, wenn Zeugen ästhetische Aussagen trafen. Die Analyse des *scandalum in populo* demonstriert, dass das Thema der Körpergebrechen nicht ohne die politische Dimension von Interessen und Macht beschrieben werden kann. Lokale Konfliktdynamiken lassen sich anhand des Bezuges auf die Gemeinde ablesen.[56] Die Konzilskongregation positionierte sich als zentrale Behörde letztlich mit jeder Entscheidung in einem potentiellen Konfliktfeld aus Supplikant, Gemeinde und Bischof oder weiteren Obrigkeiten und begab sich in ein Geflecht von lokalen Freund- und Feindschaften. Das barg sicherlich Risiken, ›falsch‹ zu entscheiden, zum einen sachlich, zum anderen auch politisch im Sinne einer ungünstigen Stellung Roms auf lokaler Ebene. Die Konzilskongregation wurde nicht zuletzt

---

Dispens sei eine *deformitas* ausgeschlossen gewesen, so der Supplikant, so dass darüber kein Zweifel mehr bestehen könne.

55 Frisch, *Invention*.

56 Generell zu den vielfachen Konflikten zwischen Pfarrer und Gemeinde, aber auch der Unterstützung von Geistlichen durch die Gemeinde vgl. Forster, Clericalism, S. 55–76.

deshalb systematisch involviert, weil Bischöfe zwar die zentralen Figuren bei der Einschätzung von Körpergebrechen waren, die finale Entscheidung aber in Rom lag.[57] Gerade weil die zentrale Behörde immer auf das Ermessen des Bischofs oder eine Nicht-Entscheidung zurückfallen konnte, überwogen aber wohl die Chancen der Partizipation am lokalen Geschehen.

Die politische Seite des Phänomens kann auf Grundlage der besprochenen Beispiele nun präziser als Aushandlung der Dispensfrage zwischen Konzilskongregation, Bischof, Supplikant und Mitgliedern der Gemeinde gefasst werden. Dabei ging es zum Teil um Konflikte um Einfluss, Finanzen und Jurisdiktionsgewalt, in denen der Körper als Angriffspunkt diente. Zugleich ist die Vorstellung, dass der Körper bloßer Vorwand für ›echtere‹ Dinge war, selbst bereits als parteiisches Argument zu historisieren.

Prinzipiell konnte der Begriff *populus* von allen Akteuren argumentativ eingesetzt werden. Dabei war er nicht rein arbiträr, die angerufene Gemeinde also keine beliebig verwendbare Formel. Vielmehr brachte er eigene Spielregeln mit sich, etwa das Hören von Zeugen. Es gab verschiedene Wege, den *populus* präsent zu halten. Die Zeugenaussagen stechen zwar heraus, allerdings gab es keinen fixierten Ablauf, etwa im Stile einer Umfrage, die die Mehrheit der Gemeinde hätte erfragen können.

Die Bezugnahme auf das *scandalum in populo* konnte für die Bischöfe zu einem zweischneidigen Schwert werden. Auch wenn sie selbst von einem *scandalum in populo* sprachen, versuchten Bischöfe, den Bezug auf die reale Gemeinde wieder zu relativieren. Anhand der Beispiele konnte gezeigt werden, dass dies selten vollständig gelang. Die Durchschlagskraft des *populus*-Arguments ›von unten‹ muss abschließend differenziert beurteilt werden. Im Fall Lancia misslang die Aufnahme in den Klerus gegen den Wunsch des Bischofs. Balestrieri gelang es dagegen, seinen Ordinarius zur Akzeptanz der vorigen Dispens zu zwingen. Wer überzeugend die Unterstützung aus der Gemeinde in Stellung bringen konnte, war entgegen der normativen Eindeutigkeit der bischöflichen Zuständigkeit eine Macht- und Aushandlungsfrage.

---

57 Corradi, der Bischöfe der Willkür verdächtigte, führt aus, dass diese Entkopplung von bischöflichem Urteil und Dispenserteilung Missbrauch vor Ort vorbeuge. »Ubi autem dubitatur, an talis sit deformitas, vel debilitatio, quae irregularitatem inducat, stantum erit iudicio Episcopi [...] licet non possit ipse super dictis impedimentis dispensare, cum hoc ad solum Papam spectet [...], si enim Episcopis aliquo modo permitteretur haec dispensatio, periculum esset, ea [...] abutendi«; Corradi, *Praxis*, S. 58.

Körpergebrechen und Familienpolitik

Im Kapitel zum klerikalen Können wurden bereits Fälle von prominenten Unterstützern von Supplikanten erwähnt.[58] Der ausdrückliche Bezug auf Reaktionen in der Gemeinde in der Logik des *scandalum* verstärkte die dem Gnadenwesen ohnehin innewohnende Bedeutung sozialer Unterstützung.[59] Die Abfrage von Einstellungen Dritter war ja gerade der entscheidende Punkt am *scandalum in populo.* Deshalb waren Aussagen über die Person weder Störfaktor noch bloßes Beiwerk im Verfahren, sondern essentieller Bestandteil.

Gerade Fürsprecher von hoher und höchster sozialer Ebene konnten die Beurteilung eines potentiellen *scandalum* stark beeinflussen. Ein gutes Beispiel für Interventionen von außen ist die familiäre und klienteläre Unterstützung für Söhne oder Protegés, die eine kirchliche Laufbahn einschlagen und Benefizien besetzen sollten.[60] Dabei lassen sich Muster beobachten. Von den sechs Supplikanten etwa, die als »bucklig« *(gibbo/gobbo)* beschrieben werden, wird bei dreien der adlige Status genannt.[61] Die hinter dieser Beobachtung zu vermutende Familienstrategie, als körperlich unansehnlich wahrgenommene Söhne mit Benefizien auszustatten, wurde schon zeitgenössisch kritisiert. Corradi brachte dazu, wie häufig in seinem Werk zur Dispenspraxis, eine didaktische Geschichte aus seiner eigenen Zeit vor. Ein ungenannter Bischof habe einen gewissen Didacus zum Priester geweiht. Diesen Didacus »nannten einige Pygmäe, andere Walfisch, wegen seiner körperlichen *deformitas,* weil er sowohl klein, als auch auf beiden Seiten wunderlich bucklig war«.[62] Dieser Sachverhalt habe ein *gravissimum scandalum* ausgelöst, welches auch den weihenden Bischof diskreditiert habe.[63] In die-

---

58 Vgl. oben Kap. 2.3.
59 Zur Rolle des Unterstützers im Gnadenwesen siehe Emich, *Gnadenmaschine.*
60 Vgl. Weber, *Familienkanonikate.* Zu Familie und Klerus auch Schutte, *Force.*
61 Posnaniensis, 26.03.1695, Pos 145; Mediolanensis, 25.06.1711, Pos 357; Capuana, 14.03.1705, Pos 274. Bei allen anderen Gebrechen zusammen wird nur von sechs Personen ausdrücklich erwähnt, dass sie *nobilis* seien.
62 »Nostri temporis probavit eventus, quidam Episcopus quendam Didacum, quem alii pygmaeum, alii balaenam vocitabant, ob sui corporis deformitatem, tum quia statura pusillus, tum etiam quia ex utraque parte mirum in modum gibbosus erat, non sine gravissimo scandalo in ordinantem, & ordinatum, ad omnes sacros, etiam Presbyteratus ordines promoverit.« Corradi, *Praxis,* S. 59. Mit Balaena ist offenbar ein vergleichsweise kleiner Walfisch gemeint.
63 Corradi, *Praxis,* S. 59.

selbe Richtung zielte auch der Jurist Giacomo Menochio (1532–1607) in seinem Werk *De Arbitrariis Iudicum*, wenn er schrieb, es sei »überaus verabscheuungswürdig, dass unfromme Väter heute ihre unnützen Kinder der Kirche anbieten würden«.[64] Dieses soziale Phänomen war laut Menochio auch der Grund, warum die *deformitas* zu seiner Zeit von der Kirche so wenig als Ausschlussgrund herangezogen werde.[65] Diese wolle sich nicht gegen einflussreiche Familien stellen. Dabei vernachlässigte der Autor freilich gänzlich die den kirchlichen Vorstellungen inhärente Abwägungslogik, die sich ausdrücklich für soziale Beziehungen interessierte.

Als Beispiel aus der Konzilskongregation sei der Fall eines jungen Mannes mit der Protektion des polnischen Königs genannt. Der anonym bleibende Jugendliche aus guter Familie sei ein »sehr deformierter Buckliger« *(Gobbo asai deforme)*, so berichtet der Nuntius von Polen Pallavicino am 8. Februar 1695 aus Warschau nach Rom. Eine Dispens und die Zulassung zum Klerikerstand würden wohl ein *scandalum in populo* auslösen. Dieser *gobbo* war laut Aussage des Nuntius aber »unter besonderer Protektion seiner Majestät des Königs«.[66] Der Herrscher habe bereits beim Bischof von Poznań darauf gedrungen, dass der junge Mann die Weihen empfangen solle, um ein Benefizium innehaben zu können. Vom Bischof war die Sache zum Nuntius gelangt, von dem die Dispens kommen sollte. Der Nuntius wusste laut eigener Aussage, dass er diese nach seinen Fakultäten erteilen könne. Diese erlaubten ihm die Dispensierung von körperlich Versehrten mit der Klausel: »solange die Deformität nicht so groß ist, dass sie ein *scandalum in populo* hervorruft oder ein Hindernis in der Messe darstellt«.[67] In diesem Fall müsse Rom konsultiert werden. Weil der Makel des Betreffenden sehr auffallend sei und ein *scandalum in populo* verursachen könne, hatte der Nuntius laut eigener Aussage die Angelegenheit verzögert, da er zweifle, ob seine Fakultät hier gelte.[68] Der König betrieb daraufhin offenbar erneut die Sache des jungen Mannes, damit dieser wenigstens zur Tonsur und den

---

64 Menochio, *Arbitrariis*, S. 465, unter Verweis auf die Patristik.

65 »Deformitas quae impediat promoveri ad sacros ordines […] hodie malo usu observetur«; Menochio, *Arbitrariis*, S. 465.

66 »Specialmente protetto dalla Majestà del Re«; Posnaniensis, 26.03.1695, Pos 145.

67 »In facultatibus pro Nuntio Poloniae habetur: In super cum Corpore vitiatis, dummodo non sit tanta deformitas, quae scandalum generet in Populo, aut divinis prestet impedimentum, ut pariter ad omnes etiam Sacros, et Presbyteratus Ordines promoveri«; Auszug aus Fakultäten des Nuntius, Posnaniensis, 26.03.1695, Pos 145.

68 »Il difetto assai notabile, e da poter causare scandalo nel Populo.« Posnaniensis, 26.03.1695, Pos 145.

niederen Weihen dispensiert werde, um so mit *beneficia simplicia* versorgt werden zu können.[69] Der zweifelnde Nuntius bat das Staatssekretariat um Klärung, welches die Sache zum Votum an die Konzilskongregation sandte. Diese überließ die Angelegenheit dem *arbitrium* des Nuntius, er solle unter der Hypothese entscheiden, dass er die notwendige Fakultät habe.[70] Auch wenn Bischöfe und Nuntien in solchen Fällen letztlich wieder auf ihr eigenes Ermessen verwiesen wurden, kann man von einem Mehrwert durch das Verfahren ausgehen. So hatte der Nuntius seine Entscheidungsgewalt nicht mehr nur allgemein in Fakultäten, sondern im spezifischen Einzelfall festgehalten. Die Absicherung einer negativen oder positiven Entscheidung war somit gewährleistet.[71]

Mit der Einschränkung auf die niederen Weihen oder die Tonsur kam man in solchen Fällen den sozialen Interessen der Supplikanten und deren Familien entgegen und reduzierte zugleich den Grad der zu erwartenden Außenwirkung. Teilweise wurde dem temporalen Aspekt des *scandalum* entsprechend eine Zeitkomponente eingebaut: Die Zulassung zu niederen Weihen enthielt ein Versprechen auf einen zukünftigen weiteren Aufstieg, sofern die *deformitas* des Körpergebrechens weiter abnehmen würde.[72]

In der Abwägung zwischen *scandalum* und königlichem Wunsch fiel letzterer sicherlich stark ins Gewicht, was schon der Aufwand zeigt, mit dem in der Sache verfahren wurde. Zugleich ist aber bemerkenswert, dass der König seine Protektion der Person gleich mehrfach aufwenden musste, um die Angelegenheit weiterzubringen. Mit Protektion von hoher Stelle war also die Problematisierung des Körpers nicht automatisch erledigt. Vielmehr wurden verschiedene Faktoren in einen Prozess der Aushandlung eingebunden. Die vorliegende Form von Unterstützung durch den König lässt sich nicht als populär beschreiben, denn dieser beanspruchte sicher nicht die Rolle des

---

69 Der König fordere zumindest,»che il medesimo Gobbo potesse esser promosso alla prima tonsura, et à i quattro minori per abilitarlo ad alcuni Beneficii semplici.« Posnaniensis, 26.03.1695, Pos 145.

70»Riferita in Congregatione la instanza sudetta questa ha stimato che il Nunzio utatur Iure sua su l'assertiva che habbia tal facolta« und am 15. März:»all arbitrio dell'istesso Nunzio iuxta suas delegatas facultates«; Posnaniensis, 26.03.1695, Pos 145.

71 Aus diesen Quellen ergibt sich kein Bild über das weitere Schicksal des adligen *gobbo*.

72 Vgl. den pockennarbigen Scipio Francesco Orsurcci aus Lucca, zumal er noch zu jung für die *maiores* war. Lucana, 22.02.1698, Pos 181.

populus. Sinnvoll erscheint es also, von einem breiten Spektrum der Gemeinde, der kirchlichen und nicht-kirchlichen Dritten auszugehen, die sich an den Verfahren über Körpergebrechen beteiligten.

Die Gemeinde stellte vielfach einen gedachten Referenzpunkt dar, der potentiell von allen Seiten im eigenen Interesse eingebracht werden konnte. Die von der Kirche befürchteten Risiken einer Aufnahme von skandalisierbaren Personen in den Klerus waren insofern real, als die Gefahr bestand, dass sie keine Akzeptanz fanden (sei es in den Augen der Gemeinde oder des Bischofs). Die römischen Behörden boten aber zugleich die Lösung des Problems an – den Gnadenerweis, dessen Erreichen aber sozialen oder politischen und finanziellen Einsatz erforderte. Körperlichkeit war dabei ein irreduzibles Element und konnte nie vollständig durch guten Umgang, Geburt oder Vertrautheit in der Gemeinde kompensiert werden. Mit sozialen Ressourcen ließen sich Vorwürfe gegen den Körper also nicht vollständig ausschalten. Systematisch lag das daran, dass diese Aspekte nur einen Teil der Logik des *scandalum* darstellen. Mit dem *scandalum* stand nämlich auch die konkrete Sichtbarkeit und Auffälligkeit von Körpergebrechen im Fokus, auf die im Folgenden eingegangen wird.

3.4 Sehen und Verbergen. Zur Aushandlung der Sichtbarkeit

Der folgende Abschnitt fasst das Verhältnis von *scandalum* und Auffälligkeit genauer. Dabei kann auch Bezug auf die obigen Ausführungen zum liturgisch korrekten Vollzug genommen werden, denn es wird sich zeigen, dass auch im Register des *scandalum* die Eucharistie die zentrale Situation für den Körper war.

In der Folge des Tridentinums war nicht nur die Korrektheit der liturgischen Handlungen Gegenstand der institutionellen und kulturellen Aufmerksamkeit, sondern auch die würdige Erscheinung katholischer Geistlicher insgesamt und besonders während liturgischer Handlungen. In den Sitzungen des Konzils von Trient war zwar nicht von Körpergebrechen, aber vom *scandalum* bei der Messe generell die Rede. Eine gut veranstaltete Messfeier bewirke größte Verehrung bei den Anwesenden, während das Gegenteil ein großes *scandalum* errege. Manche Priester gestikulierten beispielsweise zu viel, »so dass die Beistehenden kaum das Lachen halten können«.[1] Diese Aussage zeigt, dass es nicht nur um die Substanz des sakramentalen Vollzugs, sondern um den Blick der Betrachter und insbesondere der Laien ging. Für die Diskussion der Sichtbarkeit erscheint dies als wichtiger Aspekt, resultierte doch daraus eine andere Art von Druck auf klerikale Körper als beim Fokus auf den korrekten Vollzug.[2]

Aus soziologischer Perspektive hat John B. Thompson die Vulnerabilität bestimmter Personengruppen, insbesondere Politikern, gegenüber Skandalisierung beschrieben und misst dabei der hohen öffentlichen Sichtbarkeit von Personen eine wichtige Rolle bei.[3] Aus den Quellen zur Irregularität lässt sich

---

1 »Ut adstantes vix risum teneant«; *Concilium Tridentinum*, Bd. 8, S. 919.

2 In den Disability Studies wird der Begriff Sichtbarkeit auch positiv verwendet, wenn es um das Vertretensein im öffentlichen Raum geht; vgl. Garland-Thomson, *Staring*.

3 Thompson, *Scandal*, S. 16. Dabei kommt den Massenmedien in der Moderne eine große Rolle zu.

analog eine besondere Problematik geistlicher, vor allem priesterlicher Körper erschließen. So sollte die hohe Sichtbarkeit der Messe und damit auch des Priesters mit vielen technischen Details gewährleistet werden.[4] Mit Blick auf Körpergebrechen ergab sich für die Kirche damit ein Dilemma, denn die Lenkung der Blicke der Gläubigen auf das eucharistische Geschehen war gewünscht (Verehrung der Eucharistie), der Blick auf den Körper aber nicht.[5] Der Körper war unabdingbar präsent, sollte aber gerade nicht selbst Aufmerksamkeit hervorrufen.[6] Die Antwort lag, so will ich im Folgenden zeigen, nicht in einem rigorosen Ausschluss körperlich Gebrechlicher, sondern in einem Sichtbarkeits- und Aufmerksamkeitsmanagement bei der Messfeier. Analytisch lassen sich zwei Ebenen dieses Umgangs unterscheiden: erstens der Fokus auf die Umstände – die Beobachter, die Situation – und zweitens auf den Körper selbst – auf Bewegungen, Kosmetik und Kleidung. Zunächst wird die Begrifflichkeit der Sichtbarkeit oder Auffälligkeit erläutert, bevor dann verschiedene Praktiken des Verbergens von Gebrechen analysiert werden.

Der ungenaue Blick. Klerikale Sichtbarkeit bei der Messe

Die Bewertung von Sichtbarkeit ist in aktuellen Debatten innerhalb der Kulturwissenschaften und gerade in den Disability Studies ambivalent. Auf der einen Seite wird gerade das Sichtbarmachen von gebrechlichen Körpern positiv gesehen und der Ausstellung des häufig Versteckten und Verschwiegenen letztlich emanzipatorische Wirkung zugesprochen.[7] Auf der anderen Seite wurde das ermächtigende Potential von Invisibilität unter repressiven Bedingungen unterstrichen.[8] Die im Folgenden zu behandelnden

---

4 Zur eingeforderten besonderen Aufmerksamkeit der Zuhörer bei der Messe vgl. Sess 2 des Tridentinums:»Tempore autem quo sacra peraguntur collocutiones et confabulationes non fiant, sed ore et animo celebranti assistatur.« Zu den technischen Mitteln in konkreten Kirchenräumen vgl. Schneider, *Aspectus*, S. 61–65, insbesondere zur Entfernung der mittleren Altäre oder dem Glockenläuten bei der Wandlung. Auch die Wandlungskerzen dienten laut Browe ursprünglich dazu,»um die konsekrierte Hostie, an der die Blicke aller hingen, sichtbar zu machen« (Browe, Die Elevation, S. 41).

5 Der ungehinderte Blick der Gemeinde zum Hochaltar war ein wichtiges Kriterium zur Beurteilung von Kirchenräumen in Visitationsberichten, vgl. Schneider, *Aspectus*, S. 62.

6 Zum Körper als»Aufmerksamkeitsgenerator« vgl. Schoer, *Soziologie*, S. 29.

7 Vgl. Garland-Thomson, Staring, S. 9.

8 Vgl. die Diskussion in Jay, Vision, hier S. 10.

Praktiken des Verbergens von Gebrechen zeigen primär den Nutzen von geringer Sichtbarkeit, gerade für Supplikanten. Allerdings wurden bereits gegenläufige Tendenzen deutlich – man denke etwa an die oben ausgeführte Akzeptanz durch Vertrautheit, bei der eine hohe Sichtbarkeit unproblematisch oder sogar positiv war.

Für die folgenden Ausführungen birgt der Begriff der Sichtbarkeit die Gefahr von zwei Missverständnissen, weshalb er hier mit Spezifikationen verwendet werden soll. Erstens legt er nahe, dass es ausschließlich um das Sehen der Beobachter ging, was nicht in allen Fällen passend erscheint. Um den Blick ging es etwa beim Stottern gar nicht und bei bestimmten Krankheiten nicht nur *(morbus gallicus, lepra)* – dort konnte ein *scandalum* beispielsweise auch über den Geruchssinn entstehen.[9] Mit Erving Goffman ließe sich insofern präziser von Wahrnehmbarkeit eines Makels sprechen.[10] Allerdings geht es in der überwiegenden Mehrzahl der Fälle tatsächlich um auf den Körper gerichtete Blicke, so dass dort der Begriff Sichtbarkeit meist passend erscheint. Ein zweites Missverständnis wäre es, nach Sicht- oder Wahrnehmbarkeit in ihrer Reinform zu suchen, als etwas, das einem gegebenen körperlichen Makel immer und überall zukommt. Wie im Folgenden gezeigt wird, spielen aber vielfach Kenntnis und Status der Beobachter und die Situation eine zentrale Rolle.[11] Das bringt der Begriff der Auffälligkeit besser zum Ausdruck, der an den lateinischen Begriff *notabilis* anschließen kann.[12] Auffälligkeit und Sichtbarkeit fallen in der frühneuzeitlichen Konzeption nicht ineinander. Unter den Bedingungen des Pygmäen unter Pygmäen oder genereller der Vertrautheit und Akzeptanz in der Gemeinde war die Auffälligkeit, im Gegensatz zur Sichtbarkeit, gleich null. Allerdings findet sich in den Quellen durchaus die Vorstellung, dass man Sichtbarkeit am Körper prüfen könne, diese also unabhängig von der Situation bestehe. So muss bei der Analyse der Quellen stets beachtet werden, was genau verhandelt wird und wie Situation und Körper jeweils gewichtet sind.

Der im Register des *scandalum* zentrale Blick der Gemeinde auf Körpergebrechen wurde im kirchlichen Diskurs weiter qualifiziert: »Ein Makel macht nur irregulär, wenn er sich dem Blick ohne gründliche Prüfung

---

9 Siehe auch eine päpstliche Bulle von 1515, die sich für ein Hospital für die vielen Kranken in Rom ausspricht, da diese Ekel *(fastidium)* für Blick und Geruchssinn *(visui et odoratui)* erzeugten; *Salvatoris*, S. 1.
10 Goffman, *Stigma*, S. 64.
11 Ebd., S. 64.
12 Ebd., S. 65, spricht auch von Aufdringlichkeit.

zeigt.«[13] Diese kanonistische Maxime kommt sowohl in der Traktatliteratur als auch in Dokumenten aus der Rechtspraxis vor.[14] Sie fand bei solchen Körpergebrechen Anwendung, die keinen unmittelbaren Einfluss auf die Substanz der Messfeier hatten. Der Schwerpunkt liegt also gerade auf einer Sichtbarkeit *ohne* genaue Inspektion. Hier kam es auf die Auffälligkeit ›auf den ersten Blick‹ an. Dieser grobe oder ungenaue, nicht-subtile Blick lässt sich vom inspizierend-prüfenden Hinsehen des Zeremonienmeisters im Register des Könnens klar unterscheiden. Im Folgenden wird dieser ›erste Blick‹ genauer erkundet und gezeigt, dass er eine eminente praktische Bedeutung im Umgang mit Körpern hatte.

Das zentrale Element in der Vorstellung des *prima-facie*-Blicks war, dass die umstehenden Laien einen Makel nicht bemerken konnten, der einem examinierenden Bischof oder anderen Geistlichen auffallen würde. Der einfache Kleriker Josephus Real etwa bat darum, alle Weihen erhalten zu dürfen, obwohl er den rechten Arm nicht nahe an die Brust führen könne und in der Messe die Linke zu Hilfe nehmen müsse.[15] Der Fall zeigt gut, wie Fragen des liturgischen Vollzugs aus der Perspektive der Außenwirkung betrachtet wurden. Das Argument, mit dem der zuständige Bischof die Supplik gegenüber der Konzilskongregation unterstützt, fokussierte nämlich nicht die Funktionsleistung von linkem oder rechtem Arm, sondern die Sichtbarkeit dieser Praxis: Die Zuhilfenahme der Linken »kann von der umstehenden Gemeinde nicht bemerkt werden, sondern nur vom Akolythen und dem Messdiener oder jemand anderem, der allzu nah am Altar die Messe hört. Es ruft kein *scandalum* hervor.«[16]

Handlungen mussten auch in dieser Logik den Anforderungen an liturgische Korrektheit Genüge tun. Der Fokus war aber hier ein anderer, da es um die Auffälligkeit ging. Zunächst lässt sich festhalten, dass sich der Personenkreis der beistehenden Beobachter situativ auffächern ließ. Die

---

13 »Si macula sine subtili inspectione se offerret visui, facit irregularem, alias non.« De Tudeschis, *Commentaria*, S. 63.

14 Frühneuzeitlich auf der Traktatebene bei Maiolo, *Tractatus*, S. 52: »Si sine subtili inspectione offerat se videntium conspectui; ea enim facit irregularem: alioqui, si primo intuitu ea macula non appareat, non est habenda in consideratione ad impedimentum.« Auch bei Henríquez, *Summae*, S. 861: »Si tamen macula prima intuitu non apparet sine subtili inspectione, non eget ulla dispensatione.« Zitiert durch den Advokaten eines Supplikanten, findet sich die Maxime in Lucana, 12.04.1697, Pos 171.

15 Dertusensis, 03.08.1673, Pos (Sess.) 130, 298r–300v.

16 »Non potest a circumstante populo notari, sed tantum ab Acolyto, et Altarius Ministris vel ab aliquo alio, qui nimis vicino Altari audiat sacrum nec generabit scandalum.« Dertusensis, 03.08.1673, Pos (Sess.) 130, 298r.

Trennung erfolgte in Insider (Akolyth, Messdiener) und Gemeinde-mitglieder als Outsider. Drei Ebenen dieser Differenz der Beobachter lassen sich unterscheiden. Zunächst ging es schlicht um den physischen Raum, der Näherstehenden einen leichteren Blick gewährte. Zugleich wäre das Argument, ausschließlich in diesem Sinne verstanden, relativ schwach. Der Raum konnte ja leicht überwunden werden, indem eben irgendein anderer *(aliqui alius)* näher herantrat. Die Trennlinie zwischen Sehen und Nicht-Sehen wurde aber auf einer zweiten Ebene im sozialen, hierarchisch strukturierten Raum der Kirche verortet, in dem dieses Nähertreten für Laien normativ sanktioniert wurde. Die Rede ist deshalb nicht nur von einer Position als nah, sondern als »allzu nah« für Laien *(nimis vicino)*. Wenn der Defekt von der Gemeinde nicht bemerkt werde, konnte auch ein *scandalum* ausgeschlossen werden. Dagegen wurde ausgeklammert, was assistierende Geistliche aus nächster Nähe, etwa beim Halten der Kasel, sehen konnten.[17] Eine dritte Ebene schließt an diesen hierarchischen Unterschied an. Die Aussage, dass die Gemeinde etwas nicht bemerken konnte *(non potest notari)*, bezog sich neben der physischen und der hierarchisch begründeten Verteilung im Raum auch darauf, dass der Gemeinde das notwendige Wissen fehlte. Kleinere Abweichungen von den Rubriken sollten ihr – im Gegensatz zum liturgischen Experten – in dieser Sichtweise deshalb nicht auffallen. Im Gegensatz zu einer Interpretation von Sichtbarkeit, die nur auf der physischen Raumaufteilung basierte, waren diese beiden letzteren Ebenen des Arguments für die Entscheidungsfindung von großem Vorteil. Waren Kirchenräume äußerst unterschiedlich aufgebaut, blieben die normativen Differenzen zwischen Klerus und Laien vergleichsweise stabil.[18] Man musste also nicht in jedem Einzelfall die lokale Ramaufteilung überprüfen. Räumliche und normative Aspekte plausibilisierten gemeinsam die Unsichtbarkeit ›auf den ersten Blick‹. So wurde der *populus* als wichtiger, aber ungenauer Beobachter des liturgischen Ablaufs beschrieben.

An dieser Stelle muss nochmals auf die Rolle des Vorwissens der Zu-schauer eingegangen werden. Die Unauffälligkeit bei der Messe half schließ-lich nur begrenzt, wenn die Zuschauer aus vorigem Kontakt mit der Person oder vom Hörensagen bereits über einen Makel Bescheid wussten. Ein mögliches Vorwissen über Defekte wird in vielen Fällen ausdrücklich erwähnt, mit ihm wurde also im Verfahren kalkuliert. Beim Klettern über eine Hecke oder einen Zaun war etwa der Priester Joseph Aloia am rechten Auge verletzt

---

17 Zum Halten des Messgewands vgl. Jungmann, *Missarum*, Bd. 2, S. 213f.
18 Vgl. Dürr, Kirchenräume, S. 451–458; auch Wandel, *Eucharist*, S. 29–31.

worden. Laut dem Bischof sei dieses aber »ohne schweren Makel, so dass es von solchen, die dies nicht wüssten, nicht leicht erkannt werden könne«.[19] Auch wenn etwas in der Gemeinde während der Messe nicht offensichtlich war, konnte der Defekt »anderswoher bekannt sein« *(aliunde cognitus)*.[20] Dieser andere Ort verwies auf das gesellschaftliche Wissen, das seinen Ursprung nicht in der Beobachtung der Messfeier hatte. Der Geistliche bewegte sich ja im Regelfall auch außerhalb der Messe in der Gemeinde. Das Argument der Vertrautheit konnte hier komplementär zu dem der Unsichtbarkeit bei der Messe eingesetzt werden. Diejenigen, die vom Körpergebrechen ohnehin wussten, würden es der psychologischen Logik der *admiratio* entsprechend akzeptieren. Alle anderen konnten mangels Vorwissen nichts Ungewöhnliches wahrnehmen. In keinem Fall würde es so zum *scandalum* kommen und es genügte deshalb, dass ein Makel nicht leicht und ohne Vorwissen sichtbar war.

Hier lässt sich fragen, wie diese Nicht-Auffälligkeit geprüft wurde. Auch wenn es auf den *prima-facie*-Blick der Gemeinde ankommen sollte, war doch, wie bereits gezeigt, für eine *deformitas* stets auch das Ermessen des Bischofs entscheidend. Als wichtige Option der Evidenzerzeugung zeigt sich hier abermals das bischöfliche *experimentum*, das auch den Parameter *scandalum in populo* abfragen konnte. Es stand prinzipiell, wie oben ausgeführt, der Offenheit einer Anrufung der Gemeinde durch Supplikanten entgegen und schloss Laien-Zeugen aus. Während Zeugen aus der Gemeinde eine Person in den Blick nahmen, konnte im *experimentum* nur das Aussehen am und um den Altar geprüft werden. In *experimenta* wurden nicht Einstellungen gegenüber einer Person oder Reaktionen, sondern tatsächlich Sichtbarkeit geprüft.

Die Bischöfe setzten also zum Teil dieselbe Technik ein, wenn es um liturgisch korrekten Vollzug *und* die Außenwirkung des Körpers ging. Dabei differenzierten Zeremoniare ebenso wie die Bischöfe in ihren Berichten nach Können und Erscheinen, das für ein *scandalum* relevant war. Ein Bischof berichtete etwa, dass ein Geprüfter zwar zu allen erforderlichen Handlungen fähig sei, dabei aber eine *deformitas* erscheine.[21] Es ist aber kaum

19 »Absque gravi macula, ita ut ab id ignorantibus, non ita de facili ignoscentur nec ex eo tanta provenit deformitas, quae scandalum generet in Populo«; Minervinensis, 16.04.1695, Pos 146.

20 Augustana, 19.12.1772, Thesaurus, Bd. 41, S. 226.

21 »Da due mastri di Ceremonie di quella Cathedrale l'Oratore era stato stimato abile à poter fare tutti gl'atti, e ceremonie richieste nella celebratione della messa con aggiungere pero, ch'il permetterglelo potesse essere di scandalo, mà perche tale supposto non hà sussistenza l'Oratore si è portato in Roma.« Asculana, 05.09.1699, Pos 198.

anzunehmen, dass die Zeremonienmeister innerhalb eines *experimentum* eine Rollendifferenzierung vornahmen. Die räumliche Positionierung von Laien wäre im *experimentum* allenfalls durch eine größere Entfernung zwischen Zeremoniar und Geprüftem nachzustellen gewesen. Aus den detaillierten Beschreibungen von Fingerbewegungen oder herunterfallenden Hostienpartikeln können wir aber schließen, dass Zeremoniare nicht aus größerer Entfernung auf das Geschehen sahen. Der Zelebrant stand zudem während des Kanons mit dem Rücken zur Gemeinde.[22] Bei erfolgreichen *experimenta* ging es mit Blick auf die Auffälligkeit also darum zu behaupten, dass etwas, das man als Prüfender offenkundig sah, der Gemeinde nicht auffallen würde. Deren Positionierung im Kirchenraum wurde dabei imaginiert, was es erlaubte, von Details der Messfeier zu abstrahieren.

Obwohl Laien in diesem Verfahrensschritt ausgeschlossen waren, bezogen die kirchlichen Autoritäten auch die oben geschilderte gemeindespezifische Vertrautheit mit einer Person ein. Dem Priester Ioannes Barbasan aus Comminges fehlten nach einem Unfall mit einer Waffe drei Finger der Linken, und eine erste Supplik war 1696 abgelehnt worden. Vier Jahre später wandte er sich aus Rom wieder an die Konzilskongregation. Die Stellungnahme der Lazaristen führte nach dem *experimentum* in Rom aus, dass man die Dispens erteilen könne, »wenigstens für einen Ort, an dem er bekannt ist«.[23] An dieser Einschätzung ist bemerkenswert, dass die verfremdenden Effekte, die das *experimentum* kennzeichneten, gedanklich kompensiert wurden – das spezifische Setting in Rom und damit nicht zuletzt die Distanz zu seiner südfranzösischen Heimatdiözese. Sicherlich hatte der Geprüfte die Messe auch vor den römischen Prüfenden zufriedenstellend zelebriert. Zugleich wurde aber die lokale Varianz mitbedacht und mit der Situation des Betreffenden gerechnet. Sein im engeren Sinne liturgisches Können unterschied sich nicht von Ort zu Ort, wurde hier aber durch die Augen der Gemeinde betrachtet. So wurde versucht, die Einbeziehung des Lokalen, die das *scandalum* ausmachte, auch in Rom präsent zu halten.

Eine Möglichkeit zur Überbrückung von Distanz stellte das Übersenden von Bildern dar. Die Visualisierung von Gebrechen konnte den Kardinälen

---

22 Vgl. Nußbaum, *Standort*, der neben der spätantiken und mittelalterlichen Positionierung des Liturgen am Altar auch spätere Diskussionen um die Abwendung des Liturgen von der Gemeinde behandelt.

23 »Visum est posse cum Ore dispensari pro loco saltem, ubi est cognitus. Peregrinus de Nigris Superior missionis in Monte Citorio.« Convenarum, 14.08.1700, Pos 169.

potentiell skandalöse Körperdefekte buchstäblich vor Augen führen.[24] Ein Bischof sandte mit seinem Text »den hier akkurat abgebildeten Umriss der Hand mit dem mutilierten Daumen für eine wahrere Information des Dargelegten«.[25] Die bildliche Darstellung findet im 20. Jahrhundert eine interessante Fortsetzung in Fotografien von Gebrechen.[26] Zeichnungen wurden vor allem von Händen mit fehlenden Fingern angefertigt, aber auch von einer sechsfingrigen Hand und einem nasenlosen Gesicht.[27] Letzteres zeigt, dass das Interesse in erster Linie dem skandalösen Äußeren galt und weniger den Feinheiten des liturgischen Vollzugs. Zwar findet sich auch ein Bild einer mutilierten Hand *in actu*, nämlich beim Halten der Patene und der Hostie, aber auch dieses blieb im Vergleich zum schriftlichen Bericht über die einzelnen Handlungen eine statische Momentaufnahme (Abb. 1). Im Fall eines Supplikanten mit sechs Fingern sandte der Bischof ein Bild *(disegno)* an die Konzilskongregation, um die Sicherheit des Urteils zu erhöhen.[28] Beim Aufschlagen des Bandes im Archiv partizipiert auch der moderne Betrachter an dem Effekt, den Bilder im Gegensatz zum Text hervorrufen (Abb. 2).[29] Neben dem demonstrativen Effekt im Verfahren deutet sich gerade bei sechsfingrigen Händen womöglich auch ein Interesse vonseiten der Amtsträger an ungewöhnlichen Körpern an, am Kuriosen, welches eventuell von den Absendern auch dem römischen Zentrum unterstellt wurde und wie man es durch den Bezug zum Monster-Diskurs annehmen kann.

---

24 Für den Untersuchungszeitraum finden sich sechs Bilder zu Körperdefekten im Archiv der Konzilskongregation; nur das eine fügt dabei mit Patene und Hostie Gegenstände hinzu.

25 »Pro veriore expositorum informatione lineamentum manus dicto Pollice mutilato, hic accurate formatum«; Paretina, 01.09.1714, Pos 383.

26 Die Fotografie tritt dabei neben den Bericht der Zeremoniars. »Sehr zu empfehlen ist es, daß man [...] eine photographische Aufnahme des Gebrechens [beilegt], bei der besonders klar darzustellen ist, wie weit der Betreffende durch sein Gebrechen bei der Darbringung des hl. Meßopfers behindert wird. Außerdem soll man den Bericht eines Zeremoniars beilegen, der nach genauer Prüfung des Falles die Zeremonien aufzählt, die der Kandidat nicht genau nach den Rubriken vollziehen kann, und zugleich angibt, wie sich der Kandidat dabei helfen kann.« Jone, Gesetzbuch, S. 204.

27 Das Bild der Nase befindet sich nicht in den Akten. Zu Bildern als Medium im Wunderdiskurs vgl. Daston/Park, *Wonders*, S. 182

28 Aquilana, 14.11.1693, Pos 122. Siehe zwei weitere, positiv entschiedene Fälle, in denen sich ein kleiner, sechster Finger am Daumen befand; Aprutina, 04.05.1715, Pos 388; Urbevetana, 15.01.1701, Pos 213. Für einen Überblick über historische Fundstellen zur Polydaktylie siehe Hack, Polydaktylie.

29 Hier ließe sich an die Vorstellung des viszeralen Effekts von (visuellen und schriftlichen) Archivquellen anknüpfen, die Zeb Tortorici entwickelt hat; vgl. Tortorici, Archives.

Abb. 1: Eucharistiefeier mit zwei fehlenden Fingern der linken Hand, Ruthenensis seu Montispessulansis, 02.09.1669, Pos (Sess.) 129, 418r, © Archivio Apostolico Vaticano.

Abb. 2: Zeichnung der Hand eines Supplikanten mit Doppeldaumen, Aquilana, 14.11.1693, Pos 122, © Archivio Apostolico Vaticano.

Über den Darstellungskontext dieser Bilder ist wenig aus den Quellen zu erschließen. Bei dem Bild der zelebrierenden Hand erscheint auf Seiten des Zeichners eine gewisse Kenntnis des liturgischen Ablaufs wichtig. Das Bild ist durch seine Platzierung auf der *informatio* sehr wahrscheinlich direkt bei deren Anfertigung entstanden. Visuelles Material in der Rechtspraxis findet sich auch anderswo in den Akten der Konzilskongregation. Insbesondere lassen sich Karten entdecken, etwa um die Situierung einer Kirche auf der Karte eines Dorfes oder das Territorium einer Kirche darzustellen. Teilweise geht es auch um Kirchenräume, etwa die Ausrichtung und Ausgestaltung des Altars oder die Richtung der Fenster.[30] Als Kontext kann auch der breitere Einsatz von Bildern als Evidenzmittel in der *Rota Romana* betrachtet werden.[31] Wichtiger als naturgetreue Darstellung war die rechtlich korrekte Form der Anfertigung (*iudicialiter confecta*).[32] Diese beinhaltete den richterlichen Auftrag, die Vorladung der Parteien und gegebenenfalls Experten (in diesen Fällen ist meist von Agrimensoren, also Landvermessern, die Rede). Zeichnungen wurden geradezu als Paradefall für eine *evidentia facti* genannt.[33] Waren sie korrekt erstellt worden, sollte ihnen in der Regel mehr Glauben geschenkt werden als Zeugen, die damit gegebenenfalls der Unwahrheit überführt werden konnten.[34]

Diese Befunde lassen sich auf die Abbildungen von Körpergebrechen übertragen. Die hohe Glaubwürdigkeit des Mediums im Verfahren und die Objektivierung des Gegenstandes (Land, Grenze oder Körper) erscheinen als plausible Einstufungen. Die Anfertigung war, wie das *experimentum*, an

---

30 Vgl. etwa Verulana, 14.03.1705, Pos 274, und Melevitana, 29.01.1701, Pos 214.

31 Zum Verhältnis von Wort und Bild im Rechtsstreit vgl. Raggio, Immagini, S. 843–876. Für den deutschsprachigen Raum vgl. Baumann, *Augenscheine*, zu Karten vor dem Reichskammergericht.

32 Auch ein weiterer Fall aus der Rota diskutiert ausführlich die Geltungskraft von Bildern in verschiedenen Rechtsfällen, wie im Konflikt beide Parteien eingebunden werden sollen und was man bei zwei konkurrierenden Karten tun soll; *Decisiones*, 1736, Decisio CLVIII, S. 300–334.

33 In Aretina, 26.01.1709, Pos 319 ist in einem Summarium von der *evidentia facti* und *experientia* die Rede. Dabei wird auf eine Entscheidung der Rota verwiesen, bei der eine *mappa* oder *planta* bewiesen hatte, dass ein Kloster nicht auf dem Territorium einer Stadt liegt; siehe *Decisiones*, 1673, Decisio XII, S. 14–17.

34 »Planta regulariter magis creditur quam testibus«; *Decisiones*, 1673, Decisio XII, S. 15. Genauer mit der »probatio per Mappam a peritis extrahendam« befasst sich der dort zitierte Traktat des Rota-Auditoren Ludovicus Postius, *Tractatus mandati de Manutenendo, sive Summariissimi*, besonders Observatio CI, S. 329f.

autorisierte Personen gebunden. Mit den Darstellungen sollte den Kardinälen jener erste Eindruck vermittelt werden, der für das *scandalum* zentral war,
auch wenn die tatsächlichen Reaktionen in der Gemeinde stets außerhalb
des Bildes lagen.

Innerhalb der Messfeier wurden in den Verfahren gerade Momente der
hohen Sichtbarkeit und des Kontakts zwischen der Gemeinde und dem
Priesterkörper problematisiert. Hier ist die Thematisierung der Elevation der
Hostie im Fall fehlender oder versehrter Finger hervorzuheben. Ein Fall
eines sechsten Fingers an der linken Hand kann hier als Illustration dienen.
Eine Einschränkung im korrekten Vollzug bestand nach allgemeiner Einschätzung nicht, sondern es wurde ausschließlich auf eine mögliche
deformitas bei der Elevation der Hostie verwiesen. Letztlich berichtete der
Bischof, diese sei zwar möglicherweise an der Hand vorhanden, ließe sich
aber im Ablauf verbergen:»In der Tat kann er die besagte *deformitas*, was für
eine sie auch sei, bei der Elevation der Hostie leicht durch das Darüberlegen
des rechten Daumens bedecken.«[35] Dieses Verbergen durch die Hand-
beziehungsweise Fingeranordnung leuchtet besonders ein, wenn man sich
den Priester mit dem Rücken zur Gemeinde vor Augen führt. So war nur
der Daumen bei der Elevation sichtbar, weil der Priester aus Sicht der Gemeinde die Hostie von vorne hielt, die anderen Finger also hinter der Hostie
lagen.

Insgesamt lässt sich resümieren, dass die Vorstellung
eines ›oberflächlichen‹ Blicks der Gemeinde ambivalente Effekte hatte. Zum
einen konnte die tatsächliche oder gedachte Präsenz der Gemeinde zu einer
Anforderungssteigerung an das Äußere führen. Zum anderen lässt sich aber
aufzeigen, dass die Hierarchisierung von Blicken entlastend wirkte. Bestimmte Varianzen, die dem Experten geradezu auffallen mussten, aber nicht
die Wirksamkeit der Eucharistie behinderten, konnten damit in der rechtlichen Einstufung ausgeblendet werden. Die Rolle der Experten lag im
experimentum in der Imagination eines liturgisch weniger versierten Blickes,
mit dem der Körper beurteilt wurde. Der eröffnete Raum zwischen genau-
ester Inspektion und ›erstem Blick‹ wurde aktiv genutzt. Betroffene konnten
aufgrund dieser Vorstellung ihr Amt behalten und die Kirche sie weiterhin
als Kleriker einsetzen.

---

35 Der Bischof berichtet:»Imo deformitas praedicta, quaeque sit, in Elevatione Hostiae
potest per superpositionem Pollicis dexteri commode tegi.« Urbevetana, 15.01.1701, Pos
213.

Neben der Eucharistie wurden auch die Kommunion und die letzte Ölung hervorgehoben, da bei ihnen die physische Nähe von Priester und Mitgliedern der Gemeinde kaum verneint werden konnte.[36] Wenn auch hierbei keine *deformitas* sichtbar werden könne, musste das Argument des Verbergens besonders überzeugend wirken. Wenn das nicht möglich war, galt es, solche Situationen zu vermeiden.[37] Es stellt sich die Frage, wie diese Vermeidung funktionieren konnte und ob hier an einen Rückzug aus der Öffentlichkeit gedacht wurde. Inwiefern wurde Kontaktvermeidung zwischen *populus* und gebrechlichem Kleriker als mögliches und probates Mittel gesehen?

Scandalum vermeiden – privat und öffentlich

Im Fall des oben behandelten, angeblich leprösen Augustinermönchs wurde bereits die Option erwähnt, die Messe nicht-öffentlich zu zelebrieren. Die Privatmesse *(missa privata)* oder die Messe in einem privaten Oratorium waren einer der häufigsten Lösungsvorschläge, um die Problematik der Sichtbarkeit bei der Messe ganz zu umgehen. Hier soll zunächst kurz die Begrifflichkeit von *privata* und *publica* im spezifischen katholischen Kontext eingeführt werden, bevor dann Privatheit als Gegenstand praktischer Aushandlung untersucht wird.

Die öffentliche Messe und die Privatmesse waren in der zeitgenössischen Traktatliteratur durch ihre Form und vor allem die Teilnehmer definiert.[38] So wurde später die Privatmesse als *sine populo* bezeichnet, was die tatsächliche Abwesenheit der Gemeinde meinte oder jedenfalls den Umstand, dass ihre Anwesenheit nicht erforderlich war.[39] Wenn außer dem Priester niemand anwesend war, wurde auch von der *missa solitaria* gesprochen.[40] Es ging dabei nicht unbedingt um einen spezifischen Ort, denn die private Messe

---

36 Das hebt etwa die Information des Bischofs in Convenarum, 14.08.1700, Pos 169, hervor.

37 »Ita tamen, ut se abstineat a dispensatione Corporis Christi fidelibus«; Spoletana, 31.07.1694, Pos 135.

38 Zu den Messtypen vgl. Bona, *Rerum*, S. 262 (Kapitel *De variis Missarum generibus*) und S. 278 zu verschiedenen Definitionen der Privatmesse.

39 Zur Entwicklung der Privatmesse vor alle im Mittelalter, vgl. Nußbaum, *Kloster*. Als Voraussetzung für die Verbreitung der Privatmesse sieht Nußbaum die starke Zunahme von Priestermönchen in Klöstern (etwa ebd., S. 133).

40 Diese sei nur noch auf päpstliche Erlaubnis hin möglich; vgl. Bona, *Rerum*, S. 268.

konnte in der Kirche oder einer privaten Kapelle gefeiert werden. Eine Trennung in ›öffentliche‹ Kirche und ›private‹ Orte, etwa adlige Häuser, war ein wichtiges Regulierungsfeld der Kirche; die Bezeichnung der Messen deckt sich aber nicht mit dieser Begrifflichkeit. Die Messfeiern der frühen Christen an abgeschiedenen, geheimen Plätzen etwa wurden als öffentliche, nicht private Messen bezeichnet. Umgekehrt wird gleich deutlich werden, dass die von der Konzilskongregation verordneten Privatmessen durchaus in Kirchen und Klöstern stattfanden, also nicht etwa in privaten Häusern.

Der Benediktinermönch Honorio Santillo aus Monte Cassino litt zum Zeitpunkt seiner Supplik 1695 schon seit langem an einer entzündeten Wunde am Auge *(plaga in cancrum degeneratur)*, aufgrund derer er das Auge mit einem Wundpflaster verhüllen musste. Das Verfahren entstand deshalb, weil der Abt Severino Pepe den Anblick als »intolerabilis« bezeichnete.[41] Der Mönch bat daher die Konzilskongregation um die Erlaubnis, dass er *trotz* des ursprünglichen Hindernisses (der Entzündung) und *mit* dem Verband in einer abgesonderten Kapelle zelebrieren könne.[42] Der Verband des Mönchs verdeckte zwar den eigentlichen körperlichen Makel, war aber selbst problematisch. Der Abt wiederum gab der Konzilskongregation die Auskunft, dies sei bequem und ohne die Gefahr eines *scandalum* möglich, weil es im Kloster Montecassino vier geeignete private Oratorien gebe, in denen er zelebrieren könne, ohne dass jemand dort dazwischenkommen werde *(absque interventu alicuius)*.[43]

Der Fall veranschaulicht verschiedene Charakteristika des hier zur Debatte stehenden Privaten. Zunächst ging es tatsächlich um spezifische Orte, denn es wurden nur bestimmte Teile der Kirche als »privat« bezeichnet.[44] Es genügte also nicht, die Messfeier am selben Altar einfach begrifflich umzudeuten. Auch in der konfessionellen Debatte um die Privatmesse fällt die starke Bezugnahme auf Orte auf, wobei Luthers »Winkelmesse« nicht alleinsteht. Der Theologe Gerhard Lorich (1485–1553) etwa, der zwischen neu- und altgläubiger Lehre stand, verteidigte zwar die Messe als gutes Werk gegen die Reformatoren, kritisierte in *De Missa Publica Proroganda* 1536 aber die Privatmessen, die in den dunkelsten Ecken und »hintersten Verstecken«

---

41 Nullius Montis Casini, 12.11.1695, Pos 156.
42 »Supplicat sibi indulgeri, ut in sacello privato cum solo serviente valeat celebrare.« Nullius Montis Casini, 12.11.1695, LD 45, 583v.
43 Ebd., Pos 156.
44 Zur Entwicklung von Nebenaltären in Oratorien, Infirmerien, Nischen oder der Krypta vgl. Nußbaum, *Kloster*, S. 185–203.

zelebriert würden.[45] Es ist bezeichnend, dass diese geringe Sichtbarkeit im Diskurs über das Verbergen von Körperdefekten gerade eben positiv konnotiert war.

Der Fall des Monte Cassiner Mönchs zeigt aber ebenso, dass privat in aller Regel nicht alleine bedeutete. Im vorliegenden Fall ist ausdrücklich von der Anwesenheit nur eines *minister* die Rede. Dies solle sicherstellen, dass von keinem anderen Aufmerksamkeit und Verwunderung *(ammiratione)* drohe.[46] Ein weiterer Anwesender neben dem Zelebraten, der assistieren und respondieren konnte, war nach der überwiegenden Meinung der Rubrizistik empfehlenswert, wenn auch lediglich wegen der *consuetudo* der Kirche und aus Gründen der Konvenienz (also nicht, weil er für das Gelingen des Vollzugs notwendig war).[47] Zum Ritus der Privatmesse, der in den Fällen nicht genauer thematisiert wird, sei nur hervorgehoben, dass kein feierlicher Einzug stattfand.[48] Es wird nicht deutlich, ob die vorher vom Mönch gefeierte öffentliche Messe von Außenstehenden besucht wurde oder ob es um eine Art Klosteröffentlichkeit ging. In einem anderen Fall erlaubte die Konzilskongregation allerdings einem Mönch die Messfeier, solange »niemand dabeisteht, außer den Klerikern seines Ordens und diesem Nahestehende«.[49] Dies mag in dem Kloster ohnehin schon häufig der Fall gewesen sein, jedenfalls wurde die Einschränkung damit rechtlich fixiert.

Ähnlich wie ein Verband stellte auch der Gehstock einen Verweis auf eine Beeinträchtigung dar und wurde deshalb nicht *in publica* toleriert, auch wenn das Gehen damit gut möglich war. Dass Kleriker nicht ohne Stock an den Altar herantreten konnten wurde besonders in Gratians Decretum als absolutes Ausschlusskriterium genannt.[50] Sicherlich spielte der Stock auch als Hinweis auf die Gefahr des Fallens eine Rolle. Corradi beschreibt, dass er einst einen Priester gesehen habe, der an einem hohen Feiertag mit Stock zum Altar getreten und dann vor versammelter Gemeinde zu Boden gefallen

---

45 Lorich, *Missa*, S. 41.

46 Zur Verhinderung von *admiratio* durch die private Messe vgl. die Information eines Bischofs, der Supplikant könne zugelassen werden: »limitata celebratione ad privata oratoria, seu sacella sine populi concursu, ut evitetur vulgi admiratio«. Papiensis, 18.05.1697, Pos 176.

47 Entsprechend war diese Auflage auch dispensabel, etwa für Eremiten; vgl. Quarto, *Rubricae*, S. 189.

48 Vgl. Nußbaum, *Kloster*, S. 239.

49 »Nemine adstante, praeter sui ordinis Religiosos et sibi coniunctos«; Venetiarum, 20.03.1700, LD 259r.

50 »Nullus episcopus aut presbiter, seu diaconus ad celebrandum missarum solemnia presumat cum baculo introire«; *Decretum*, D.1, c. 57 de cons.

sei, was bei dieser ein sehr großes *scandalum* hervorgerufen habe.[51] Authentisch oder nicht – die Episode zeigt, wie die Regelung aus dem Decretum durch den Verweis auf das *scandalum* über Erfahrung legitimiert wurde. Das Exempel wirkte wiederum auf die Dispenspraxis. Die Betonung des Laufens ohne Stütze ließ sich auch damit begründen, dass die Benutzung von Stöcken oder Krücken zwar funktional für das Gehen war, aber den Defekt stets präsent hielt.[52] Der Betreffende war mit Stock besonders diskreditierbar. Hier zeigt sich ein Kontrast zu anderen Hilfsmitteln, wie etwa der Brille. Deren instrumenteller Effekt konnte ungeachtet aller Sichtbarkeit zur Geltung kommen, weil das Brilletragen offenbar nicht als potentiell skandalös eingeschätzt wurde.[53] Ob die Sichtbarkeit von korrektiven Objekten problematisiert wurde, war also auch von kulturellen Zuschreibungen bestimmt.

Es stellt sich die Frage, wie sich die Option der Privatmesse zu spezifischen Ausschlusskriterien wie dem Gehen am Stock verhielt. Wenn dieses *in privata* erlaubt wurde, würde das die Bedeutung der Sichtbarkeit unterstreichen. In einem Fall aus Comacchio in Ferrara hatte ein Kanoniker sich aufgrund eines Sturzes schwer am Bein verletzt und konnte deshalb nicht ohne Stock laufen. Einmal am Altar angekommen, so der Zeremonienmeister nach dem von ihm durchgeführten *experimentum*, lege er den Stock allerdings ab und zelebriere frei ohne *deformitas* und mit allen notwendigen Handlungen, selbst der Genuflexion. Der Bischof unterstützte mit Verweis auf dieses *experimentum* das Gesuch. Die Kongregation folgt diesen Vorschlägen, allerdings mit der Klausel, er solle in einer privaten Kapelle zelebrieren.[54] Aus diesem Fall lässt sich entnehmen, dass die Reduktion von Sichtbarkeit zwar nicht sämtliche Restriktionen aufhob, aber den situativen Druck doch stark reduzierte. So wurde immerhin das Herangehen mit Stock *in privata* erlaubt, nicht dagegen die Messfeier damit. Dabei gilt es, zum einen an das Register der korrekten und sicheren Ausführung zu denken, die im

51 Corradi, *Praxis*, S. 61.

52 In einem Fall aus Montefeltro war der Bischof gegen eine Dispens, »quia iam publice Orator usus fuerit baculo in Missae celebratione«; Feretrana, 03.12.1707, Pos 306. Die Konzilskongregation schätzte diese vergangene Messfeier mit Stock weniger hoch ein und erlaubte die Messfeier, solange keine *deformitas* erscheine und er nicht wieder den Stock benutze.

53 Für die Vorstellung der Tugendhaftigkeit von Brillenträgern vgl. Pfisterer, *Visio*, S. 157.

54 »Quand'e accostato all'Altare non ha bisogno dell uso del bastone, ma liberamente puole celebrare« und: »Non ostante l'uso del legno per accostarsi all'Altare il detto Barillari, poi arrivato all'Altare desponse il legno, e senza quello fa tutti gli atti che convengo con tutta compostezza ed inconivia.« Comachensis, 22.11.1721, Pos 456. Die Antwort lautete: »Pro facultate, dummodo celebret in Oratorio privato, vel in Ecclesia summo mane«; ebd.

experimentum unter der Bedingung des Ablegens des Stockes geprüft worden war. Zum anderen war so die vergleichsweise klare Norm des Decretum zum Gehstock immerhin teilweise gewahrt.

Privatheit kann auf Grundlage dieser Fälle als Mittel zur Vermeidung von Störungen und eines potentiellen *scandalum* gesehen werden. Dafür wurde die physische Beziehung des zelebrierenden Priesters zur Gemeinde gleichsam unterbrochen. *In privata* verringerte sich die Gefahr negativer Reaktionen, die nicht nur die Person selbst, sondern auch die Institution Kirche treffen konnten. Mit der privaten Messe differenzierte man zwischen einer Art Vorder- und Hinterbühne, für die jeweils eigene Regeln galten.[55] So wurden, positiv formuliert, auch Schutzräume gegenüber den Blicken von außen geschaffen. Übrig blieb im Privaten aber vielfach nicht nur das innerliche Verhältnis zum eigenen Körper und zu Gott, sondern auch der Bezug zu Mit-Klerikern. Die Entscheidungen der Konzilskongregation setzten also die argumentative Strategie einer Trennung der Beobachter in Insider und Outsider praktisch um.

Bei der Privatmesse ging es weniger um situative Steuerung von Aufmerksamkeit als um deren weitgehende Vermeidung. Damit wurde der Druck der hohen Sichtbarkeit bei der Eucharistie von dem zelebrierenden Kleriker genommen. Zugleich hat sich gezeigt, dass daraus nicht generell ein geringerer Anspruch an den korrekten Vollzug abzuleiten war. Dafür spricht auch, dass sich die Einschränkung auf die private Messe oft in Kombination mit der Assistenz eines anderen Priesters findet.[56] Der Assistent überwachte die Durchführung der Messe primär mit Blick auf liturgische Korrektheit – eine Funktion, die sich auch bei minimaler Öffentlichkeit nicht erledigte.[57] Dass Privatmesse und Assistenz zusammen verordnet wurde, demonstriert die ineinandergreifenden, aber unterschiedlichen Funktionen beider Rechtsinstrumente und die sinnvolle Trennung der Register des Könnens und der Außenwirkung.

Die Feier ohne Zuschauer stand in einem Spannungsverhältnis zur Rolle des Klerikers in der Gemeinde, vor allem bei solchen mit seelsorgerischen Funktionen. Mit dem vielfachen Einsatz der privaten Messe verband sich also eine pastorale Problematik, die auch Gegenstand konfessioneller Debatten wurde. Das Tridentinum verteidigte gegen reformatorische Kritik die

---

55 Zu den Begriffen *backstage* oder *back region* vgl. Goffman, *Presentation*, S. 114.
56 Zur Assistenz siehe oben Kap. 2.2.
57 Zur Forderung, dass bei der Privatmesse die gleiche Sorgfalt wie bei der öffentlichen Messe angewandt werden sollte, siehe Nußbaum, *Kloster*, S. 243.

Privatmesse mit dem Argument, dass auch diese *für* die Gemeinde zelebriert werde, die spirituell anwesend sei. In diesem Sinne, so die katholische Liturgik, seien alle Messen öffentlich, da sie auf öffentlichen Nutzen abzielten.[58] Neben anderen Argumenten griff etwa Luther gerade diese Idee an: Wenn es bei der Messe in besonderer Weise auf den Glauben des teilnehmenden Gläubigen ankam, konnte die Applikation für lebende und tote Abwesende nicht funktionieren. Auch auf katholischer Seite fanden sich Kritiker der großen Anzahl von Privatmessen.[59] Die Kontroverse hatte einen wichtigen ökonomischen Aspekt, denn die für die Kirche lukrative Nachfrage nach verschiedenen Votivmessen durch Gläubige ließ sich kaum von der Hand weisen.[60] Das Tridentinum wand sich gegen Auswüchse einer geistlichen Gewinnsucht und sprach der öffentlichen Messe mit der Gemeinde größeren Nutzen zu.[61] Trotz der katholischen Definition der Privatmessen als *für das Volk* konnte deren Überhandnehmen für die Institution Kirche ein Problem darstellen. Eine Weihe von vornherein nur zur Privatmesse war entsprechend ungewöhnlich, wenn auch möglich.[62]

Problematisch war das Mittel der Privatmesse allerdings nicht nur aus pastoralen Gründen, sondern auch in der praktischen Umsetzung. Wie gesehen, mussten räumliche Voraussetzungen gegeben sein; es genügte also nicht, eine bisher öffentliche Messe lediglich als privat zu deklarieren. Das lässt sich gut in Fällen beobachten, in denen bezüglich der Beschränkung auf Privatmessen nachverhandelt wurde. Nicolaus de Montibus etwa, der aufgrund seiner Sehschwäche nicht mehr öffentlich zelebrieren durfte, argumentierte 1693, in seinem Ort (Servigliano bei Fermo) sei kein geeignetes Oratorium für die private Messe vorhanden.[63] Ein anderer Supplikant bat

---

58 Vgl. Wandel, *Eucharist*, S. 31 und 96f. Das Tridentinum bezeichnete in Sess 22 Can 6 die Privatmessen als »missae verae communes«, weil darin das Volk *spiritualiter* kommuniziere. Zur Liturgik vgl. Bona, *Rerum*, S. 268.

59 Luther, *Missa*. Für die katholische Kritik vgl. Thompson, Going Public, S. 63–82.

60 Vgl. Nußbaum, *Kloster*, S. 171–173. Ökonomisch gesehen war eine Trennung von alter Gabenopferung und der Messe Voraussetzung für die Finanzierung der Messe ohne Volk, da der Priester ja sonst auf Partizipation angewiesen wäre; vgl. Merk, *Meßstipendium*.

61 Die Formulierung in Sess 22, C 6 de ref. Lautet »uberior fructus«. Die Kirche ziehe also vor, dass die Gläubigen bei jeder Messe die Kommunion erhielten, aber deshalb sei die Privatmesse nicht zu verwerfen.

62 So die Entscheidung im Fall eines kleinwüchsigen Klerikers; vgl. *Causae selectae*, S. 87f.

63 Firmana, 18.04.1693, LD 43, 196r/v.

um die Aufhebung der Klausel, weil die zur Verfügung stehende private Kapelle einfach zu dunkel sei.[64] Die Konzilskongregation zeigte an dieser Stelle wenig Interesse an einer genauen Überprüfung des Sachverhalts, sondern griff zu einer zeitlich modellierten Kompromissformel. Der Supplikant De Montibus, so die Behörde, dürfe öffentlich zelebrieren, aber »nur am frühesten Morgen und wenn in der Kirche keine Menge an Leuten anwesend sei«.[65] Der Zeitpunkt bezieht sich vermutlich auf die Frühmesse, die möglicherweise weniger frequentiert war und in der Dunkelheit stattfand. Die Klausel der wenigen Zuschauer gehörte zum Standardarsenal der Konzilskongregation, genauere Regelungen überließ man dem Bischof.

Supplikanten konnten häufig erfolgreich auf der öffentlichen Messfeier beharren und dabei Zwischenstufen zwischen privat und öffentlich aushandeln. Der komplexe Fall des Priesters Asperandus Galeanus aus Lodi bei Mailand von 1694 belegt dies besonders gut.[66] Nach einem Sturz vom Pferd war ein Teil seines Fußes amputiert worden. Ihm wurde zwar mehrfach durch *experimenta* bescheinigt, er sei fähig *(habilis)* für die Messfeier. Allerdings wurde eine nicht zu tolerierende *deformitas* konstatiert, die sich bei der Genuflexion zeige.[67] Es ging ausdrücklich nicht darum, dass Galeanus die Kniebeuge nicht ausführen könne, sondern dass der körperliche Makel dabei für die Beobachter sichtbar werde. Als Lösung schlugen die prüfenden Kleriker eine zeitliche Einschränkung der Dispens vor. Sie sollte Geltung haben »für jegliche Kirche, aber so, dass er zu einer Zeit zelebriert, wenn keine große Menge an Volk zusammenkommt«.[68] Von einer privaten Messe war dagegen keine Rede. Der weitere Verlauf des Falles macht deutlich, dass diese Regelung für den Supplikanten offenbar vorteilhaft war. Als die Konzilskongregation die Erlaubnis zwei Tage später nämlich dennoch unter der strikteren Auflage erteilte, Galeanus solle nur *in Oratorio privato* zelebrieren, wandte sich der Priester dagegen: Er habe die Obligation, die Messe in

---

64 »In oltre rendendoseli difficile il celebrare nell'Oratorio privato del suo convento per esser poco luminoso«; Ordinis Praedicatorum, 20.09.1715, Pos 393. Die Kritik der Privatmesse als Winkelmesse hätten vermutlich Gefallen an dieser Formulierung gefunden.

65 »Ut Orator ipse nisi de summo mane, et quando in Ecclesia non adsit copia Gentium celebrare non possit.« Firmana, 18.04.1693, LD 43, 196r/v.

66 Laudensis, 05.06.1694, LD 43, 555r, LD 44, 10r/v, 190v, 265r/v, Pos 132

67 »Deformitas eaque meo quidem et aliorum iudicio nullatenus toleranda«; Bericht über ein *experimentum*, Laudensis, 05.06.1694, Pos 132.

68 »Pro aliqua Ecclesia […] ita tamen, ut celebret in hora qua Populi multitudo non confluat.« Summarium, Laudensis, 05.06.1694, Pos 132.

seiner Pfarrkirche zu feiern, aber in dieser finde sich kein privates Oratorium. Nach einem erneuten *experimentum* in Rom wurde befunden, dass er auch öffentlich zelebrieren könne, allerdings unter Beachtung des zuvor bereits vorgeschlagenen Kompromisses der Tageszeit und einer möglichst geringen Zahl an Beobachtern.[69] Privatheit und Öffentlichkeit sind also in diesem Kontext als Pole eines Spektrums zu verstehen und nicht als Gegensätze ohne Zwischenstufen.[70] Kompromissformeln waren nicht zuletzt ökonomisch bedeutsam. Ein besonderes Interesse daran zeigten Geistliche, deren Obligation zur Messe an einen bestimmten, öffentlichen Altar in einer spezifischen Kirche gebunden war, denen mit der Privatmesse Einnahmen entsprechend verloren gingen.[71]

Paradoxerweise war in einigen Fällen also die erstrebenswerteste öffentliche Messe ein Ereignis ohne Zuschauer. Die Konzilskongregation begründete Einschränkungen auf semi-öffentliche Messen, bei denen die Aufmerksamkeit und damit die Sichtbarkeit des potentiell imperfekten Körpers möglichst geringgehalten werden sollten, weiterhin mit dem Verweis auf das Heil der Gemeinde. So konnte etwa in einem Fall aus Fermo das Bedürfnis der Gemeinde als Argument eingesetzt werden, einen Priester die Messe überhaupt weiter zelebrieren zu lassen *(necessitate Populi)*. Zugleich wurde die Präsenz möglichst weniger Mitglieder bei eben dieser Feier gefordert *(minor frequentia Populi)*.[72] Die Trennung von *für* das Volk und *mit* dem Volk fand sich, wie gezeigt, auch hinsichtlich der Heilswirkung der Privatmesse. Die glaubhafte Versicherung, dass wenige Zuschauer anwesend sein würden, funktionierte auch durch den Hinweis auf ländliche Kirchen.[73] Solche Argumente lagen ganz in der Logik des *scandalum*, insofern die lokalen Umstände entscheidend waren.

Die Privatmesse, das sei hier nochmals festgehalten, hatte sicherlich einen starken restriktiven Aspekt, den schon die angeführten Versuche von Supplikanten belegen, doch öffentlich zelebrieren zu dürfen. Daneben lässt sich aber auch eine Schutzfunktion für gebrechliche Priester konstatieren. Ziel war weniger, eine Person wegen ihres Körpers vom Heiligen auszuschließen, sondern vielmehr Dritte vom Betroffenen fernzuhalten, während

---

69 »Vel in aurora, vel circa meridiem, et in sacello ubi gentis multitudo non confluat.« Laudensis, 05.06.1694, LD 44, 265v.

70 Vgl. zu den Begriffen auch Melville/ Moos, *Öffentliche*.

71 Etwa Caietana, 18.11.1690, Pos 85.

72 Firmana, 24.01.1699, LD 49, 27r.

73 Er solle die Messe lesen »in Oratorii privati, et in altre Chiese rurali, che non vi sia concorso«; Romana, 02.05.1699, Pos 193.

er die Messe zelebrierte. Das zeigt, dass es der Konzilskongregation primär auf die Auffälligkeit von Gebrechen *bei der Messe* ankam. Die Verordnung privater Messen war nicht nur ein begrifflicher Trick, sondern lässt sich als Praxis des Verbergens interpretieren. Die Zwischenformen (wenige Zuschauer, früher Morgen) erscheinen entscheidend, während die tatsächliche Unsichtbarkeit des Gebrechens an dieser Stelle eher einen Sonderfall darstellte.

Die Kompromisse hinsichtlich der privaten Messe passen zur generellen katholischen Präokkupation mit der Begrifflichkeit des Manifesten und Verborgenen.[74] Die Okkultheit von Handlungen etwa wirkte rechtlich entschärfend. Für diese Einstufung war aber ebenfalls nicht entscheidend, dass tatsächlich niemand davon wusste oder etwas gesehen hatte. Vielmehr wurden Schwellen zu einer kritischen Masse an Beobachtern oder Mitwissern definiert. Diese Schwellen kennzeichnet der Begriff der *multitudo* in den besprochenen Fällen, der zu einem *scandalum in populo* führte. Die Diskussion um Auffälligkeit, um das Sichtbare und Okkulte, operierte mit Vorwissen ebenso wie mit Räumen, in denen die Körper des Beobachteten und der Beobachter verortet wurden. Im Folgenden wird genauer gezeigt, dass der Begriff der Sichtbarkeit auch für die Beschreibung des Körpers selbst eingesetzt wurde.

Sichtbarkeit am Körper. Ästhetik und Kosmetik

Einige Körperstellen sind in der Interaktion mit anderen Menschen sichtbarer als andere. Ebenfalls einleuchtend ist, dass eine solche Einteilung sich nicht naturwüchsig aus dem Körper ableiten lässt – man denke an die potentielle Verschleierung des Gesichts, die für den männlichen, katholischen Kleriker physisch möglich, aber kulturell unüblich war. Besondere Aufmerksamkeit galt deshalb der Kleidung, aber auch bestimmten Körperteilen. Im Folgenden ist nun die Ästhetik des Klerikerkörpers zu untersuchen, wobei zunächst die diskursive Ebene und sogenannte schmückende Körperteile *(ornamenta)* und danach die praktische, kosmetische Arbeit am Körper in den Blick genommen werden.

---

74 Bezüglich der Irregularitäten *ex delicto* vgl. Sess 24 Cap 6 de ref. des Tridentinums.

Frühneuzeitliche Traktatautoren bemühten sich um eine fixierte Ordnung der Sichtbarkeit am Körper, indem sie okkulte und äußerlich sichtbare Körperteilen unterschieden. Idealerweise bot dies auch für kirchliche Entscheidungsträger eine Anleitung, um individuelle Fälle summarisch zu entscheiden – ähnlich wie dies durch die Ordnung der Körperteile *(membra)* beim klerikalen Können versucht wurde.[75] Eine *deformitas* ließ sich definieren als »irgendein merklicher Makel oder Defekt in einem äußeren Körperteil *(in membris exterioris)*«.[76] Nur Makel an äußeren Körperteilen führten zu *scandalum*, *horror* und Gelächter. In diesem Zusammenhang waren offenbar nicht nur Körperteile mit spezifischen Aufgaben gemeint: So konnten auch Fehler an sogenannten *ornamenta* zum *scandalum* führen. Diese wurden als den Körper lediglich schmückend angesehen, nicht als essentielle, auf eine Aufgabe bezogene Bestandteile.

Die Einstufung der ›ornamentalen‹ Körperteile eignet sich gut, um die ästhetische Dimension von Schönheit und Hässlichkeit in den Anforderungen an den Klerus zu verdeutlichen. Die Lippen beispielsweise, so Maiolo, seien nur *ornamenta*, keine *membra*, denn sie hätten keine eigenen *functiones*.[77] Sie gehörten aber zur Gestalt des Menschen: »Wenn sie auch formal gesehen keine *membra* sind, so geben sie dem Körper doch Form und ohne sie ist er deformiert und imperfekt.«[78] Ein Gesicht ohne Lippen oder großem Makel daran rufe Schrecken unter anderen Menschen hervor. Die Differenzierung zwischen *membrum* und *ornamentum* erscheint hier häufig unscharf. Offenbar widersprach etwa die Aussage über die Lippen für Maiolo nicht seiner zweiten Argumentationslinie, die dann doch auf die Aufgaben der Lippen abhob, Nahrung generell und für den Priester besonders Brot und Wein bei der Eucharistie im Mund zu behalten. Weniger Bezug auf liturgische Vollzüge hatte die viel diskutierte Ohrmuschel.[79] So schreibt etwa Ehrenreich Pirhing

---

75 Zu *membra* und *functiones* vgl. oben Kap. 2.1.

76 »Deformitas tandem importat maculam quandam, seu defectum notabilem in membris exterioribus. Atque idcirco illi censentur deformes, qui habent eiusmodi maculam, seu vitium notabile in membris suis, ratione cuius sine indecentia, scandalo, horrore, aut risu aliorum conspici nequeant«; Reiffenstuel, *Ius*, S. 437.

77 »Labia membra non sunt, sed ornamentum«; Maiolo, *Tractatus*, S. 55. Vgl. auch Ugolini, *Tractatus*, S. 18. Der Status von Körperteilen wird auch in der Debatte darüber diskutiert, was einer Person nach der Auferstehung bleibt (siehe etwa die Frage nach den Haaren). Zur Forschung für das Mittelalter vgl. Bynum, *Resurrection*.

78 »Si formaliter membra non sint, corpori tamen formam dant, atque sine iis corpus deforme est, & imperfectum.« Maiolo, *Tractatus*, S. 55.

79 »Auricula seu cartilago exterior servit ad ornatum, sed non est membrum, cum necessaria non sit auditui«; Henríquez, *Summae*, S. 861.

(1606–1690) in seinem Dekretalen-Kommentar, diese sei zwar kein *membrum*, aber sehr sichtbar. Ihr Fehlen führe deshalb zur Irregularität wegen der großen *deformitas* »an einem sehr sichtbaren Teil des Körpers«.[80] Die Einordnungen im Feld der Sichtbarkeit erscheinen in manchen Fällen klar, wenn auch von wechselndem praktischen Nutzen. Maiolo nannte etwa die Milz als *occulta membra*, deren Fehlen nicht nur im liturgischen Vollzug, sondern auch für die Außenwirkung unproblematisch sei (und nebenbei sogar wünschenswert, weil sie laut Medizinern für das Lachen zuständig sei, das dem Kleriker nicht gut anstehe).[81] Für Leander war nicht irregulär, wem alle Zehen fehlen, da weder eine Einschränkung des Könnens noch ein *scandalum* auftreten würden.[82] Keine Zähne zu haben beinhaltete ebenfalls keine *deformitas* und kein potentielles *scandalum*, da dies ein okkulter Makel sei.[83] Das Beispiel deutet auch auf die zeitliche Variabilität von Sichtbarkeits- und Schönheitsvorstellungen hin.[84] Das Fehlen der Zähne war wohl nicht nur weiter verbreitet als heute, es ließ sich auch dem Verborgenen am Körper zuordnen. Man mag diese Einstufung gerade für Priester wenig plausibel finden, die zumal während der Messe viel sprechen mussten. Sie demonstriert aber die Existenz einer starken, kontextspezifischen Körpervorstellung, die sich durch die Leitdifferenz zwischen dem Verborgenen und dem auf den ›ersten Blick‹ Sichtbaren auszeichnete.

Dazu passt auch, dass jemand mit sehr prominenten, äußerlich sichtbaren Zähnen *(prominentia dentium extra os)* aufgrund der großen *deformitas* im Gesicht irregulär sei.[85] Die Lösung wird hier gleich hinzugefügt: Die *deformitas* könne umgangen werden, wenn man sich die prominenten Zähne herausschneiden lasse *(rescindere)*.[86] Das Fehlen aller Zähne stellt auch bei anderen Autoren keine merklichen Makel dar – im Gegensatz zur Auffälligkeit *(prominentia)* von hervorstehenden Zähnen, die irregulär mache, wenn sie

80 »In parte corporis valde patente«; Pirhing, *Ius*, S. 486.
81 Maiolo, *Tractatus*, S. 55f. Gibalino, *Irregularitatibus*, S. 51 spricht nicht vom Lachen, sondern gibt als möglichen Effekt der Entfernung der Milz eine Steigerung der Schnelligkeit an. Ob dies für Priester von Vorteil sein sollte, schreibt der Autor nicht. Zu Milz und Schnelligkeit generell vgl. Mallinckrodt, *Beschleunigung*, S. 88.
82 Leander, *Quaestiones*, S. 27.
83 »Dentium defectus non facit Irregularem, quia non sunt membra«; Gibalino, *Irregularitatibus*, S. 50.
84 Eine »smile revolution« und damit eine Umwertung von fehlenden Zähnen sieht Colin Jones im 18. Jahrhundert; vgl. Jones, *Revolution*.
85 Leander, *Quaestiones*, S. 24.
86 »Si vero quis nimium prominentes habeat dentes, curare potest, ut secentur, dum tamen nullum vitae, vel aegritudinis discrimen incurratur.« Ebd., S. 24.

nicht kosmetisch behoben werde.[87] Die Zahndefekte in welcher Form auch immer waren in den untersuchten Supplikationen praktisch nicht von Bedeutung, aber die Einschätzung der Autoren demonstriert die Bedeutung, die sie der Sichtbarkeit eines Defektes zuwiesen.

Die Sichtbarkeit von Körperteilen und Gebrechen wurde im Diskurs also höher bewertet als fixierte Status als *membrum* oder *ornamentum*. Sichtbarkeit war zudem durch eigene Handlungen veränderlich. Zentrales Thema ist deshalb das Verbergen am Körper. Die durch das fehlende Körperteil verursachte Irregularität konnte beispielweise verhindert werden, indem man einen Makel mit den Haaren verbarg.[88] Neben dem Status des Körperteils wird also auch Individuen eine aktive Rolle zugesprochen, die sich an aktivischen Formulierungen wie *occultare* ablesen lässt.[89]

Wie diese aktive Rolle sich in kosmetischen Ratschlägen niederschlug, können als letztes Beispiel dieses Abschnitts die Ansichten zur Nase nahebringen. Ihre Bedeutung für das schöne Gesicht wurde bereits erwähnt. Mit der Nase fehle dem *denasatus*, so Leandrus, ein besonders schönes und anmutiges Körperteil *(membrum venustissimum)*, also mehr als ein bloßes »Schmuckstück«.[90] Der Autor fügte allerdings hinzu, dass sich die Irregularität wegen fehlender Nase durch eine künstliche Nase aufheben lasse, eine Nase »aus Fleisch oder einem anderen hautfarbenen Material«.[91] Der kosmetische Eingriff war also ein probates Mittel, um die Sichtbarkeit eines Defekts abzustellen und damit zugleich ein *scandalum* zu vermeiden.[92]

Ohne bestimmte ›ornamentale‹ Körperteile galt der Körper als unschön, deformiert und imperfekt. Eine allgemeine, fixierte Ordnung der Körperteile wurde aber durch das zentrale Kriterium der Sichtbarkeit relativiert, denn ein nicht-sichtbarer Defekt hatte keine rechtlichen Konsequenzen. Wie groß war der Handlungsspielraum im Umgang mit dem eigenen Körper, auch im Vergleich zur gekonnten Adaption, die oben behandelt wurde? Der folgende Abschnitt behandelt Körperpraktiken, die auf die Reduktion von Sichtbarkeit zielten.

---

87 So Gibalino, *Irregularitatibus*, S. 50.
88 »Si capillitio eam difformitatem, quae insignis omnino est, occultare liceat, non erit Irregularitas.« Ebd., S. 50.
89 »Quia quando crinibus, aut alia via ita tegitur defectus aurium, ut minime appareat, vere cessat deformitas: ergo & irregularitas, quam inducebat«; Leander, *Quaestiones*, S. 23.
90 Ebd., S. 25. Vgl. dazu auch Röder, *Formbarkeit*.
91 »Refecto ex carne, vel alia materia carnis colore«; Leander, *Quaestiones*, S. 25.
92 Gadebusch Bondio, *Denasati*.

Die in den Traktaten vertretene Formbarkeit des Körpers wurde gegenüber kirchlichen Behörden in Supplikationen dargestellt und lässt Schlüsse auf die kosmetische Arbeit am Körper zu. Aus der Diözese von Coimbra stammt der Fall des Ludovicus de Aranches, der seine Oberlippe als seit Geburt »offen, gleich wie beim Hasen *(instar Leporis)*« beschreibt.[93] Trotzdem habe er die niederen Weihen erhalten. Um nun die Heiligen Weihen zu empfangen, sei er aber ermahnt worden (von wem, wird nicht gesagt), sich um eine Dispens zu bemühen. Stattdessen aber habe er sich die Lippe bis zur Nase durch einen Chirurgen zusammennähen lassen, »damit die *deformitas* nicht so groß sei, dass sie einen *scandalum in populo* hervorrufe«.[94] So war Ludovicus auch ohne Dispens Subdiakon geworden. Erst jetzt, mit dem Wunsch, auch Diakon und Priester zu werden, wandte er sich an die Konzilskongregation, die ihm die gewünschte Dispens erteilte.

Die Bereitschaft, den eigenen Körper zu verändern und das Aussehen zu ›verbessern‹, wurde in den Supplikationen als wichtige Währung eingesetzt. Der argumentative Wert der Körperpraktiken ergab sich aus dem bewussten Bezug auf die Kategorie des *scandalum*. Ein Fall von 1705 etwa beschreibt die Bemühungen eines nasenlosen Diakons, der laut Bischof viel Geld in seine Behandlung gesteckt habe, so dass letztlich die *deformitas* wenig auffallend sei und man ihn ohne *scandalum* ansehen könne.[95] Auch hier erteilte die Konzilskongregation die Dispens und gab dem Supplikanten die Möglichkeit, zum Priestertum aufzusteigen. Die kurzen Hinweise in diesen Fällen belegen, wie Supplikanten auf kosmetisch-chirurgische Körperpraktiken zurückgriffen und diese rechtlich relevant machten. Was sie in ihren Körper investierten, erhielten die Supplikanten im Erfolgsfall in Form von rechtlich-kirchlicher Anerkennung wieder zurück. Makel wurden offen benannt, aber schließlich zugleich rhetorisch und kosmetisch invisibilisiert. Damit ist auch ein bemerkenswerter Blick auf in der Praxis zur Verfügung stehende Optionen der kosmetischen Körperverbesserung gewonnen. Man kann diese als Beispiele von Körperpraktiken der Außendarstellung verstehen, die den Praktiken des Könnens vergleichbar sind, aber ein anderes

---

93 Colimbrien, 18.02.1702, Pos 227. Heute würde man wohl von einer Lippen-Kiefer-Gaumenspalte sprechen.

94 »Per manum chirurgi labium usque ad nares fuerit coniunctum, ita ut non tanta esset deformitas, quae scandalum generaret in Populo.« Colimbrien, 18.02.1702, LD 52, 72v–73r.

95 »Aver speso gran denaro in Napoli ed altri luoghi per medicarsi«; Sancti Marci, 28.11.1705, Pos 284.

Ziel verfolgen.[96] In diesen Narrativen wird nachvollziehbar, wie versucht wurde, den eigenen Körper an ästhetische Erwartungen von außen anzupassen.

Für dieses Phänomen erscheint der Begriff des *passing* geeignet, den Sander Gilman in seiner Geschichte der plastischen Chirurgie einführt.[97] Für das *passing* sind für ihn vor allem folgende Elemente zentral: Der Wunsch, als Mitglied einer Gruppe wahrgenommen zu werden, zu der man gehören will oder muss.[98] Wichtig ist auch das Vorhandensein von Kategorien der Inklusion und Exklusion. Der Begriff lenkt zudem den Blick auf die körperliche Ästhetik und Praktiken. Die körperlich-soziale Dynamik bringen besonders gut Vorher-Nachher-Bilder zum Ausdruck, die sich auch schon in Werken der frühneuzeitlichen kosmetischen Chirurgie finden.[99] Im vorliegenden Kontext ist die Aufnahme in den Klerus das Ziel, rechtliche und soziale Normen regulieren Inklusion und Exklusion. Wenn die untersuchten Akteure Kleriker sein wollten, dann mussten sie körperlich als solche ›durchgehen‹. Die Veränderung am Körper zielte auf Veränderung der Sichtbarkeit und eine soziale Statusveränderung.

Sander Gilman beschreibt diese Vorstellungen der Veränderbarkeit des Körpers als Effekte von Säkularisierung. Die Veränderung am Körper sei nicht nur eine Frage der technischen Machbarkeit, sondern impliziere auch, dass die Akzeptanz des eigenen, gottgegebenen So-Seins schwinde.[100] Deshalb erfolge die Durchsetzung auch erstmals in der Renaissance. Als besonderer Anstoß gilt ihm Syphilis, da die fehlende Nase als starker moralischer Makel gedeutet wurde. Die Zeit der Gegenreformation stellt für Gilman dagegen ein retardierendes Moment zwischen Renaissance und Moderne dar. Es habe eine Krise der rekonstruktiven Chirurgie gegeben, in der die Kirche gerade in der Reparatur der Nase eine gefährliche Kaschierung von Immoralität gesehen habe.[101] Aus dem hier skizzierten Material kann geschlossen werden, dass es, erstens, nicht lediglich um Syphilis oder überhaupt den Zusammenhang zur Moral ging und zweitens eine letztlich

---

96 Zum Können vgl. oben Kap. 2.3.
97 Gilman, *Body*.
98 Gilman, *Body*, S. xxi. Vgl. hierzu auch Röder, Formbarkeit.
99 Vgl. Tagliacozzi, *Chirurgia*, S. 42.
100 Zur Autonomie als Movens von kosmetischer Chirurgie siehe Gilman, *Body*, S. 26f. Die Autonomie wird allerdings zugleich gebrochen, weil man sein Schicksal in die Hand des Chirurgen legt.
101 Gilman, *Body*, S. 73.

auf die Moderne bezogene Chronologie damit fraglich ist.[102] So finden sich
Vorstellungen von der kosmetischen Formbarkeit des Körpers gerade bei
der posttridentinischen Formation des katholischen Personals. Die Arbeit
am äußeren Erscheinungsbild wird im folgenden Abschnitt mit Blick auf die
Kleidung verfolgt.

Habitus facit Sacerdotem? Verbergen durch Kleidung

In vielen Fällen wurde bei der Einstufung der Sichtbarkeit vorausgesetzt,
dass der beobachtete Körper bekleidet war. An einigen Stellen wird aber
explizit thematisiert, welche Funktionen Kleidung im Umgang mit Gebrechen hatte. Der am häufigsten diskutierte Fall betrifft das Vergeben von
Verletzungen oder Amputationen an Beinen und Füßen.[103] Im Gegensatz
zum Stocktragen war das Laufen mithilfe von Prothesen oder Holzbeinen
eine Option *(cum crure et pede ligneo)*. In der Traktatliteratur wird als Grund
angegeben, dass Fuß- und Beinprothesen unsichtbar unter der Kleidung getragen werden könnten, wofür sich die langen Gewänder des Klerus besonders eigneten.[104] Als besonders geeignet galt die Ordenstracht von Regularklerikern.[105] In den Supplikationen finden sich allerdings sowohl bei
Regular- als auch bei Säkularklerikern solche Fälle des Verbergens durch
Kleidung.

Detailliert wurde das Verbergen 1656 im Fall des französischen Priesters
Guillaume Moreau verhandelt. Der Anlass seiner Verwundung war konflikt-
reich: Moreau, Rektor einer Pfarrkirche in der Diözese von Troyes, war beim
Einsammeln des Zehnten von (offensichtlich) »übelwollenden« Personen

---

102 Gegen den Fokus auf Syphilis vgl. auch Gadebusch Bondio, *Ästhetik*, S. 129.

103 Zu Prothesen in der Frühen Neuzeit Heide, *Holzbein*. Zur Amputation, zum Verbergen
  von Behinderung bei Rittern und zu den Kosten von Prothesen vgl. auch Kirkup, *Amputation*, S. 157–159).

104 In der Traktatliteratur war der beschädigte Fuß eines der Themen, in denen die Differenz
  zwischen milderem Neuem und vorgeblich rigorosem Alten Testament markiert wurde.
  »Qui igitur fracto pede claudus est, licet lege veteri promoveri non posset […] tamen
  Evangelii facile dipensatur«, heißt es etwa bei Maiolo, *Tractatus*, S. 46f.

105 Ugolini etwa schreibt, dass Mönchen die Dispens sehr leicht gewährt werden könne, denn
  sie trügen das Gewand immer bis zu den Knöcheln, »so dass ein Holzbein nicht gesehen
  werden kann«; Ugolini, *Tractatus*, S. 190. Es ging dabei wohl primär um Kleriker, die
  spezifische Kleidung tragen mussten, also beispielsweise weniger um Jesuiten.

beschossen und am linken Bein verletzt worden.[106] Auf ärztlichen Rat hin musste dieses amputiert und durch ein Holzbein ersetzt werden. Moreau hatte bereits in diesem Zustand die Messe zelebriert *(in hoc statu ministravit)* und damit einer Dispens vorgegriffen, weshalb er nun vorsorglich auch um die Absolution von möglichen Strafen bat. Der Vikar des zuständigen Bischofs führte eine Inspektion durch, in der er besondere Aufmerksamkeit *(inspectione diligente et acurate)* der Kleidung widmete und prüfte, ob diese bis an die Knöchel reiche und die Prothese verberge, so dass weder *deformitas* oder *scandalum* vorhanden seien.[107] Bemerkenswert ist nun, dass die positive Entscheidung der Kongregation verschiedene Faktoren auflistet.[108] Zunächst werden der Status des Priesters und die nicht schuldhafte Verletzung als positive Gründe benannt. Dann wird neben der Fähigkeit zur Messfeier die Abwesenheit einer *deformitas* konstatiert, die zum Skandal führen kann. Die endgültige Empfehlung, die Dispens zu gewähren, erfolgte dann unter der Auflage, dass der Supplikant auch wirklich den Habit bis zum Boden trage und das Holzbein ganz bedeckt sei.[109] Der Fokus auf die Oberfläche des Körpers ist zentral für den Eindruck ›auf den ersten Blick‹, der für das *scandalum* primär zu beachten war. Neben dem Gewand wird noch vorgeschrieben, dass das Holz »von allen Seiten« bedeckt sein solle, nämlich, so heißt es auf Italienisch im lateinischen Text, mit einem ledernen Schuh.[110] Sowohl der Zeremonienmeister als auch die Konzilskongregation knüpften also die Frage des *scandalum* und damit die Zulassung zum Priesteramt an die Verborgenheit der Holzprothese. Sie schrieben dabei sogar die genaue, materielle Form vor, in der diese zu verbergen sei. Auch in anderen Fällen heißt es, eine *deformitas* sei unter dem Klerikergewand nicht sichtbar *(cum habitu Clericali deformitas non apparet)*.[111] Das Entstehen eines *scandalum* wurde

---

106 »Adversariis et malevolis ictu catapulte in crura sinistro vulneratus«; Trecensis, 05.02.1656, Pos 126, 27v.
107 Trecensis, 05.02.1656, Pos 126, 27v.
108 »Concedendam esse dispensationem«; Trecensis, 05.02.1656, Pos 126, 28r.
109 »Posse concedi […] ita tamen ut vestem Clericalem ad terram gestet ita ut lignum evidenter non appareat«; Trecensis, 05.02.1656, Pos (Sess.) 126, 28v.
110 »Coopertum undiquaque ut vulgo dicitur si copri di corame e disolasotto«; Trecensis, 05.02.1656, Pos (Sess.) 126, 28v.
111 Der Bischof berichtet der Konzilskongregation von einer ersten Untersuchung durch das Kapitel, als der Bischofsstuhl vakant gewesen sei, und einer zweiten vor ihm selbst. Eluensis, 28.11.1693, Pos 123.

damit ausgeschlossen.[112] Die Fälle belegen also deutlich, dass das Verbergen durch Kleidung rechtlich anerkannt wurde.

Es lässt sich aufzeigen, dass Kleidung – ähnlich wie kosmetische Eingriffe – eine transformative Wirkung hatte. Der oben im Kontext der Körpervermessung erwähnte Fall des Klerikers Joseph Maria Bagnini kann dies verdeutlichen. Der Erzbischof von Siena hatte ihm die höheren Weihen mit der Begründung verweigert, dass er ein *gibbus* und von kleiner Statur *(staturae pusillum)* sei. Dieser Körperzustand liege, so der Bischof in seiner Information, offen zutage *(corporis defectus oculis patet)*. Im *experimentum* aber, »wenn er die heiligen Gewänder angelegt hat, [...] hört die dergestalt bedeckte Deformität auf und erzeugt in der Gemeinde keine schlechte Erscheinung *(species)*«.[113] Offene Sichtbarkeit des Makels ohne priesterliche Gewänder und dessen Unsichtbarkeit mit ihnen stehen in scharfem Kontrast.

Der Fall illustriert abermals, wie sicheres Wissen über Sichtbarkeit zustande kommen sollte. Die Überprüfung war ein Vorgriff auf die Situation des angestrebten Amtes. Auch die konkrete Formulierung des Gesuchs der Supplikation verweist auf die Kleidung: Der Supplikant wolle »Gott im priesterlichen Gewand dienen«.[114] Der Wunsch, Gott zu dienen, ist völlig üblich, der zusätzliche Hinweis auf die Kleidung dagegen nicht.[115] Eine erste Supplik hatte die Konzilskongregation abgelehnt. Die Strategie der Supplikation lag darin, die Invisibilisierung des durchaus eingeräumten Makels als entscheidenden Wendepunkt in der Entscheidungsfindung zu etablieren. In seinem neuen Gesuch richtete sich Bagnini direkt an die Kardinäle der Konzilskongregation und zeigt seine Kenntnis der Information des Bischofs, auf die sich die ablehnende Antwort der Konzilskongregation gestützt hatte. Diese besage, so Bagnini, dass er eine kleine *imperfettione* an Schulter und Statur habe.[116] Man solle aber auch die darauf folgenden Worte beachten, dass, »wenn er in priesterliche Gewänder gekleidet sei, keine

---

112 »Quia veste tegitur, defectus huiusmodi scandalum aliquod in Populo generare.« Eluensis, LD 37, 626r/v.

113 »Experimento habito eiusdem in Ministerio Altaris, Sacris vestibus amicti [...] deformitatem indumentis huiusmodi circumtectam cessat, ita ut in Populo speciem non ingerat.« Senensis, 19.07.1704, Pos 265.

114 »Il vivo desiderio, che tiene di servire al Sig. Dio nell'habito Sacerdotale.« Senensis, 19.07.1704, Pos 265.

115 Vgl. etwa Aesina, 14.11.1693, Pos 122; Perusina, 01.12.1696, Pos 170; Regien, 15.11.1698, Pos 188.

116 »Havere un poca d'imperfettione in una spalla«; Senensis, 19.07.1704, Pos 265.

Deformität verursacht werde«.[117] Die Dispens wurde letztlich erteilt, allerdings erst im Juli 1704, zwei Jahre nachdem sich Bagnini erstmals an die Konzilskongregation gewandt hatte. Im Fortgang des Falles wurden weitere *experimenta* abgehalten, bei denen eine Einschränkung des Könnens nicht erwähnt wird, sondern lediglich das Aussehen geprüft wurde. Diese belegten, dass sich bei Bagnini im priesterlichen Gewand keine *deformitas* zeige. So hatte die Kleidung für die entscheidende Situation am Altar einen transformativen Effekt. Das Wissen in der Gemeinde wurde dagegen ausgeklammert, denn die Person ›Bagnini‹ blieb ja auch als geweihter Priester im Messgewand erkennbar dieselbe.

Das klerikale Gewand hatte im Fall Bagnini eine Doppelfunktion. Zunächst können wir von einer materiellen, durchaus wörtlich zu verstehenden Leistung des Verbergens ausgehen. Zugleich fungierte die Kleidung aber auch als Markierung des Kleriker- beziehungsweise Priesterseins. In einer sozialen Welt der sichtbaren Marker musste die Kirche großen Wert auf die Kleidung legen, die sie von der Außenwelt der Laien abgrenzte.[118] Der Gegensatz »sichtbar/unsichtbar« fiel im vorliegenden Fall genau mit der Grenze zwischen Heiligen Weihen und übrigem Klerus, zwischen der Messe und dem alltäglichen Leben zusammen. Kleidung verhüllte also den versehrten Körper und markierte zugleich den legitimen Priester. Der den Laien zugeschriebene ungenaue Blick richtete sich auf die Kleidung des Klerikers, die als offensichtlicher Marker wiederum von genauerem Hinsehen entlastete. Der gelingende Schein war letztlich wichtiger als die Frage des unter dem Gewand liegenden Körpers und dessen Vollständigkeit.

Dieser Fokus auf den Schein wirft die Frage auf, wie integral das äußere Erscheinungsbild für das Klerikersein war. Inwieweit machte im Kontext der Irregularität *ex defectu corporis* – entgegen dem berühmten Ausspruch »habitus non facit monachum« – das Gewand den Priester?[119] Die Frage erscheint zunächst naiv gestellt. Der Pflicht zur korrekten Weihe war eine Person mit der klerikalen Kleidung selbstredend nicht enthoben. Die Diskussion um Schein und Sein bildet aber ein interessantes Vergleichskriterium für die Dispensentscheidungen bezüglich Körpergebrechen. Das Misstrauen gegenüber der Erkennbarkeit am Äußeren und gegenüber falschen Klerikern

---

117 »Benche sussequentemente vi fossero l'altre parole, che vestito il detto Oratore nell'habiti Sacerdotali, non gli cagionano detti impedimenti alcuna deformità«; Senensis, 19.07.1704, Pos 265.

118 Zur Bedeutung der Kleidung, unter anderem des Klerikergewandes, vgl. Keupp, *Wahl*.

119 Keupp, *Wahl*, S. 29.

war zeitlich und kulturell weit verbreitet. Valentin Groebner hat etwa darauf verwiesen, dass die Figur des falschen Scheins *(Faux-Semblant)* im Rosenroman nicht zufällig als Kleriker, nämlich in der Kutte eines Bettelmönchs, dargestellt wurde.[120] Mit ›falsch‹ konnten Geistliche gemeint sein, deren Verhalten nicht geistlich war, oder Laien, die einen Klerikerstatus vorgaben. Allerdings finden sich nicht nur negative Aussagen über den Schein ohne Sein, also der Simulation des Klerikerstandes. Auch das Sein ohne Schein, also der Kleriker, der nicht so aussah, wurde in bestimmten Kontexten problematisiert.[121] Die beiden Ebenen sollten also in aller Regel zusammenpassen. Im Umgang mit Körpergebrechen war allerdings der gelingende Schein das Wesentliche. Bezeichnenderweise war deshalb die Begrifflichkeit des Dissimulierens im Register des *scandalum* positiv konnotiert. So heißt es in einem weiteren Fall des Verbergens durch Kleidung von einem Supplikanten, wenn er die heiligen Gewändern angelegt habe, »wird die *deformitas* sehr verborgen *(deformitas valde dissimulatur)*«.[122] Es wurde so zwar nicht der Schein eines Geistlichen erzeugt (das war der Supplikant ja wirklich), aber doch der eines unversehrten Körpers.

Das Verbergen durch Kleidung hatte offensichtlich seine Grenzen, denn bestimmte Körperteile sollten bei Klerikern ausdrücklich unbekleidet bleiben. Während dies für das Gesicht und die Hände kaum hinterfragt wurde, stellte die Kopfbedeckung einen wichtigen Aushandlungsgegenstand dar. In Europa galt die Norm, dass der Kopf während der Messfeier unbedeckt bleiben solle, was sowohl Hüte als auch Perücken problematisch machte. In anderen Weltregionen war dies anders, was in einer relativistischen Sichtweise in die kirchlichen Normen aufgenommen wurde. Papst Benedikt XIV., generell nicht als Befürworter der jesuitischen Akkomodationsmethode bekannt, beschrieb die Bedeutung des sozialen Kontextes, wenn er von der Messe in China sagte: »Aber in China ist es hässlich und unschicklich, den Kopf zu entblößen: Deshalb hat Paul V. den Missionaren die Fakultät gegeben, dass sie den Kopf während der Messfeier mit einem Hut bedecken.«[123]

---

120 Groeber, *Schein*, S. 60.

121 Lambertini, *Institutiones*, S. 323 (Institutio LXXI), zitiert aus dem Tridentinum: »Quia vero, etsi habitus non facit Monachum, oportet tamen, Clericos vestes proprio congruentes Ordini semper deferre.«

122 Vicensis, 28.02.1750, Pos 803.

123 »At turpe & indecorum est in Sinarum Imperio caput detegere: quamobrem Paulus V. Missionariis facultatem concessit, ut pileolo caput tegerent dum Missae Sacrificium celebrarent«; Lambertini, *Missae*, S. 30. Siehe dazu auch das Bild einer Tsikin (einer

Auch aus europäischen Diözesen finden sich Suppliken, die um die Erlaubnis zum Tragen einer Kopfbedeckung baten, häufig mit Verweis auf Kälte, Feuchtigkeit und medizinische Notwendigkeit.[124] Ähnliche Argumente wurden auch beim Umgang mit (falschen) Haaren vorgebracht, wobei das hier besonders interessierende Verbergen von Körpermakeln eine große Rolle spielte.[125] Gerade bei Perücken lässt sich gut nach dem Verhältnis von Schein und Sein fragen. Die komplizierte Abwägung zwischen sichtbarem Makel und Perücke wird im Fall des Vorstehers der Kathedralkirche von Gaeta, Giacinto Casaro, besonders deutlich. Dieser zelebrierte laut seiner Supplik von 1690 bereits seit etwa zwanzig Jahren die Messe mit falschem Haar *(cum ficta Caesarie)*, damit er nicht wegen seiner unschönen Glatze vom Volke verlacht würde *(ne ob eius informem calvitiem derideretur a Populo)*.[126] Die ästhetische Dimension des Makels wird also ebenso hervorgehoben wie die eigene Erwartung, dass dadurch Spott in der Gemeinde ausgelöst wurde. Das Verbergen war offenbar jahrzehntelang erfolgreich gewesen. Nachdem der Hut als naheliegende Option für den Klerus entfiel, blieb dafür nur der Einsatz falscher Haare. Auf Grundlage der Quellen kann man davon ausgehen, dass nur wenige Männer allein aufgrund der Abwesenheit von Haaren die Irregularität fürchten mussten. Nach der kanonistischen Literatur der Zeit konnte Haarausfall aber durchaus zur problematischen *deformitas* werden.[127] Die Begrifflichkeit des *deridere/risus* in der Gemeinde zeigt zudem, wie nahe dieses Phänomen dem *scandalum* stand. Welche symbolischen oder medizinischen Zuschreibungen an die Haare dabei eine Rolle spielten, wird in den Quellen nicht weiter ausgeführt. Der Fall des Casaro wurde allerdings nach allem, was wir wissen, gar nicht in der Gemeinde bekannt. Als Auslöser des Falls wird ein Brief dieser Kanoniker beschrieben, in welchem diese aussagten, dass »ein großes *scandalum* unter ihnen entstanden war, weil Giacinto Casaro mit falschen Haaren zelebrierte«.[128] Das Tragen der schützenden

---

speziellen, von Missionaren bei der Messe getragenen Kopfbedeckung) und die Beschreibung der Erlaubnis in Schüller, *Kunst*, S. 145. Zur missionarischen Kleidung vgl. Menegon, Habit.

124 Zum Beispiel Corduben, 05.09.1693, LD 43, 463r.

125 Zur Geschichte der Perücke vgl. Stolz, *Handwerke*, S. 121–208.

126 Caietana, 18.11.1690, LD 40, 739r/v.

127 Zum Haarausfall vgl. Ugolini, *Tractatus*, S. 208: »Alopecia itidem laborantes [...] ad ordines admitti non debent [...] ob scandalum.«

128 »Super libello quo Canonicorum exponebatur maximum inter eos oriri scandalum ex quo Hiacyntus Cassarus Primicerius Cathedralis cum ficta Caesarie celebraret«; Caietana, 18.11.1690, LD 39, 223v. Zum Amt des Primicerius siehe Barrow, *Clergy*, S. 301.

perucca wurde nicht von Laien problematisiert und enthüllt, sondern von den anderen Kanonikern der Kathedrale. Die Mit-Kanoniker, über deren Motive wir nur spekulieren können, pflegten vermutlich näheren Umgang mit Casaro als die Gemeindemitglieder. Das belegt abermals, dass die Anlässe des *scandalum* vielfältig waren.

Der Fall verweist auf konkurrierende Erwartungen von Kirche und Laien. Casaro erwartete, dass die Gemeinde bestimmte ästhetische Körpernormen an ihn herantragen würde. Das Verbergen eines Makels durch (falsches) Kopfhaar demonstriert die ganz konkrete Relevanz ästhetischer Sorgen im Klerus. Das Mittel des Verbergens vor den Outsidern in Gestalt der Gemeinde widersprach seinerseits Erwartungen an die Würde des Standes und machte den Betroffenen für die Insider diskreditierbar. In Perücken öffentlich erscheinende Priester wurden insgesamt als skandalös bezeichnet, nicht zuletzt wegen der weltlichen Mode der Zeit und der vielfachen Wünsche hoher geistlicher Würdenträger nach Perücken.[129] Gerade das Verbergen des ästhetischen Makels gegenüber den weiter außen Stehenden wurde zum Problem innerhalb der lokalen kirchlichen Gemeinschaft der Mit-Kanoniker. Man kann mit gutem Grund annehmen, dass die lokalen Autoritäten von dieser Sachlage wussten. Casaro brachte vor, dass das Tragen der Perücke *permittentibus, seu tolerantibus Episcopis* geschehen sei. Die Praxis hatte womöglich auch deshalb so lange funktionierte, weil sie bischöflich geduldet war. Allerdings konnte er offenbar keine formale Erlaubnis vorweisen. Von den drei lokalen Beobachterebenen – Mit-Kanoniker, Gemeinde und jeweiliger Bischof – übten die beiden letzteren mehr als zwanzig Jahre lang offenbar keinen Druck zur Enthüllung des Sachverhalts aus.

Die Konzilskongregation verbot Casaro nach dem *scandalum* unter den Kanonikern die bisherige Praxis, mit der Perücke zu zelebrieren. Er durfte die Messe fortan allerdings weiterhin *in privatis oratoriis* feiern. Dort könnte er die Perücke vor der Eucharistie abnehmen, ohne den ästhetischen Druck der Zuschauer.[130] Wir wissen in diesem Fall, dass die Lösung sehr wahrscheinlich funktionierte. Weil Casaros Einkommen nämlich eigentlich an die

---

129 Für den breiten Diskurs zum Verbot von Perücken, aber auch von aufwändiger Haartracht vgl. Lambertini, *Missae*, S. 29. In einem weiteren Fall aus der Konzilskongregation, der das Tragen von Perücken problematisiert, heißt es:»Cum nonnulli Canonici et Sacerdotes Civitatis et Diocesis incedant per Civitatem et in Choro cum ficta Coma vulgo Perucca cum scandalo universali«; Pisaurensis, 14.11.1699, LD 49, 393r.

130 »Destitit postea a celebrando in Ecclesia, ob prohibitione Sacrae Congregationis [vom 25.06.1689], sed celebravit in privatis oratoriis, et Capellis, deposita prius pilucca«; Caietana, 18.11.1690, Pos 85.

öffentliche Messfeier gebunden war, benötigte er einen separaten Indult, um seine Obligation im Privaten erfüllen zu können, den die Kongregation am 18. November 1690 erteilte. Im Rückgriff auf das oben Gesagte wird abermals die Funktionalität der Privatmesse deutlich: Ihre Schutzfunktion konnte die Privatmesse gegenüber der Gemeinde, aber offenbar auch gegenüber Angriffen von Mit-Klerikern erfüllen. Durch die Einschränkung auf einen privaten Raum wurde offenbar versucht, die Konfliktsituation zu entschärfen. Das Problem der Mit-Kanoniker war insofern angesprochen, als Casaro nicht mehr mit Perücke die Messe feierte, weil es keine Gemeinde mehr gab, vor der er etwas verbergen musste.[131]

Perücken waren trotz ihrer liturgischen und sozialen Problematik von Nutzen für das Verbergen vor der Gemeinde, sollten aber nicht als solche erkennbar sein. Ein komplizierter Tumor am Kopf ließ etwa den Prior einer Pfarrkirche der Gemeinde Viterbo, Damianus Stella, 1710 um die Erlaubnis supplizieren, eine Perücke zu tragen, um eine sichtbare *deformitas* zu verbergen. Auch hier wird das Problem des *scandalum* ohne Perücke direkt angesprochen: Ohne Haare sei er »ekelerregend und widerlich für alle, die die Messe hörten, und noch viel mehr für die, die die Heilige Kommunion empfangen wollten, die er als Pfarrer administrieren müsse«.[132] Der zuständige Erzbischof, Kardinal Andrea Santacroce, unterstützte diese Bitte, »solange jedoch die Haare streng geschnitten sind, und soweit wie möglich natürlich erscheinen, so dass die Gemeinde sie nicht bemerkt *(naturales appareant, ita ut Populus illos non advertat)*«.[133]

Für die analysierten Fälle der Perückenträger lässt sich resümieren, dass die Konzilskongregation eine – jedenfalls für Europa – feste Norm vor Augen hatte, die auf den Moment der Messfeier am Altar gerichtet war. In diesem sollte keine Kopfbedeckung getragen werden – also auch keine Perücke. Vor Gott selbst war das Verbergen am Altar, etwa durch eine naturgetreue

---

131 Ein anderer Fall, in dem die Perücke zugelassen wurde, allerdings ebenfalls nicht während der Messe, Miletensis, 19.08.1690, LD 40, 611r.

132 »Supplicat sibi permitti, ut ficto Capillitio uti valeat in celebratione missae ad evitandam deformitatem«; Viterbiensis, 05.07.1710, LD 60, 279r. In der Supplik wird gesagt, ohne Perücke sei er »schivo, e nauseante a questi, che odono la Messa, e molto piu a quelli, che devono ricevere la S. Eucharistia, che come Paroco deve loro amministrare«; Viterbiensis, 05.07.1710, Pos 335.

133 »Dummodo tamen Capilli vigorose sint tonsi, et quantum possibile est, naturales appareant, ita ut Populus illos non advertat.« Viterbiensis, 05.07.1710, Pos 335. Im Gegensatz zu Casaros Gesuch wurde die Supplik abgelehnt. Von einer Privatmesse ist dabei nicht die Rede, die Information des Bischofs deutet auch eher auf die öffentliche Messe als Ziel der Supplik hin.

Perücke, nicht nur unerwünscht, sondern auch unnötig. Gegenüber der Gemeinde kam allerdings die Logik des möglichst perfekten Scheins zum Tragen.

Natürliche und künstliche Körperteile

Für die Sichtbarkeit spielten materielle Objekte wie Gewänder oder Perücken eine wichtige Rolle. Auch bei Prothesen war die Erörterung des Scheins ein großes Thema.[134] Sie sollten, wie Perücken, das fehlende Körperteil nicht nur im Vollzug ersetzen, sondern auch echt erscheinen. Hier stellt sich die Frage, in welcher Situation die Differenz zwischen natürlichem Körperteil und künstlichem Objekt kritisch wurde, also die Problematik der Echtheit aufgeworfen wurde. Sollte beispielsweise die geweihte Hostie nur mit echten Fingern berührt werden? Erkannte die Kirche die Ersetzung eines Körperteils durch eine Prothese an, oder wurde vielmehr weiterhin ein Defekt am Körper gesehen?[135]

Zunächst ist festzustellen, dass Prothesen an der Hand von der Konzilskongregation deutlich stärker problematisiert wurden als etwa Holzbeine. Das lag sicherlich sowohl an der wichtigeren Rolle der Hand beim liturgischen Vollzug als auch an der höheren Sichtbarkeit dieses Körperteils. Während Holzbeine unter der Kleidung verborgen werden konnten, wurden selbst bei Körperbewegungen hilfreiche Hand- und Fingerprothesen bezüglich ihrer Sichtbarkeit kritisch gesehen. Der Priester Bartholomeo Scofiero etwa supplizierte, den bei einem Jagdunfall verlorenen Teil des linken Daumens mit einem kleinen silbernen Stück ersetzen zu dürfen.[136] Die Kongregation antwortete darauf, dass er dispensiert werden könne, aber besser auf die Anbringung des silbernen Stücks verzichten solle.[137] Die Betonung kann man dabei auf *silbern* legen, was die Prothese vermutlich besonders sichtbar machte. Diese Sichtbarkeit wird bei der Elevation am größten ge-

---

134 Zur Ästhetik von Prothesen vgl. Heide, Dis/ability, S. 465–468.
135 Letztere Haltung findet sich etwa in einem Lehrbuch zum katholischen Kirchenrecht aus dem 19. Jahrhundert:»Wird der Mangel eines nötigen Gliedes durch ein künstliches Glied beseitigt, so fällt deshalb die Irregularität nicht weg.« Silbernagl, *Lehrbuch*, S. 150.
136 Montis Regalis, 20.06.1693, Pos 117.
137 »Denegata Oratori suffectione frustuli argentei«; Montis Regalis, 20.06.1693, Pos 117.

wesen sein. In manchen Kirchen wurde die helle Hostie vor einem schwarzen Tuch gehoben, so dass diese besonders hervorstach.[138] Zur letztlich doch positiven Antwort trug gewiss bei, dass der Bischof bescheinigte, der Supplikant könne die Messe auch ohne die Prothese anständig genug *(satis decenter)* feiern.[139] In einem anderen Fall zeigt sich, dass die Messfeier auch ohne Prothese gut gelang und diese nur zur ästhetischen Aufhebung der *deformitas* angefertigt werden sollte.[140]

Die erste umfangreichere rechtliche Auseinandersetzung mit dem Thema einer Handprothese findet sich allerdings in einem Fall von 1772 aus dem Heiligen Römischen Reich. Der Pfarrer des Dorfes Rohr in der Diözese Augsburg, Joseph Franck, supplizierte, die Messe nach dem Verlust der Finger der linken Hand mit einer Prothese zelebrieren zu dürfen.[141] Die angebrachten silbernen Finger seien kunstvoll gefertigt und sogar vom Bischof konsekriert *(ab Episcopo consecratis)*. Die Konzilskongregation beauftragte den Augsburger Offizial mit einem *experimentum*, um zu bestätigen, ob ein sichtbarer Makel oder ein Hindernis für die Messfeier vorlägen. Wenn von vornherein nur echte Finger mit der Hostie in Berührung kommen dürften, wäre dieser Verfahrensschritt überflüssig gewesen.

Die Überprüfung betonte zunächst, dass die Prothese bei der Handhabung der Hostie funktionierte. Entscheidend war zudem, genau wie bei den analysierten Blicken auf Holzprothesen, wie das ersetzte Körperteil aussah. Die Kunst eines berühmten Augsburger Handwerkers mache beides möglich und erfüllte eine doppelte Leistung: Die künstliche Hand, so die Supplikation, funktioniere *und* sehe dabei wie echt aus. Er könne ohne jegliche Deformität oder Skandal die Messe zelebrieren, weil der Defekt an Hand und Fingern von den Beistehenden nicht bemerkt werde, außer von denen, die diesen Defekt von anderswoher bereits kannten.[142] Dass die Konzilskongregation hier dennoch negativ antwortete, kann mehrere Gründe

---

138 Vgl. Wandel, *Eucharist*, S. 23; Browe, Elevation, S. 57.

139 »Etiam sine appositione petii argenti, iuxta easdem preces, vel secundo et tertio digitis manus praedictae in conficiendo sacro, satis decenter Hostiam pertractare posse dignoscerim.« Montis Regalis, 20.06.1693, Pos 117.

140 »Remanent tantum pollex et Index, quibus hostiam Sacram pertractare posset; reliquos vero digitos abscissos, ad arcendam deformitatem, ex argento vel alia materia conflare intendit«; Senogalliensis, 15.03.1704, Pos 259.

141 Ein Jahr zuvor hatte Franck noch ohne Prothese suppliziert; vgl. Augustana, 23.11.1771, Pos 1168.

142 »Licet vero episcopus, facto coram ceremoniarum magistro experimento retulisset, sine ulla prorsus deformitate aut scandalo missae sacrificium posse celebrare, ut digitorum et

haben. Zunächst war die ursprüngliche Supplik fehlerhaft, denn der Offizial berichtete, dass der Chirurg dem Pfarrer keineswegs, wie dort angegeben, nur die Finger, sondern auch die ganze Handfläche entfernt habe. Auch zeigt die lokale Dokumentation des Falles in Augsburg, dass Franck die Messe bereits seit längerem mit der Prothese zelebriert hatte.[143] Damit stand der Vorwurf im Raum, irregulär die Messe gefeiert zu haben, und damit zusätzlich irregulär *ex delicto* zu sein.

Eine weitere Erklärung für die kritische kirchliche Haltung gegenüber Handprothesen deutet auf eine Spannung in der Konzeption des *scandalum* hin. Zwar hieß es in der Stellungnahme des Offizials, dass die künstliche Hand kaum zu bemerken sei. Zugleich aber schrieb er, die Hand sei ein Wunder *(prodigium)* der mechanischen Kunst, das von allen, die es sähen, mit einzigartiger *admiratio* aufgenommen werde.[144] Die bisherigen Ergebnisse dieses Kapitels machen es plausibel, dass diese Passage für den Supplikanten zu seinen Ungunsten interpretiert wurde. Mit *prodigium* und *admiratio* – im Plädoyer des Offizials offenbar positiv gemeint – sind gleich zwei Begriffe genannt, die in Rom wie Signalwörter für eine Ablehnung gewirkt haben könnten. Paradoxerweise war es also gerade die bewundernswerte Form und Funktion der Augsburger Prothese, die sie so problematisch machte.

Im Laufe der Zeit änderte sich die Entscheidungspraxis der Konzilskongregation hinsichtlich Prothesen, wie ein Ausblick verdeutlichen kann. In einem Fall von 1918 wurden die Fortschritte der *scientia orthopediae* gepriesen.[145] Eine gewisse Öffnung gegenüber künstlichen Gliedern fand allerdings deutlich früher statt als im oder nach dem Ersten Weltkrieg.[146] Für Fußprothesen wurden bereits erfolgreiche Fälle und sogar Empfehlungen zum Verbergen vor der Gemeinde genannt. Für Handprothesen lässt sich dies im 19. Jahrhundert nachweisen. So entschied die Konzilskongregation

---

manus defectus non advertatur ab adstantibus, nisi ab iis, quibus illorum defectus aliunde cognitus esset.« Augustana, 19.12.1772, Thesaurus, Bd. 41, S. 225f.

143 Die lokalen Behörden waren sich der Dispens aus Rom offenbar sicher gewesen, denn Franck hatte die Erlaubnis erhalten, »bis zur Einlangung der päpstlichen Dispensation, die von hier an würdt gewiss procuriert werden, ohnbehindert [zu] celebrieren.« Archiv des Bistums Augsburg, Bischöfliches Ordinariat, 5355, Rohr, Dekanat Reichertshofen, Miscellanea.

144 »Novum hoc artis mechanicae prodigium, omnium, quotquot illud videre contigit, singulari admiratione exceptum«; Augustana, 19.12.1772, Thesaurus, Bd. 41, S. 225f. Zur Kunst als Urheberin von ›Wundern‹ vgl. Daston/Park, *Wonders*, S. 255–301.

145 *Acta Apostolicae Sedis*, 10, 1918, S. 436.

146 Anders als bei Sabine Kienitz aufgrund der dortigen Begrenzung auf die Zeit des Ersten Weltkrigs festgestellt; vgl. Kienitz, Weihehindernisse.

in Fällen aus den Jahren 1821 und 1863, dass verlorene Finger durch eine Prothese ersetzt werden *sollten.* Zuvor hatte sie ein *experimentum* mit Prothese und eines ohne eingefordert.[147] Körperpraktiken mit Prothesen wurden in der Konzilskongregation also bis ins 18. Jahrhundert skeptisch, dann zunehmend wohlwollend betrachtet. Man kann festhalten, dass die Prothese in diesem Kontext zunehmend zu einem Kleidungsstück wurde, das es, wie die Messgewänder, nur für die Messfeier anzulegen galt. So findet sich die Forderung nach einer Art Spezialprothese für die Eucharistie, die im Alltag nicht verwendet werden durfte und die man würdig aufbewahren solle.[148] Die Differenz zwischen Profanem und Heiligem ließ offenbar in diesem Fall die Trennung von Natürlichem und Künstlichem verblassen.

Der Umgang mit Schein und Sein bei Prothesen soll durch ein abschließendes Beispiel weiter veranschaulicht werden. Das umfangreiche Verfahren im Fall des Priesters Asperandus Galeanus aus Lodi bei Mailand von 1694 wurde bereits hinsichtlich der Bestimmung von Privatheit untersucht.[149] Nach einem Sturz vom Pferd und der Amputation des rechten Fußes ersetzte Galeanus diesen zunächst nicht durch ein Holzbein, sondern durch ein hölzernes Gestell *(fulcro)*, offenbar eine Art Krücke.[150] Der Grund für die Ablehnung einer ersten Supplik durch die Konzilskongregation war die Sichtbarkeit dieses Objekts. Der Bischof schrieb, er habe Galeanus unverzüglich zu sich rufen lassen und das verletzte Bein und die Krücke gemeinsam mit seinem Zeremonienmeister untersucht.[151] Der Pfarrer sei so zwar in der Lage, frei und ohne weitere Hilfe zu laufen, allerdings könne die angelegte Soutane nicht zur Gänze die Holzkonstruktion verbergen, was eine *deformitas* verursache.[152]

Eine neue Supplik des Galeanus stützte sich im Folgenden darauf, dass der Zeremonienmeister ihm in dieser Situation den Rat gegeben hatte, statt

---

147 Vgl. Sabarien, 13.09.1862, *Causae Selectae,* S. 57.

148 »Dummodo his digitalibus in nulla alia actione utatur et ea reverenter custodiat in capsula«; Sabarien, 13.09.1862, *Causae Selectae,* S. 59.

149 Laudensis, 05.06.1694, LD 43, 555r, LD 44, 10r/v, 190v, 265r/v, Pos 132.

150 Laudensis, 05.06.1694, Pos 132.

151 »Inspexi, et visitavi in crure mutilatum, et innixum fulcro ligneo«; Laudensis, 05.06.1694, Pos 132.

152 »Indutus veste talari, adhuc non poterat in totum tegere extremitatem dictae stampellae, ex qua causabatur aliqua deformitas.« Der Ratschlag des Magister Caeremoniarum lautete: »ad illi occurrendum fuit ex consilio etiam dicti Ceraemoniarii insinuatum, quod dictus Orator curaret elaborari pro fulcro pedem, et tybiam ligneam, quibus inniteretur, et ea aptari Cruri mutilatio, et vere eis elaboratis, ac superinduta caliga, et calceamento«; Laudensis, 05.06.1694, Pos 132.

der Krücken einen Fuß aus Holz herstellen zu lassen, der unter Kleidung und Schuhen nicht zu sehen sein würde. Nachdem der Supplikant diesem Ratschlag gefolgt sei, so der Bischof, habe eine zweite Prüfung ergeben, dass die *deformitas* damit behoben sei. Ein separater Brief des Bischofs an die Konzilskongregation setzte sich für die Supplik ein, da der Holzfuß derart passend am Oberschenkel und unter der Kleidung angebracht sei, dass »man nicht unterscheiden könne, ob es ein künstlicher oder echter Fuß sei *(se sia finta, o naturale)*«.[153]

Das Fehlerhafte am Körper war nicht mehr nur unsichtbar. Das Künstliche, auf den Makel Verweisende wird als ununterscheidbar vom Echten, Natürlichen beschrieben. Die vom Bischof attestierte gelungene Täuschung wird damit in den Mittelpunkt gerückt. Die Formulierung demonstriert, wie im Verfahren ein Drittes neben dem Bischof und Supplikant ins Spiel kommt. Mit »man« meinte sich der Bischof kaum selbst, wusste er doch genau, dass der Fuß nicht echt war. Die Unterscheidung zwischen Kunst und Natur war nicht epistemologisch fragil, denn die Bischöfe sagten genau, was echt und was falsch war. Sie wurde vielmehr praktisch verwischt, wenn es um den ungenauen Blick der Gemeinde gehen sollte.

Erfolgreich war diese Strategie im Falle von Galeanus nur, weil er in insgesamt vier *experimenta* – zusätzlich zur körperlichen Übung in den verlangten Handlungen – erheblichen Aufwand betrieb, um die Sichtbarkeit des Defekts zu reduzieren, und sich dabei nach dem Ratschlag seines Bischofs beziehungsweise des Zeremonienmeisters richten konnte. Der Schein wurde letztlich empirisch von den Zeremonienmeistern bestätigt. Letztere waren zwar Prüfende, kooperierten aber teilweise auch im gemeinsamen Unterfangen, den Schein gegenüber der Gemeinde zu wahren. Vielleicht war es gerade die Expertise im Entdecken liturgischer Feinheiten, die sie auch zu Experten im Verbergen machte.

Für eine historische Beschreibung des körperlich ›Skandalösen‹ und ›Deformierten‹ haben die geschilderten Fälle wesentliche Konsequenzen. Diese Begriffe werden in der Praxis ohne Bezug zur Sichtbarkeit gar nicht mehr sinnvoll bestimmbar. Das zeigt sich auch daran, dass nicht nur das *scandalum*, sondern auch die körperliche *deformitas* als relativ konzipiert wurde. So changierte der Begriff im Gebrauch zwischen einer Bedeutung als physischem Merkmal, das gegeben war und erscheinen konnte

---

153 »Non si può discernere, se sia finta, o naturale«; Laudensis, 05.06.1694, Pos 132.

oder nicht *(deformitas non apparet)*, sowie einer engeren Bedeutung als sichtbarem Makel *(non adsit deformitas)*.[154] In der relativen Verwendungsart wurde die *deformitas* durch die Praktiken des Verbergens aufgehoben; eine nichtsichtbare *deformitas* war somit im Grunde ein Oxymoron.[155] Der Begriff ließ sich offenbar kaum besser fixieren als seine Konsequenzen, die Reaktionen der Beobachter.[156] Das Changieren in der Begrifflichkeit ist symptomatisch für die Abwesenheit eines Fixpunkts am Körper, der unabhängig von Sichtbarkeit und Reaktionen wäre.

Die Akteure konstruierten so kontinuierlich selbst die körperliche Oberfläche, auf die sich der Blick richten und auf die es ankommen sollte. Die Kongregation und Bischöfe vor Ort tolerierten Täuschung nicht nur (siehe Casaros Perücke), sondern schrieben diese in einigen Fällen vor (etwa bei Prothesen). Es wäre also einseitig, die Praktiken des Verbergens nur dissimulierenden Betroffenen zuzuschreiben, die sich gegen den Enthüllungsdruck vonseiten der kirchlichen Obrigkeit wehrten. Es hat sich gezeigt, wie nicht der perfekte Körper im Klerus angestrebt wurde, sondern der perfekte Schein. Aus dem Verwischen der Grenze zwischen Schein und Sein sollten wir allerdings auch keine Widersprüchlichkeit in der Betrachtung der Akteure ableiten. Vielmehr wurde der gelingende Schein als religiös hochrelevant und damit essentiell angesehen. Wenn das Heil auch von der Außenwirkung abhing, wurde der Schein zum Kern.

Zum Abschluss des Teils zum *scandalum* soll ein Zwischenfazit gezogen werden. Im ersten Abschnitt habe ich argumentiert, dass die Bezugnahme auf den Begriff *scandalum* auf das christliche Problem antwortete, dass eine Beachtung des Äußeren als ›oberflächlich‹ eingestuft werden konnte. Mit dem Fokus auf die Außenwirkung in der Gemeinde als Grundlage der Irregularität ließen sich starke Annahmen und moralische Wertungen von

---

154 »Distinguendum sit inter maculam, & maculam, scilicet inter maculam, quae causat deformitatem, & scandalum, & maculam, quae neutrum horum generat«; Lucana, 12.01.1697, Pos 171.

155 Vgl. die Formulierung, die Perücke diene »ad evitandam deformitatem«, also nicht zur Verhinderung des *scandalum*, sondern der Aufhebung der *deformitas*. Viterbiensis, 05.07.1710, Pos 335.

156 Dass weitere Faktoren als der Körper für die Einstufung als *deformitas* eine Rolle spielen, zeigt sich auch in anderen Verwendungskontexten: In den Wunden der Märtyrer liegt keine *deformitas*, so Thomas von Aquin: »Non enim deformitas in eis, sed dignitas.« Die Stelle findet sich auch ganz ähnlich bei Augustinus, wo es heißt, nach der Auferstehung »werden als dann alle Gebresten, die dem Leibe zugestoßen sind, verschwunden sein, aber Heldenmale sind eben nicht als Gebresten zu erachten oder anzusprechen«. Augustinus, *Schriften*, Bd. 3, S. 911.

Körpergebrechen umgehen. Die fast völlige Abwesenheit von Moralisierungen wurde auch in konkreten Fällen vor der Konzilskongregation aufgezeigt. Selten wurden negative moralische Eigenschaften mit dem Körpergebrechen vermengt. Körperdefekte wurden in einer moralisch aufladbaren Sprache *(scandalum, deformitas, monstruositas, turpitudo)* letztlich bemerkenswert nüchtern behandelt.

Den Raum, den die Moralität frei ließ, füllten Fragen der Sichtbarkeit und Auffälligkeit. Der wesentliche Aspekt des kirchenrechtlichen Diskurses lag darin, dass körperliche Gebrechen nicht als solche problematisiert wurden, sondern in ihrer Sichtbarkeit. Strukturell gleicht die Argumentation damit der Sichtweise, dass der Makel nicht als solcher zähle *(non vitio in se)*, sondern nur der Vollzug klerikaler Aufgaben.[157]

Verhandelt wurden damit in vielen Fällen nicht mehr nur (gebrechliche) Körper, sondern die Akteure diskutierten und beurteilten vor allem deren Lesbarkeit und Verhüllbarkeit in sozialen Situationen. Dabei lassen sich gewünschte und unerwünschte Formen der Aufmerksamkeit unterscheiden. Begriffe wie Ekel, aber vor allem Verwunderung *(admiratio)* stehen für Reaktionen, die in der Gemeinde vermieden werden sollten. Die Gemeinden und ihre Affekte waren als Referenzpunkte heterogen gedacht. Der Kontext bestimmte in hohem Maße die Eignung von Klerikern und setzte absoluten Normen und Definitionen Grenzen.

Die geschilderte Konzeption von Gebrechen konnte für alle Beteiligten funktional sein. Die Schwierigkeiten, die sich gerade für die kirchlichen Autoritäten ergaben, waren allerdings beträchtlich. Das *scandalum* entzog sich weit mehr als das liturgische Können dem im Verfahren autorisierten Urteil der Amtsträger. Die autoritativen Bestimmungen des *scandalum* insbesondere durch Bischöfe war fragil, wie sich in Konfliktfällen zwischen Bischof, Supplikant und Gemeinde zeigt. Der Begriff *scandalum in populo* eignete sich sowohl für bischöfliche Willkür als auch für ein Aufgreifen ›von unten‹, also durch Mitglieder der Gemeinde.

Neben dem Austausch von rechtlichen Argumenten verlief die Aushandlung von *scandalum* auch über Körperpraktiken. Hier habe ich verschiedene Formen des Verbergens aufgezeigt. Die Fälle zeigen, dass der Begriff des Verbergens dem von Erving Goffman verwendeten »Täuschen« vorzuziehen ist, da dieses leicht einen pejorativen Klang annehmen kann und einseitig auf die Betroffenen ausgerichtet erscheint, die sich den von den

---

157 Vgl. oben Kap. 2.1.

Autoritäten umgesetzten Normen entziehen wollten.[158] Dagegen wurde festgestellt, dass nicht von dissimulierenden Supplikanten und entdeckenden Obrigkeiten gesprochen werden kann, da letztere Praktiken des Verbergen begünstigten und zum Teil geradezu einforderten.

Nicht vergessen sollte man allerdings den latenten Nachteil für die Betroffenen, die die Sichtbarkeit von Gebrechen zwar aktiv beeinflussen, aber im Gegensatz zur Obrigkeit nicht rechtsverbindlich beurteilen konnten. Das vage Konzept des *scandalum in populo* machte sie prinzipiell jederzeit diskreditierbar, auch wenn die Person jahrzehntelang in der Gemeinde akzeptiert worden war. Ein wichtiges Instrument, das Supplikanten gegen den Vorwurf eines *scandalum* einsetzten konnten, war die Anrufung medizinischer Experten, die im nächsten Kapitel behandelt werden.

---

158 Goffman, *Stigma*, S. 94.

4. *Iudicium Medicorum.* Die Rolle medizinischer Experten

Während bislang kirchliche Amtsträger und die Gemeinde als Beobachter von Körpergebrechen im Blickpunkt standen, untersucht dieses Kapitel die Rolle von medizinischen Experten im Verfahren. Gezeigt werden soll, wie die katholische Kirche mit Ärzten kooperierte und inwiefern sich die medizinische Betrachtungsweise des Körpers fundamental von der bisher herausgearbeiteten Logik von Können und *scandalum* unterschied.

Der Fall des Priesters Marcello Orlando aus Lecce verdeutlicht die Kernperspektiven des Kapitels. Orlando hatte sich an die Konzilskongregation gewandt, weil er in seiner Gemeinde als Leprakranker denunziert worden war.[1] Diese böswillige Verleumdung *(mera calumnia)* hatte für ihn, von seinem Priesterstatus abgesehen, die unangenehme gesellschaftliche und finanzielle Folge, dass er als Lepröser ins Buch der Kommende des Lazarus-Ordens aufgenommen worden war und, im Todesfall, sein ganzes Erbe an diese gehen würde.[2] Die Strategie des Supplikanten, um sich gegen die Behauptungen zu wehren, bestand in der Konsultation von medizinischen Experten. Seine Versicherung, dass er nicht an der Lepra leide, stützte sich auf ein schriftliches Gutachten, das ein *medicus* und ein *chirurgus* im selben Ort unterzeichnet hatten.[3] Laut eigener Aussage hatten diese

»die gebührenden Untersuchungen angestellt, ob der Priester in irgendeiner Weise infiziert oder suspekt sei, an der Krankheit zu leiden, die auf Italienisch *elefantico* genannt werde. Sie hatten seinen nackten Körper genau untersucht, gesehen und erkannt *(osservato, visto, e riconosciuto nudis carnibus)* und mit aller Sorgfalt gefunden, dass Marcello frei, immun und exempt von dieser Krankheit sei und keineswegs derer verdächtig.«[4]

---

1 Alexanensis, 13.11.1694, Pos 139.

2 Zum Erbrecht bei Leprafällen vgl. Haeberl, *Abhandlung*, S. 129f.

3 Ich verwende im Folgenden auch die Begriffe Arzt und Chirurg.

4 »Havendo fatte le debite diligenze se detto Sacerdote fosse in alcun modo infetto o suspetto di morbo volgar. detto elefantico, havendomolo bene osservato, visto, e

Die Konzilskongregation beauftragte den Bischof, entsprechend dieser Expertise dafür zu sorgen, dass Orlandus wieder aus dem Buch der Lepra-kranken gestrichen werde.[5] Der medizinische Blick auf den eigenen Körper hatte für Orlando die gewünschte Wirkung entfaltet.

Der Fall zeigt, dass medizinische Beratung nach einer Art Plot funktio-nierte. Dieser bestand darin, dass ein Kleriker unschuldig verdächtigt wurde, ein Gebrechen zu haben, und die Mediziner anschließend den wahren Sach-verhalt ans Licht brachten. Im Folgenden wird gefragt, in welchen Situatio-nen und warum dieses Erzählmuster in der Rechtspraxis existierte und welche Funktionen es entfaltete. Als wesentliche Elemente werden die Rolle des Experten im Verfahren, die Charakterisierung des medizinischen Blicks auf den Körper und das Verhältnis zu Sichtbarkeit und *scandalum* in den Blick genommen.

Inhaltlich fokussiert das Kapitel dafür vor allem auf drei Themen, die sich in Fällen in der Konzilskongregation finden. Erstens wird der Umgang mit Epilepsie, zweitens mit *morbus gallicus* und anderen kontagiösen Krank-heiten im Zusammenhang mit Ordenseintritten untersucht. Zuletzt geht es um den Umgang mit geschlechtlich uneindeutigen Körpern im Klerus.[6] Den thematischen Feldern gemeinsam ist die starke Präsenz von medizinischen Experten und eine eingeschränkte *prima-facie*-Sichtbarkeit des körperlichen Makels. War Epilepsie nur punktuell bei Anfällen sichtbar, so lag es im Wesen von Syphilis, gerade zu Beginn der Krankheit verborgen zu bleiben. Das Geschlecht einer Person ließ sich ebenfalls nur eingeschränkt von außen erkennen. Diese Themen eignen sich deshalb besonders gut, um zu fragen, wie medizinische Expertise sich zu den bisher analysierten Komplexen von Können und besonders *scandalum* verhielt.[7]

Das Kapitel zielt auch darauf ab, die Untersuchung von Körper-gebrechen in ein wachsendes Forschungsfeld einzuordnen, das die Rolle der

---

riconosciuto nudis carnibus, e con tutte le diligenze possibili havemo ritrovato, che lo d. D. Marcello sia libero, immune et esente di detto morbo et in niun modo sospetto di quello«; Alexanen, 13.11.1694, Pos 139.

5 Alexanensis, 13.11.1694, Pos 139.

6 Der besseren Lesbarkeit halber werden im Folgenden Epilepsie und *morbus caducus* ebenso wie Syphilis und *morbus gallicus* synonym verwendet, auch wenn die historischen Begriffe nicht mit modernen in eins zu setzen sind; für *morbus gallicus* vgl. Arriza-balaga/Henderson/French, *Great Pox*.

7 Es wird dagegen keine Analyse der medizinischen Phänomene versucht, die den Ge-brechen zugrunde lagen. Zur Problematik retrospektiver Diagnose siehe etwa French, *Medicine*, S. 231f., und Leven, Krankheiten, S. 153–185. Für Lepra Demaitre, *Leprosy*, S. viii.

Medizin im frühneuzeitlichen Katholizismus beleuchtet. Ältere Forschungen, die von der Inkompatibilität der katholischen Kirche mit Medizin und ›Wissenschaft‹ überhaupt ausgegangen waren, sind mittlerweile umfassend revidiert worden.[8] Die hier untersuchten Fälle sind Teil eines breiteren Phänomens, wobei hier lediglich drei Themen erwähnt seien, bei denen medizinische Expertise im kurialen Entscheidungsprozess wichtig war: Mediziner waren – mit zunehmender Intensität ab der zweiten Hälfte des 17. Jahrhunderts – in Heiligsprechungsverfahren präsent, in denen Wunder an Körpern anderer oder des (toten) Heiligen selbst diskutiert wurden.[9] Zweitens lassen sich die Prozesse zur Ehenichtigkeit nennen, in denen Ärzte eine wesentliche Rolle bei Entscheidungen über Impotenz und dergleichen spielten.[10] Zudem wurde in Fällen von Mord, an denen Kleriker als Opfer oder Täter beteiligt waren, vor kirchlichen Gerichten häufig die Verantwortlichkeit des Beschuldigten durch eine Autopsie geklärt.[11] Die Fälle von Körpergebrechen können – so wird im Folgenden aufgezeigt – dieses Bild als zusätzliche »key area of contact between religion and medicine« erweitern.[12]

---

8 Mit weiteren Angaben vgl. Donato/Kray, *Duties.*

9 Dieses Thema dominiert in der Forschung. Als Synthese angelegt ist Bouley, *Postmortems.* Für das Mittelalter vgl. Ziegler, *Saints.* Jeweils anhand von spezifischen Heiligen auch Andretta, *Anatomie,* S. 255–280, die von einer Anatomie der Gegenreformation spricht, und Pomata, *Malpighi.* Kanonisierungsverfahren im Kontext eines allgemeinen Interesses an Medizin im Rom des 16. Jahrhunderts behandelt Santing, *Affectibus.*

10 Im Wesentlichen geht es um Zeugungsunfähigkeit respektive Impotenz; vgl. Hacke, *Women,* vor allem S. 155–164; Gherro/Zuanazzi, *Perizie;* Pastore, *Medico;* Bajada, *Impotence.* Am Beispiel der Epilepsie vgl. Schattner, *Familie,* S. 169–179.

11 Zur Geschichte der Gerichtsmedizin vgl. Fischer-Homberger, *Medizin.*

12 Pomata, *Devil's Advocate,* S. 120. Für die Zeit um 1700, aus der die Fälle stammen, lässt sich hinzufügen, dass die erste päpstlich-medizinische Investigation im Bereich der öffentlichen Gesundheit stattfand; vgl. Donato, *Death.*

4.1 Medizin und das ›skandalöse‹ Ereignis: Epilepsie

Erscheinung versus Wesen – der Fall Repetti

Am Morgen des 12. März 1686 fiel der Priester Lelius Repetti zu Boden und verlor das Bewusstsein, während er in der Pfarrkirche von Sestri Levante die Messe zelebrierte. Ein Augenzeuge berichtete später, der Sturz habe sich genau zwischen der Konsekration der Hostie und des Kelches ereignet. Die Hostie sei dabei in vier Teile zerbrochen, von denen einer später nicht mehr aufgefunden werden konnte.[1] Lelius Repettis Fall beschäftigte verschiedene kirchliche Autoritäten über mehrere Jahre hinweg. Der Bischof von Brugnato, Giambattista Dadece, hatte Repetti suspendiert, weil er an Epilepsie leide *(morbus caducus laborans)*. Weil dieser trotz Aufforderung weiter die Messe feierte, wandte Dadece sich an die Konzilskongregation, um die Suspension zu bestätigen. In der umfangreichen Dokumentation im Archiv der Kongregation ist belegt, wie sich Repetti gegen die Behauptung wehrte, er sei Epileptiker.

Anhand seiner Argumente lassen sich aber auch die in dieser Arbeit bereits geschilderten Register des Könnens und von *scandalum* beobachten. Zum einen hob Repetti in seiner Verteidigung auf eine mögliche Einschränkung der Öffentlichkeit zukünftiger Messfeiern ab – er habe bereits ein päpstliches Breve für eine private Kapelle in seinem Haus erhalten.[2] Die Option der Privatmesse war bereits in der ersten Supplik des Bischofs erwähnt worden und wurde offenbar für die darin beschriebenen Anfälle Repettis für nicht ausreichend befunden. Deshalb bat Repetti zusätzlich in einer eigenen Supplik von 1692 um die Erlaubnis zur Messfeier mit Assistenz.[3] Repetti beschuldigte den Bischof Dadece, er wolle ihm seit jeher aus

---

1 Brugnatensis, 08.07.1690, Pos 80.
2 Offenbar wollte er aber weiterhin öffentlich zelebrieren. Vgl. für Epilepsie und das Meiden von Menschenansammlungen Schattner, *Familie*, S. 191.
3 Brugnatensis, 20.09.1692, Pos 107.

anderen Gründen Böses.[4] Tatsächlich warf dieser Repetti nicht nur vor, er habe epileptische Anfälle, sondern auch generell Messen und Prozessionen gegen bischöfliche Erlaubnis abgehalten.[5]

Das Argument Repettis, er leide überhaupt nicht an Epilepsie, gewann an Fahrt, als er eine Übertragung des Falles an den Bischof von Ventimiglia, Giovanni Girolamo Naselli erreichte.[6] Der eingeschaltete zweite Bischof habe, so heißt es zur Unterstützung Repettis, als *prelato diligentissimo* – im Gegensatz zu Dadece – nichts unterlassen, um den Gesundheitszustand des Betreffenden aufzuklären und insbesondere Mediziner aus Genua dazu befragt.[7] Dadece habe nicht die notwendigen Gutachten medizinischer Experten eingeholt.[8] Im Gegensatz zum eingeschalteten zweiten Bischof Naselli stünden ihm nur das Urteil des Arztes an seinem Residenzort Sestri Levante zur Verfügung, der vielleicht geeignet sei, von gewöhnlichen Fiebern zu sprechen, aber nicht zwischen Epilepsie und anderen Krankheiten mit Anfällen zu unterscheiden. Ob dieser örtliche Arzt tatsächlich gehört worden war, bleibt unklar – es ging vielmehr um eine prinzipielle Aussage: Der bessere Bischof war der, dem bessere Ärzte zur Verfügung standen.

Die Diskussion um Repettis angebliche Epilepsie zeichnet sich durch einen scharfen Widerspruch zwischen den Ausführungen Dadeces und der konsultierten Zeugen einerseits und den Medizinern andererseits aus. Der Konflikt eignet sich deshalb besonders gut, um nach der Autorisierung medizinischer Experten zu fragen. Den Zeugen, die bei seinem Anfall von 1686 anwesend gewesen waren, war laut Repetti nicht zu trauen. Es gehe nämlich um eine Materie, »in der man sich ausschließlich an die Angaben von Experten *(persone perite)* halten müsse«.[9] Die Mediziner erschienen hier als der Ausweg aus einer Situation, die mit den Interessen der Parteien überfrachtet war – siehe die offenbare Feindschaft zwischen Repetti und Bischof. Dabei waren sie aber in diesem Fall lediglich der Sache Repettis dienlich.

Zwischen 1670 und 1707 behandelte die Konzilskongregation 22 Fälle, in denen es um Epilepsie ging. In der Gesamtschau zeigt sich, dass für die rechtliche Entscheidung zwei sehr unterschiedliche Fragen entscheidend

---

4 So werden ältere Jurisdiktionskonflikte zwischen Repetti und dem Bischof erwähnt, die ins Jahr 1669 zurückreichen (Brugnatensis, 20.09.1692, LD 42, 543r).

5 Bischof Dadece, Brugnatensis, 20.09.1692, Pos 107.

6 Zu den betreffenden Institutionen siehe Cavarzere, *Giustizia*, vor allem S. 22.

7 Brugnatensis, 20.09.1692, Pos 107.

8 »Non ha prese le dovute informazioni da Periti nell'Arte«; Memoriale, Brugnatensis, 20.09.1692, Pos 107.

9 Memoriale per Lelius Repettus, Brugnatensis, 02.02.1692, Pos 107.

waren: diejenige nach dem potentiell skandalträchtigen Ereignis (dem Anfall), das durch den Augenschein von Laien rekonstruiert wurde, und die
nach dessen Ursache (der medizinischen *causa*), für die Experten befragt
wurden. Wie der Fall Repetti zeigt, musste die römische Behörde zwischen
diesen beiden Ebenen abwägen.

Als Anlässe medizinischer Konsultation lässt sich die Anrufung von
Experten durch Betroffene einerseits und durch Autoritäten andererseits
unterscheiden, vielfach finden sich auch beide Formen.[10] Mediziner entschieden nicht direkt über kanonische Fragen. Die Stellungnahme zur
Irregularität oder Suspension war damit aber keineswegs ausgeschlossen.
Bleibt man beim Fall des Repetti, verknüpfte beispielsweise das Gutachten
des in Montpellier ausgebildeten Arztes Paulus de Fenobiis sieben Mal in
kurzer Abfolge die medizinische Beschreibung von *Symptomata* mit einer
kirchenrechtlichen Folgerung. Im Wesentlichen ging es darum, dass Repetti
nicht an Epilepsie leide und entsprechend auch nicht irregulär sei.[11] Es sei
völlig unsinnig, jemanden vom Altar zu verbannen, so de Fenobiis, der an
leichten Schwindelanfällen leide, die nur von Nicht-Medizinern für Epilepsie
gehalten würden.[12] Der Fehler von Unkundigen liege darin, dass sie jeden
Anfall gleich als Symptom für Epilepsie interpretieren würden.[13] Repetti
wurde dabei nicht als gänzlich gesund dargestellt. Die Schwindelanfälle seien
aber nicht Aneichen für Epilepsie, sondern für eine andere Krankheit. Der
Arzt Paolo Sassio sagte ebenfalls aus, dass »es prima facie scheinen mag, dass
Repetti von der Feier der Messe abzuhalten ist, weil es unschicklich und gefährlich wäre. Ungeachtet dessen darf man ihn, was den Mediziner anbe-
langt, nicht ausschließen.«[14]

Damit wurde eine direkte Deutungshoheit der Mediziner über kanonische Irregularität beansprucht. Auch Sassio wiederholte die Maxime, dass
medizinisch nicht ausgebildeten Zeugen kein Glauben zu schenken sei. Wie

---

10 Allgemein zur Möglichkeit für Parteien, in einem Verfahren *periti* anzurufen, de Renzi,
 Witnesses, S. 224f.

11 Brugnatensis, 20.09.1692, Pos 107.

12 »Incrisiones Vertiginosas quae a pluribus non Medicinae sectatoribus arbitrentur Epilepsia«; Gutachten des Arztes Paulus de Fenobiis, Brugnatensis, 20.09.1692, Pos 107.

13 »Nam vertigo non tantum symptoma sed interdum primario et per se morbus est«; Gutachten des Paulus de Fenobiis medicus, Brugnatensis, 02.02.1692, Pos 107.

14 »Prima facie videat repellendum a Missae Celebratione cum indecens et periculosum sit,
 […] His tamen non obstantibus, quod ad Medicum spectat dico D. Lelium non debere
 repelli a Missae Celebratione.« Gutachten vom 2. März 1691, Brugnatensis, 02.02.1692,
 Pos 107.

in anderen Fällen wird das einfache »Fallen« mitsamt weiteren Zeichen *(signa)* hier medizinisch von ›formaler‹ Epilepsie unterschieden.[15]

Die Differenzierung von echter Epilepsie und Anschein bestimmt auch die zusätzlich in Rom eingeholten medizinischen Gutachten der Ärzte Girolamo Brassavola und Giovanni Battista Triumfetti.[16] Für ersteren erschien Epilepsie rundweg ausgeschlossen.[17] Für Triumfetti, Professor der *La Sapienza* und Direktor der botanischen Gärten, war echte Epilepsie wegen der Frequenz der aus dem Aktenmaterial zu rekonstruierenden Anfälle sehr unwahrscheinlich.[18] Dabei argumentierte er insgesamt vorsichtiger als die vorigen Ärzte, nämlich dass die beschriebenen Zeichen nicht ausreichten, um Epilepsie zu diagnostizieren:

»Das Gutachten [der zuvor konsultierten Ärzte] und die Zeichen *(segni)* bedenkend, die darin beschrieben sind, sage und bestätige ich, dass sie nicht ausreichen, um Epilepsie zu beweisen, sondern äquivok und anderen Leiden gemein sind.«[19]

Die beiden römischen Gutachten gingen in der Summe – mit den vorigen Expertisen – eindeutig davon aus, dass Repetti *nicht* an Epilepsie litt. Dabei formulierten sie allerdings deutlich vorsichtiger und unterließen klare Schlüsse zu kirchenrechtlichen Konsequenzen, wie sie in den anderen Stellungnahmen gezogen worden waren. Entscheidend ist, dass in medizinischen Gutachten eine strukturelle Differenz zwischen *apparenza* und *essenza* hergestellt wird.[20] Während ersterer Begriff das für Nicht-Mediziner sichtbaren Außen kennzeichnet, ist die *essenza* lediglich dem medizinischen Experten zugänglich.

Dabei waren es bezeichnenderweise die Nicht-Mediziner, die sich auf direkte Beobachtung des Körpers beriefen, während die Ärzte vor allem schriftlich vermittelte Informationen zur Verfügung hatten. Die vermittelte

---

15 So heißt es, dass Repetti »formali morbo epileptico non vexari«; Brugnatensis, 20.09.1692, LD 42, 543v.

16 Die institutionellen Grundlagen der Medizin an der Kurie der Frühen Neuzeit und das medizinische Milieu wurden in der Forschung mittlerweile deutlich herausgearbeitet; vgl. etwa Andretta, *Roma*. Zu Brassavola vgl. Donato, *Vatican*. Zu Triumfetti/Trionfetti vgl. Angeletti/Marinozzi, *Triumfetti*.

17 Gutachten des Arztes Brassavola, Brugnatensis, 02.02.1692, Pos 107.

18 Gutachten des Arztes Triumfetti, Brugnatensis, 02.02.1692, Pos 107.

19 »Considerata la detta scrittura et i segni, che in essa esprimono, dico e confermo non esser quelli sufficiente validi a provare il morbo epileptico, mà equivoci e communi con altre affectioni«; Gutachten des Arztes Triumfetti, Brugnatensis, 02.02.1692, Pos 107. Zu mehrdeutigen Zeichen vgl. Demaitre, *Leprosy*, S. 207.

20 Dazu vgl. Röder, *Appearance*.

Natur der körperlichen Zeichen, also die Interpretation auf der Grundlage von Texten, war für das Funktionieren ärztlicher Expertise nicht problematisch.[21] Für die Konsultation der römischen Mediziner war dies, so lässt sich feststellen, sogar funktional. So konnte die Konzilskongregation lokale Unstimmigkeiten mit der Befragung der römischen Ärzte korrelieren.[22] Entscheidend war, dass die Gutachten nach den Regeln medizinischer Kunst *(ars medica)* angefertigt worden waren.[23] Dies äußerte sich auch in der Form der Gutachten. Sie waren umfangreich und antworteten keineswegs nur im Ja/Nein-Modus auf spezifische Fragen. Wenngleich die kirchlichen Autoritäten detailreiche Erörterungen nicht direkt angefordert hatten und diese die Entscheidungsfindung nicht unbedingt erleichterten, waren die Gutachten auf diese Weise doch Teil der Darstellung der korrekten Konsultation nach den Regeln der eigenen Kunst, sowohl was die betroffenen Parteien betraf als auch einen potentiell vorhandenen medizinischen Kollegen. Die römischen Ärzte zitierten direkt die Gutachten der lokalen Ärzte. Eine Verschränkung beider Ebenen von Expertise wurde im Verfahren auch materiell suggeriert. So schrieb der römische *protomedicus* Luca Tomassini etwa sein Gutachten für die Konzilskongregation auf die Rückseite des Gutachtens dreier lokaler Ärzte, womit die Kenntnisnahme des Inhalts jedenfalls naheliegend war.[24]

Gerade für höherrangige Ärzte waren auch Verweise auf aktuelle akademische Werke zum Thema obligatorisch. So zitierten die Gutachten im Fall Repetti neben althergebrachten Autoritäten wie Galen auch den neuesten Stand der Forschung, etwa Syndenhams *Dissertatio epistolaris* von 1682 oder häufig Thomas Willis *Pathologiae Cerebri Specimen* (erstmals 1667).[25] Die neuesten Erkenntnisse über die innere Funktionsweise des Gehirns wurden so in der Entscheidungsfindung jedenfalls erwähnt, und die Konzilskongregation rezipierte ausschnittsweise aktuelles naturphilosophisch-wissenschaftliches Wissen. Die Kooperation zwischen kirchlichen Behörden

---

21 Auch in den von Silvia de Renzi besprochene Fällen geht es nicht um die direkte Inspektion von Körpern:»The higher the *perito*, the further away from the body as source of evidence his contribution would be.« De Renzi, Witnesses, S. 232.

22 Zentrale und besonders lokale Ärzte agierten in jeweils unterschiedlichen Kontexten, etwa als Stadt-, Hospital- oder Klosterärzte. Zum *valetudinarius* eines Kapuzinerklosters vgl. in der Konzilskongregation etwa Venetiarum, 02.03.1697, Pos 172.

23 Dies war nicht nur ein abstrakter Ausdruck, sondern konnte auf das universitäre Curriculum verweisen; vgl. Demaitre, *Leprosy*, S. 76.

24 Lunensis Sarzanensis 17.12.1707, Pos 307. Zum Amt siehe Carlino, Books, S. 70–77.

25 Gutachten des Arztes Triumfetti, Brugnatensis, 20.09.1692, Pos 107.

und Medizin führte zu einer besonderen Dynamik der Konsultation. Medizinische Experten mussten nicht nur als Berater fungieren, sondern auch den Ansprüchen ihres eigenen Faches genügen. Dadurch entstanden Beschreibungen, die für die beratene Institution im Grunde zu viel an Wissen darstellte. Diese langen Erörterungen waren für die Darstellung medizinischer Autorität funktional und stärkten auch die Verfahren der Kirche. Über die medico-legale Literatur, die wiederum Verfahren aus der Rechtspraxis aufgriff, und später die Entscheidungssammlung des Thesaurus konnte die Zurschaustellung von Gelehrsamkeit potentiell auch breitere Wirkung entfalten.

Die persönliche Frömmigkeit oder pastorale Qualität des Repetti spielte nicht nur für die Mediziner, sondern offenbar auch für die römische Behörde keine Rolle. Auch Bischof und Zeugen äußerten sich nicht negativ zu diesen Aspekten. Zwar schrieb Repetti in einem selbst verfassten Brief an die Konzilskongregation, er übergebe sich Gott, »der das Innere sieht *(che vede lo interno)*«.[26] Für das Verfahren viel wichtiger als die religiöse Verfasstheit, die Gott überlassen wurde, war aber das von den Medizinern beschriebene Innere des Körpers, in diesem Falle ganz konkret das Gehirn. In dessen grundlegender Struktur unterschied sich Repetti auch in der Sichtweise der Zeitgenossen kaum von einem Nicht-Kleriker, so dass die medizinischen Argumente breitere Geltung beanspruchen konnten als die meist klerikerspezifischen Aussagen der Kanonistik.

Spezifisch für Repetti war der häufige Verweis auf seine Tätigkeit als Gelehrter, der sich in den medizinischen Gutachten findet. So schrieb etwa Triumfetti, dass man bei so eifrigem Studieren, wie es Repetti betrieb, unter »hypochondrischen Krankheiten« geradezu leiden müsse.[27] Diese Aussagen erinnern daran, dass die Natur der Krankheit aus verschiedenen Parametern abzulesen war – nicht lediglich dem Körper des Kranken.[28] Damit klingt deutlich ein breiterer medizinischer Diskurs zur Gesundheit der Gelehrten an, der zeitgenössisch mit den Namen Bernardino Ramazzini (1633–1714), dem sogenannten »Vater der Gewerbemedizin«[29], und später Giuseppe

---

26 Brugnatensis, 20.09.1692, Pos 107.

27 »Si igitur tanta assiduitate studiis […] assero ipsum non solum laborare, sed non posse non laborare affectione hypocondriaca.« Gutachten des Arztes Triumfetti, Brugnatensis, 20.09.1692, Pos 107. Dort heißt es, Repetti habe auch Werke publiziert. Zum Begriff der hypochondrischen Krankheit vgl. Stolberg, *Homo*, S. 226.

28 Vgl. etwa Stolberg, *Harnschau*, besonders S. 220.

29 Zu Ramazzini siehe Eckart, *Ärzte-Lexikon*, S. 269.

Antonio Pujati (1701–1760) und Samuel Auguste Tissot (1728–1797) verbunden ist. Es war Konsens, dass eifrige Gelehrsamkeit zu Krankheiten führe, insbesondere durch rastlose Aktivität des Gehirns, Schlaf- und Bewegungsmangel sowie schlechte Körperhaltung und Ernährung. Krankheitsfälle von gelehrten Geistlichen, deren Gesundheit wegen ihrer Tätigkeit litt, gehörten hier zum Standardrepertoire. Die angeschlagene Physis Repettis konnte vor diesem Hintergrund plausibel erscheinen. Allerdings zählte zu den negativen Gesundheitsfolgen der Gelehrsamkeit auch ausgerechnet die Epilepsie, was wiederum nicht im Sinne der Supplikation sein konnte und die erklärende Wirkung der Figur des kranken Gelehrten beschränkte.[30]

Der Fall Repetti ist ein Paradebeispiel für die unterschiedlichen Aspekte von körperlicher Irregularität, die sich in den Entscheidungsverfahren der Konzilskongregation zeigten. Der attackierte Bischof von Brugnato blieb beim Epilepsievorwurf. Dabei konzedierte er das medizinische Feld der Gegenseite und bezeichnete die Gutachten als »fedi de medici contra lucem meridianam«, also als vollständig erdichtet und gegen die »sonnenklare« Evidenz.[31] Folgte man den Ärzten, so verwiesen die körperlichen Zeichen nicht auf Epilepsie – genau an dieser Krankheit litt Repetti aber für die Mehrzahl der Augenzeugen und den Bischof von Brugnato.

Entscheidend aus Sicht der Konzilskongregation war nun die Frage, ob es überhaupt um die medizinische Erklärung eines körperlichen Zustands ging oder man nicht vielmehr das *scandalum* priorisieren sollte. Die medizinisch herabgestufte *prima-facie*-Erscheinung war Kernelement der kirchlichen Logik des *scandalum*.[32] Das vom Bischof behauptete *scandalum* wurde durch Zeugenaussagen bestätigt, die weitere Details hinzufügten. Die Aussagen beschworen die Evidenz unmittelbarer Augenzeugenschaft. Der Rektor der Parochialkirche, der die von Repetti begonnene Messe so gut wie möglich vollendet hatte, berichtete von Schaum vor dem Mund und Augenrollen.[33] Andere Zeugen sagten aus, dass der Anfall vor 400 Menschen in der Kirche geschehen sei, von denen einige vor Schrecken *(per terrore)* hinaus gerannt

---

30 Tissot beschreibt etwa, mit Verweis auf Pujati, dass »ein berühmter Prediger, der von dem General seines Ordens nach einer Stadt ausgeschickt wurde, wo die Zuhörer eben nicht so leicht zu befriedigen waren, sich so heftig Mühe gab, seinen Credit zu behaupten, daß er sich eine unheilbare Epilepsie zuzog«; Tissot, *Gesundheit*, S. 122.

31 »Fedi de medici contra lucem meridianam«; Brugnatensis, 08.07.1690, Pos 80.

32 Siehe oben vor allem Kap. 3.4.

33 Aussage des Giovanni Battista Samengo, Brugnatensis, 20.09.1692, Pos 107.

seien.[34] Diese Ereignisse, so die Zeugen auf die Frage nach der Bekanntheit, seien »notorisch im ganzen Ort Sestri, besonders wegen des *scandalum*, dass während der Messe das Heiligste zu Boden gefallen war«.[35]

Die Zeugen sprachen dabei sehr eindeutig von Epilepsie, die aus dem Augenschein und dem Hörensagen bekannt sei.[36] Die medizinische Expertise, die Aussagen darüber treffen sollte, worauf die körperlichen Zeichen verwiesen, war insofern eindeutig, als sie Epilepsie ausschloss. Sie widersprach in ihrer feinen Differenzierung von Körperzuständen aber völlig der Logik des *scandalum*. Diese erlaubte es kirchlichen Autoritäten, die Frage, auf welche Essenz körperliche Zeichen hinwiesen, weitgehend auszuklammern. Die Konzilskongregation konnte sich in dieser Situation also entweder für das essentielle Vorhandensein von Epilepsie interessieren oder die von den Laien beobachteten körperlichen Anzeichen gelten lassen, ohne nach der zugrundeliegenden Krankheit zu fragen. Rechtlich war die Bindung der Irregularität an die spezifische Krankheit Epilepsie aufgrund der Regelung im Decretum Gratiani zwar plausibel, aber nicht notwendig.[37]

Die Vermischung mit einer den korrekten Vollzug einschränkenden, wenngleich temporären *inhabilitas* bei der Eucharistie lag in dem Fall auf der Hand – entscheidend war aber das Argument des *scandalum*. Ein anonymes Dokument – wohl vom Sekretär oder einem anderen Amtsträger innerhalb der Konzilskongregation verfasst – gibt Aufschluss über die Abgrenzung zum korrekten Vollzug. Dabei ist bereits die Frage suggestiv: »Ob ein Priester mit Assistenz zuzulassen sei, der an Epilepsie oder anderen, ähnlichen Anfällen leidet, wegen der er mit Lärm, Erbrochenem, Schaum und Körperbewegungen bei der Messfeier hinfällt?«[38] Die Formulierung impliziert bereits, dass es von untergeordneter Bedeutung ist, ob es sich um Epilepsie oder ein sonstiges Leiden handelt. Dabei gehe es nicht um die unvollendete

---

34 Aussage des Joannes Sclavus, der selbst die Farbe des Erbrochenen kommentiert: Repetti »vomitava di color quasi verde scuro con spuma«; Brugnatensis, 20.09.1692, Pos 107.

35 »Cosa notoria per tutto il luogo di Sestri, massima per il scandalo fra la messa getando il Santissimo Sacramento per terra«; Aussage des Antonius Scarpentus, Brugnatensis, 20.09.1692, Pos 107.

36 Der Zeuge Paulus Barnius sagt aus, dass Repetti »dal mal caduco patisse, per quanto li dice publicamente spesso, ma di due volte lo posso testificare«; Brugnatensis, 20.09.1692, Pos 107.

37 »Arrepticii uel epileptici sacris altaribus non ministrent.« *Decretum*, D 33, c. 3.

38 »An Sacerdote laborans morbo epileptico vel alio simili accidenti propter quod cum clamore, vomitu, spuma, et magna clamore agitatione corporis cadat inter celebrationem missae possit denuo admitti cum dispensatione ad altare cum sacerdote assistenti«; Brugnatensis, 20.09.1692, Pos 107.

Eucharistie an sich – diesem Mangel könne mit der Assistenz abgeholfen werden –, sondern die *accidentia horrida*, wie Erbrochenes und Lärm. Gegen diese vermöge auch die Assistenz nichts auszurichten. Eine Dispens könne das *scandalum* nicht aufheben; dieses rangiere vor allen anderen Gesichtspunkten. Die Option der Privatmesse wurde nicht in Betracht gezogen, und Repetti blieb letztlich suspendiert.[39]

Die medizinisch beglaubigte »Qualität, Natur und Essenz«[40] des Körpers konnten im Fall des Lelius Repetti dem Schein nicht standhalten. Das bedeutete nicht, dass die Entscheidungsträger der Konsultation von medizinischen Experten keine Bedeutung beimaßen – die Intensität medizinischer Konsultation in diesem Fall belegt das Gegenteil. Es zeigt aber die für die Konzilskongregation parallel verfügbaren Modi, mit dem Körper umzugehen. Die Figur des Mediziners war dabei als distanziert vom Ereignis und der lokalen Gemeinde konzipiert. In anderen Fällen zeigt sich dagegen die soziale Bindung der Experten an den Supplikanten als Patienten. Dabei kann aufgezeigt werden, wie medizinische Wahrheit zustande kam und welche Rolle Supplikanten und dem Umfeld dabei zukam.

Die Sorge um sich. Gesundheit und Selbstbeobachtung

Bisher wurden *scandalum* und medizinische Expertise als sich gegenüberstehende Logiken dargestellt. Der wesentliche Ansatzpunkt für die bischöfliche Argumentation im Fall Repetti war die Beobachtung von Laienzeugen gewesen. Wenn medizinische Experten und das soziale Umfeld sich dagegen zugunsten eines Supplikanten verbanden und dessen Darstellung folgten, war es für den Ordinarius extrem schwierig, eine Entscheidung durchzusetzen. Anhand eines weiteren Beispiels von angeblicher Epilepsie soll der Entstehung von medizinischer Evidenz unter diesen Umständen nachgegangen werden.

Der Bischof von Todi verweigerte dem Kleriker Petrus Antonius de Gregoriis schon seit über zwei Jahren die gewünschte Priesterweihe, weil

---

39 Brugnatensis, 20.09.1692, Pos 107.

40 »Qualità, natura, et essenza«, so die beiden Chirurgen Cipriano Oliva und Pietro Filippo Cottalorda im Informativprozess des Bischofs von Ventimiglia; Brugnatensis, 20.09.1692, Pos 107.

dieser an Epilepsie leide.[41] De Gregoriis wandte sich 1703 mit der Bitte an die Konzilskongregation, um dennoch geweiht zu werden, und bestritt in seiner Supplik den Vorwurf der Epilepsie. Er habe zwar einen Anfall gehabt, sei aber seit drei Jahren völlig gesund.[42] Die Ausgangssituation erscheint zunächst deutlich ungünstiger als beim bereits geweihten Repetti.

Die Verteidigung de Gregoriis kannte die potentielle Gefahr des *scandalum* und die Problematik, die Priesterweihe zu erreichen.[43] Das Interesse, die Wahrheit über den eigenen Körper zu sagen, wurde vom Advokaten im Seelenheil des Supplikanten verortet:

»Wenn er jemals an dieser Krankheit gelitten hätte – die aber nicht vorliegt – würde er gar nicht versuchen, ordiniert zu werden, weil die Heilung der Epilepsie schwer ist und sie kaum mit irgendeiner Kunst behandelt werden kann […], so dass die Ordination ihm viel Schaden an der Seele wäre, wegen der Gefahr und dem Skandal, der daraus in der Zukunft entstehen könnte.«[44]

Wenn Epilepsie bereits von der Verteidigung als kaum heilbar und gefährlich beschrieben wurde, so war es essentiell zu beweisen, dass der Supplikant jedenfalls aktuell nicht an ihr litt. Die Inanspruchnahme medizinischer Expertise, um den Bischof zu widerlegen, wurde – wie schon im Fall des Repetti – von außerhalb der Diözese liegenden Instanzen vorgenommen. Die Konzilskongregation beauftragte den Bischof von Nepi mit einer Untersuchung des Falles. Dieser ließ »ad eruendum facti veritatem« sowohl Zeugen als auch einen Arzt befragen, so dass sich auch dieser Fall eignet, den Stellenwert beider Rollen zu vergleichen.[45] Die gesuchte Wahrheit wurde deutlich benannt, nämlich ob de Gregoriis an Epilepsie litt oder nicht. Dafür musste allerdings auch hier ein Ereignis in der Vergangenheit rekonstruiert werden.

---

41 Tudertina, 19.07.1704, LD 53, 443v, und Pos 265.

42 Tudertina, 19.07.1704, LD 53, 443v.

43 Der Fall wird unter Distinctio 33 Canon 3 des Decretum Gratiani in der Konzilskongregation geführt, also interessanterweise nicht unter einem Dekret des Tridentinums.

44 »Si umquam fuisset affectus, quod absit, nec ipse instaret pro petita ordinatione, quia cum talis morbus sit curatu difficilis, et vix ulla arte medicabilis […] huiusmodi promotio renderet in ipsius Oris damnum et animae detrimentum, ob periculum, et scandalum quod inde oriri posset circa futura.« Tudertina, 19.07.1704, Pos 265.

45 »Ad eruendum facti veritatem, an Petrus laboret Epileptico morbo iuxta opinionem sui Ordinarii quamobrem eidem promotione ad ordinem denegaverit«; Bischof von Nepi, Tudertina, 19.07.1704, Pos 265.

Der zur Debatte stehende Anfall hatte sich laut den befragten Zeugen – alle mit de Gregoriis bekannt – im März 1699 ereignet.[46] De Gregoriis hatte auf einer Reise, von Rom kommend, in Nerola in Latium Halt gemacht. Weil er bereits am nächsten Tag weiterwollte, hatten die Zeugen ihn damals aufgesucht, um ihm eine gute Reise zu wünschen, während er seine Kleidung und Bücher ordnete. Der Arzt der Stadt, Diamanti, sei ebenfalls dabei gewesen – allerdings offenbar nicht in Ausübung seines Berufs. Nachdem sie sich verabschiedet hatten, wurden sie auf der Straße von de Gregoriis Diener angerufen, sie sollten »um Himmels willen zurückkommen, der Herr sei in Ohnmacht gefallen«.[47] Sie fanden de Gregoriis im Bett, wo er etwa eine Viertelstunde bewusstlos gelegen habe, »ohne ein Zeichen oder eine Bewegung«.[48] Als er wieder zu sich gekommen war, hatte ihn der Arzt Diamanti befragt, ob er jemals sonst solche Anfälle gehabt habe, was er verneinte. Allerdings habe er sich ohnmächtig *(venirmeno)* gefühlt, als er gefallen sei – eine Aussage, die in beiden Protokollen durch Unterstreichung hervorgehoben wurde und offenbar als Indiz für eine mögliche Epilepsie galt.[49] Der anwesende Arzt habe daraufhin zunächst die Vermutung geäußert, dass es sich vielleicht um einen epileptischen Anfall gehandelt habe. Mit dieser Einschätzung war der Verdacht der Epilepsie in der Welt. Auch wenn die Zeugen dies als eine erste, letztlich falsche Vermutung darstellten, stützte sich der Bischof von Todi darauf. Gerade weil sie von einem Arzt kam, war sie mehr als bloßes Hörensagen. Den Dokumenten können wir entnehmen, dass eine Befragung dieses Arztes versucht wurde. Dieser war aber umgezogen und konnte deshalb nicht mehr aufgefunden werden.

Die ausschlaggebende Expertise stützte sich auf die später stattfindende Befragung de Gregoriis' durch den Mediziner Petrus de Leonoris. Dieser hatte der Familie laut eigener Aussage seit dessen Geburt gedient und kannte den Kleriker gut. Der Arzt schilderte die Umstände der Untersuchung vergleichsweise genau. Er war ins Haus der Familie gerufen und von den anwesenden Girolamo Veronici, einem Adligen der Stadt, sowie dem Bruder de Gregoriis' gefragt worden, ob er denke, dass der Anfall in Nerola ein epileptischer gewesen sei. Darauf habe er, der Arzt, gesagt, dass er dies natürlich nicht glaube, und zur Überprüfung den Patienten befragt. Fragen

---

46 Aussagen der beiden Priester, Marc'Antonio Papi, Carlo Gandolfi, Tudertina, 19.07.1704, Pos 265.
47 Aussage Marc'Antonio Papi, Tudertina, 19.07.1704, Pos 265.
48 Tudertina, 19.07.1704, Pos 265.
49 Ebd.

nach Schaum vor dem Mund, Schmerzen und unwillkürlichem Austreten von Urin oder Sperma verneinte dieser. Daraus schloss der Arzt, dass es sich nicht um einen epileptischen Anfall habe handeln können, sondern »einen Anfall, der von einer Aufwallung hypochondrischer Wärme und einer Masse an Blut verursacht wurde, das in der Zirkulation die vitalen Teile angreifen konnte«.[50] Nachdem auch in den Zeugenaussagen Bewegungen oder das Auftreten von Schaum ausdrücklich verneint worden waren, wurde die Epilepsie ausgeschlossen. Waren diese Zeichen bei Repetti als mehrdeutig eingestuft worden, so ließ deren Abwesenheit offenbar keinen Zweifel zu.

Die Befragung de Gregoriis' erscheint unter den genannten Umständen in Gegenwart einflussreicher Personen, denen der Arzt als Freund der Familie verbunden war, geradezu prädestiniert für eine interessierte Beeinflussung. Genau dieser Eindruck der Parteilichkeit diente dem Bischof von Todi als Ansatzpunkt. Dabei ging der Ordinarius insofern geschickt vor, als er sich gegen die Grundlage der medizinischen Expertise richtete. Diese beruhe ja primär auf den Aussagen de Gregoriis'. Laut dem Bischof konnte der Supplikant »die Wahrheit über die Anfälle vor dem besagten Arzt verbergen«.[51] Die Verteidigung begegnete dem Vorwurf mit dem Argument, de Gregoriis' Arzt hätte von jeglichem sonstigen Anfall gehört. In gewisser Weise näherte sich der Experte damit den Laienzeugen an, die ebenfalls Vertrautheit mit der Person als positiv hervorhoben und daraus ihre Kenntnis des Gesundheitszustandes ableiteten. Die Arzt-Rolle fügte aber dieser sozialen Bindung den Wahrheitsanspruch an den Patienten hinzu.

Das Arzt-Patient-Verhältnis wurde als eine Situation inszeniert, in der generell besonders die Wahrheit gesagt wird. Die Verteidigung argumentierte, de Gregoriis hätte im Krankheitsfall dem Arzt sicher die Wahrheit enthüllt, weil deren Verbergen ihm selbst schaden würde und »niemand sich, besonders hinsichtlich der Gesundheit, Schaden beibringen will«.[52] Der Fall zeigt, wie die Sorge um sich und den eigenen Körper inszeniert und als Argument eingesetzt wurde. So wurden Formulierungen wie *in sui* und *sibi*

---

50 »Una specie di sincope causata da una effervescenza di calori d'Ippocondrii e della massa del sangue, che circolando poteva haver offeso le parti vitali.« Tudertina, 19.07.1704, Pos 265. Für die Echtheitsprüfung epileptischer Anfälle anhand von Schaum und konvulsivischen Bewegungen in der medico-legalen Literatur vgl. Schattner, *Familie*, S. 121, Anm. 71.

51 »Haec obicii pro parte Domini Episcopi Tudertini, quod Orator potuerit veritatem facti predictis deliquiis praefato medico occultare«; Tudertina, 19.07.1704, Pos 265.

52 »Nemo praesumatur velle sibi, et maxime circa sanitatem preiudicium inferre.« Tudertina, 19.07.1704, Pos 265.

strategisch in Verbindung mit *sanitas* verwendet. Die Sorge um das Gewissen führte, laut der Verteidigung, zum Wahrsprechen gegenüber der kirchlichen Autorität. Dasselbe galt für die Sorge um den Körper gegenüber dem Arzt. So wurde das Problem entschärft, dass die »Augen der Ärzte« tatsächlich vielfach auf die Aussage des Kranken angewiesen waren.[53]

Die Etablierung einer besonderen Wahrheitssituation zwischen Arzt und Patient konnte der Ausschaltung der Laien-Zeugen dienen, die durch den direkten Kontakt von Krankem und Heiler überbrückt wurden. Im vorliegenden Fall wurden die Zeugen allerdings komplementär positiv eingebaut. Gegen diese Mobilisierung von Kontakten, Zeugen und Experten war der Bischof von Todi offenbar letztlich machtlos. Jedenfalls bestimmte die Konzilskongregation, dass de Gregoriis zum Priester geweiht werden sollte. Die Einbindung des befreundeten Arztes sollte nicht als Abweichung von einem idealen Expertenstatus beschrieben werden. Womöglich war vielmehr die situative Eingebundenheit gerade der historische Regelfall der Anrufung medizinischer Wahrheit.

Hervorheben lässt sich der hohe Grad an Körperbeobachtung, der in den Fällen von Epilepsie postuliert und als Argument eingesetzt wurde. Diese ging nicht nur vom Arzt, sondern auch vom Patienten selbst aus. Während die ärztliche Wachsamkeit für Laien und Kleriker gleichermaßen galt, lässt sich für die Selbstbeobachtung geistlicher Patienten aus den Quellen eine spezifische, strategisch eingesetzte Aufmerksamkeit für die eigene Gesundheit feststellen. Die Forderung nach genauer Beobachtung und Kommunikation von Körperzuständen – hier der Anfälle – war entscheidend für den Klerikerstatus.[54] Anhand der geschilderten Fälle lässt sich gut festmachen, wie Kleriker über bestimmte Zeiträume den eigenen Körper beobachteten. Im Decretum Gratiani fand sich eine Probezeit von einem Jahr für von Besessenheit befreite Personen – eine Regelung, die in den frühneuzeitlichen Verfahren auf die Epilepsie übertragen wurde.[55] In den Fällen der Konzilskongregation wurden noch spezifischer auch bestimmte Uhrzeiten diskutiert, zu denen Individuen Anfälle haben würden. Er habe, so ein Supplikant aus Arezzo 1692, nach dem Auftreten von Epilepsie zunächst

---

53 Der Begriff *oculi medicorum* findet sich in einem anderen Fall, in dem ein Supplikant Epilepsie mit der Begründung ausschließt, dass er seit Jahren permanent unter ärztlicher Aufsicht stehe: »Cum iam anni complures sint, quibus continuo vivit in oculis medicorum.« Trevirensis, 08.02.1714, Pos 379.

54 Zum Arzt-Patienten-Verhältnis und der Rolle der Wahrheit am Krankenbett vgl. Gadebusch Bondio, Truth.

55 *Decretum*, D. 33 c. 2.

sieben Jahre auf die Messfeier verzichtet und in diesem Zeitraum »die Erfahrung gemacht, dass die Anfälle nur zur dritten Stunde oder kurz danach auftreten und er sie antizipieren und so mögliches Unheil für die Messfeier vermeiden könne«.[56] Die Konzilskongregation erlaubte ihm die Messfeier vor der dritten Stunde. Offenbar genügte in diesem nicht-konfliktiven Fall die Erfahrung mit dem eigenen Körper.

Selbstbeobachtung wurde also von den Betroffenen argumentativ in Anspruch genommen und suggerierte narrativ die Kontrolle über den eigenen Körper. Dabei musste nicht auf die vollständige Abwesenheit von Krankheit – hier Anfällen – abgezielt werden, aber in jedem Fall auf eine Kontrolle trotz des partiellen Kontrollverlusts.[57] Die Beobachtung durch sich und andere erstreckte sich, gerade im Vergleich zur häufig zu beobachtenden Zentrierung auf die Eucharistie, auf einen deutlich weiteren Bereich: Auch das private Haus, der gesamte Tagesablauf und die Ernährung des Klerikers kamen in den Blick.[58]

Rekapituliert man die beiden im Detail analysierten Fälle von Repetti und de Gregoriis, so fällt auf, dass jeweils ein zweiter Bischof eingeschaltet wurde. Die Überweisung des Verfahrens an einen Erzbischof oder einen anderen Bischof war eine rechtlich vorgesehene Option, die bei Epilepsie-Fällen gleichwohl auffallend häufig gewählt wurde. Womöglich spielte hier auch die persönliche Konkurrenz der Bischöfe eine Rolle, die aber nicht im Material der Konzilskongregation ausgeführt wird. Im Zuge dieser Appellation zeigt sich besonders deutlich die Erwartung an die Obrigkeit, Mediziner zu konsultieren. Für Supplikanten wie Repetti oder de Gregoriis konnte es höchst funktional sein, dem zweiten involvierten Bischof eine größere Sorgfalt und bessere medizinische Beratung zuzuschreiben.

Gemeinsam ist beiden Fällen auch, dass Epilepsie medizinisch ausgeschlossen wurde. Dies führte allerdings einmal zur Zulassung zum Priestertum und einmal zum Ausschluss von der Messe. Es gab in beiden Fällen eine medizinisch definierte Essenz der Krankheit. Diese galt jedoch

---

56 »Comperto per subsequutum septennium, quo a celebratione abstinuit accidentia huiusmodi nonnisi circa horam tertiae, vel paulo post sibi evenire, itaut celebrationem anticipando ea vitare possit.« Aretina, 20.09.1692, Pos 107.

57 Zu den Begriffen Kontrolle und Vorhersehbarkeit in Krankheitsnarrativen siehe Frank, *Wounded Storyteller*, S. 30.

58 Ein anderer Supplikant berichtet unter Verweis auf ein medizinisches Gutachten, dass seine Anfälle vom vielen Kautabak kämen, welchen er wegen seiner Zahnschmerzen verwende; Sabinensis, 17.07.1700, Pos 209. Zu Vorstellungen vom Zusammenhang von Ernährung und Epilepsie vgl. Temkin, *Sickness*, S. 127.

schon zeitgenössisch nicht absolut, sondern war in die Interessen der Parteien einerseits und in die Abwägungen zwischen *scandalum*, Dispensgründen und Medizin durch die Konzilskongregation andererseits eingebunden.

In bischöflichen Aussagen finden sich Bewertungen medizinischer Experten von Autoritätszuschreibung bis zur Falschheitsunterstellung. Dass auch Bischöfe sich auf Aussagen von Medizinern beriefen, wurde bereits gezeigt. Der Bischof von Malta dagegen beschwerte sich in einem Brief an die Konzilskongregation über den Missbrauch ärztlicher Gutachten und bat um die Erlaubnis, diese nicht gelten zu lassen. In auffallender Parallele zur Kritik an Laienzeugen bezeichnete er sämtliche *medici* als notorische Lügner.[59] Statt Wahrheit betrachtete er also gerade die Lüge als Signum dieser Experten. Die Konzilskongregation antwortete dem Bischof, er solle die delinquenten Mediziner *und* Kleriker, die sich auf diese stützten, bestrafen.[60] Die Kritik des Bischofs und seine Stärkung durch die Konzilskongregation zeigen ein Bewusstsein für die Verwundbarkeit einer Technik, die gerade mit dem Ziel der Evidenzerzeugung im Verfahren eingesetzt wurde. Dass erst um Erlaubnis gebeten werden musste, die medizinischen Gutachten *nicht* anzuerkennen, kann umgekehrt die Etabliertheit dieser Konsultationspraxis demonstrieren. Die nur punktuelle Sichtbarkeit von Epilepsie gab, wie gesehen, dem vergangenen Ereignis und dem medizinischen Blick einen besonderen Stellenwert. Im Folgenden werden mit sogenannten okkulten Krankheiten und dem Geschlecht zwei weitere Gegenstände medizinischer Expertise untersucht und gefragt, in welchem Verhältnis medizinische Wahrheit und für alle offenbare Erscheinungen dabei standen.

---

59 »Episcopus supplicat ut probatio Infirmitatis a Canonicis ex huiusmodi causa abesse volentibus non possit fiere per attestationem Medicorum, qui ut morem gerant Partibus, saepe mentiuntur.« Melevitana 15.11.1681 LD 32, 29v. Zur Kritik an Laienzeugen siehe oben Kap. 3.3.

60 »Congregatio rescripsit Episcopo, qui Medicos et Canonicos delinquentes puniat ad formam juris.« Melevitana 15.11.1681 LD 32, 29v. Ein ähnliches Argument findet sich in einem Fall aus Köln. Der Bischof beklagt, dass »Medicos illius regionis facile admodum similia testimonia proferre«; Coloniensis, 22.05.1734, *Folia Sacrae Congregationis* 1734.

4.2 Verborgene Krankheiten. Ordensgemeinschaft, Infektion und medizinischer Blick

Die gefährdete Gemeinschaft und der Wolf im Schafspelz

Die Analyse von vorgeblichen Epilepsie-Fällen hat gezeigt, dass in den Verfahren der Konzilskongregation nur situativ nach dem für den Nicht-Mediziner Verborgenen gefragt wurde. Am Beispiel des Umgangs mit Syphilis *(morbus gallicus)* lässt sich dagegen veranschaulichen, dass auch systematisch nach dem ›Okkulten‹ am Körper von Klerikern gesucht wurde. Das hat vor allem mit einem besonderen rechtlichen und sozialen Kontext zu tun: In sämtlichen Fällen in den Akten der Konzilskongregation, in denen es um Syphilis geht, sind die Betroffenen Ordensgeistliche. Dabei standen nicht primär das Priesteramt und andere Weihen zur Debatte, sondern die Zugehörigkeit zu einer Klostergemeinschaft. So rückten die jeweiligen Konstitutionen der Orden zusätzlich zu den bisher untersuchten Regelungen zur Irregularität als spezifische Normen ins Zentrum der rechtlichen Verfahren. Die Konzilskongregation diente als Anlaufstelle bei Konflikten über die Ordenskonstitutionen.[1]

Beim Eintritt in ein Kloster und dem Ablegen des Ordensgelübdes (der Profess) sollten gerade okkulte Krankheiten offengelegt werden – verschwieg man diese, wurde der Akt ungültig.[2] Aufgrund des Charakters des Klostereintritts als Vertrag konnten beide Seiten eine verschwiegene, verborgene Krankheit zum Anlass nehmen, die Aufnahme zu annullieren.[3] Neben die eher nüchterne Vertragssprache traten auch emphatische Reinheitsvorstellungen. Als unsichtbare Bedrohung für die Gemeinschaft

---

1 Zur Vorgeschichte dieser Normen vgl. Kuuliala, Infirmitas; Montford, Health.
2 Beim praktischen Ablauf spielte das Buch mit den entsprechenden Regeln eine wichtige Rolle. So heißt es in einem Fall, dass bei der Profess »fu portato il libro delle Constitutioni eli fu detto in specie il detto capitolo 5 di sopra enumerato, e cio non ostante detto Padre si tacque il suo male, e si è taciuto sino al presente«; Neapolitana, 29.01.1701, Pos 215.
3 Zur Vertragsnatur der Profess siehe Schutte, *Force.*

stellte das Phänomen der Infektion *(contagion)* Medizin und kirchliche Obrigkeiten vor besondere Herausforderungen.[4] Die Präsenz körperlich Gebrechlicher, vor allem von chronisch und potentiell ansteckenden Kranken, wird als Bedrohung der spirituellen und körperlichen Reinheit der Gemeinschaft beschrieben. Für die Karmeliter etwa lautete die 1698 vor der Konzilskongregation zitierte Begründung für restriktive Aufnahmeregelungen in der Ordenskonstitution: »Man muss sich hüten, dass nicht irgendein Wolf im Schafspelz *(lupus, ovem repraesentans)* unserer Gemeinschaft schweren Schaden bringt.«[5] Die Figur des Wolfs im Schafspelz macht bereits eine Problematik deutlich, welche die Fälle kennzeichnete. Die Unterscheidung zwischen Wolf und Schaf, zwischen Echtem und Simuliertem war von überragender Bedeutung, aber zugleich schwierig zu treffen und damit Gegenstand besonderer Aufmerksamkeit. Es ist bezeichnend, dass sämtliche Fälle der Verhandlung des Zugangs zu Orden von Krankheiten handelten, also nicht etwa von fehlenden oder verletzten Gliedmaßen. Diese Krankheiten wurden in den Ordenskonstitutionen in einem Register zusammen mit ›inneren‹ Verfehlungen genannt. Sie ließen sich in den Augen der Ordensoberen besonders gut verbergen, der kranke Körper konnte also leicht als gesunder erscheinen. So entstand ein besonderer Druck zur Definition und Entdeckung der Krankheit.

Beim Thema des Ordenseintritts lässt sich ein doppelter Diskurs um das Enthüllen und Verschweigen konstatieren: Einerseits ging es um den Körper der Betreffenden (welche Krankheit hatte er?) und andererseits um Aussagen und Kenntnisse darüber zu spezifischen Zeitpunkten (was war beim Eintritt ins Kloster ausgesprochen oder sichtbar und für wen?). Eine vollständig verborgene Krankheit konnte kaum Gegenstand eines Verfahrens werden. Die Fälle verhandeln verhüllte, verborgene und nicht-bekannte Krankheiten, die aber im Nachhinein entdeckt wurden oder an deren Okkultheit im Moment der Profess Zweifel bestanden.

Zwar waren alle ansteckenden Krankheiten schädlich für die Gemeinschaft, Syphilis und ähnliche venerische Krankheiten galten aber als besonders unrein und weltlich. Häufig wurden die verborgenen und infektiösen Krankheiten noch zusätzlich als unheilbar *(incurabile)* qualifiziert. Dass diese besonders ausgeschlossen wurden, hatte nicht zuletzt eine ökonomische Be-

---

4 Demaitre, *Leprosy*, S. 132–159; Nutton, *Seeds*.

5 »Cavendum est ne aliquis lupus, ovem repraesentans, congregationi nostrae grave damnum afferat.« Romana, 09.08.1698, Pos 186.

deutung, musste der Betreffende doch in der Regel im Kloster versorgt werden. Die Fälle finden sich bemerkenswerterweise gerade in Orden, die die Pflege solcher Kranker zu ihren Hauptaufgaben zählten.[6] Karitatives Denken wurde offenbar nicht immer auf Mitbrüder und noch weniger auf Kandidaten angewandt.

Der Benediktinermönch Ghislenus (weltlich Guiglielmus Lesuisse) berichtete der Konzilskongregation in seiner Supplik, er sei ohne Vorwarnung von seinem Abt und den Mitbrüdern aus dem Kloster geworfen worden, »unter dem Vorwand, dass er an einer venerischen, unheilbaren und ansteckenden Krankheit leide«.[7] Er habe sich an den Erzbischof von Cambrai gewandt, der *periti* angehört habe.[8] Diese hätten die Krankheit des Ghislenus »für weder venerisch, noch infektiös, noch unheilbar erklärt«.[9] Entsprechend positiv bezeichnet die Supplik die Experten als *expertissimos Medicinae Doctores*.[10] Das erzbischöfliche Gericht kam zu dem Ergebnis, dass der Abt des Klosters den verstoßenen Mönch entweder wieder aufnehmen oder ihm »jedes Trimester 150 Floreni zahlen solle«.[11] Die finanzielle Komponente von Konflikten wird hier besonders augenscheinlich, denn auch im Fall der Wiederaufnahme wurden Ghislenus 100 Floreni für seine bisherigen Aufwendungen zugesprochen. Dieser Umstand trug vermutlich dazu bei, dass der Rechtsstreit mit dem Kloster sich fortsetzte und an die Konzilskongregation gelangte.

Der Konflikt behandelte die beiden oben unterschiedenen, verschränkten Fragen: Welche Krankheit hatte Ghislenus, und was war wem darüber wann bekannt? Der hinausgeworfene Mönch bestritt zunächst die Tatsache, dass er bei der Aufnahme ins Kloster oder zu einem anderen Zeitpunkt etwas verborgen habe. Er sei tatsächlich während seines Noviziats an Gaumen und Mund krank gewesen, habe dies aber gleich am nächsten Tag

---

6 Für den Krankenpflegeorden der Kamillianer vgl. Ordinis Clericorum Regularium ministrantium Infirmis, 28.05.1695, LD 45, 268r.

7 »E monasterio eiecerunt, sub praetextu, ut Oratori viva voce dixerunt, morbi venerei, incurabilis et contagiosi.« Mit dem Kloster ist *Sancti Dionisii prope montes* (Abbaye de Saint-Denis-en-Broqueroie) im heutigen Belgien gemeint.

8 Ghislenus hatte sich zuerst an den Internuntius in Brüssel gewandt, der den Abt um Erklärung bat, welcher wiederum antwortete, dass, wenn überhaupt, der Erzbischof von Cambrai als Ordinarius zuständig sei.

9 Cameracensis, 22.12.1691, Pos 94.

10 Ebd.

11 »Ex registro sententiarum in scriptis Curiae Cameracensis«; Cameracensis, 22.12.1691, Pos 94.

dem Präfekten der Novizen enthüllt *(statim manifestata).* Durch einige Heilmittel sei sein Leiden dann kurz vor der Profession zurückgegangen, wenn auch nie ganz verschwunden, und erst danach wieder schlimmer geworden. Daraus folgerten die im späteren Verlauf des Prozesses bei der erzbischöflichen Kurie konsultierten Theologen, »dass keine Krankheit nach der Profess bekannt oder sichtbar war, die nicht schon vorher bekannt oder sichtbar gewesen wäre«.[12] Die Akzeptanz seiner Krankheit wurde mit der Aufnahme ins Kloster mit nur einer Gegenstimme belegt. Zudem findet sich in den Akten die Abschrift zweier Briefe von Mitbrüdern, die sich *vor* der Profess über Ghislenus' Krankheit austauschten.[13]

In seiner Darstellung beschrieb der Supplikant seinen Körper als Objekt einer unkontrollierbaren Aktivität der Krankheit.[14] Diese sei in unterschiedlicher Intensität ausgebrochen, was aber unmöglich einem bewussten Verbergen zugeschrieben werden könne. Eher sei die Krankheit Folge der großen Veränderung seines Lebenswandels und Umfelds durch den Klostereintritt gewesen, worauf auch der Klosterarzt sie zurückgeführt habe. Kontrolle hatte er selbst allenfalls über die Kommunikation seiner Körperzustände, und in dieser Hinsicht, so die Darstellung, habe er sich regelkonform verhalten.

Die Behauptung einer *lue venera* und der folgenden kanonischen Invalidität der Profess stützte sich auf die Aussage eines auswärtigen Chirurgen namens Jacob, der ihn nach der Profess wegen wiederkehrender Beschwerden im Rachenbereich untersucht hatte. Aus dessen Aussagen folgerte der Abt, so schrieb er selbst, »dass er [Ghislenus] wie ein faules Körperteil abgeschnitten werden müsse, um zu verhindern, dass seine ansteckende Krankheit die ganze Gemeinschaft infiziere, wie das nach Meinung der Mediziner möglich ist«.[15] Ghislenus wurde wegen der Ansteckungsgefahr

---

12 Walther de Loncin, Doctor Theologiae, Cameracensis, 22.12.1691, Pos 94.

13 Dort sagt ein Mitbruder aus, Ghislenus sei gesund, außer dass er durch die Nase zu singen scheine, »propter fluxionem quam habet in oris palato«, was aber viele der Novizen hätten, auch er selbst, »vielleicht wegen der Veränderung der Nahrung«. Summarium, Buchstabe A, Cameracensis, 22.12.1691, Pos 94.

14 So ist die Rede von einer *fluxio*, die zurückging, von der er dann »iterato postea vexatus est« und schließlich: »Aliquot ab emissione Professionis mensibus de novo continuatam sensit fluxionem.« Memoriale Sanctissimo praesentata, Cameracensis, 22.12.1691, Pos 94.

15 »Et sic tamquam membrum putridum debebat abscindi, ad praeveniendum, ne ipsius malum contagiosum totam Coitatem inficeret, ut poterat secundum medicorum opinionem.« Cameracensis, 22.12.1691, Pos 94.

zunächst für sechs Monate in einem Zimmer von der Gemeinschaft abgesondert, bevor er endgültig des Klosters verwiesen wurde. Die Regierung der Klostergemeinschaft als Körper stützte sich auf die Untersuchung des individuellen Körpers durch den Chirurgen Jacob. Zugleich, so der Abt, habe er bezüglich der Konsequenzen aus der medizinischen Begutachtung auch Juristen und Theologen befragt (deren Gutachten sich aber nicht in den Akten finden). Das Gelübde sei laut diesen nichtig, weil Ghislenus – bei der Profess nach einer »geheimen« Krankheit befragt – diese verneint habe und entsprechend der Lüge überführt worden sei. Der Hinauswurf aus dem Kloster erschien als die logische Konsequenz.

Der Fall Ghislenus eignet sich gut, um zu zeigen, was geschah, wenn sich die Einschätzungen medizinischer Experten massiv widersprachen. Nichtmedizinische Argumente, wie das *scandalum* oder der Vorwurf des gekauften Experten, waren nicht der einzige Weg, medizinisch begründete Behauptungen der Gegenseite anzugreifen. Der Disput zwischen verschiedenen medizinischen Meinungen gehörte an den Universitäten zum Alltag, innermedizinische Streitigkeiten in Konsultationsverfahren waren aber womöglich schädlich für die Glaubwürdigkeit des Berufsstandes. Sicherlich galt es für Mediziner, fallweise zwischen der Autorisierung der gesamten professionellen Gruppe und der eigenen Inszenierung als besserer Experte abzuwägen.

Der behandelnde Chirurg Jacob wurde von der Gegenseite als schlechter Experte beschrieben, der Ghislenus rechtlich massiv geschadet habe: »Sein ganzes Unglück kam daher, [...] dass er in die Hände eines Chirurgen gelegt wurde, der seine Krankheit als venerisch beurteilte, obwohl sie nichts weniger war.«[16] Durch die später konsultierten, die Krankheit korrekt beurteilenden Mediziner sei er dagegen geheilt worden, außer dass sich sein Körper durch die Heftigkeit der Erkrankung verändert habe. Ghislenus' Advokat brachte, von wohl ironischem Lob ausgehend, Probleme der Lesbarkeit körperlicher Zeichen zu Gehör: »Jacob ist ein beachtlicher Chirurg von profundem und erleuchtetem Wissen *(scientia)*, aber nicht unfehlbar.«[17] Es genüge nicht, festzustellen, dass eine ansteckende Krankheit angeblich vorhanden sei, sondern man müsse deren Natur erklären. Die

---

16 »[Omne] infortunium proveniat ex eo [...] quod postea in manibus unius Chirurgi fuerit positus, qui iudicavit esse morbum venereum, quamvis nihil minus foret.« Cameracensis, 22.12.1691, Pos 94.

17 »Jacob revera est Chirurgus [...] scientia considerabilis profunda et illuminata; at non est infallibilis«; Cameracensis, 22.12.1691, Pos 94.

höherstehenden Experten hatten eine venerische Krankheit ausgeschlossen, weil sie weder »indicia, nec diagnostica nec prognostica« dafür finden konnten.[18]

Die vom Abt konsultierten Theologen hatten die Profess auf der Grundlage von Jacobus' Aussage für nichtig erklärt. Ghislenus' Advokat kommentierte dies ironisch mit dem Satz: »Sieh da, Jacob scheint mir der Richter über alle Professionen.«[19] Die Polemik richtete sich auch gegen die Theologen, die sich nur auf die medizinische Expertise Jacobs stützten und deshalb sogar keine echten Theologen genannt werden könnten. Diese Aussage scheint wie ein geeigneter Ansatzpunkt für generelle Kritik an Experten und der Verwendung medizinischen Wissens im Verfahren. Weil sich aber derselbe Advokat im selben Dokument mit großer Emphase auf die Expertise der anderen Mediziner stützt, kann dies nicht in diese Richtung interpretiert werden.[20] Im Gegenteil lässt sich, über die Parteigrenzen des Falles hinweg, die geteilte Überzeugung konstatieren, dass medizinische Expertise eine valide Entscheidungsressource für Nullitäts- wie auch Ordinationsprozesse war und dabei nur korrekt verfahren werden müsse. Zugleich sah man in der kirchlichen Hierarchie offenbar das Problem des Überhandnehmens von Ordensaustritten aufgrund von Krankheit. Wie im Zusammenhang mit der Epilepsie erwähnt, finden sich Aussagen, die sich gegen medizinische Experten richteten. Einige Bischöfe sahen durch das Überhandnehmen der Konsultation offenbar ihre Amtsgewalt eingeschränkt.

Insgesamt war es strategisch günstig für einen Supplikanten, dass er – so Ghislenus über sich selbst – »bereit war, sich allen medizinischen Untersuchungen zu unterwerfen«.[21] Diese Unterwerfung unter die medizinische Behandlung war Teil der Erwartung an Supplikanten.[22] Zugleich belegt sie

---

18 Gutachten des Leibarztes des Fürstbischofs von Lüttich, zwei weiteren *medici* und einem *chirurgus* vom 04.07.1689, Cameracensis, 22.12.1691, Pos 94.

19 »En Jacob meo sensu, omnium professionum arbitrium.« Cameracensis, 22.12.1691, Pos 94.

20 Zu den Formen der Expertenkritik vgl. Rexroth, Systemvertrauen.

21 »Paratus se omnium Medicorum subicere examini«; Cameracensis, 22.12.1691, Pos 94.

22 Zu dieser Erwartung mit Bezug auf die funktionalistische »sick role« bei Talcott Parsons vgl. Frank, *Wounded Storyteller*, S. 6. Frank sieht die Verpflichtung, zum Arzt zu gehen, aus heutiger Perspektive kritisch: »I understand this obligation of seeking medical care as a *narrative surrender* and mark it as the central moment in modernist illness experience.« Allerdings scheinen im Kontext des in dieser Arbeit vorgestellten Materials weder der ausschließliche Fokus auf die Moderne sinnvoll noch die Vorstellung einer narrativen Kapitulation, denn die Darstellung war ja gerade im Sinne des Supplikanten.

die korrespondierende Erwartung an die Obrigkeit, die medizinische Expertise dann auch zu beachten. So wurde von verschiedenen Seiten der professionalisierten Medizin eine zentrale Rolle im Verfahren zugewiesen, woraus man aber nicht schließen sollte, dass Individuen nicht auf anderen Wegen Heilung suchten. Letztlich entschied die Konzilskongregation in Ghislenus' Sinne, dass sein Ausschluss nichtig sei. Allerdings müsse er nun auch tatsächlich in sein Kloster zurückkehren, anstatt herumzuvagabundieren, wie er es offenbar nach dem Hinauswurf tat.[23]

Der Fall zeigt, dass die Rhetorik des *contagion* das Wechselverhältnis von Verbergen und Entdecken mit besonderer Dringlichkeit auflud. Zugleich ging es nicht um eine von allen eingesehene Infektionsgefahr, sondern die Akteure verfolgten offenkundig jeweils ihre eigene Agenda. So wurde eine mögliche Ansteckungsgefahr als Rechtfertigung für besonders harsches Durchgreifen im Kloster vorgebracht und in diesem Fall vom Abt zur Handhabung der metaphorisch verbundenen Ebenen von Gemeinschaft und Individuum eingesetzt.

Ein wesentliches Element von Nullitätsverfahren war die korrekte rechtliche Form, denn sie sollten vor dem Bischof stattfinden.[24] Auch ohne die Einschaltung Roms war so in der Regel eine Triangulierung gegeben, die streitende Orden und Supplikanten vor das bischöfliche Gericht brachte. Diese Verfahren konnten auch die Konsultation von Ärzten einschließen, die von Ordens- und Supplikantenseite oder vom eingeschalteten Zentrum in Rom angerufen wurden. Dass die Aussagen von Medizinern die Autoritäten und Theologen supplementieren sollten, war unter den Parteien unumstritten. Formulierungen wie »der Supplikant wurde der Krankheit *morbus gallicus* rechtskräftig überführt« verdeutlichen den semantischen Zusammenhang von Gerichtshof und Medizin.[25]

Eine auffallende Leerstelle im Fall des Ghislenus war die Beschreibung der körperlichen Zeichen, die ja immerhin auf eine infektiöse Krankheit deuten sollten. Außer dem Verweis auf den Rachen und Mund wurde – wohl auch für die Konzilskongregation – vor allem deutlich, dass die Mediziner

---

23 Er lebte zur »großen Schmach des Ordens« in Rom; siehe die Beschwerde des Rektors der flandrischen Nationalkirche (»non sine dedecore ordinis, et scandalo proximi«; Cameracensis, 22.12.1691, LD 42 195r).

24 Schutte, *Force*, S. 91.

25 »Orator ergo talis aegritudinis legitime convictus«; Agrigentina seu Panormitana, 09.09.1713, Pos 371. Zum Einfluss der Jurisprudenz auf die Sprache der Mediziner vgl. Demaitre, *Leprosy*, S. 71f.

nach ihrer Kunst verfahren waren. Die Schlüsse aus der Begutachtung waren allerdings je nach Experten geradezu entgegengesetzt.

Die Entzifferung körperlicher Zeichen von *morbus gallicus*

Um der Interpretation von körperlichen Zeichen und den Vorstellungen von Ansteckung in den Verfahren genauer nachzugehen, eignet sich die Analyse des Falls eines weiteren Mönches, dem *morbus gallicus* unterstellt wurde. Der Kapuziner Franciscus de Orsara hatte einige Zeit außerhalb der Klausur gelebt und wollte nun von seinem Recht zur Wiederaufnahme als freiwillig Zurückkehrender Gebrauch machen. Orsara wandte sich im Dezember 1681 aus Rom an die Konzilskongregation, weil sein früheres Kloster sich weigerte, ihn wieder aufzunehmen, und er nun mittellos sei. Der Obere des Kapuzinerkonvents begründete dies damit, dass er sich in seiner Zeit ›in der Welt‹ mit Syphilis angesteckt habe und somit durch die Konstitutionen des Ordens ausgeschlossen war. Die mehrfach zitierte Stelle dort lautete, dass »diejenigen, die mit irgendeiner ansteckenden Krankheit infiziert sind, nicht aufgenommen werden«.[26] Die Konzilskongregation entschied im Januar 1682 zunächst, dass der Fall für die nächste Sitzung genauer *in folio* aufbereitet werden und der Sekretär der Konzilskongregation einen Advokaten für den Supplikanten besorgen solle. Bis zur endgültigen Entscheidung solle Orsara in das Konvent zurückkehren und dort mit allen notwendigen Medikamenten versorgt werden. Die Argumentationsketten des Verteidigers, Octavius de Jandis, und des darauf antwortenden Prokurators des Kapuzinerordens, Johannes Baptista a Sabbio, stützten sich auf verschiedene Formen medico-legaler Expertise.

Zunächst ging es auf theoretischer Ebene um die genaue Definition von ansteckender Krankheit *(morbus contagiosus)* und die Infektionsgefahr durch Syphilis. Dabei handelte es sich nicht um eine rein medizinische Frage, denn Kanonisten diskutierten vielfach Fragen von Ansteckung und Epidemien, etwa ob Nonnen bei einer *epidemia* die Klausur verlassen durften.[27] Solche

---

26 »Quelli, che saranno infetti di qualsivoglia infermità contagiosa, non siano ricevuti«; Romana, 31.01.1682, Pos 3.

27 Tamburino, *Abbatissarum*, S. 234.

rechtlichen Erörterungen wurden im vorliegenden Fall zur Begriffs-
bestimmung herangezogen und vermischten sich mit medizinischen Fragen
im engeren Sinne, insbesondere zur Ansteckungstheorie.[28]

Im vorliegenden Verfahren fanden zwei verschiedene medizinische
Theorien Anwendung, die unterschiedliche rechtliche Implikationen hatten.
Der Advokat Orsaras brachte vor, dass in den Ordenskonstitutionen von
echten, pestilentialischen Seuchen als Ausschlusskriterium die Rede sei *(de
morbis vere et proprie pestilentialibus)*, nicht aber von Syphilis und ähnlichen
Seuchen, deren infektiöse Beschaffenheit völlig anders als die einer echten
Pestilenz sei.[29] Syphilis übertrage sich gerade *nicht* »nach der Art der Pestilenz
durch feine, volatile und luftige Materie, sondern über [...] venerische und
heiße Bewegungen *(per motus venereos & summopere calidos)*«.[30] Es sei ausgeschlossen, dass man sich über Distanz oder einfachen Kontakt anstecken
könne, etwa im Kloster durch gemeinsames Geschirr oder Kleidung.
Andernfalls wäre, so der Advokat, die ganze Welt syphilitisch.[31] Ein zusätz-
liches, aus dem medizinischen Diskurs der Zeit entlehntes Argument bestand darin, dass die ursprünglich aus Amerika eingeschleppte Krankheit
ihre Bösartigkeit mittlerweile verloren habe.[32]

Sabbio als Ordensrepräsentant vertrat eine gänzlich andere Meinung zur
Frage der Ansteckung. Zwar gab er dem Argument nach, dass die Krankheit
– in Amerika aufgrund des Verzehrs von Menschenfleisch entstanden – sich
abgeschwächt hatte; das bedeute aber lediglich, dass sie nicht mehr für die
Mehrzahl der Infizierten tödlich verlaufe, und keinesfalls, dass sie nicht mehr
infektiös oder zu fürchten sei.[33] Er stützte sich dabei auf Luis Mercado, den
königlich-spanischen *protomédico general* unter den Monarchen Philipp II. und

---

28 Romana, 31.01.1682, Pos 3.

29 Zu frühneuzeitlichen Theorien der Übertragung vgl. Arrizabalaga/Henderson/French,
Great Pox, S. 35f. und 121–126.

30 Romana, 31.01.1682, Pos 3.

31 So auch die hier allegierte Stelle des Arztes Gaspar a Reyes (Reyes, *Elysius*, S. 755).

32 Romana, 31.01.1682, Pos 3.

33 »Ut pote a prima sua origine, quae est carnium humanarum aesus elongatum facile con-
cedimus cum Fracastoro, Gibalino etc. summam illam suam malignitatem remisisse, et
amisisse, non autem omnem, ut patet experientia, aut si dicatur malignitatem amisisse ex
eo quod homines ipso affectos ut plurimum non interficiat, non inde tamen sequitur
ipsum non esse contagiosum, nec timendum.« Romana, 31.01.1682, Pos 3. Der Hinweis
auf Kannibalismus als bekanntes Versatzstück der Columbus-Theorie hat sicher wenig
mit dem konkreten Fall zu tun, verschärfte aber womöglich den Ton von Sabbios
Erörterung.

III.[34] Eine Krankheit, die man anderen »kommunizieren« und von anderen bekommen könne, sei wirklich und wahrhaftig ansteckend *(vere et realiter contagiosus)*.[35] Zudem sei sie laut Mercado nicht nur durch venerischen Kontakt infektiös, sondern auch »durch Speichel, Respiration, Bett, Kleidung, Geschirr und andere Dinge, die häufig durch den infizierten Körper berührt werden«.[36]

Diese Verteilung der beiden unterschiedlichen Infektionstheorien auf die Parteien mag zunächst erstaunen. Dass gerade der Advokat des angeblich Syphiliskranken so stark auf der sexuellen Übertragung beharrte, während die Gegenseite allgemeinere Infektionsmöglichkeiten geltend machte, barg für Orsaras Sache auch ein Risiko. So musste sich den Entscheidern der Konzilskongregation die Frage stellen, wie Orsara die Krankheit außerhalb der Klausur bekommen hatte. Auch wenn der Kontrast von unreiner Welt und reinem Orden im gesamten Fall des Orsara implizit ist, nutze Sabbio diese Option einer Moralisierung erstaunlich wenig. Nur kurz ging er darauf ein, dass die Krankheit *contagiosus* bleibe, auch wenn sie nicht durch Übertragung von außen, sondern durch allzu große Zügellosigkeit hervorgerufen worden sei.

Man kann sich fragen, welchen Nutzen die allgemeine Diskussion über die Krankheitsdefinition und Geltung der Konstitutionen überhaupt hatte, wenn letztlich ohnehin nur zählte, ob Orsara nun Syphilis habe oder nicht, also der Übergang vom »generellen Diskurrieren zum konkreten Fall« entscheidend sei, wie der Advokat schrieb.[37] Die Konsultation erscheint als ein weiteres Beispiel für den Überschuss an Information, den das gelehrte Niveau der Argumentationen mit sich brachte. In diesem Fall stammten die längeren Erörterungen zwar nicht von Medizinern, stützten sich aber wesentlich auf medizinische Werke. Beim einzigen Nicht-Mediziner, den der Advokat für die ›intime‹ Übertragung anführte (Gibalino), fügte er hinzu, dass dieser den Gegenstand ausführlich nach »medizinischen Prinzipien« behandelt habe.[38] Das Verständnis von Ansteckung hatte eminente Folgen für die Einschätzung der Gefährlichkeit von Syphilis für die monastische Gemeinschaft. Zugleich lag in der begrifflich-gelehrten Definition von

---

34 Zur Gesundheitspolitik in Spanien vgl. Clouse, *Medicine*, vor allem S. 169f. zu Mercado.
35 Romana, 31.01.1682, Pos 3.
36 Ebd.
37 Ebd.
38 »Qui latissime materia iuxta principia medica examinat«; ebd.

Syphilis auch eine Rückversicherung für den Advokaten. Sollte die medizinische Untersuchung Syphilis feststellen, konnte man dennoch argumentieren, dass Orsara zuzulassen sei. Syphilis falle nämlich nicht unter die Gruppe der in der Konstitution genannten Krankheiten.

Die zweite Ebene der Debatte befasste sich mit den Ergebnissen der körperlichen Inspektion Orsaras durch verschiedene medizinische Experten. Zum Zeitpunkt der Auseinandersetzung zwischen Advokat und Prokurator lagen bereits zwei sehr unterschiedliche Gutachten vor. Die anfängliche Nicht-Aufnahme hatte sich auf die Einschätzungen zweier Ärzte gestützt, Giacomo Romano und Bernardo da Piperno, beides *infirmièri*, deren Gutachten offenbar allen Seiten vorlagen. Diese hatten eindeutig unheilbare Syphilis bei Orsara festgestellt. Der entscheidende Punkt in der Argumentation von Orsaras Advokaten lag dagegen im Ergebnis einer weiteren ärztlichen Inspektion, die keine Anzeichen für Syphilis habe feststellen können. Die Visite war direkt durch die Konzilskongregation am 10. Januar 1682 befohlen worden. Sie wurde durch den Chirurgen Bernardo Colalto durchgeführt, dessen besondere Expertise in diesem Fall von Bedeutung ist. Da Colalto vom Papst für die Heilung der *lue-venera*-Kranken im Hospital San Giacomo eingesetzt war, können wir davon ausgehen, dass seine institutionell begründete Autorität für die Konzilskongregation auf der Hand lag. In San Giacomo gingen die Chirurgen täglich mit Syphilis und ähnlichen Krankheiten um, so dass ihre Lesart der Zeichen vermutlich mehr Vertrauen genoss. Der volle Name des Hospitals lautete *Ospedale di San Giacomo degli Incurabili*: Dort Ankommende wurden überprüft und sollten wieder abgewiesen werden, wenn sie nicht wirklich *incurabili* waren.[39] Somit waren die Chirurgen auf das sozial und rechtlich verbindliche Erkennen von »Unheilbarkeit« spezialisiert. Letzteren Begriff sollte man nicht allzu wörtlich nehmen, lag doch paradoxerweise die Attraktivität von *incurabili*-Hospitälern auch in der Hoffnung auf Heilung, etwa durch die kostenträchtige Behandlung mit Guajak.[40]

Weil die beiden sich widersprechenden, im Abstand von genau fünf Monaten unterzeichneten Gutachten zu Orsara vorliegen, kann man die

---

39 Arrizabalaga/Henderson/French, *Great Pox*, S. 202.

40 Ebd., S. 232. Diese im Vergleich zu Ausschlussverfahren aus Orden gewissermaßen umgekehrten Prüfverfahren der Zulassung wären eine vergleichende Untersuchung wert. Zur Schau für das Blatternhaus in Augsburg (wo auf Syphilis geprüft wurde, unheilbare Fälle aber gerade nicht aufgenommen werden sollten) und für Angaben zu weiteren Hospitälern in anderen Ländern vgl. Stein, *Franzosenkrankheit*; dies., *Pox*.

Aussagen direkt miteinander vergleichen. Die Ordens-Chirurgen, deren Einschätzung für Syphilis sprach, hatten Orsara zunächst genauestens nach seiner Krankheit befragt *(essatamente interogato).*[41] Als er außerhalb des Klosters gelebt habe, seien Pusteln an den Geschlechtsteilen entstanden, die dann zu Geschwüren syphilitischen Ursprungs degeneriert seien und sich beständig verschlimmert hätten. Von diesen Geschwüren seien ihm *cratteri* geblieben. Die »böse Feuchtigkeit« *(humore peccante)* der Krankheit beschränke sich auch nicht auf die entsprechende Körperstelle, sondern zirkuliere mit dem Blut durch die Venen und verursache viele Schmerzen in allen Teilen des Körpers bis zu den Fingerspitzen.[42] Dies alles habe Orsara »selbst gestanden« *(ha confessato di sua Bocca)*, wobei sich nicht genau feststellen lässt, was tatsächlich dessen Aussage und was bereits ärztliche Interpretation war.[43] Klar als letzteres gekennzeichnet ist nur der finale Abschnitt des Gutachtens, nämlich dass die Chirurgen aus dem Vorigen eindeutig und gewissenhaft schließen könnten, dass Orsara an einer unheilbaren Krankheit leide.

»Das Gutachten der Chirurgen des Ordens ist lächerlich«, so kommentierte der Advokat de Jandis dieses polemisch.[44] Die Expertise des von der Konzilskongregation beauftragten Colalto diagnostizierte tatsächlich keine venerische Krankheit. Dieser hatte Orsara im Konvent aufgesucht und an ihm kein auffälliges Zeichen *(nullo notabili signo)* von Pusteln, Gummata oder ähnlichen Geschwüren erkennen können. Der Patient habe lediglich Schmerzen in den Gelenken und sei sonst von gutem Temperament und gesund. Die von den anderen Experten berichteten Zeichen nahm er zur Kenntnis. Sie seien aber wohl eher Effekte einer anderen Krankheit. Jedenfalls sei Orsara nicht unheilbar, er selbst könne ihn leicht behandeln. Infektionsgefahr für die anderen Mönche bestehe ohnehin nicht, da – so sein Kommentar zur Diskussion um Infektionswege – die Übertragung von Syphilis durch nicht-venerischen Kontakt unmöglich sei.[45]

Die Gewissheit, welche die Ärzte des ersten Gutachtens suggeriert hatten, war verschwunden. Die Einschätzung hatte sich mehr auf die Aussagen Orsaras gestützt als auf die zu dem Zeitpunkt sichtbaren Körperzeichen,

---

41 Giacomo Romano und Bernardo da Piperno, Romana, 31.01.1682, Pos 3.

42 Ebd.

43 Ebd.

44 »Fides Chirurgorum religionis est ridicula«; ebd.

45 »Clarius testor morbum Gallicum per contactus non venereos ac similes, sed per solam consuetudinem huius religionis nullatenus esse comunicabilem et contagiosum«; Bernardinus Colaltus, Romana, 31.01.1682, Pos 3.

deren Abwesenheit das Gutachten Colaltos und der darauf abhebende Advokat so sehr betonten. Die Möglichkeit, dass sich die Krankheit Orsaras in einer regressiven Phase befand, die von Zeitgenossen für Syphilis gehalten wurde, wurde in Colaltos Gutachten nicht ausgeschlossen, war aber offenbar nicht entscheidend. Das einzige verbleibende Zeichen waren die Schmerzen, die als uneindeutig eingestuft wurden.[46] Nur aus der Geschichte des Patienten ließ sich also auf die Natur der Krankheit schließen, während die körperlichen Zeichen ambivalent waren.

Die Behauptung einer speziellen medizinischen Zuständigkeit für Krankheiten wie Syphilis basierte auf der komplexen Zeichensprache des Körpers, denn die daraus folgende Unsicherheit legte die Konsultation von Ärzten nahe. Das Lesen der Zeichen musste schwierig genug sein, um Laien geradezu zwangsläufig zu Irrtümern zu bewegen. Allerdings bestand die Gefahr, die Komplexität so weit zu treiben, dass die Uneindeutigkeit als letztes Wort der Mediziner stehen blieb und damit die Funktionalität der Konsultation zweifelhaft wurde. Körperliche Zeichen als notorisch mehrdeutig zu beschreiben war der medizinischen Autorität insofern nur bis zu einem gewissen Grade zuträglich.[47]

An dieser Stelle soll der Umgang der Konzilskongregation mit dieser Uneindeutigkeit im Zentrum stehen. Die Zusammenfassung des Falls für die entscheidende Sitzung stützte sich ausschließlich auf die Expertise von Colalto, also dem Arzt, den der Sekretär der Konzilskongregation beauftragt hatte. Diese habe ergeben, dass Orsara nur an Gelenkschmerzen leide, die andere Gründe als *lue venera* hätten. In jedem Fall aber sei seine Krankheit nicht unheilbar und ansteckend.[48] Die Verbindung von Zeichen und Wesen ist hier also eindeutig wiedergegeben und auch die Frage der Ansteckung im Sinne von Orsara interpretiert. Die endgültige Entscheidung der Konzilskongregation verfügte, dass der Orden zur Wiederaufnahme gezwungen sei. Die Oberen sollten ihn zudem *bene et charitative* behandeln.[49] Der Verweis auf das Karitative kann als Vorwegnahme möglicher praktischer Probleme nach dem Rechtsstreit, aber auch als generelle Erinnerung an die Ordensideale gelesen werden. Ein Verbleib im Orden und die gute Behandlung waren

---

46 Stein, *Franzosenkrankheit*, S. 68–71 zum »Franzosenschmerz«, der als sehr mobil im Körper zirkulierend betrachtet wurde. Zu Schmerzen im medico-legalen Diskurs als Problem, aber auch als Chance für Experten vgl. De Renzi, *Witnesses*, S. 233–237.
47 Zu Zeichen als »ambiguous signifiers« vgl. Stein, *Pox*, S. 37.
48 LD 32, 123r/v.
49 Romana, 31.01.1682, Pos 3.

generell die bevorzugten Entscheidungen der Konzilskongregation, besonders, wenn Krankheiten aufgrund ihrer Veränderlichkeit, Krisen und Heilbarkeit nicht sicher eingeschätzt werden konnten.[50]

Die Unsicherheit, ob eine bestimmte Krankheit vorlag, ließ sich umgehen, indem Akteure auf das Register des *scandalum* und die bloße Beachtung äußerlicher Zeichen zurückfielen. Der Advokat Orsaras verband die Ergebnisse der günstigen medizinischen Inspektion mit der Frage der Irregularität. Weil der Chirurg kein sichtbares Zeichen bemerkt habe, sei Orsara nicht irregulär und dürfe umso mehr auch im Orden leben. Das Argument verlangte zwar einen gewissen Sprung (von einer Irregularität Orsaras hatte niemand gesprochen), bot sich aber offenbar trotzdem an. Das Kirchenrecht stellte auch für Syphilis die Option zur Verfügung, von einer genaueren Prüfung des Verborgenen abzusehen und das *scandalum* zu privilegieren. Der Mailänder Moraltheologe und Jurist Martin Bonacina (1585–1631) etwa führt aus, irregulär seien Erkrankte nur, wenn die Syphilis »außen erscheint und *horror* und *scandalum* hervorruft«.[51] Durch die Syphilis verursachter innerer Schmerz, sei er auch quälend, wurde im kanonistischen und moraltheologischen Diskurs nicht als Problem für den Klerikerstatus und die Feier der Messe angesehen.[52]

Sicherlich wurden die aufgeführten Krankheiten auch im monastischen Kontext besonders dann zum Problem, wenn sie erkennbare körperliche Folgen hatten. Anders als im Falle der Irregularität wurde dort aber explizit nach der okkulten Krankheit gefragt, so dass das Argument des Advokaten mit dem *scandalum* nur über diesen Umweg oder Analogieschluss funktionierte. Belegen wollte und musste er die vollständige Abwesenheit von Syphilis. Letztlich ging es damit um die Frage des Wesens der Krankheit und nur indirekt um die Skandalträchtigkeit der Zeichen.[53]

Keine entscheidende Rolle spielte die Vorstellung, dass eine Syphilis-Erkrankung eines Klerikers als solches ein *scandalum* darstellen könnte. Mit moralischen Kategorien, wie etwa der Sündhaftigkeit oder der Gottesstrafe,

---

50 Vgl. auch Ordinis Discalceatorum, 10.07.1694, Pos 134.

51 »Laborantes morbo Gallico, qui foris appareat, horroremque, ac scandalum genere, irregulares esse«; Bonacina, *Censuris*, S. 323.

52 »Si tantum adsit internus aliquis dolor, vel cruciatus, & nulla sit apparens deformitas, celebrare potest«; de Berti, *Sacrificii*, S. 7. Die Gefahr einer Einschränkung des Könnens aufgrund der Schmerzen wurde zwar gesehen, war aber weniger entscheidend als die *deformitas*.

53 Die Expertise von Ärzten erfolgte in Lepra-Begutachtung häufig gerade gegen den Anschein erschreckender Zeichen. Vgl. Demaitre, *Leprosy*, S. 101 und 142f.

wurde ebenfalls überhaupt nicht operiert. Der ganze Komplex des körperlichen Aus- und des sozialen Ansehens wurde von Sabbio im Plädoyer für den Ausschluss vom Orden nur in einem Satz unter den sonstigen Gründen (alia motiva) abgehandelt. Es gehe zusätzlich zur entscheidenden Krankheit auch noch um *infamiam Religionis, stomachum, Horrorem, scandalum Religiosorum*.[54] Keine dieser Einschätzungen wird allerdings näher erläutert. Diese relativ geringe Bedeutung des *scandalum* im Kontext von Syphilis bei einem Mönch und Priester ist bemerkenswert.

Anders als bei der Irregularität determinierte eine hohe Sichtbarkeit und Aufdringlichkeit der Entstellung durch Krankheit bei Mönchen nicht automatisch eine bestimmte Entscheidung. Bei einem weiteren Mönch hatten Mediziner eine unter der Vorgabe anderer Krankheiten verheimlichte Syphilis festgestellt.[55] Nachdem die Mediziner die Wahrheit bestimmt hatten (*recognita veritate*), war er des Ordens verwiesen worden. Danach hatte er sieben Jahren als Säkularpriester außerhalb des Konvents verbracht, wobei seine syphilitische Krankheit offenbar kein Problem gewesen war (womöglich hatte er keinen Kontakt zu einer Gemeinde). Nach dieser Zeit hatte sich sein Gesundheitszustand so sehr verbessert, dass er wieder zurückkehren durfte.[56] Gleich darauf aber »begann die Krankheit ihn erneut zu quälen und entstelle sein Gesicht so sehr, dass sie das ganze Innere der Nasenlöcher zerfressen hatte und unerträglichen Gestank verursachte«.[57] Die Konzilskongregation ordnete auch hier wiederum an, dass der Betreffende *charitative* behandelt werden sollte. Daran lässt sich ablesen, dass das Aussehen jedenfalls keinen ausreichenden Grund zur Entfernung aus dem Kloster darstellte.

Eine gewisse Spannung bestand zwischen Gesundheitspostulaten und der häufig präsenten Anerkennung der Tatsache, dass Mönche je nach Härte der Ordensregeln häufig erkrankten. Selbst Krankheiten wie Syphilis erschienen bis zu einem gewissen Grad heilbar, aber nur außerhalb des Klosters und nicht unter den Bedingungen des Ordenslebens. Hier kam es zu

---

54 Romana, 31.01.1682, Pos 3.
55 Ordinis Discalceatorum, 10.07.1694, Pos 134.
56 Die Krankheit habe aufgehört, hieß es in LD 44, 331r, was zum einen an Medikamenten, zum anderen an der Milderung der Härte des Lebens im Vergleich zum Kloster gelegen habe.
57 »Comincia di nuovo il male a lacerarlo, e difformarlo nel volto a segno tale, che si gli ha mangiato tutto l'interno delle narici, che puzza intollerabilmente«; Ordinis Discalceatorum, 10.07.1694, Pos 134.

Zielkonflikten zwischen religiöser Askese und medizinischen Gesundheitsvorstellungen. De Sabbio, der Prokurator der Kapuziner aus dem Fall Orsara, wehrte sich etwa vehement gegen die Meinung eines Arztes, die Ordenstracht der Kapuziner sei gesundheitsschädlich.[58] Die Autorität der Mediziner war also auch außerhalb von Nullitätsverfahren umkämpft.

In der Summe lässt sich aber ein symbiotisches Verhältnis von Medizin und kirchlicher Obrigkeit konstatieren. Mediziner inszenierten sich als besonders kompetent im Aufdecken verborgener Krankheiten und erfüllten damit passgenau die Anforderung der Orden und weiterer beteiligter Instanzen wie der Konzilskongregation. Die besprochenen Fälle von infektiösen Krankheiten haben die Bedeutung von innermedizinischen Debatten in der Praxis aufgezeigt. Im Kapitel *De Morbos Dissimulantibus* seines medico-legalen Standardwerks spricht Paola Zacchia (1584–1659) von *morbus gallicus* als einem Problem der Entdeckung, das durch medizinische Expertise aber leicht zu lösen ist. Die Krankheit verursache viele Zeichen am Körper, die kaum verborgen werden können, wenn ein *peritus medicus* sich der Sache annehme.[59] Zacchia gesteht sogar ein, dass einige äußere Zeichen selbst für Laien erkennbar seien.[60] Damit sollte sicher nicht die Autorität der Mediziner generell angezweifelt, sondern vielmehr eine Abgrenzung von Kontrahenten vorgenommen werden. Wenn selbst Laien Zeichen erkennen konnten, mussten Fehler von hier angesprochenen ärztlichen Konkurrenten besonders diskreditierend wirken.

Resümierend sei betont, dass medizinische Gutachten in den untersuchten Fällen nicht eine Art Stoppschild für Konflikte darstellten, sondern zentrale Mittel der Konfliktaustragung waren. Die historische Untersuchung kann zwar nicht die Wahrheit eines Sachverhalts herausfinden, aber produktiv untersuchen, wie Aussagen zu Lüge und Wahrheit konstruiert wurden.

---

58 Bereits im Titel der ärztlichen Schrift ist von »evidentissimum vitae periculum« durch das Tragen der Ordenskleidung auf der nackten Haut die Rede; Manzaneda y Molina, *Discursus*. Die Schrift war ursprünglich auf Spanisch erschienen, dann ins Italienische und Lateinische übersetzt worden. Als Antwort darauf findet sich Sabbio, *Responsio* und als Replik wiederum Manzaneda y Molina, *Responsio*. Der Konflikt spielte sich vor der Kongregation für Bischöfe und Regularkleriker ab und kann an dieser Stelle nicht weiterverfolgt werden.

59 »Vix, si cum perito Medico negotium sit, is morbus dissimulari poterit.« Zacchia, *Quaestionum*, S. 270.

60 »Quae non Medicis solum, sed caeteris etiam extra artem notissima sunt, quibus facile valetudinem deprehendimus«; ebd., S. 270.

Krankheitsvorwürfe eignen sich dazu besonders gut, da regelmäßig sowohl Laien als auch medizinische Experten befragt wurden.

Die Konzilskongregation folgte häufig einem starken *scandalum*-Argument und privilegierte dieses auch gegenüber vergleichsweise eindeutigen medizinischen Aussagen. Mit Verweis auf das *scandalum* konnte ausgeklammert werden, welche Krankheit genau vorlag oder welchem Mediziner im Falle von Differenzen zu glauben war. Für eine gegenläufige Entscheidung musste die Glaubwürdigkeit der medizinischen Expertise nicht bestritten, sondern ihr die gänzlich andere Logik des *scandalum* vorgezogen werden. Im Grunde schließt sich damit ein Kreis. Waren es nicht zuletzt die Unschärfe und Unkontrollierbarkeit des *scandalum* – etwa durch Gerüchte im sozialen Umfeld –, die den Appell an medizinische Experten so attraktiv machten, so konnte umgekehrt genau die Berufung darauf wiederum Flexibilität gegenüber der Medizin schaffen. Im nächsten Abschnitt wird gefragt, ob dies auch für die Zuschreibung von Geschlecht im Klerus galt und welche Rolle medizinische Experten dabei spielten.

4.3 Klerikaler Status und Geschlecht

In diesem Abschnitt wird die Funktion der medizinischen Expertise in Fällen von uneindeutigem Geschlecht untersucht, welche ebenfalls durch die Konzilskongregation behandelt wurden. Dabei kann nicht nur auf den reichen kanonistischen Diskurs zum Thema, sondern auch auf vier Beispiele von ›Hermaphroditismus‹ in der Konzilskongregation (1652, 1686, 1721, 1722) zurückgegriffen werden.[1] Ausgehend von der bisher herausgearbeiteten Zentralität des *scandalum* kann gefragt werden, ob diese Logik auch hier galt. So ließe sich die Hypothese formulieren, dass die Kirche zwar Männlichkeit für Kleriker und Weiblichkeit für Nonnen forderte, aber nur bei Sichtbarkeit oder lokaler Problematisierung Interesse an einer geschlechtlichen Kategorisierung des Körpers zeigte. Alternativ wäre die Spezifik von Geschlecht im wesentlich von Können und Außenwirkung konstituierten Phänomen der Irregularitäten *ex defectu corporis* zu konstatieren.

Vorab gilt es, die hier interessierende Verhandlung ambiger Körperlichkeit analytisch von einer generelleren, eher losen Verbindung zwischen katholischem Klerus und sexueller Ambiguität zu unterscheiden.[2] Der ambige Status von katholischen Klerikern war ein weitverbreiteter Topos. »As the French say, there are three sexes – men, women and clergymen«, so etwa der anglikanische Pfarrer Sydney Smith (1771–1845).[3] Solche Aussagen stützten sich vor allem auf die Vorstellung einer vom Zölibat eingeschränkten Geschlechtlichkeit, die unnatürlich und unnütz war. Diese

---

1 Die Forschung zu Hermaphroditen in der Frühen Neuzeit ist mittlerweile umfangreich; vgl. nur Long, *Hermaphrodites*; Cleminson/Vázquez García, *Sex*; Marchetti, *Bisessualità*; ders., Discussione.

2 Für Ersteres verwende ich »Hermaphrodit« nicht im Sinne moderner Definitionen, sei es des mittlerweile diskreditierten Begriffs »Hermaphroditismus« oder Intersexualität, sondern als Quellenbegriff. Zur besseren Lesbarkeit wird soweit wie möglich auf die Anführungsstriche und Attribute wie angeblich verzichtet.

3 Smith, *Wit*, S. 434.

langanhaltende anti-katholische Polemik wird hier nicht untersucht.[4] Sie erzeugte womöglich als Hintergrund einen besonders hohen Druck zur geschlechtlichen Eindeutigkeit im Klerus. Für die konkrete Entscheidungsfindung war es aber wichtiger, dass eine binär codierte Geschlechtlichkeit der katholischen Kirche ohnehin inhärent war. Diese vertrat und vertritt gerade mit Blick auf den Zugang zum Klerus eine starke Differenz zwischen Mann und Frau und kannte entsprechend männliche Kleriker und Nonnen.[5] Die Fälle von ambigem Geschlecht in der Konzilskongregation bieten die Chance, die Aushandlung dieser Trennlinien in der Praxis um 1700 zu analysieren. Neben Hermaphroditen und Eunuchen, denen ein potentiell uneindeutiges Geschlecht zugeschrieben wurde, wird auch die Rolle von Frauen in der Diskussion um körperliche Irregularität analysiert.

Uneindeutiges Geschlecht – der Fall der Hermaphroditen

Die Existenz von Hermaphroditen als Mischform von Mann und Frau wurde im frühneuzeitlichen kanonistischen Diskurs und in der Rechtspraxis nicht bezweifelt, ganz im Gegensatz zu modernen, aber auch bereits einzelnen zeitgenössischen medizinischen Ansichten.[6] Neben den drei Kategorien Frau, Mann und Hermaphrodit findet sich zudem die Unterscheidung zwischen prävalent männlichen oder weiblichen sowie ›perfekten‹ Hermaphroditen, bei denen beide Geschlechter gleichermaßen konstatiert wurden.[7]

Im kanonistischen Kontext bestanden mehrere Optionen, das Geschlecht einer Person festzustellen, so dass wir nicht von vornherein von einer medizinischen Zuständigkeit ausgehen dürfen. Prospero Lambertini, der in seiner Zeit als Sekretär der Konzilskongregation an der genauen Diskussion von zwei Fällen von Hermaphroditen direkt beteiligt war, unterschied drei Möglichkeiten. Erstens konnte die Selbstaussage der Person als entscheidendes Kriterium verstanden werden.[8] Als Kontext ist hier der

---

4 Als modernes Beispiel siehe nur die Darstellung eines Priesters als Hermaphrodit im antiklerikalen Journal »L'Asino« von 1906, Borutta, *Antikatholizismus*, S. 204.
5 Zur Debatte, ob die Ordination in früheren Epochen möglich war, vgl. Macy, *History*.
6 Vgl. McClive, Masculinity.
7 Zur Debatte um Intersexualität aus theologischer Perspektive vgl. Cornwall, *Sex*.
8 »Solum Hermaphroditi dictum«; Dubium Professionis, 22.11.1721, *Folia Sacrae Congregationis* 1721.

schon im mittelalterlichen Recht vorgesehene Eid von Hermaphroditen zu berücksichtigen, in Zukunft nur das männliche oder weibliche Geschlecht »zu gebrauchen« und damit die soziale Festlegung vorzunehmen.[9] Diese Option werde, so Lambertini, von berühmten Autoren wie Azpilcueta und Sanchez vertreten. Die zweite Option lag darin, primär das soziale Umfeld zu beachten. Solange dort die Zuordnung zu einem Geschlecht eindeutig sei, bestehe kein weiterer Handlungsbedarf.[10] Bei diesem Vorgehen ging es weniger um die tatsächliche Bestimmung des Geschlechts als um die rechtliche Relevanz des Körpers. Unterstützend werden einige Autoren zitiert, für die nur ein »öffentlich bekannter« Hermaphrodit irregulär sei. Diese Ausblendung der zugrundeliegenden Körperlichkeit entspricht genau dem *scandalum*-Register.[11] Lambertini dagegen hielt weder die Einschätzung der Person selbst noch die des sozialen Umfelds für ausschlaggebend. Vielmehr sollten Mediziner feststellen, ob eine Person Frau, Mann oder Hermaphrodit sei, respektive welches Geschlecht überwiege.[12] Die ausdrückliche Zurückweisung der Logik des *scandalum* deutet also darauf hin, dass das Geschlecht aus dem Feld körperlicher Gebrechen herausfiel. Details im Diskurs zeigen diese Differenz zwischen Hermaphroditismus und übrigen Gebrechen an. So galt die Regel der Pygmäen unter Pygmäen laut Maiolo nicht für Hermaphroditen. Diese durften nicht einmal untereinander in reinen Hermaphroditen-Klöstern leben, weil die Gefahr der sexuellen Ausschweifung zu groß sei.[13] Das Problem war also nicht etwa der Status als *monstra*, sondern tatsächlich die geschlechtliche Ambiguität, die angeblich zu sexueller Aktivität führe. Jenseits solcher Überlegungen in der Traktatliteratur ist zu fragen, welchem Ablauf die Zuschreibung von Geschlecht in der Praxis der Konzilskongregation folgte.

---

9 Eine begrenzte Wahlmöglichkeit findet sich auch im sogenannten Zwitterparagraphen des Preußischen Allgemeinen Landrechts von 1794; zur Rechtsgeschichte vgl. Plett, Intersexuelle.

10 Vgl. oben zum *passing* oder als jemand durchgehen, das sich hier entsprechend auf das Geschlecht beziehen lässt.

11 Zum Sensationsgehalt von Hermaphroditen und *cross-dressing*-Geschichten, die offenbar besonders geeignet waren, etwa in England Spott über ›verruchte‹ Katholiken hervorzurufen, siehe Findlen, *Medicine*.

12 »Tertia est videri iudicium esse debere Medicorum«; Dubium Professionis, 22.11.1721, *Folia Sacrae Congregationis* 1721.

13 »Nec quidem inter ipsos Hermafroditos cohabitationem permittendam puto, ob eiusdem promiscui usus rationem«; Maiolus, *Tractatus*, S. 61.

Imperfekter Körper – perfekter Mann

Als der Novize Felice Antonio 1686 im Kapuzinerkloster von Neapel nach erfolgreichem Noviziat sein Gelübde ablegen wollte, zögerte sein Ordensoberer und äußerte den Verdacht, Felice sei ein »Hermaphrodit«.[14] Ein hinzugezogener Arzt aus der Stadt inspizierte den Betroffenen und versicherte in seinem Gutachten, es handele sich ganz im Gegenteil um einen *perfettissimo huomo*.[15] Der Untersuchte wurde darauf zum Ordensgelübde zugelassen. Als er später auch die Heiligen Weihen erhalten wollte, zweifelte der Obere des Klosters aber erneut und schrieb nun an die römische Kurie, die den Sachverhalt klären sollte. Rom entschied, dass eine neue medizinische Expertise eingeholt werden müsse, diesmal von zwei »erfahreneren Medizinprofessoren«.[16] Deren Gutachten bestätigte letztlich die Meinung des ersten Arztes, und der damit zweimal als Mann eingestufte Felice wurde in der Folge zur Ordination zugelassen. Die Ergebnisse der beiden empirischen Untersuchungen sprachen also gegen den Verdacht des Ordensoberen.

Die Berichte der Ärzte beschreiben sehr detailliert die Anatomie des Untersuchten. Die Mündung der Harnröhre sei bei Felice zwischen den Hoden statt am Penis. Dieser »Fehler, der von den Griechen *Hypospadeos* genannt wird«, sei eine körperliche *imperfettione* und ein Irrtum der Natur.[17] Die Geschlechtsteile des Felice werden also als fehlerhaft, ungewöhnlich und »gegen die gewöhnlichen Gesetzte der Natur« beschrieben.[18] Der Grund dafür sei aber eine Unzulänglichkeit der Natur *(deficienza della natura)* und nicht eine geschlechtliche Ambiguität *(dupplicità di sesso)*.[19] Ein Arzt verwendete zudem den Begriff eines *scherzo della natura* für den körperlichen Makel.[20] Das männliche Geschlechtsteil sei, abgesehen von der Öffnung, »in seiner gebührenden und natürlichen Anordnung, ungeachtet seiner kleinen

---

14 »Superior dubitans eum esse hermaphroditum«; Dubium Ordinationis, LD 36, 513v.
15 Dubium Ordinationis, 11.01.1687, Pos 45.
16 »Da due più esperti Professori«; Dubium Ordinationis, 11.01.1687, Pos 45.
17 Gutachten des Bernardino Genga, Dubium Ordinationis, 11.01.1687, Pos 45. Genga ist berühmt für sein 1691 erschienenes illustriertes anatomisches Werk und kann insofern ganz besonders als Experte für den Körper gelten; vgl. Genga, *Anatomia*.
18 »Il detto scroto è perforato contro però le leggi consuete della natura«; Gutachten des Bernardino Genga, Dubium Ordinationis, 11.01.1687, Pos 45.
19 »Errore della natura che non procede da dupplicità di sesso, mà da deficienza della natura.« Gutachten des Pellegrinus de Pellegrinis, Dubium Ordinationis, 11.01.1687, Pos 45.
20 Vgl. zum Begriff Findlen, Jokes.

Größe«.[21] Felices Geschlechtsteile lagen innerhalb des akzeptierten Streufelds männlicher Anatomie. Es passiere, so der Arzt Genga, recht häufig, dass die Natur bei der Erschaffung dieser Körperteile besonders variiere *(varia la natura)*. Dies stelle kein Indiz einer Variation des Geschlechts dar *(variatione di sesso)*.[22]

Zunächst lässt sich festhalten, dass das Material die in dieser Studie bereits mehrfach festgehaltene Autorisierungsstrategie der Experten unterstreicht. Die Überlegenheit ärztlicher Zeichenentzifferung und ihrer Lesart des Körpers, für die nicht zuletzt der Verweis auf die griechische Medizin symptomatisch ist, lag hier in der Kenntnis der hohen Variabilität der Natur. Diese wurde von der geschlechtlichen Varianz getrennt, während Nicht-Mediziner genau diesen Schluss offenbar allzu leicht vornahmen.[23]

Was kann der Fall des körperlich imperfekten, perfekten Mannes zur Untersuchung von Körpergebrechen und insbesondere zum Verhältnis von Medizin und *scandalum* beitragen? Die Gefahr des *scandalum* wird als der auslösende Faktor für die Bemühungen des Oberen um Klärung beschrieben. Auch die Geheimhaltung im Verfahren ist in diesem Zusammenhang bemerkenswert. In den *Libri Decretorum* der Konzilskongregation ist von »einem gewissen Novizen« die Rede.[24] Auch in den Stellungnahmen aus dem Kloster, die in den Akten der Kongregation vorliegen, wird nicht Felice Antonio, sondern »N. N.« genannt. Der Name lässt sich nur aus einem der ärztlichen Gutachten erschließen. Die für die Konzilskongregation ungewöhnliche Anonymisierung findet sich auch in einem Fall von 1721, wo es um eine »gewisse adlige Person« geht, die ein Hermaphrodit sei.[25] In der Kommunikation zwischen Rom und den lokalen Behörden wurde einkalkuliert, welche Wirkung die Verfahren für Personen haben konnten, und deshalb der Name verschwiegen – zumal zwei der Fälle von Hermaphroditen gedruckt zirkulierten.

---

21 »Che il pudendo virile si asserisce esservi nella debita e naturale conformatione, ne puo ostare la piccolezza«; Gutachten des Bernardino Genga, Dubium Ordinationis, 11.01.1687, Pos 45.

22 Dubium.

23 Diese Rollenverteilung ist geradezu eine Umkehrung der modernen Situation. Die Variabilität der Natur wird von konstruktivistischen Kritikern des Zwei-Geschlechter-Modells zu dessen Überholung *gegen* die konstatierte Binarität moderner, medizinischer Modelle angeführt; vgl. Dreger, *Hermaphrodites*, S. 3: »Humans come in a wonderful array of types.«

24 LD 36, 513v.

25 Vgl. auch oben den Fall des *certo gobbo* unter der Protektion des polnischen Königs: Posnaniensis, 26.03.1695, Pos 145.

Trotz dieser Präsenz der *scandalum*-Begrifflichkeit lag der entscheidende Faktor für die mögliche Irregularität Felice Antonios im anatomisch definierten Geschlecht. Wie anhand von Prospero Lambertinis Meinung gezeigt, wandte sich die Konzilskongregation gegen die Erhebung der sozialen Meinung zum entscheidenden Kriterium in den Fällen von ambigem Geschlecht. War auch der okkulte Hermaphrodit irregulär, so bedeutete dies für Felice Antonio umgekehrt, dass sein ärztlich diagnostiziertes Geschlecht eine Wahrheit besaß, die sich der Logik des *scandalum* entzog. Der Eindruck des Klosteroberen konnte den Fall anstoßen, aber nicht entscheiden. Gerade das Feld des ambigen Geschlechts, das besonders skandalträchtig erscheint, macht also die Grenzen der zuvor herausgearbeiteten Logik der Außenwirkung deutlich.

Äußere und innere Zeichen des Geschlechts

Ein weiterer Fall von Hermaphroditismus kann weiter aufzeigen, wie das im Verfahren gefragte wahre Geschlecht genau am Körper ermittelt wurde. Auch im Fall der dreißigjährigen Nonne Alessandra Becchelli von 1722 spielte medizinische Expertise eine wesentliche Rolle.[26] Becchelli war 1709 ins Kloster der Heiligen Clara von Montefalco eingetreten und hatte ein Jahr später ihr Gelübde abgelegt. Dreißigjährig hatte sie nun ihrem Bruder Pietro berichtet, dass sie eine Hermaphroditin *(ermafrodita)* geworden sei und das männliche Geschlecht in ihr überwiege.[27] Der Bruder wiederum hielt es für notwendig, dies dem zuständigen Bischof von Spoleto mitzuteilen. Im Namen seiner Schwester bat er um eine Auflösung ihres Gelübdes aufgrund des Hermaphroditismus. Wichtig war zudem, dass er die Rückgabe der hohen Mitgift forderte, die seine Schwester beim Eintritt ins Kloster eingebracht hatte. Abermals ist also das soziale Umfeld für den Beginn des rechtlichen Prozesses verantwortlich, diesmal allerdings nicht die monastische Gemeinschaft, sondern der Bruder, selbst Priester und Prior der im Ort befindlichen Kirche San Bartolomeo. Aufgrund der Aussage seiner Schwester setzte er Hermaphroditismus bereits als gegeben voraus.

---

26 Da zumindest vor der Entscheidung der Konzilskongregation stets von einer Nonne die Rede war, verwende ich das Femininum.

27 Spoletana, 14.03.1722, *Folia Sacrae Congregationis* 1722 und Pos 460. Dieser Fall fand, soweit ich es überblicke, als einziger der genannten bisher Beachtung in der Literatur, und zwar in einem Aufsatz von *Schutte*, Ermafrodita. Dabei führt sie als wesentlichen Kontext die Nullitätsprozesse an, ebenso wie andere bekannte Hermaphroditismus-Fälle der Zeit, aber nicht das Thema der Körperlichkeit von Klerikern insgesamt.

Der informierte Bischof von Spoleto holte sich unverzüglich aus Rom Rat zu der Sache und konsultierte den Sekretär der Konzilskongregation, Lambertini. Dieser wies den Bischof an, dass *periti* zu beauftragen seien, die unter Assistenz von ehrbaren Frauen *(matronae)* unter großer Vorsicht die Nonne untersuchen sollten. Würde sich aus der Meinung der Experten ergeben, dass die Enthüllung des Hermaphroditismus sich als wahr erweise, solle sie Vater und Bruder übergeben werden.

Für die Geltung des *iudicium* der Medizin sprach laut Lambertini in diesem Fall auch das Verfahren des Felice Antonio von 1686 als Präzedenz. Dort seien alle Zweifel gelöst worden, indem »die Ärzte gehört wurden, die sagten, der Kleriker sei ein Mann und es gebe keine Doppelung des Geschlechts«.[28] Diese Reihung schuf eine quantitativ kleine, aber erfolgreiche Traditionslinie, die die Befragung von Medizinern zusätzlich plausibilisierte. Auch in dieser vergleichsweise ungewöhnlichen Entscheidungssituation wurde so eine direkte Kontinuität in der behördlichen Praxis suggeriert.

Der Ablauf der Überprüfung im konkreten Fall lässt sich aus den Gutachten der beauftragten Ärzte rekonstruieren.[29] Der Bischof schickte einen Abgesandten in das Kloster, der einen Arzt, einen Chirurgen und die beiden Frauen Battista und Agata mitbrachte. Der Fall ist der einzige, in dem bei einer Untersuchung weibliche Personen hinzugezogen wurden. Diese Praxis stützte sich auf eine lange, patristische Tradition, dass Frauen von Frauen untersucht werden sollten.[30] Dabei handelte es sich vor allem um Hebammen, wenn die Jungfräulichkeit geprüft werden sollte. Diese Maxime schlug sich auch in anderen kurialen Prozessen nieder. Als der Körper der später heiliggesprochenen Katharina von Bologna 1671 im Kanonisierungsprozess untersucht worden war, wurden Matronen zu den Medizinern hinzugezogen, als ihr Körper nackt begutachtet wurde.[31] Lambertini hatte im Fall von 1721 angeführt, dass »das Urteil den Matronen gebührt, wenn es

---

28 Dubium Professionis, 22.11.1721, *Folia Sacrae Congregationis* 1721.
29 Gutachten des Arztes Bernardus de Amicis; Gutachten des Chirurgen Antonius Ciardellus, Spoletana, 14.03.1722, Pos 460.
30 Vgl. etwa Ambrosius, *Opera*, Bd. 10, Epistula 56, S. 84–87.
31 Das war insofern von besonderer Bedeutung, als die Frauen behaupteten, gerade an den von ihnen untersuchten, den Ärzten nicht zugänglichen Teilen sei der Körper nicht ausgetrocknet – ein wichtiges Kriterium im Prozess vor der Ritenkongregation; Pomata, Malpighi, S. 578f.

um eine Jungfrau geht«.[32] Die körperliche Untersuchung im Falle der Alessandra Becchelli wurde von den Ärzten allerdings selbst durchgeführt, während den Matronen nur eine assistierende Rolle zukam. Die Untersuchung durch Männer wurde offenbar nicht hinterfragt, vielleicht auch deshalb, weil Jungfräulichkeit nicht der Kern der Sache war. Der Arzt de Amicis machte die erste und längste Aussage, der Chirurg die zweite, die beiden Frauen verwiesen dagegen nur auf die beiden Männer. Becchelli wurde in ein vom Rest des Klosters separiertes Empfangszimmer gerufen und dort untersucht Die *recognitio* fand wohl auch deshalb an einem speziellen Ort statt, damit die Mediziner nicht in die Aufenhaltsbereiche der Nonnen gelangten.

Die Untersuchung fand nur nach anfänglichem Widerstand Becchellis statt, wie in allen vier Aussagen erwähnt wird. Nach 15 Minuten kehrten die Untersuchenden nach draußen zurück, und es wurden nacheinander ihre Aussagen aufgenommen. Alle vier bestätigten, dass die Nonne ein Hermaphrodit sei und beide Geschlechter sexuell gebrauchen könne *(capace à coire)*. Im Gutachten des Arztes wurde das Vorhandensein anatomischer Merkmale beider Geschlechtsteile genau beschrieben, aber auch die Art und Verteilung der Körper- und Gesichtsbehaarung, die männliche Stimme und der virile *habitus* des Körpers im Verhalten. De Amicis sprach zudem von Becchellis Begehren: Sie habe ausgesagt, sie empfinde »venerische Reize beim Anschauen von Frauen«.[33] Diese Reize äußerten sich wiederum körperlich, denn »beim Anblick von Frauen erlebe sie eine Pollution von echter spermatischer Qualität«.[34]

Für die vorliegende Studie ist es besonders wichtig, wie die Auflistung der körperlichen Merkmale in der römischen Entscheidung gebraucht wurde. Viel deutlicher als in den Gutachten der Ärzte findet sich dort eine Hierarchisierung. Der Sekretär Lambertini, der den Fall zusammenfasste, schrieb über das Fundament, auf dem die medizinische Einschätzung als Hermaphrodit beruhe: Das Urteil der Experten stütze sich nicht nur, wie häufig, auf die äußeren und letztlich mehrdeutigen Zeichen *(signis extrinsecis & aequivocis)*. Zu diesen zählt Lambertini die Haare auf Brust, Oberlippe und

---

32 »Iudicium debere esse Matronarum, si de Virgine agatur«; Dubium Professionis, 22.11.1721, *Folia Sacrae Congregationis* 1721.

33 »Stimoli venerei nel riguardare le Donne«; Spoletana, 14.03.1722, Pos 460.

34 »Ad ogni intuito di Donne soffriva la polluzione di qualità vera spermatica«; Spoletana, 14.03.1722, Pos 460.

Wangen, die sonore Stimme, nicht-gewölbte Brüste, das dauerhafte Aus-
bleiben der Menstruation, aber auch die Reize der *concupiscentia*, die sie seit
acht Jahren bei der Begegnung mit Frauen fühle.[35] Das Gutachten beruhe
dagegen auch auf inneren und sichereren Zeichen (*signis intrinsecis &
certioribus*), nämlich auf der äußeren Erscheinung der Genitalien *(extrinseca
apparitione omnium genitalium)*.[36] Gerade das Äußere der anatomischen
Geschlechtsmerkmale stellte also das ›Innere‹ und Sicherere dar.
Das ›Innerste‹ war auch nicht das Begehren, welches vermutlich deshalb
unter den unsicheren und äußerlichen Zeichen rangierte, weil es auf der Aussage Becchellis beruhte.[37]

Im Gutachten des Arztes wurde der Anatomie zwar viel Raum ein-
geräumt, eine so klare Priorisierung allerdings nicht vorgenommen. Es zeigt
sich also, dass bei der Interpretation der medizinischen Expertise durch den
Kirchenrechtler die Rolle des Arztes nochmals gestärkt wurde. Als zentrale
Merkmale für Geschlechtszugehörigkeit wurden Charakteristika hervorgehoben, die primär vom medizinischen Experten beobachtet wurden (im
Gegensatz etwa zum Bartwuchs, zur Stimme und dergleichen). An beiden
Enden des Verfahrens, in der Anrufung zu Beginn und der Interpretation
am Ende, setzte die Kirche also die Medizin gleichsam in Szene.

Für den Fall der Alessandra Becchelli bedeutete die medizinische Expertise, dass Hermaphroditismus verbindlich festgestellt worden war. Das Verbleiben im Kloster war bis zur endgültigen Entscheidung nicht ratsam, wie
Lambertini in seiner Zusammenfassung des Falles schrieb: »Damit nicht
inzwischen irgendein *scandalum*, das bis jetzt mit göttlicher Gnade verhindert
worden war, in der Zukunft entstehe«, wurde die Nonne dem genannten
Prior (ihrem Bruder) übergeben, bei dem sie ›behütet‹ werde *(custoditur)*.[38]

Die Frage der Mitgift wurde separat behandelt und im Sinne des Bruders
entschieden, der, das kann nochmals betont werden, den Prozess überhaupt
erst angestoßen hatte. Bezüglich der Rückzahlung wurde dem Kloster als
finanziell geschädigtem Teil die Möglichkeit zum Widerspruch eingeräumt:

---

35 Lambertini verwendet den theologischen Fachausdruck; vgl. zum Begriff Alfieri, *Urge.*
  Medizinische Debatten über die Unsicherheit von Zeichen wie Haaren rekonstruiert
  Dreger, *Hermaphrodites*, S. 19–23 vor allem für die Zeit, bevor sich in ihrer Interpretation
  das Vorhandensein von Testes oder Eierstöcken als eine Art Königsweg der Feststellung
  etablierte.

36 Spoletana, 14.03.1722, *Folia Sacrae Congregationis* 1722.

37 Zur Verbindung zwischen Verlangen und Geschlecht in der Moderne siehe Butler, *Gender*,
  vor allem S. 117.

38 Spoletana, 14.03.1722, Pos 460.

Nach der Körperuntersuchung war der Beauftragte des Bischofs abermals in das Kloster gekommen, hatte die Glocke läuten lassen und den Nonnen zwanzig Tage Zeit gegeben, eventuelle Gründe gegen die Rückgabe der Mitgift vorzubringen, was allerdings nicht geschehen war.[39] Dass diese Vorgehensweise nicht unbedingt zur Geheimhaltung beitragen konnte, wird nicht thematisiert, offenbar sah man gerade in diesem Fall das *scandalum* als weitgehend erledigt an, da die Angelegenheit auf das Kloster begrenzt war. Alessandra Becchelli wohnte zu diesem Zeitpunkt vermutlich ohnehin bereits in unmittelbarer Nähe, aber außerhalb des Klosters bei ihrem Bruder, und ihr weiteres Schicksal ergibt sich nicht aus den Dokumenten.[40] Auch im Fall der Alessandra Becchelli können wir die Priorisierung des medizinischen Urteils in der Zuschreibung des Geschlechts konstatieren. Während es dem Mönch Felice Antonio gelungen war, weiter als Mann zu gelten, wurde Becchelli aufgrund des festgestellten Hermaphroditismus aus dem Kloster ausgeschlossen.

Die Grenze zwischen Mann und Frau, die mit dem ambigen Geschlecht auf die Probe gestellt wurde, kann in ihrer Bedeutung für die Kirche sicherlich kaum überschätzt werden. Das Thema Geschlecht stellt auch eine Grenze für die relative Logik des *scandalum* dar, die hier stark eingeschränkt wurde. Dennoch ist es in meinen Augen wichtig hervorzuheben, dass der Umgang mit Hermaphroditen keinen radikalen Bruch im Feld der Irregularitäten darstellt. Zwar wird die gesellschaftliche, hier klerikale Ordnung durch Hermaphroditen herausgefordert, aber der Umgang nimmt sich in der Praxis relativ unaufgeregt aus, indem etwa erörtert wurde, wem eine Dispens gegeben werden oder wer im Kloster verbleiben kann. Allerdings wurde ein Abzielen auf das Wesen von körperlichen Zuständen zugespitzt, das sich in anderen Fällen nur als selten gewählte Option fand. Je weiter eine Person auf dem geschlechtlichen Kontinuum der Weiblichkeit zugeordnet wurde, desto mehr überwiegen allerdings die Unterschiede zum Umgang mit den übrigen Körpergebrechen. Im Folgenden wird der geschlechtliche Aspekt von klerikaler Körperlichkeit weiterverfolgt, indem zunächst auf Eunuchen, dann auf körperliche Gebrechen bei Frauen eingegangen wird.

---

39 Ebd.

40 So auch Schutte, Ermafrodita, S. 246, die folgert, für Hermaphroditen wie Bechelli seien sowohl das Kloster als auch das weltliche Leben »eine Hölle auf Erden« gewesen. Die Formulierung ist ein Zitat der Nonne und Autorin Arcangela Tarabotti (gest. 1652), die sich gegen erzwungene Klostereintritte richtete, passt aber meines Erachtens nicht zu dem Material im Fall Bechellis, von deren weiterem Lebensweg wir zu wenig wissen.

Mutilation statt Ambiguität – der Fall der Eunuchen

Der Laie Clodius war in seiner Kindheit für einen Hermaphroditen gehalten worden, obwohl er, so die Selbstbeschreibung in der Supplikation, von Anfang an ein Mann und von der Natur mit allen dem männlichen Geschlecht zukommenden Teilen ausgestattet gewesen sei.[41] Der Fall gibt einen Einblick in die Lebensgeschichte eines Betroffenen, der einem Irrtum des sozialen Umfelds ausgesetzt war. Seine Eltern, vom Zweifel getäuscht, ließen ihn, als er ein Jahr alt war, von einem »unkundigen Steinschneider« *(litotomo imperito)* die Hoden »amputieren«.[42] Unqualifiziertes Wissen und Handeln über Geschlecht kommt also gleich doppelt vor: in Form der den Körper falsch interpretierenden Eltern (ob diese zuvor medizinischen Rat eingeholt hatten, wird nicht gesagt) und in Gestalt des Steinschneiders. Der Zusatz *imperitus* ist formelhaft für die ›empirische‹ Profession und ihre Praxis, im Vergleich zu den universitär gebildeten Ärzten. Im Folgenden, so die Supplikation weiter, habe Clodius weibliche Kleidung getragen und als Mädchen gelebt. Mit 18 Jahren war offenbar eine weitere Operation vorgenommen worden, der er, allerdings sehr unwillig, zugestimmt habe. Bis zum 34. Lebensjahr habe er weiter weiblichen *habitus* getragen, dann allerdings sein ›wahres‹ Geschlecht nicht weiter dissimulieren können. Er war als Mann erkannt beziehungsweise anerkannt worden *(recognitus)* und habe fortan in männlicher Kleidung weitergelebt. Die Zuschreibung des männlichen Geschlechts wird nicht genauer ausgeführt und welche Experten daran beteiligt waren, bleibt unbekannt. Es handelte sich aber wohl um einen gerichtlichen Akt. Clodius wollte nun, so das Anliegen der Supplikation, unbedingt in den Klerus eintreten und zweifelte, ob dies kirchenrechtlich möglich sei.[43] Der Fall wurde (aus welchen Gründen dies geschah, ist unklar) in Rom mit der Entscheidung *nihil* bedacht.

Der dargelegte Grund, warum Clodius sich selbst für irregulär hielt, verdient genauere Beachtung. Er sei wegen der Verletzung, der *mutilatio*, vom Priesteramt ausgeschlossen und brauche daher womöglich eine Dispens. Die Diskussion nahm hier einen anderen Charakter an als im Fall der übrigen

---

41 Tullensis, 04.05.1652, Pos (Sess.) 22 r/v.

42 »Parentes eius ex huiusmodi dubitatione decepti cum esset unius anni coleum ipsi amputari a litotomo imperito iurarunt«; Tullensis, 04.05.1652, Pos (Sess.) 22 r. Zum noch heute präsenten Thema des frühkindlichen chirurgischen Eingriffs vgl. Klöppel, *Hermaphroditismus*, vor allem S. 19–35.

43 Weitere Verfahren der Prüfung von der römischen Zentrale aus wurden offenbar nicht eingesetzt. Der Fall wurde mit *nihil* beschieden.

Körpergebrechen, wie ein Blick auf die Spruchpraxis der Kongregation zu Eunuchen zeigt. Rechtlich zentraler Punkt bei Geschlechtsteilen, etwa im Fall von Kastraten, war die Schuldhaftigkeit der Verletzung. Vor diesem Hintergrund also ist der Fall von Clodius aus Toul einzuschätzen. Das erklärt auch die Betonung, dass er in den chirurgischen Eingriff nur »sehr unwillig« eingewilligt hatte beziehungsweise als Kind überhaupt nicht. Die Strategie lag zudem klar in der Distanzierung vom Feld des ambigen Geschlechts: Hermaphroditismus erschien als eine fatale Fehleinschätzung der Eltern, die erst im 34. Lebensjahr hatte ausgeräumt werden können. Der versehrte, nicht der uneindeutige Körper, *mutilatio* und nicht *sexus* wurden in den Mittelpunkt gerückt.

Eunuchen konnten mit, zum Teil auch ohne Dispens Kleriker werden oder bleiben.[44] Die Abwesenheit von männlichen Geschlechtsteilen (in aller Regel der *testes*, allerdings konnte der Begriff Eunuchen auch breiter gefasst werden) wurde zwar problematisiert, berührte aber nicht die Identifizierung als Mann. Die ›Okkultheit‹ dieser Körperstellen reduzierte die Ansprüche auf Vollständigkeit. Dies konnte als spezifisch christlich und gegen die Regelungen aus der hebräischen Bibel gedeutet werden, die Eunuchen in katholischer Lesart allzu rigoros ausgeschlossen hätten.[45]

In den Fällen von Hermaphroditen und Eunuchen können wir eine Differenzierung zwischen kirchlicher Einschätzung und medizinischer Untersuchung beobachten. In einigen Fällen wurden Ärzte speziell zur Inspektion der Geschlechtsteile herangezogen, während gleichzeitig vorhandene andere Beeinträchtigungen anders begutachtet wurden. Diese Arbeitsteilung lässt sich sehr gut bei einem Fall aus Narni beobachten. Dort wurde dem Supplikanten Godius nicht nur vorgeworfen, er sei Eunuch, sondern auch noch *gibbo* und kleinwüchsig.[46] Der Supplikant strebte keine Dispens als Eunuch an, sondern wollte diesen Vorwurf entkräften. Ausschließlich dafür wurde ein Mediziner angerufen, der eine *inspectio* der Geschlechtsteile durchführte.[47] Für die Gesamterscheinung der Person da-

---

44 Für die Entscheidung, dass ein Eunuch keine Dispens brauche, vgl. Sabinensis, 22.09.1708, LD 360r, wo auch gleich die Referenzentscheidungen angegeben sind: »SCC inhaerendo declarationibus in Perusina 26.11.1701, et Asculana 05.04.1704, non indigere.«

45 Zur Abgrenzung von Leviticus vgl. oben Kap. 1.2.

46 Narniensis, 12.04.1710, Pos 331.

47 »Inclusa Medici attestatione pro exclusione apparentis Eunuchismi«; Narniensis, 12.04.1710, Pos 331. Das Gutachten des Arztes Francino lautet: »Ego infrascriptus Physicus Civitatis Narniae primo loco conductus fidem facio, et verbo veritatis refero,

gegen, die der Bischof als ›deformiert‹ bezeichnete, wurde Godius erst vermessen und dann zur Inaugenscheinnahme nach Rom gerufen, nachdem der Bischof ausdrücklich keine Entscheidung hatte treffen wollen.[48] War der Verdacht, er sei Eunuch, vom sozialen Umfeld aufgrund seines Aussehens und seiner Stimme gekommen, so wurde dieser Teil der Zweifel durch die medizinische Einschätzung der Geschlechtsteile beseitigt. Die Konzilskongregation stellte fest, dass er keine Dispens benötige.

Dass Hermaphroditismus für den klerikalen Status problematischer war als Gebrechen, macht es plausibel, die Differenz Mann/Frau als gewichtiger in der kirchlichen Praxis einzuschätzen als die von ›defekten‹ und gesunden, aber klar männlichen Körpern. Davon ausgehend lässt sich fragen, ob überhaupt vom Körper von Frauen gesprochen wurde, wenn es nicht um deren Geschlechtszugehörigkeit ging.

Frau-Sein und Körpergebrechen

Wie verhält es sich mit der Aufmerksamkeit für den gebrechlichen Körper von Frauen in der Konzilskongregation generell? Dabei soll zunächst auf Fälle von Frauen in der Rechtspraxis und dann auf den kanonistischen Diskurs eingegangen werden. Dabei ist der Befund festzuhalten, dass vergleichsweise wenige Frauen sich wegen Gebrechen an die Konzilskongregation wandten.[49] Diesen Sachverhalt sollte man nicht vorschnell dahingehend interpretieren, dass Frauenkörper generell weniger in den Blick der Kirche gekommen wären. Gerade bei Eheverfahren standen sie im Zentrum kanonistischer und medizinischer Expertise.[50] Zudem wurde Gesundheit und Gebrechlichkeit von Frauen auch in der Konzilskongregation durchaus thematisiert: In den 1690er Jahren etwa findet sich eine geradezu

---

[…] etiam iuramento quatenus opus fuerit, qualiter inspecto et diligenter observato Petri Angeli Godi eiusdem Civitatis verenda, integra, et absque ulla laesione sui diminutione inveni, taliter ut nulla habetur ratio suspicandi de eius irregularitate ex hoc capite.«

48 Siehe zum Messen Kap. 3.2.

49 Im Quellensample finden sich zwölf Frauen (etwa zwei Prozent). Frauen insgesamt wandten sich durchaus an die Kurie; Schutte, *Force*, S. 12, hat einen Frauenanteil von knapp 20 Prozent in Nullitätsfällen gezählt.

50 Bajada, *Impotence*. Zur Aufmerksamkeit auf den Körper von Nonnen als jungfräulich vgl. Sperling, *Convents*.

kuriose Häufung von Fällen aus Portugal, in denen Nonnen Heilbäder aufsuchen wollten – darunter etwa eine leprakranke Schwester Maria.[51] Deren Lepra-Erkrankung wurde offenbar nicht weiter rechtlich problematisiert. In diesen Fällen findet sich jedenfalls nicht das oben geschilderte charakteristische Narrativ von Beschuldigung oder Abstreiten von Krankheit und gefährdetem klerikalem und sozialem Status.

Ähnlich wie bei Männern war allerdings durchaus die Veränderung von Aufgaben eine Option, wobei auch von ›Behinderung‹ *(impedimentum)* als Grund dafür die Rede ist. Auch findet sich der Fall einer Novizin, die

»so sehr an einer natürlichen Sprachstörung litt, dass sie nur stotternd und mit größter Schwierigkeit Worte hervorbringen und artikulieren könne, weshalb sie weder im Chor noch privat das Stundengebet rezitieren könne und eine Dispens benötige, um trotz des Defekts das Gelübde ablegen zu können«.[52]

Die Konzilskongregation erteilte diese Dispens problemlos, ebenso wie in Fällen von Sehschwäche bei Frauen. Dass überhaupt um Dispens nachgesucht wurde, legt eine gewisse Parallelität zu Männern in der rechtlichen Grundordnung nahe, waren doch bestimmte Defekte, besonders nach der Weihe, auch bei diesen nur potentiell Gründe für den Ausschluss vom Klerus und leicht dispensabel.[53]

Diese durchaus festzustellende, wenn auch vergleichsweise geringe Problematisierung von Frauenkörpern in der Rechtspraxis lässt sich dem kanonistischen Diskurs gegenüberstellen. In den Traktaten lassen sich bezüglich der Zugehörigkeit zum Klerus starke Vorstellungen finden, die Frauenkörper gänzlich marginal erscheinen ließen. So diskutierten Autoren intensiv die Frage, ob Gebrechen bei Frauen Auswirkungen auf den Status als Nonne oder Äbtissin haben sollten und ob Frauen überhaupt irregulär sein konnten. Während bei einigen das Frausein selbst als Körpergebrechen erschien, wurden Frauen von der Mehrheit der Autoren von der Irregularität ausgeschlossen.[54] Die Exklusion von Frauen aus dem Klerus beruhte in

---

51 Etwa Ulyssponensis, 11.01.1698, Pos 180. Solchen Häufungen kann man von der Zentrale aus nur begrenzt auf den Grund gehen; vgl. die Überlegungen bei Hanska, der in der Pönitentiarie eine ähnliche Akkumulation von Nonnen in den Jahren 1459–1462 ausmacht, die ebenfalls in Bäder reisen wollten – allerdings aus der Diözese Barcelona (Hanska, Visitations, S. 53–55).

52 Laudensis, 13.02.1694, Pos 126.

53 In der Quellenüberlieferung einzelner Nonnenklöster wäre sicherlich mehr zu gebrechlichen Frauen herauszufinden.

54 »Sexus muliebris ex defectu corporis est incapax ordinis & late dicitur irregularis«; Henríquez, *Summae*, S. 862. Dagegen Sayer, *Casuum*, S. 573: »Foemina irregularitatis capax

jedem Fall auf göttlichem Recht und gehörte insofern nicht zu den Irregularitäten im engeren Sinne. Ob Frauen nun im weiteren Sinne irregulär sein konnten oder nicht – die einzelnen Körpergebrechen verloren gegenüber jenen an männlichen Körpern stark an Bedeutung. Maiolo etwa wandte sich gegen die Relevanz von Gebrechen für Nonnen, indem er konstatierte: »Taube, blinde, hinkende, stumme oder bucklige Frauen sind durch kein Recht behindert, solange sie Frömmigkeit und Gehorsam besitzen.«[55] Diese Vorstellung wurde misogyn eingerahmt – der Autor fügte etwa bei der Taubheit hinzu, dass diese die leicht korrumpierbaren Frauen vor Ablenkungen und Geschwätz schütze.[56] Zwar zitierte Maiolo eine patristische Stelle gegen die Praxis, gerade gebrechliche Töchter zwangsweise ins Kloster zu schicken, wenn die Verwandten für sie keinen Ehemann finden konnten. Problematisch erscheint dies aber vor allem, weil der Zwang zur Klostereintritt generell abgelehnt, und nicht so sehr, weil diesen Frauen die körperliche Eignung als Nonne abgesprochen wurde.[57]

Die relative Bedeutungslosigkeit von körperlichen Gebrechen bei Frauen galt auch für leitende Nonnen. Für eine Äbtissin, so Maiolo weiter, genüge die Fähigkeit, ihre Funktion auszuüben, wobei ein »fehlendes Auge, eine trockene Hand, Hinken, Buckel oder beliebige andere Körperdefekte« nicht stören würden.[58] Im Grunde handelt es sich um eine noch inklusivere Orientierung an den Aufgaben als bei männlichen Klerikern, wobei sich abermals zeigt, wie zentral der jeweilige Inhalt der *functiones* war. Aufgaben von Nonnen wurden weniger über den körperlichen Vollzug definiert.

Die geringere Bedeutung weiblicher Körper ergab sich für die Autoren aus dem aus göttlichem Recht hergeleiteten Unvermögen zur Eucharistiefeier.[59] Die enge Verbindung der Irregularitäten zur Messfeier, die in diesem

---

non est« ebenso Filliuci, *Quaestionum*, S. 548 »Foemineus sexus […] incapacitatem potius efficit, quam irregularitatem.«

55 »Surda [sic] autem, caecas, claudas, mutas, gibbosas, nullo iure impediendas puto, quandoquidem in his maior & religio, & subiectio futura est.« Maiolus, *Tractatus*, S. 71.

56 Maiolus, *Tractatus*, S. 57f.

57 Bei Hieronymus konnten die Autoren nachlesen: »Solent miseri parentes et non plenae fidei Christiani deformes et aliquo membro debiles filias, quia dignos generos non inveniunt, virginitati tradere«; zit. nach Glianes, *Summa*, S. 156.

58 »Mutilatio vero, meo quidem iudicio, nihil canonicum inducit, ne Abbatissa fieri possit. Nam & si uno careat oculo, aut manum aridam habeat, si clauda sit, gibbosa, gutturosa, aut quemlibet defectum corporis patiatur, nil obest quominus prelatura fungi posset.« Maiolo, *Tractatus*, S. 78.

59 »Quascumque deformitates habeat monalis, non aeque excludi debet, ut masculus solet excludi ab ordinibus, quia claritas personae, quae requiritur in masculo, est propter

Buch mehrfach aufgezeigt wurde, führte zu der Annahme, dass Frauen die bei der Eucharistie erforderliche körperliche *claritas* weder erreichen noch verfehlen konnten – sie benötigten sie aber auch nicht. Direkt aus dem Ausschluss von der Zelebration ergibt sich auch eine spezifische Gewichtung des *scandalum*. Merkliche Deformitäten seien kein Ausschlussgrund, denn für Nonnen genügten Frömmigkeit und der Glaube auch deshalb, »da sie keine öffentlichen Aufgaben haben und quasi in Abgeschiedenheit leben«.[60] Ein Zusammenhang zwischen der nach dem Konzil von Trient zunehmend geforderten Klausur und der Relevanz der *scandalum*-Logik bei Frauen lässt sich annehmen. Die Abschirmung gegen die äußere Welt musste die Öffentlichkeitsproblematik des Körpers jedenfalls normativ noch weiter einschränken.

Diese Herabstufung der Bedeutung von körperlichen Beeinträchtigungen bei Frauen war für Maiolo Teil der spezifisch christlichen, korrekten Exklusion von körperlich Versehrten.[61] Die Kirche sei damit »weit entfernt von dem Aberglauben der Römer, bei denen die Vestalinnen nicht geweiht werden konnten, wenn sie eingeschränktes Sprach- oder Hörvermögen hatten oder an irgendeinem Körperteil deformiert waren«.[62] Einerseits wurden damit im Verständnis der Frühen Neuzeit sehr unterschiedliche Dinge miteinander verglichen. Der gesamte Kult der Vestalinnen galt als Aberglaube.[63] Andererseits lagen Assoziationen von Vestalinnen und Nonnen aufgrund des Keuschheitsgebotes nicht ganz fern.[64] Jedenfalls erschienen auch hier eucharistisch zentrierter Vollzug und *scandalum* als zentrale Bauelemente von körperlicher Irregularität, wenn auch *ex negativo* für Frauenkörper, die kaum dysfunktional noch skandalös sein konnten. Die Fälle, in denen Frauen in der Konzilskongregation überhaupt vorkamen, deuten darauf hin, dass Können und *scandalum* auch in der Rechtspraxis weniger intensiv diskutiert wurden.[65]

---

ordinem sacrum, ad ministerium Corporis Christi a quo excluditur omnis notabilis deformitas corporis.« Maiolus, *Tractatus*, S. 72.

60 »Pietas & religio in Deum nullam habens publicam administrationem, quasi in solitudine versans«; Maiolus, *Tractatus*, S. 72.

61 Vgl. oben Kap. 1.2.

62 »Quanto longius distant ab Ethnicorum legibus superstitiosis, in quibus constitutum fuerat virgines Vestae dicari non potuisse, si lingua debili, si diminuto sensu aurium, aut parte aliqua corporis deformes fuissent«; Maiolus, *Tractatus*, S. 72.

63 Ebd., S. 72.

64 Brown, *Body*, S. 8f.

65 Womit nicht gesagt ist, dass sich etwa auf der Ebene von Orden oder Klöstern andere Problemkonstellationen etwa ökonomischer Art finden.

Besonders problematisch für eine geistliche Frau war es dagegen, wenn
das Frausein in Zweifel gezogen wurde. Auch die Unterstellung homo-
sexueller Praktiken mag hier eine Rolle spielen, wie sie bei Alessandra
Becchelli angesprochen wurden. Der Ausschluss eines vorwiegend weiblichen Hermaphroditen aus einem Nonnenkloster galt, so Maiolo, ausdrücklich nicht wegen *infamia* oder *scandalum*, sondern wegen des *sexus* –
womit an dieser Stelle weniger die Ambiguität gemeint war als der verbleibende Teil an Männlichkeit. Aus diesem folge eine Gefahr für die
Keuschheit im Kloster.[66]

In Verbindung mit den analysierten Fällen von Hermaphroditen lassen
sich geschlechterspezifische Unterschiede in der Behandlung von Körpern
im Klerus konstatieren. Man mag es für einen Zufall halten, dass von den
vier Personen beide Nonnen als Hermaphroditen ausgeschlossen, beide
Männer dagegen von der geschlechtlichen Ambiguität in den Bereich
der ›bloßen‹ Körperdefekte überführt wurden oder dies jedenfalls anstrebten. Abgesehen von möglichen unterschiedlichen körperlichen Voraussetzungen waren starke Deutungsmuster wirksam, die sowohl medizinische
als auch kirchenrechtliche gelehrte Diskurse durchzogen und die diesen Ausgang plausibel machten. Wie geschildert, stand mit dem Eunuchen das
Modell eines an den Geschlechtsorganen versehrten, aber in der Männlichkeit unbeschädigten Klerikers zur Verfügung.

Besonders wichtig war in diesem Kontext die Annahme, dass die Wandlung von der Frau zum Mann möglich war, aber nicht umgekehrt.[67] Der von
Prospero Lambertini zitierte Caspar Schott bezeichnete die Verwandlung
von der Frau zum Mann als unwiderlegbare Erfahrung.[68] Wandlungen vom
Mann zur Frau galten dagegen stets als simuliert – sei es auch aus besten
Motiven heraus, etwa wenn sich ein Heiliger vor Verfolgern als Nonne ver-
steckte, oder als bloße Erfindung der antiken Dichter.[69] Begründet wurde
diese Vorstellung nicht anatomisch oder mit der unterschiedlichen Wahrscheinlichkeit des Irrtums bei männlichen und weiblichen Kindern. Vielmehr wurde an ein grundlegendes naturphilosophisches Axiom angeknüpft:
Die Natur strebe nach Perfektion, so der untersuchende Arzt im Fall des

---

66 »Periculum castitatis«; Maiolus, *Tractatus*, S. 72.
67 Vgl. Laqueur, *Sex*, S. 141.
68 »Foeminas in viros naturaliter mutari posse & saepe mutatas, certum est & experientia
   irrefragabili ab omni aevo comprobatum«; Schott, *Physica*, S. 112.
69 Vgl. Maiolus, *Tractatus*, S. 61.

Felice Antonio, und Männlichkeit sei eben besser als Weiblichkeit.[70] Entsprechend lässt sich eine Art Einbahnstraßen-Fluidität des *sexus* konstatieren.[71] Für die an den konkreten Fällen Beteiligten können wir aus den zum Teil legendenhaften, aber eben auch medizinisch fundierten Elementen eine weitaus stärkere Plausibilität von sich wandelnden Nonnen wie Alessandra Becchelli annehmen als umgekehrt. Männlichkeit war in dieser Hinsicht statischer.

Bemerkenswerterweise finden sich in der Traktatliteratur auch beim Thema Geschlechtswandel Meinungen, die das *scandalum* gegenüber einer essentiellen Geschlechtlichkeit privilegierten. Maiolo etwa erörtert die Dispens für eine Frau, die den Weg zum Mann vollständig vollzogen habe. Die Logik des *scandalum* kommt hier deutlich zum Tragen. Es sei »eine Sache voll des *scandalum*, wenn dieser als Mann zelebriert, welchen das Volk einstmals zu den Frauen gezählt hat«.[72] Der Bischof müsse zunächst feststellen, ob die Person wirklich zum Mann geworden war (also kein Hermaphrodit oder eine Frau sei). Daneben sei aber auch zu fragen, ob die Sache an einem Ort okkult oder publik sei.[73] In einer Region, in welcher die Gemeinde Kenntnis über den Geschlechtswandel habe, sei die Dispens nicht zu erteilen – andernorts dagegen schon.[74] Auch andere Autoren vertreten diesen Fokus auf das *scandalum,* der die Zuschreibung von fluidem, aber jeweils fixierbarem Geschlecht ergänzt.[75]

Im kanonistischen Diskurs existierte ein sehr viel höherer Druck auf Frauen, Frau zu sein, als einen unversehrten Körper zu haben. Dass für Frauen im Grunde Frömmigkeit ohne Ansicht des Körpers genügen sollte, lässt zugleich nochmals hervortreten, dass dies bei männlichen Klerikern anders war. In der Rechtspraxis erscheint dies zwar weniger eindeutig, die Tendenz deutet aber in eine ähnliche Richtung. Dadurch möglicherweise

---

70 Dubium Ordinationis, 11.01.1687, Pos 45.

71 Zur Behauptung einer generellen Fluidität vgl. Laqueur, *Sex.*

72 »Res magni plena scandali, si is quasi vir altari ministret, quem aliquando vulgus inter mulieres ascripsit.« Maiolus, *Tractatus*, S. 61.

73 »Propterea ad Episcopum pertinet diligenter investigare, an hic potius sit Hermaphroditus, quam sexus mutatio, & tunc pro loco & tempore, considerando, an res occulta sit, an evvulgata«; Maiolus, *Tractatus*, S. 61.

74 »Nec dispensatio erit concedenda, ea in regione ubi huius rei notitia habeatur propter scandalum«; Maiolus, *Tractatus*, S. 61.

75 Auszuschließen sei ein Mann nach der Geschlechtsumwandlung nur »ob admirationem & scandalum, quod homines conciperent, ut quem foeminam agnovissent, nunc ad Altare ministrantem viderent & ideo haec difformitas canonicum gignit impedimentum«. Marchino, *Sacramento*, S. 70.

entstehende Freiräume für (gebrechliche) Nonnen sind nur vor dem Hintergrund der umfassenden Unterordnung von Frauen in der Formation des Klerus zu sehen. Sowohl für Frauen als auch Männer kam der Medizin eine wichtige Rolle zu.

Funktionen und Dynamik medizinischer Expertise

Die Ergebnisse zur Rolle der Medizin in den untersuchten Fällen werden in diesem Abschnitt zusammengefasst und in den Kontext der Forschung eingeordnet. Als Kernelemente lassen sich der Begriff des Experten und die medizinische Beobachtung ausmachen. Anschließend wird gefragt, ob sich zeitliche Dynamiken in der medizinischen Beratung feststellen lassen.

Die Figur des medizinischen Experten in der Konzilskongregation lässt sich nun genauer fassen.[76] In den diskutierten Fällen ging es, mit Ausnahme der beiden herangezogenen Frauen bei Alessandra Becchelli, um männliche, universitär ausgebildete Ärzte und Chirurgen.[77] Zwei Dimensionen des Experten griffen ineinander, nämlich besondere Kenntnisse und die Rolle im rechtsförmigen Verfahren. Erstere beinhaltete den Bezug auf Autoritäten wie Galen, die in den Gutachten von den Medizinern angeführt und im Fortgang des Verfahrens auch von kirchlichen Akteuren zitiert wurden.[78] Ein wichtiges Element der Rolle im Verfahren waren der Eid und ein besonderer Bezug zum Gewissen: So schrieb ein Mediziner, er behaupte einen Sachverhalt *in mia coscienza come esperto*.[79] Die Inszenierung guter rechtlicher Konsultation lässt sich analog zur *good story* beschreiben, die gelehrte Ärzte, so der Medizinhistoriker Roger French, ihren Patienten erzählten.[80] Es war dabei essentiell für die Autorisierung von Expertise, dass die Ärzte in der

---

76 Zur jüngeren Forschung zu Experten siehe Rexroth, Systemvertrauen; De Renzi, Expertise.

77 Siehe Lindemann, *Medicine*, S. 6. Die Selbstzuschreibung von Autorität gegenüber Laien oder konkurrierenden Praktikern hat eine lange Geschichte; für die Formierung von medizinischen Eliten seit dem Mittelalter siehe French, *Medicine*.

78 In einer Supplik heißt es, der Supplikant sei »poi ritornato nella Congregatione dell 9. Aprile con fede de Medici e Protomedico di Roma, li quali con Auttorità di Galeno et altri attestono […]«. Zur Abgrenzungsfunktion von Gelehrtheit in Konsultationen siehe auch Demaitre, *Leprosy*, S. 22–26. Zur »language of authority« der Mediziner vgl. French, *Medicine*, S. 102

79 Neapolitana, 04.02.1702, Pos 226.

80 French, *Medicine*, S. 2.

Begutachtung nach ihrer Kunst verfahren sollten. Der wesentliche Handlungsmodus medizinischer Akteure in diesen Fällen war das Beurteilen oder Beraten, nicht das Heilen.[81] Allerdings stützte sich der Expertenstatus der Mediziner zum Teil auf die Erfahrung mit dem Begutachteten als Patient, etwa im Falle des vorgeblichen Epileptikers de Gregoriis.

In das Narrativ medizinischer Akteure ließ sich auch integrieren, dass gelehrte Ärzte die falschen Diagnosen anderer medizinischer Akteure revidierten.[82] Im Vergleich zur Abgrenzung medizinischer Experten von den Laien war dies aber keine Leitdifferenz in den Quellen der Konzilskongregation. Besonders Ärzte und Chirurgen traten häufig zusammen auf, auch wenn stellenweise die höhere Position des Arztes erkennbar ist, da er etwa zuerst sein Gutachten abgab.[83]

Die Begriffe *periti* und *experti* waren bereits für den Ablauf des liturgischen *experimentum* zentral, was eine vergleichende Betrachtung der Evidenzgewinnung in den Stellungnahmen von liturgischen und medizinischen Experten nahelegt. Auch der Begriff *experimentum* selbst findet sich im medizinischen Kontext.[84] Man sollte sich nochmals die Polysemantik von *experimentum* als geregelte Beobachtung der Eucharistie, aber auch als bloßes Abwarten (von weiteren Krankheitsausbrüchen oder Anfällen) im kirchlichen Diskurs vor Augen führen. Das Spektrum von Bedeutung scheint in der Verwendung des Begriffs durch Mediziner sogar noch größer gewesen zu sein. Zacchia sprach etwa von *experimenta* zur Aufdeckung der Epilepsie.[85] Dabei war der aus antiken Quellen bekannte Test gemeint, einen Epileptiker durch den Rauch eines entzündeten Hirschgeweihs zu enttarnen.

Auch in der Begutachtungspraxis ergeben sich Unterschiede zwischen kirchlichen und medizinischen Elementen. Eine liturgische Probemesse konnte nur über Anwesenheit funktionieren. Dagegen war die Abwesenheit des Begutachteten in der medizinischen Expertise möglich und sogar funktional. Für die medizinischen Untersuchungen spielte zudem die eigene Aussage der Untersuchten eine wichtigere Rolle als in der Probemesse.[86] Der

---

81 Zum mittelalterlichen Genre der *consilia*, in denen universitäre Ärzte den Zustand eines Patienten interpretierten und Empfehlungen zur Heilung gaben, vgl. Agrimi/Crisciani, *Consilia*; French, *Medicine*, S. 121f.

82 Vgl. etwa Demaitre, *Leprosy*, S. 70f.

83 Vgl. Spoletana, 14.03.1722, Pos 460.

84 Demaitre schreibt, dass mögliche *leprosi* gegenüber Ärzten auf Experimenten bestehen konnten, um die Glaubwürdigkeit der Ergebnisse zu erhöhen; Demaitre, *Leprosy*, S. 68.

85 Zacchia, *Quaestionum*, S. 270.

86 Vgl. die Aussage des Arztes in Romana, 31.01.1682, Pos 3: »ha confessato di sua Bocca.«

Arzt-Patienten-Situation wurde besondere Wahrhaftigkeit zugeschrieben, weil das Eigeninteresse des Patienten/Supplikanten an seiner Gesundheit ihn zu korrekten Aussagen bewegen würde.

Neben der Begutachtung über räumliche Distanz verwiesen medizinische Experten aber auch häufig auf ihre unmittelbare und gründliche, weil buchstäblich unter die Kleidung blickende Beobachtung. Auch wenn Mediziner sich auf verschiedene Typen von Information stützten – der Blick *unter* die Kleidung des Klerikers kennzeichnete medizinische Experten in besonderer Weise.[87] Gerade die Verschaltung von empirischer Beobachtung und textuellen Autoritäten zeichnete die medizinische Expertise in den behandelten Fällen aus.[88] Die zeitgenössische Medizin machte selbst vielfach auf ihre Gelehrtheit und Distanz zur negativ verstandenen Empirie aufmerksam.[89] Insgesamt erweist sich der medizinische Blick tatsächlich als weniger gebunden an direkte Inaugenscheinnahme als die liturgischen *experimenta*. Die Praxis der Medizin, *nudis carnibus* zu inspizieren, bedeutete also nicht zugleich den Siegeszug einer »nackten Erfahrung«, der in der Forschung etwa für das 17. Jahrhundert konstatiert wurde.[90]

Obwohl alle Fälle von Irregularität gleichermaßen Gegenstand medizinischer Expertise werden konnten, ergeben sich doch inhaltliche Muster. Es mag im historischen Rückblick selbstverständlich erscheinen, dass das Thema Krankheit – im Gegensatz zu *mutilatio* oder *deformatio* – ein besonderes Betätigungsfeld für Mediziner war. Allerdings gilt für diese Begrifflichkeit, wie für Körpergebrechen insgesamt, dass die Kategorisierungen der Frühen Neuzeit sich wesentlich von heutigen unterschieden. So wurden in der kanonistischen Traktatliteratur Krankheiten allgemein unter ›Defekten‹ gefasst.[91] Krankheiten im heutigen Sinne fielen weniger aus der Ordnung der Irregularitäten, als dass sie vielmehr für die Autoren be-

---

87 Die Kirche zeigte durchaus Interesse an intimen Fakten, aber die *inspectio genitalis* als Praxis lag im Zuständigkeitsbereich der Mediziner. Zum Interesse der Inquisition an Masturbation vgl. Alfieri, *Fisiologia*.

88 Im Kontext der Naturphilosophie vgl. Krämer, *Zentaur*.

89 Vgl. Lindemann, *Medicine*, S. 2.

90 Kritisch zu der Vorstellung, dass »naked experience take[s] the place of written authority«, vgl. Grafton, New World, S. 5.

91 Genau wie andere Defekte können Krankheiten auf die Frage von *debilitas* und *deformitas* reduziert werden. Zugleich gab es auch andere Konzepte von Defekten; vgl. Reiffenstuel, *Ius*, S. 396, der den Unterschied von *morbus* und *vitium* hervorhebt: »morbum esse temporalem corporis imbecillitatem: vitium vero perpetuum corporis impedimentum.«

stimmte Aspekte von Körpergebrechen besonders zuspitzten. So konstatierte Borgasio ein spezifisches Problem der Sichtbarkeit, indem er äußerlich sichtbare körperliche Fehler von intrinsischen unterschied, die allenfalls zeitweise sichtbar seien.[92] Diese Krankheiten könnten wiederum sowohl eine *inhabilitas* als auch ein *scandalum* hervorrufen, der Unterschied liege aber in der schwierigeren Bestimmung *(difficilior determinatio)*.[93] Umgekehrt deklarierte Zacchia auch *debilitates* und *deformitates* kurzerhand als *morbi* und damit zum unmittelbaren Zuständigkeitsbereich der Mediziner.[94]

Medizinische Expertise war in vielen Fällen die wichtigste Strategie, um sich gegen Anschuldigungen aus dem lokalen Umfeld zu verteidigen. Dass sich gerade Krankheiten für Anschuldigungen eigneten, lässt sich mit der Anthropologin Mary Douglas mit deren geringer Sichtbarkeit erklären. Douglas beschreibt Formen der Denunziation von Hexerei und Lepra. Der Träger einer Krankheit könne andere anstecken, ohne selbst sichtbare Zeichen der Infektion zu zeigen, die Hexe oder der Hexer seien ebenfalls von den ›Normalen‹ nicht zu unterscheiden. Beide Phänomene seien also aufgrund ihrer Invisibilität und »hidden power« besonders für Anklagen und Exklusionsstrategien geeignet. Die Beschuldigung als Kranker erschien aber situativ mit medizinischer Expertise vergleichsweise leicht zu widerlegen.

Die medizinische Beratung versprach, falsche Anschuldigungen zu enthüllen, indem sie die körperlichen Zeichen entzifferte und deren Uneindeutigkeit auflöste.[95] Dabei waren nicht die *prima-facie*-Merkmale gemeint, die nach der Logik des *scandalum* entscheidend waren. Zwar mussten auch Ärzte ihre Begutachtung mit manifesten und sichtbaren Zeichen beginnen, der Zielpunkt blieb aber in ihren Gutachten immer das dahinter Verborgene, das Wesen der Krankheit.[96] Die Mediziner im Verfahren waren also Experten für das Unsichtbare und stellten Techniken zu dessen Entdeckung dar. Die Kirche konnte sich auf die entziffernde Fähigkeit dieser spezifischen Gruppe von Beobachtern stützen, die sich selbst Überlegenheit

---

92 »De vitiis corporis extrinsecus & apparentibus, nunc videamus de intrinsecis & non continuatis, apparentibus tamen interpollatim«; Borgasio, *Tractatus*, S. 111.

93 Borgasio zitierte im Folgenden dann den »Hexenhammer« und nicht medizinische Schriften; vgl. Borgasio, *Tractatus*, S. 112.

94 Zacchia reduziert alle für Irregularität relevanten Gebrechen auf *morbus*. »Non solum debilitates, mutilationes, & privationes membrorum vere morbi sunt, sed & ipsa deformitas morbus est, cum nihil aliud ea sit, quam vitium laedens corporis formam, & pulcheritudinem, seu decorem hominibus convenientem.« Zacchia, *Quaestionum*, S. 582.

95 Zur Theorie vgl. Maclean, *Logic*.

96 Für die Begriffe vgl. Bylebyl, *Manifest*, S. 40–60.

gegenüber anderen (Laien-)Lesarten des Körpers zusprach. Die kirchlichen Akteure hatten allerdings Konzepte wie das *scandalum* zur Verfügung, um gerade das Erscheinende in den Fokus zu rücken und auf den Blick ›dahinter‹ oder ›darunter‹ zu verzichten. Worauf Zeichen genau verwiesen, war für die Kirche vielfach weniger relevant – etwa bei Epilepsie –, in anderen Fällen, wie beim Geschlecht, allerdings zentral.

Besonders funktional war der Verweis auf Medizin zur Suggestion von Objektivität und Ausschaltung von Interessiertheit. Dies spielte sich aber in aller Regel vor dem Hintergrund von Konflikten ab, und so kam die medizinische Wahrheit des Körpers meist gerade durch Interessen ins Spiel. Medizinisches Wissen und Personal wurden strukturell als ›außen‹ im Vergleich zur Kirche dargestellt. Persönliche oder institutionelle Verbindungen zwischen Medizinern und Kirche bestanden dessen ungeachtet, waren aber nicht die primären Elemente des Verfahrens. Es gehörte zur Funktionsweise der Expertise, dass sie direkt relevant für den Klerikerstatus war, aber aus einem anderen sozialen Feld als dem kirchlich-kanonistischen stammte. Zacchia benannte genau diesen Sachverhalt, wenn er sagte, die Irregularität sei, wie die Ehe, eigentlich Sache der Kanonisten, die Mediziner inspizierten lediglich den Körper.[97]

Die lange Dauer der Anrufung von Ärzten für die Zulassung zum Klerus legt ein Blick ins 20. Jahrhundert frei. In seinem Buch *Itinéraire Médico-Psychologique De La Vocation* von 1959 beschrieb Joseph Géraud, später Experte auf dem Zweiten Vatikanischen Konzil, den Nutzen wissenschaftlichen Fortschritts für die Prüfung von Kandidaten für den Klerus.[98] Um auszuschließen, so ein Beispiel, dass Epileptiker diesen Pfad einschlügen, müssten umfangreiche medizinische Tests (*l'examen médicale du candidat*) durchgeführt werden, bei denen kirchliche Amtsträger auch die Hilfe von Laboren in Anspruch nehmen sollten: »Bei hartnäckigem Zweifel wird das Elektroenzephalogramm eine Antwort ohne Mehrdeutigkeiten geben.«[99]

Auch in der Moderne ist die Vorstellung der vollständigen Vereindeutigung durch die Medizin keine Darstellung von Realität, sondern enthält idealisierende Elemente. Heuristisch erscheint es wenig hilfreich, solche Ideale einfach auf die historischen Verhältnisse der Frühen Neuzeit zu

---

97 Zacchia, *Quaestionum*, S. 280.

98 Géraud, *Itinéraire*, S. 25f. Ähnlich schon 1944 Géraud, *Contre-indications médicales*. Zu Géraud, Professor an der Lateran-Universität, vgl. Melsheimer, *Who's who*, S. 253.

99 »En cas de doute persistant, l'électroencéphalogramme donnera une réponse sans ambiguïté«; Géraud, *Itinéraire*, S. 26.

projizieren. Dies ist nicht als Problem mangelnden Fortschritts – etwa der Mangel an Radiographie, Laboren und dergleichen – zu interpretieren. Die Medikalisierung der Entscheidungsfindung sowie der Gesellschaft überhaupt bleibt notwendigerweise Utopie oder Dystopie und für die historische Beschreibung eine Meistererzählung, deren Telos überhaupt außerhalb der Geschichte liegt.[100] Der Begriff der Medikalisierung kann vor dem Hintergrund der analysierten Fälle keine Erklärung des Ablaufes in der Praxis leisten.[101] Die Autorität der Mediziner sollte nicht als ein essentielles Charakteristikum betrachtet werden, die sie entweder hatten oder eben nicht. Situiert man die Ansprüche vielmehr in konkreten Fällen, wird ersichtlich, dass es spezifische Faktoren waren, die medizinische Konsultation bestimmten. So geht es nicht um eine quasi-anonyme Ausbreitung des ärztlichen Blicks, sondern um Medizinnutzung in konkreten, exemplarischen Feldern, die durch situative Interessenlagen, Personen, Wissensbestände und Praktiken genauer zu definieren sind.

Es ist problematisch, die Konsultation von Medizinern in solchen Fällen als Gewinn an Rationalität im Verfahren zu beschreiben. Diese Interpretation gewinnt ihre Attraktivität nämlich nicht zuletzt aus dem Plot, dem die Quellen vielfach folgen. Gerechtigkeit durch die Obrigkeit und die Objektivität der (vormodernen) Wissenschaft/Medizin fallen dabei in eins. Eine zeitlich-teleologische Dynamik gewinnt dieses Narrativ dadurch, dass im Zuge der Herausbildung der modernen Wissenschaft Denunziationsstrategien wie die oben genannten je länger desto weniger fruchten müssten. Dieses modernistische Erzählmuster wird sicherlich in der Medizingeschichte kaum mehr in Reinform verwendet, in der mittlerweile Grenzen, Vielschichtigkeit und Ungleichzeitigkeiten vormoderner wissenschaftlicher Entwicklungen und die Bedeutung der Selbstdarstellung der Mediziner hervorgehoben wurden.[102] Zugleich haben die in der vorliegenden Studie besprochenen Fälle auch deutlich gemacht, dass sich Erwartungen und Versprechen einer Disambiguisierung von körperlichen Phänomenen, von medizinisch fundierter und dadurch eindeutiger Entscheidungsfindung auch in der Frühen Neuzeit finden. Die Diagnose von Leprosen etwa hatte in verschiedenen europäischen

---

100 Vgl. Illich, *Nemesis*. Besonders die medizinische Zuschreibung von Geschlecht gilt als kennzeichnend für die negativ verstandene Medikalisierung; vgl. Dreger, *Hermaphrodites*.
101 Grundlegend und kritisch zum Begriff vgl. Loetz, *Medikalisierung*.
102 Man denke an die Forschung zu *observationes* und ihrer Bedeutung für die Selbstdarstellung medizinischer Autoren; vgl. Pomata, Observationes.

Ländern eine lange Tradition.[103] Die Fälle von Syphilis schlossen an diese Praktiken an. Medizinische Expertise sollte im Verfahren die Funktion der Evidenzerzeugung erfüllen. Die Formulierung eines Bischofs bringt dies gut auf den Punkt. Er ließ einen Supplikanten namens Johannes von Medizinern untersuchen, »um Sicheres von Unsicherem zu trennen und die mir von Euren Eminenzen aufgetragene Aufgabe vollständiger zu erledigen«.[104] Es ging demnach sowohl um die administrativ korrekte Verfahrensweise als auch um inhaltliche Sicherheit über einen Sachverhalt. Die Einholung autoritativer Expertisen bedeutete allerdings keinesfalls – das hat der Fall Repetti gezeigt –, dass sich die Kirche auch danach richten musste.

Waren die Erwartungen und Konsultationsformen recht stabil, so variierte nicht nur der Inhalt medizinischen Wissens, sondern es lassen sich auch zeitspezifische Voraussetzungen der Nutzung medizinischer Expertise ausmachen. Wichtigste diskursive Voraussetzung und Referenzpunkt für die Konsultation von Medizinern speziell im 17. und frühen 18. Jahrhundert war die Entwicklung einer ausgeprägten medico-legalen Literatur. Herausragender Vertreter dieser Wissens- und Konsultationsform war Paolo Zacchia.[105] Die Wirkung medico-legaler Schriften in der Konsultation von Medizinern in der Dispenspraxis der Konzilskongregation ist unbestreitbar: Ein Supplikant bezeichnete etwa ein beigebrachtes Gutachten eines Arztes als fundiert in *raggioni legali, e fisiche*, und der Ordinarius zitierte in seiner Information, genau darauf Bezug nehmend, zweimal Zacchia.[106] Im Werk Zacchias wurden lange bestehende Traditionen von medizinischer Beratung gebündelt und strahlten so wiederum in die praktische Entscheidungsfindung zurück.

---

103 Zur Lepraschau als Urszene medizinischen Gutachtens vgl. Mendelsohn, Lepraschau. Die Diagnose-Kompetenz war jedenfalls im Spätmittelalter noch zwischen verschiedenen Akteuren umstritten. Zur anwachsenden medizinischen Expertise in der Lepraschau des späten Mittelalters, die ebenfalls häufig auf Anschuldigungen der lokalen Gemeinschaft reagierte, siehe Meyer, Lepra; Demaitre, *Leprosy*, S. 6–74.

104 »Ut ab incertis certia separarem, et iniuncto mihi ab Eminentiis Vestris muneri plenius satisfacerem, eundem Ioannem […] a duobus peritis Medicis visitari disposui.« Oscen, 20.03.1700, Pos 204.

105 Vgl. de Renzi, Witnesses, S. 226. Zu Impotenz Bajada, *Impotence*, der sehr genau die inhaltlichen Bestimmungen von Arten der Impotenz nachzeichnet, sich aber nicht für Verfahren oder die Rolle des Experten interessiert.

106 Sabinensis, 17.07.1700, Pos 209.

Die Literatur hat – neben der Betonung von Zacchias Rolle als Vater der medico-legalen Literatur – zu Recht bereits auf Einschränkungen im Umgang mit seinem Werk hingewiesen.[107] Zacchias ausführliche Beschreibungen medizinischer Phänomene und der zugeschriebene Nutzen für Gerichte sind stets auch präskriptiv und sollten die eigene Kompetenz zur Schau stellen. Die Verortung medizinischer Stimmen in die Pluralität von Argumenten und Logiken – wie sie in dieser Studie anhand der Konzilskongregation vorgenommen wurde – ist auf Grundlage dieser Quellen nur begrenzt möglich. Sie enthalten zwar unterschiedliche Einschätzungen von Laien, Juristen oder anderen Medizinern. Gegenüber diesen triumphiert aber stets Zacchias überlegene Expertise, so dass das *iudicium* des Arztes ganz in seinem Sinne notwendigerweise das Urteil des Gerichts bestimmte. Dagegen wurde in den hier analysierten Beispielen deutlich, dass medizinische Expertise nicht die Entscheidung vorbestimmte. Der medico-legale Diskurs der Frühen Neuzeit stellte aber den Rahmen für diese Konsultation dar. Die Frage der Dynamik wird im folgenden Fazit nochmals aufgegriffen.

---

107 De Renzi, Witnesses, S. 225f.

Fazit und Ausblick: Jenseits der Körpergebrechen

Zum Schluss dieses Buches möchte ich drei Ergebniskomplexe hervorheben, mit denen Annahmen der Forschung zu Körper, Disability und katholischem Klerus und zum Teil auch meine eigenen Erwartungen revidiert werden. Dabei geht es erstens um die kirchliche Konzeption des Körpers (I.), zweitens um die Herstellung von Gebrechen in Verfahren (II.) und drittens darum, inwiefern sich das Bild der katholischen Kirche in der Frühen Neuzeit auf Grundlage der Ergebnisse ändert (III.). Im Anschluss daran wird ein zeitlicher Ausblick in die Gegenwart unternommen und gefragt, inwiefern man von einem ›Ende‹ der Körpergebrechen in der Kirche sprechen kann.

I. In dieser Studie wurde eine spezifische Konzeption des Körpers in der frühneuzeitlichen katholischen Kirche herausgearbeitet. Diese unterscheidet sich stark von den bisher in der Forschung dargestellten Konzeptionen – besonders solchen aus religiösen Kontexten. Als kulturgeschichtlich geprägter Forscher hatte ich erwartet, dass die Einstellungen zum Gebrechen stark von Symbolisierungen, von Analogien zwischen Körper und Kirche, Christus und Priester oder von Vorstellungen ritueller Unreinheit bestimmt worden seien. Aus solchen Bedeutungszusammenhängen hätte sich dann die Vorstellung eines priesterlichen Idealkörpers ableiten lassen, gegenüber dem Abweichungen ausgemessen und abgewertet wurden. Im Laufe der Studie hat sich allerdings gezeigt, dass der Körper nicht als Symbol der vollkommenen Kirche oder als Spiegel der Seele gesehen wurde und Gebrechen auch nicht im Register kultischer Reinheit behandelt wurden. Es dominierte nicht ein essentialistischer, moralisierender oder symbolisierender Blick, sondern vielmehr ein funktionsorientierter.

Diese funktionsorientierte Körperkonzeption trat in zwei distinkten Hauptformen auf, die unterschiedliche Dimensionen von Körperlichkeit betonen. Unter dem Aspekt des Könnens wurden Gebrechen in Bezug zu spezifischen Handlungen vor allem bei der Messfeier definiert. Unter dem

Aspekt des *scandalum in populo* richtete sich die Aufmerksamkeit auf die Außenwirkung und den sozialen Kontext von Körpern. Die Kirche konzipierte Gebrechen stark von den Ansichten der Beobachter her, von Bekanntheit und Sichtbarkeit sowie der sozialen Einbindung einer Person. Körperliches Perfekt-Sein wurde entsprechend nicht einmal als Zielvorstellung eingefordert, sondern hinreichend korrekter Vollzug und adäquater Schein. Mit beiden Dimensionen, dem Können und der Außenwirkung, wurden nicht die Beschädigung oder Andersartigkeit als solche problematisiert, sondern das Funktionieren des Körpers im Vollzug.

Die Kirche knüpfte geistlichen Status an die spezifische, funktionsorientierte physische Eignung, rechnete diese Anforderung aber gerade *nicht* zum Kern klerikaler Idoneität.[1] Andere Aspekte des Kleriker-Seins wurden dem Körperlichen vielmehr ostentativ übergeordnet – die Berufung, Frömmigkeit oder Bildung. Die Exklusion von Menschen wegen Gebrechen wurde entsprechend weniger als Teil katholischer Identität ausgestellt, sondern meist in einem indirekten Modus vertreten. Auch wenn die Kirche ausschließende Entscheidungen traf, wurde die Verantwortung dafür meistens an ein Drittes verwiesen – die Einstellung der Gemeinde, die Natur oder medizinische Expertise.

Auch wenn sich die funktionsorientierte Konzeption des Körpers als dominant erwiesen hat, legen die vielen behandelten Fälle keine homogene, allumfassende Wahrnehmungsweise nahe. Es erscheint mir vielmehr notwendig, gegenläufige Tendenzen in der Analyse präsent zu halten und sensibel für die Vieldeutigkeit des Körpers zu bleiben. So standen Schlüsse vom beschädigten Äußeren auf ein moralisch verworfenes Inneres oder das Argument der Gottesstrafe den Akteuren im Umgang mit Körperlichkeit zwar zur Verfügung. Sie waren aber offenbar nicht geeignet, um in größerem Maße in den gelehrten kanonistischen Diskurs oder die Verfahren eingebracht zu werden.

Die Fokussierung auf korrekten Vollzug und adäquate Erscheinung hatte klare Grenzen. Im Umgang mit gebrechlichen Mönchen finden sich explizit Analogien zwischen der reinen Klostergemeinschaft und dem vollständigen Körper der Mitglieder. Beim Eintritt ins Kloster wurde gerade nach verborgenen Makeln gefragt, die in der Logik des Scheins für Gebrechen bei

---

1 Metzler bezieht den Begriff der Idoneität dagegen gerade auf den Körper; Metzler, Canon Law.

anderen Klerikern gänzlich irrelevant waren.[2] Dabei ging es allerdings primär um die Mitgliedschaft in der mönchischen Gemeinschaft, nicht um die Irregularität.

Die Fälle von Hermaphroditen wiederum zeigen deutlich das Ende der Verhandelbarkeit von körperlicher Differenz. Bei der Kategorie Geschlecht wollte Rom im Verfahren nicht nur Sicherheit über den funktionierenden Schein, sondern eine eindeutige Festlegung des Geschlechts erreichen. Kirchenrechtliche Meinungen, dass auch ein Hermaphrodit als Kleriker nur durch äußere Auffälligkeit und Bekanntheit problematisch werde, sind in der Minderheit. Auch der Körper von Nonnen wurde nicht so sehr unter funktionsorientierten Aspekten problematisiert, sondern vor allem dann, wenn das essentialistisch verstandene Frausein auf dem Spiel stand. Frauen wurde im kanonistischen Diskurs die Fähigkeit, überhaupt irregulär zu sein, überwiegend abgesprochen, weil sie nicht die Funktionen – und entsprechend nicht die Dysfunktionen – des männlichen Kleriker-Körpers übernehmen konnten. Bei Geschlecht und Klosterzugehörigkeit handelt es sich um wichtige Teilaspekte, die aber letztlich als Grenzfälle den funktionsorientierten Kern der Irregularität *ex defectu corporis* noch deutlicher werden lassen.

Die vorliegende Studie hofft, Anstöße für den Vergleich mit anderen sozialen Gruppen und Kulturen in der Frühen Neuzeit und darüber hinaus gegeben zu haben. Finden sich in anderen Kontexten essentialistische oder funktionsorientierte Elemente? Wer entscheidet verbindlich über Gebrechen? Welche Rolle spielen spezifisches Können, Sichtbarkeit und die jeweilige Umgebung? An dieser Stelle können nur einige Beispiele genannt werden. Für die Frage der Kulturspezifik kann man etwa daran denken, dass blaue Augen in mittelalterlichen arabischen Texten als Makel eingestuft werden.[3] Nahe liegt auch der in dieser Studie nur angeschnittene Konfessionsvergleich. Die Aussagen einiger lutherischer Kirchenrechtsautoren aus dem 18. Jahrhundert haben gezeigt, dass sie den Fokus auf das Können von Geistlichen als plausibel ansahen, die genaue Aufmerksamkeit auf das Aussehen und die Frage des *scandalum* dagegen als ›papistisch‹ und ›judaisierend‹ ablehnten.[4] Die Analyse von Rechtspraktiken würde den Blick sicherlich auf komplexere Konfigurationen auch im protestantischen Raum lenken. Die

---

2 Das zeigt etwa die gegenteilige Bewertung des Begriffs der Dissimulation eines Makels für Mönche und Säkularkleriker.

3 Richardson, *Difference*.

4 Vgl. oben Kap. 1.2.

General Assembly of the Church of Scotland etwa musste 1758 über den Fall des Dichters Thomas Blacklock entscheiden. Die reformierte Gemeinde von Kirkcudbright hatte diesen wegen seiner Blindheit als Prediger abgelehnt. Die *Assembly* bestand dagegen auf der Stellenbesetzung, denn in der reformierten Kirche zähle nur, dass Blacklock mit ausreichender »ability« predigen und die Sakramente der Taufe und Eucharistie vollziehen könne. Weitergehende Beschränkungen habe nur die korrumpierte römische Papstkirche eingeführt, da deren Priester zahlreiche »hocus-pocus tricks« vollziehen müssten.[5] Der hier nur skizzierte Fall zeigt, dass Verfahren und Konflikte, in denen es um den Körper von Klerikern, um den Handlungsvollzug und die Rolle der Gemeinde ging, kein rein katholisches Proprium waren.

II. Als zweiter Ergebniskomplex lässt sich aufzeigen, wie Gebrechen in den kirchlichen Verfahren ›gemacht‹ wurden und wieviel Flexibilität dabei für Betroffene blieb. Für die Charakterisierung der Verfahren erscheint mir grundlegend, dass Objektivierungen des Körpers mit seiner physischen Präsenz und Kreativität verschränkt sind. Unter Objektivierung lässt sich die Verschriftlichung der Beobachtung und besonders der verstärkte Einsatz von Berichten über *experimenta*, Zeichnungen und medizinischen Gutachten verstehen. Der Körper in seiner Präsenz und Veränderlichkeit wurde fixiert, die Frage der physischen Eignung war buchstäblich nicht mehr in der Hand des Betroffenen. Für die Kommunikation und Entscheidung über Distanz waren diese Techniken und Medien unabdingbar, da sie den kirchlichen Autoritäten fixierte Entscheidungsgrundlagen an die Hand gaben.

Die Vorstellung eines im Verfahren vollständig objektivierten und in der Momentaufnahme fixierten Körpers wäre allerdings irreführend. Es lässt sich anhand derselben Verfahren nämlich zeigen, wie immer wieder aufs Neue körperliche Präsenz eingebracht und durch kreative Körperpraktiken Offenheit erzeugt wurde. Supplikanten gingen im gesamten Untersuchungszeitraum – und bis ins 20. Jahrhundert – nach Rom und versuchten, sich physisch ins Verfahren einzubringen. Sie drängten auf Wiederholungen der Inaugenscheinnahme, um das einmal über sie Festgehaltene mit demselben, aber anders erprobten oder geformten Körper zu revidieren. Supplikanten erlernten ungewohnte Bewegungen, nahmen materielle Veränderungen an Gegenständen wie Kelch und Hostie vor oder setzten auf die eigene

---

5 Der Austausch der Argumente von Blacklock, der Gemeinde und die Erörterung findet sich in den Annalen der *General Assembly* (*Annals*, S. 236–241). Die Stelle wurde Blacklock letztlich zugesprochen, er verzichtete aber darauf, sie anzutreten.

Gedächtnisleistung.[6] Solche kreativen Praktiken des Umgangs mit dem Körper wurden von der Kirche bis zu einem gewissen Grad begünstigt und zeigen, wie wenig produktiv die Annahme einer vorgegebenen ›Behinderung‹ und Schwere des Gebrechens für das Erschließen des Themas ist.

Auch die Auffälligkeit von Gebrechen lag nicht in der Natur des Körperzustands. Was als auffällig galt, war vielmehr bestimmt durch situative Modellierungen und Einstufungen von Sichtbarkeit. Der Priester konnte den Blicken der Gemeinde ausgesetzt sein und buchstäblich im Licht stehen, ihnen aber auch entzogen werden – in der privaten Kapelle oder in den frühen Morgenstunden. Die Unterscheidung verschiedener Beobachter mit Blicken von unterschiedlicher Reichweite und Fokussierung erlaubte es, Sichtbarkeit je nach Betrachter unterschiedlich zu definieren. Die genau prüfende Inspektion des Zeremonienmeisters wurde vom ungenauen, durch räumliche Anordnung und liturgische Kenntnis distanziert gehaltenen Blick der Gemeinde unterschieden. Supplikanten setzten in dieser Situation Kleidung oder Perücken ein, um Makel zu verbergen, zum Teil arbeiteten sie auch kosmetisch am eigenen Körper. Die Kirche entlastete also den Priesterkörper durch den Fokus auf die äußere Erscheinung von bestimmten Ansprüchen, erhöhte aber den Druck auf ihn in bestimmten Momenten, besonders in der Messfeier.

In die Verfahren eingebunden wurde auch der Blick von medizinischen Experten. Er richtete sich, im Gegensatz zu den genannten anderen, unter die Kleidung und betrachtete den Körper *nudis carnibus*.[7] Ziel war es nicht, Können oder Aussehen zu bestimmen, sondern das Wesen eines Körperzustandes festzustellen. Konsequenterweise wurden Mediziner besonders in solchen Fällen herangezogen, in denen die tatsächlich vorliegende Krankheit oder das ›echte‹ Geschlecht gefragt waren. Die medizinische Beratung ist allerdings nicht als modernisierender Einbruch der Empirie ins kirchliche Verfahren zu sehen, denn auch wenn die Inspektion ein wichtiges Element darstellen konnte, fand die Konsultation auch häufig über die Distanz statt. Die Kirche kooperierte mit Ärzten und Chirurgen in einem ihrer Kernbereiche – bei der Auswahl ihres Personals. Das unterstreicht den Befund der Forschung, dass die Konfliktthese, welche Religion allgemein und Katholizismus speziell im Gegensatz zur Medizin betrachtete, grundlegend

---

6 Die Kehrseite der Offenheit bilden unwillkürliche Ereignisse wie das Fallenlassen der Hostie, das Zittern der Hand oder der Zusammenbruch am Altar.

7 Vgl. oben Kap. 4.

zu revidieren ist.[8] Die kirchlichen Autoritäten beförderten geradezu den Status der Medizin durch die Einbindung in ihre Verfahren, denen umgekehrt Legitimität durch die Konsultation verliehen wurde.[9] Die Kooperation muss aber differenziert gesehen werden. Der medizinische Blick wurde von kirchlicher Seite bewusst als Blick von außen auf die Körpergebrechen konzipiert.[10] Die medizinische Expertise determinierte nie die Entscheidung. Vielmehr kombinierte die Kirche gezielt verschiedene Logiken und Ressourcen innerhalb ihrer Verfahren und erzielte damit einen Gewinn an Flexibilität bei der Entscheidung.

Durch die Analyse von konkreten Verfahren konnte gezeigt werden, dass nicht vermeintlich objektive physische Zustände bestimmten, was im Klerus als Gebrechen galt und wer ausgeschlossen wurde. Damit hat sich auch die kulturgeschichtliche Perspektive bewährt, um die Annahme der älteren kirchenrechtlichen Betrachtung des Themas zu revidieren.

Der in dieser Arbeit erprobte Zugang auf kanonistische Diskurse und kirchliche Verfahren bietet zugleich wichtige Erträge für die Körpergeschichte und Disability History. Gezeigt werden konnte, dass für den spezifischen sozialen Kontext des Klerus mit dem Gebrechen ein frühneuzeitlicher Sammelbegriff mit klarem Bezug zum Körper vorlag.[11] Dieser unterscheidet sich allerdings wesentlich vom modernen der ›Behinderung‹. Die eingangs gewählte begriffliche Offenheit in der Analyse war produktiv, insofern damit ästhetische Makel, Hautfarbe, bestimmte Krankheiten als solche (und nicht lediglich deren Folgen) und teilweise auch das ambige Geschlecht in den Blick kamen.

Am Begriff des Gebrechens lässt sich zeigen, wie in der Frühen Neuzeit über das Verhältnis von rechtlich-sozialer Zuordnung und Körperlichem gedacht wurde. Dabei wurde festgestellt, dass die Kirche insgesamt die soziale Dimension sehr hoch einstufte – also das, was zum Körper hinzukommen musste, damit ein Körperzustand überhaupt als Gebrechen zählte –, wozu insbesondere die Ansichten der Gemeinde zählten.

Durch die Konzentration auf Verfahren konnte in dieser Studie im Vergleich zu diskursgeschichtlichen Arbeiten die Praxis der Einstufung als

---

8 Vgl. Donato/Kray, *Duties*.

9 Vgl. Bouley, *Postmortems*.

10 Auch Mediziner wie Paolo Zacchia betonten diese Grenzen bei gleichzeitiger Kooperation hinsichtlich der Irregularität; Zacchia, *Quaestiones*, S. 279.

11 Zur Abwesenheit eines Sammelbegriffs vor dem 19. Jahrhundert vgl. Schmidt, *Bettler*, S. 126. Zur Homogenisierung einer Gruppe von Behinderten als Projekt der Moderne Bösl, *Disability*.

Gebrechen genauer untersucht und erfasst werden. Körperliche Differenz wurde nicht vorgängig und einmalig in dominanten Diskursen konstruiert und blieb dann bis zu einem häufig schwer zu bestimmenden Punkt diskursiven Wandels stabil. Vielmehr übersprangen Individuen regelmäßig die rechtlich-physischen Grenzen, die Gebrechen definieren. Die Opposition von ›Normalen‹ und ›Behinderten‹ ist damit als durchlässiger zu konzipieren als vielfach geschehen.[12] Das bedeutet nicht, dass Verfahren abgelöst von jeglicher Körperlichkeit zu betrachten sind. Ein Priester, dem die linke Hand fehlte, zelebrierte die Messe anders als mit beiden Händen. Entscheidend ist aber, dass er als Priester die Messe zelebrieren konnte – mit einem anders gestalteten körperlichen Können und gegebenenfalls mit dem rechtlichen Mittel der Dispens.

III. Auf Grundlage der dargestellten Konzeption der Gebrechen und ihrer Herstellung im Verfahren lässt sich nun fragen, wie sich damit unser Bild der katholischen Kirche der Frühen Neuzeit ändert. Im Umgang mit Gebrechen stößt man, so das Argument dieses Buches, auf deutlich mehr Pragmatismus und Flexibilität, als es ein Exklusionsmodell nahelegt, das von einem realisierten oder angestrebten vollständigen Ausschluss einer Gruppe von ›Behinderten‹ aus dem Klerus ausgeht. Dabei sollte es nicht um eine positive Bewertung kirchlichen Agierens gehen. Aus Sicht der nicht zuletzt gesellschaftspolitisch ausgerichteten Disability Studies und Disability History müssen die herausgearbeiteten kreativen Praktiken wie das Verbergen – mit Erving Goffman des »Stigma-Managements« – zutiefst ambivalent erscheinen.[13] Sie werden von negativen Bewertungen körperlicher Abweichung angestoßen, zeugen aber zugleich von der individuellen *agency* und institutionellen Flexibilität im Umgang mit dem Körper. Tatsächlich muss der exkludierende Effekt von Kirchenrecht und Rechtspraxis für Betroffene durchaus wahrgenommen werden, ohne die Kreativität gerade dieser Menschen zu übersehen.

Auch die Priorisierung des *scandalum* wird dem heutigen Betrachter je nach Kontext ambivalent erscheinen. Sie eröffnete beim Umgang mit Gebrechen sicherlich schützende Räume für Kleriker. Anders bewerten wird man die Tatsache, dass sich eine Logik des Verbergens auch beim Thema der Irregularität *ex delicto* für straffällige Kleriker herausbildete.[14]

---

12 Zu diesem Begriffspaar vgl. Waldschmidt, »Wir Normalen«.

13 Garland-Thomson, *Staring*.

14 Im heutigen Sprachgebrauch ist der Skandal das Kaschieren selbst etwa im Umgang mit Pädophilie. Für eine Skandalgeschichte der Kirche vgl. Philibert, *Prêtres*.

Die Annahme einer auf Körper und Klerus gerichteten Disziplinierungs-agenda, wie sie verschiedene Forschungsmeinungen nahelegen, muss anhand der untersuchten Quellen zu Körpergebrechen relativiert werden.[15] Tatsächlich lassen sich Tendenzen feststellen, Körperbewegungen zu ver-einheitlichen – etwa durch den Gebrauch des Missale in Probemessen. Der Begriff der Disziplinierung verdeckt aber wichtige Aspekte, vor allem wenn er als *top-down*-Phänomen interpretiert wird.[16] Dagegen ist die Nutzungs- und Einzelfallorientierung der Verfahren hervorzuheben, die nie vom Zentrum aus eingeleitet wurden. Auch die in der Historiographie für eine Kontrolle des Körpers einschlägige medizinische Expertise erfolgte nicht nur durch Amtsträger, sondern war eine wichtige Strategie von Betroffenen, um den Vorwurf eines Körpergebrechens zu entkräften. Zudem ist zentrale Rolle der Gemeinde hervorzuheben.[17] Priester wurden zwar in den besprochenen Fällen in aller Regel nicht gewählt, sondern von oben ein-gesetzt, sie waren aber hinsichtlich ihrer körperlichen Eignung den Ein-schätzungen der Gemeinde unterworfen.

Der herausgearbeitete pragmatische Umgang mit dem Körper war keine deviante Praxis, die vermeintlich strikten kirchenrechtlichen und liturgischen Normen entgegenstand. Die frühneuzeitliche Traktatliteratur erschloss in einigen Fällen sogar Räume der Flexibilität, die sich in der Praxis adaptieren ließen – etwa beim Thema der Blindheit oder der Weihe von Pygmäen unter Pygmäen. Die Studie hat gezeigt, dass körperliche Vielfalt und Kreativität nicht nur aufgrund mangelnder administrativer Ressourcen als eine Art Residuum im Klerus bestehen blieben, sondern elementare und auch normativ festgehaltene Bestandteile der kirchlichen Regierung waren.

Auch die Annahme, dass es sich bei Fällen der Akzeptanz lediglich um Ausnahmen handelt, die Normen unangetastet ließen, erfasst nur einen Teil des Phänomens. Tatsächlich war das Vorgehen über Dispense funktionaler als eine generelle Abänderung etablierter Rechtssätze – nur so konnte man weiter mit Exklusion oder Inklusion von körperlicher Differenz reagieren. Auch wenn Dispense als Ausnahmen definiert sind, waren sie ein vollständig etablierter, regulärer Bestandteil kirchlichen Handelns, deren fein aus-differenzierte Anwendung in der Kanonistik vorgenommen und Bittstellern zur Verfügung gestellt wurde. Allerdings finden sich auch zahlreiche Fälle,

---

15 Vgl. De Boer, *Conquest*. Für die Liturgie vgl. Hahn, Kontrolle.
16 Zu den Begriffen Disziplin und Disziplinierung vgl. Friedrich/Sikora, Disziplin.
17 Die Bedeutung von Erwartungen der Gemeinde an das Verhalten ihrer Pfarrer unter-streicht Carter, *Scandal*.

in denen trotz festgestellter körperlicher Beeinträchtigung keine Dispens benötigt wurde – ein Befund, der sich nicht mit der Annahme von strikten Normen in Einklang bringen lässt.

Im Laufe der Untersuchung hat sich gezeigt, dass die analytisch getrennten Ebenen von Begriffen, Verfahren und Körperpraktiken vielfach verschränkt waren.[18] Sichtbarkeit oder Können etwa lassen sich als zentrale Begriffe der rechtlichen Theorie bezeichnen, wurden aber in Verfahren stark genutzt und hatten Effekte für den praktischen Umgang mit Körpern. Die als Konzeptionen von Körpergebrechen gefassten Aspekte wurden zwar aus dem gelehrten und normativen Diskurs herausgearbeitet, aber konsequent von der Praxis her gedacht. Entscheidend ist, welche diskursiven Zuschreibungen an den Körper in den praktischen Aushandlungen als Argument genutzt wurden. Ein langes Kleidungsstück oder einen speziellen Schuh über dem Holzbein zu tragen ist zunächst eine materielle Praktik, erhält aber ihre besondere Bedeutung für Kleriker erst auf der Ebene des Verfahrens und der Präsenz der Normen. Die Entscheidungen der Konzilskongregation wiederum schufen Präzedenzfälle, was mit Körpern legitim in der Messe möglich war, und körperliches Können Einzelner ging exemplarisch in andere Verfahren und Rechtshandbücher ein.

Die Priorisierung der äußeren Erscheinung des Körpers, die die Kirche in ihren Verfahren vornahm, erweitert entscheidend das Bild, das von dieser Institution in jüngeren Publikationen gezeichnet wurde. Bradford Bouley etwa hat in seiner Forschung zu Heiligsprechungen die frühneuzeitliche Kirche im Umgang mit dem Körper als »zweifelnden Thomas« auf der Suche nach Gewissheit bezeichnet.[19] Die Konkurrenz mit anderen Konfessionen und neue Entwicklungen der Wissenschaft hätten einen umfassenden Drang hervorgebracht, Erscheinungen auf den Grund zu gehen. Der fundamentale Unterschied der kirchlichen Verfahrensweisen beim Thema Körpergebrechen liegt nun nicht darin, dass man die Supplikanten nicht sezieren konnte, sondern in der strukturellen Bereitschaft, den körperlichen Schein zu akzeptieren und zu gestalten. Kirchliche Entscheidungsträger kooperierten zwar auch bei der Beurteilung lebendiger Körper mit Medizinern, das Abzielen auf ein Wesen hinter der Erscheinung war aber die Ausnahme. Die Kirche zeigte ein starkes Interesse daran, wie der Körper erscheint, aber

---

18 Es erschien deshalb wenig zielführend, zwei isolierte Geschichten von kirchenrechtlichen Normen und administrativer und sozialer Praxis zu schreiben; für ein kirchenrechtsgeschichtliches Beispiel dieser Trennung im Aufbau vgl. Müller, *Abtreibung*.
19 Bouley, *Postmortems*, S. 129.

nicht, weil sie ihn enthüllen und die Differenz von Sein und Schein beseitigen wollte. Vielmehr war es in vielen Fällen für alle Beteiligten funktional, den Schein aufrechtzuerhalten. Das erscheint mir ein wichtiger Baustein in der Beurteilung der Frühen Neuzeit insgesamt, der als Epoche in der Forschung zum Teil eine überwältigende Furcht vor der Lücke zwischen Sein und Schein zugeschrieben wird.[20] Solche Sorgen bestanden zwar. Beim Thema der Körpergebrechen zeigt sich aber, dass die Frühe Neuzeit nicht, wie suggeriert, zum Blick hinter die Erscheinung gleichsam verurteilt war. Sie bildete vielmehr komplexe Umgangsformen mit der Differenz von Schein und Sein aus, die diese problematisieren, aber auch den Schein zum Wesentlichen erklären konnten.

Für die Geschichte der katholischen Kirche sollte der verletzliche, verhüllte und veränderliche Körper des Klerikers nachhaltig auf die Forschungsagenda gesetzt werden. Die Suppliken nach Rom und ihre administrative Verarbeitung zeigen, wie wichtig die Sorge um den Körper für Geistliche, Gemeinden und die Kirche in der Praxis war. Kleriker waren über den Vorwurf eines Körpergebrechens nicht nur gesellschaftlich diskreditierbar, sondern grundlegend in ihrem Status gefährdet. Die Sorge um Körpergebrechen betraf – durch mögliche Unfälle und das Altern im Amt – potenziell alle Geistlichen oder solche, die es werden wollten.

Als Beispiel sei der bayerische Missionar Theodorus Krump genannt, der sich auf seiner Mission im Sudan durch den Sturz seines Kamels den Arm brach. Die Verletzung veranlasste ihn, zur besseren medizinischen Versorgung nach Italien zurückzukehren, damit er nicht – wie er in seinem später publizierten Diarium schreibt – »mir selbsten und meiner heiligen Religion untauglich verbleiben möchte«.[21] Die Furcht vor einer dauerhaften Einschränkung bewahrheitete sich nicht, denn etwas mehr als ein Jahr nach dem Sturz zelebrierte Krump erstmals wieder die heilige Messe. Die Hand blieb aber weiterhin stark eingeschränkt, und erst nach weiterer Heilung konnte er »ohne Hindernuß Meß lesen«.[22] Man kann dies alles als natürlichen Heilungsvorgang sehen. Allerdings kannte Krump die Normen der Irregularität gut – er hatte von der Konzilskongregation eine Dispens für seine medizinische Aktivität auf der Reise erhalten. So lässt sich fragen, ob

---

20 Miriam Eliav-Feldon spricht von einer »deep anxiety that things were not what they seemed and people were not not who they said they were« als Epochenmerkmal und baut damit auf Jean Delumeaus Geschichte der Angst auf (Eliav-Feldon, *Impostors*, S. 3).
21 Krump, *Diario*, S. 403.
22 Ebd., S. 552.

sich bei Klerikern wie Krump die Sorgen um das körperliche Können und das liturgische-rechtliche Dürfen verbanden.

Gebrechen sind nicht nur als Abweichung von der Norm interessant, sondern können auch als Linse dienen, um breitere Phänomene der Körperlichkeit des Klerikerseins in den Blick zu nehmen. Die Habitualisierung von liturgischen Handlungen, der angemessene Gang und die elegante Bewegung im Priestergewand sind Phänomene, die über die Behandlung von Gebrechen in der römischen Kurie hinausgehen, auch wenn sie dort in diesem Kontext besonders thematisiert werden. Beim Thema Gebrechen zeigen sich Bausteine einer umfassenden Körpergeschichte der globalen Institution Kirche.

Ausblick

»Vom 13. bis 20. Jahrhundert hat sich dann an der Disziplin bezüglich dieser Irregularitäten wesentlich nichts mehr geändert. Es häuften sich nur die Anfragen nach Rom und die Antworten und Erklärungen der kirchlichen Behörde zu den bestehenden Rechtsgrundsätzen.«[23]

Nach dieser Einschätzung eines theologischen Autors in den 1940er Jahren zur Irregularität *ex defectu corporis* könnte man nach der Behandlung des hochmittelalterlichen Liber Extra im Grunde direkt an den Beginn des 20. Jahrhunderts springen. Erst nach dem Ersten Weltkrieg sei es im Zuge der vielen Verwundeten zu einer Veränderung gekommen – und zwar in Richtung einer milderen Auslegung der Gesetze.[24]

Dass sich die Untersuchung der frühneuzeitlichen Anfragen nach Rom und der Erklärungen einer dortigen Behörde trotz dieser Aussage lohnt, hat das vorliegende Buch gezeigt. Schon das Bild vom Stillstand der Normen ist aber zu differenzieren. In der frühneuzeitlichen Traktatliteratur, die in Verfahren herangezogen wurde, findet sich eine grundlegende Veränderung des Blicks auf den Körper. Nicht nur, was im traditionellen Kirchenrecht vorzufinden war, wurde diskutiert, sondern alles, was am Körper des Klerikers vorkommen konnte. Dies erklärt sich aus der Logik des gelehrten Diskurses zur Systematisierung – Gebrechen an allen möglichen Körperteilen zu behandeln – sowie aus der Auseinandersetzung mit medizinischen, naturphilosophischen, proto-ethnographischen und literarischen Werken. Die

---

23 Gerber, *Irregularität*, S. 7.
24 Vgl. zum Ersten Weltkrieg Kienitz, *Weihehindernisse*.

Hautfarbe und teilweise auch die Körpergröße waren als Differenzmerkmale im Zusammenhang mit der europäischen Expansion von größter Relevanz.[25]

Auch in der Rechtspraxis finden sich Innovationen, so dass sich keine direkte Linie im Umgang mit Gebrechen vom Hochmittelalter bis ins frühe 20. Jahrhundert ziehen lässt. Das betrifft etwa den Umgang mit Handprothesen, der zögerlich, aber bereits vor dem Ersten Weltkrieg sukzessive offener wurde.[26] Die Konzilskongregation wirkte selbst traditionsbildend, eröffnete also durch positive Entscheidungen neue Bezugspunkte für Supplikanten.

Fragt man danach, was sich bis zur Gegenwart im Umgang mit dem Priesterkörper geändert hat, muss die Antwort je nach Betrachtungsebene unterschiedlich ausfallen. Der Inhalt der einbezogenen medizinische Expertise etwa veränderte sich mit der Zeit stark – hier sei nur auf die wichtige Rolle der Nervosität in Fällen des 19. Jahrhunderts[27] oder die Glutenintoleranz verwiesen, mit der sich die Kongregation für Glaubenslehre in einem Rundschreiben von 1995 befasste.[28] Der damalige Präfekt der Kongregation, Joseph Ratzinger, befürwortete darin die Verwendung von Hostien mit möglichst geringem Glutenanteil (vollständig glutenfreie blieben untersagt). Zuvor müsse allerdings ein medizinisches Gutachten über die Glutenintoleranz eingeholt werden; zudem dürfe kein *scandalum* unter den Gläubigen entstehen.[29] Der Fall kann nur ein Schlaglicht werfen, legt es aber nahe, dass die Konsultation von Ärzten, trotz völlig anderer wissenschaftlicher Voraussetzungen, gerade in ihrer Verschaltung mit liturgischen und sozialen Aspekten einem strukturell ähnlichen Muster wie in der Frühen Neuzeit folgte.

Begrifflich überwiegt beim kirchlichen Umgang mit Körpergebrechen ein Bild der Statik. Das liegt in meinen Augen an der enorm hohen Adaptionsfähigkeit der verwendeten kanonistischen Figuren. Speziell das Denkmuster des *scandalum in populo* war so flexibel, dass man es nicht grundlegend anpassen musste, um völlig unterschiedliche Entscheidungen bei vergleichbaren körperlichen Beeinträchtigungen zu treffen. Gesellschaftlicher

---

25 Vgl. nur den *Cursus Iuris Canonici, Hispani, Et Indici* von Pedro Murillo Velarde.

26 Etwa Panormitana, 20.04.1850, in: *Causae Selectae*, S. 26. Zur Aufforderung an Supplikanten, sich Prothesen herstellen zu lassen, vgl. auch oben Kap. 3.

27 Ceriniolensis, 20.12.1902, *Acta Sanctae Sedis*, S. 277.

28 Siehe dazu McGrath, Coeliacs.

29 Vgl. »Lettera a tutti i Presidenti delle Conferenze Episcopali sull'uso del pane con poca quantità di glutine e del mosto come materia eucaristica.«

Wandel konnte unter Verwendung desselben Begriffs Eingang in das kirchliche Handeln finden. Entgegen der Vorstellung einer Wende von einem vermeintlich strikten vormodernen Umgang mit Gebrechen hin zu größerer Offenheit lässt sich eine tiefgreifende Persistenz bestimmter Umgangsmuster feststellen. Gleichzeitig konnte gezeigt werden, dass sich trotz der Statik der kanonistischen Begriffe mehr historischer Wandel feststellen lässt, als die Forschung angenommen hat.

Rechtlich gesehen findet die Geschichte der Irregularitäten *ex defectu corporis* mit dem Inkrafttreten des neuen Codex Iuris Canonici 1983 ein klar markiertes Ende. Die gesamte Begrifflichkeit des *defectus* und die Aufzählung einzelner Ursachen verschwinden im neuen Kodex. Die Auflistung der Gebrechen fand sich noch in der vorigen Fassung von 1917 – in Gestalt der im vormodernen Kirchenrecht herausgebildeten Zweiheit von *debilitas* und *deformitas*. Beide könnten verhindern, dass der »Dienst am Altar angemessen erfüllt werden könne«.[30] Laut einem aktuellen kanonistischen Werk ist die geringere Bedeutung physischer Einschränkungen im Laufe des 20. Jahrhunderts den zunehmenden Behandlungsmöglichkeiten in der Medizin zu verdanken, die Behinderungen gleichsam aufheben könne.[31] Aus den Dokumenten der Kommission, die den neuen Kodex vorbereitete, ergibt sich aber ein anderer Hintergrund. Dort heißt es, der Teil zu den Irregularitäten *ex defectu corporis* sei zu tilgen, denn es sei klar, dass »diejenigen, die man *handicappati* nennt, tatsächlich nicht wenige apostolische Aufgaben ausführen können«.[32] Neu ist der moderne, italienische Begriff für ›Behinderung‹. Der Grundgedanke wird nach der Lektüre der vorliegenden Arbeit aber bekannt erscheinen. Es werden die verschiedenen Aufgaben eines Klerikers betont, die unterschiedliche körperliche Handlungen erfordern und entsprechend unterschiedliche Dinge als Gebrechen erscheinen lassen.[33] Zugleich spiegelt die angesprochene aktuelle Diskussion um

---

30 *Codex iuris canonici* 1917: Can 984. »Sunt irregulares ex defectu: 2° Corpore vitiati qui secure propter debilitatem, vel decenter propter deformitatem, altaris ministerio defungi non valeant.«

31 Weinberger, *Voraussetzungen*, S. 109.

32 »Ratione habita eorum qui handicappati vocantur, qui, iudicio Episcopi, revera possunt non paucas mansiones et apostolatus opera exercere«; *Communicationes*, S. 196.

33 Vgl. oben Kap 2.

Glutenintoleranz weiterhin eine eucharistische Zentrierung in den Anforderungen an das Priestertum wider.[34] Funktionsorientierung sollte jedenfalls nicht, wie das aus heutiger theologischer Perspektive getan wird, lediglich als moderne Errungenschaft der zweiten Hälfte des 20. Jahrhunderts gesehen werden.[35]

Die Ausführungen zu Körpergebrechen konnten wohl auch deshalb aus dem Kodex von 1983 entfernt werden, weil dort weiterhin generell die »erforderlichen psychischen und physischen Eigenschaften« für Priesterkandidaten festgehalten werden.[36] In der Praxis müssen auch nach dem Verschwinden der Irregularität *ex defectu corporis* bis heute Kleriker und Kleruskandidaten Hürden überwinden und Umgangsformen mit dem eigenen Körper, den liturgischen Vorschriften und dem Blick von Oberen und Gemeinde finden. 1997 wurde mit Stefan Müller der erste blinde Priester in Deutschland geweiht. Das Lesen des Evangeliums erleichtert ihm dabei die Blindenschrift, einzelne Gebete spricht Müller auch aus dem Gedächtnis.[37] Der US-amerikanische Jesuit Rick Curry empfing 2009 die Priesterweihe – nachdem er zuvor eine Dispens aus Rom für die Messfeier mit einem Arm eingeholt hatte. Seine Versehrung, so Curry, habe ihn nicht nur eingeschränkt, sondern besonders geeignet als Seelsorger für Kriegsveteranen gemacht.[38] Die Einstellungen zu körperlichen Gebrechen in Kirche und Gesellschaft haben sich im 20. und frühen 21. Jahrhundert deutlich gewandelt. Der gekonnte Einsatz von Körpern und Objekten und die Frage von Akzeptanz und Außenwirkung sind aber Kernelemente einer langen Geschichte des Körpers, die nicht erst mit einer vermeintlich toleranteren Moderne entstehen, sondern in der Vormoderne fundiert sind.

---

34 Das Thema der Unverträglichkeit wird unter dem Begriff des *vomitus* oder *abstemius* in der Traktatliteratur behandelt (etwa Leander, *Quaestiones*, S. 25), allerdings nicht in Fällen in der Konzilskongregation.

35 Bitterli, *Priester*, S. 108.

36 Vgl. Schüller, Menschen. Mit dem im Zweifelsfall vom Bischof einzuholenden *testimonium sanitatis* wird das Gebrechen im Komplex Gesundheit aufgelöst.

37 https://www.domradio.de/themen/seelsorge/2019-10-14/es-ist-moeglich-und-dafuer-bin-ich-sehr-dankbar-wie-lebt-und-arbeitet-es-sich-als-blinder-pfarrer [abgerufen am 04.12.2020].

38 https://www.nytimes.com/2015/12/22/us/rev-rick-curry-priest-who-considered-disability-a-blessing-dies-at-72.html [abgerufen am 04.12.2020].

Danksagung

Die Arbeit an diesem Buch begann in Frankfurt, führte mich dankenswerterweise mehrmals nach Rom, dann nach Budapest und schließlich nach München. Arndt Brendecke betreute die zugrundeliegende Dissertation an der Ludwig-Maximilians-Universität, nahm sich des vergleichsweise ungewöhnlichen Themas an und bereicherte die Arbeit mit vielfältigen Ratschlägen. Vor allem danke ich ihm aber für die Unterstützung und die Freiheit, die ich als Assistent am Lehrstuhl für Geschichte der Frühen Neuzeit genießen durfte, und die damit einhergehende Einbindung in ein großartiges Forschungsumfeld.

Birgit Emich betreute die Qualifikationsschrift als Zweitbetreuerin von Erlangen und Frankfurt am Main aus. Sie gab mir immer wieder Zuversicht, dass die Bestände der Konzilskongregation für den Frühneuzeitler die Mühe wert sind. Dafür und für die Gespräche in Rom und anderswo danke ich ihr herzlich. Julia Herzberg übernahm die Rolle der Nebenfachprüferin und motivierte mich mit ihrem Zuspruch; Romedio Schmitz-Esser erstellte das Drittgutachten und gab wertvolle Hinweise.

In Frankfurt gilt mein Dank Benedetta Albani, die das Projekt ermöglicht hat und große Energie in die Erforschung der römischen Bestände investierte. Die Max-Planck-Forschungsgruppe »Die Regierung der Universalkirche« und das Max-Planck-Institut für Rechtsgeschichte und Rechtstheorie finanzierten meine Arbeit großzügig. Den MitarbeiterInnen dort und besonders Stephanie Rüther möchte ich für die Gesellschaft und Unterstützung danken. Alfonso Alibrandi und Constanza Lopez-Lamerain danke ich für die großartige Zeit in Frankfurt und Rom!

Ohne die Hilfe der Mitarbeiter des Archivio Apostolico Vaticano wäre ich vollends verloren gewesen, denn die Serie Positiones stellte schon aufgrund ihres Umfangs und ihrer mangelnden Inventarisierung eine besondere Herausforderung dar, die sie wo immer möglich vorzüglich bewältigten. Unschätzbar war auch die Hilfe von Francesco Russo, dem ich besonders danken möchte. Ohne ihn und die Bar im Cortile della Biblioteca wäre das Quellenstudium nur halb so angenehm vonstattengegangen. Meine zweite lange Archivreise machten nicht zuletzt die MitarbeiterInnen und GastwissenschaftlerInnen am Deutschen Historischen Institut Rom so angenehm und produktiv. Ich danke ganz besonders Andreea Badea sowie Malte Zill und Veronika Proske für die gemeinsame Zeit.

In Budapest unterstützte mich Matthias Riedl bei der Aufnahme ins Doctoral Support Program der Central European University auf und nahm sich Zeit für Gespräche, ebenso wie Jan Hennings, Carsten Wielke, Karl Hall, Mikhail Dmitriev, Béla Mihalik, Ádám Mézes, Ágoston Berecz und László Kontler. Ihnen allen danke ich herzlich.

Dass der Wechsel auf die Stelle in München eine so große Freude war, lag nicht zuletzt an Susanne Friedrich, die sich für zahlreiche Gespräche, Hinweise und Coachingeinheiten Zeit nahm. Für die angenehme Zeit in München und verschiedene Beiträge danke ich zudem Mark Hengerer, Hannes Ziegler, Kilian Harrer, Vitus Huber, Edith Susanne Rill, Marco Cavarzere, Alexandra Popst, Amelie Mittlmeier, Lisa Forstreuter, Fabian Krämer, Isabel Sieger, Maria Weber, Lisa Regazzoni, Benjamin Steiner, Wolfgang Burgdorf, Markus Krumm, Giulia Grossi, Florian Kappelsberger, Florian Runschke, Martin Biersack, María Ángeles Martín Romera, Joël Graf, Iryna Klymenko, Jorun Poettering, Sébastien Schick, Hannes Kerber, David Meißner, Stefano Saracino, Paola Molino, Cloe Cavero de Carondelet, Florian Wieser, Nicole Reinhardt, Vera Moya Sordo, Jonas Schirrmacher und Susanne Lepsius.

Für Anregungen außerhalb von München gilt mein Dank Simon Ditchfield, David d'Avrey, Maria Pia Donato, Markus Friedrich, Fritz Dross, Christof Rolker, Marian Füssel, Tim Neu, Philip Knäble, Anselm Schubert, Rebekka von Mallinckrodt, Christian Windler, Daniela Hacke, Birgit Näther und den Teilnehmern der Kolloquien, bei denen ich meine Arbeit vorstellen durfte. Den Herausgebern und Herausgeberinnen der Reihe Historische Studien im Campus Verlag danke ich herzlich für die Aufnahme des Buches, Jürgen Hotz für die ausgezeichnete verlagsseitige Betreuung und Christoph Roolf für die wertvollen Korrekturen.

Für die Unterstützung in jeglicher Hinsicht danke ich meiner Familie. Am meisten für das Gelingen dieser Arbeit getan hat Anna Mazanik, der ich das Buch widme.

Anhang

Ungedruckte Quellen

Archivio Segreto Vaticano (ASV)

Serie: Congregazione Concilio (Congr. Concilio)
Indici 910-924
Libri Decretorum (LD), 11-100 (1609–1750)
Positiones, 1-1492 (1681–1788)
Positiones (Sessiones), 1-271 (1564–1681)

Archiv des Bistums Augsburg

Bestand: Bischöfliches Ordinariat, 5355
Akt: Rohr, Dekanat Reichertshofen, Miscellanea.

Gedruckte Quellen

Acta Apostolicae Sedis, Vatikanstadt, 109 Bände, 1909–2017.

Acta Sanctae Sedis, 41 Bände, Vatikanstadt 1865–1908.

Ambrosius, *Opera*, Bd. 10, Epistulae et Acta 2, hg. v. Michaela Zelzer, Prag u.a. 1990.

Analecta ordinis minorum Capuccinorum, Rom 1925.

Annals of the General Assembly of the Church of Scotland from the Origin of Relief in 1752 to the Rejection of the Overture on Schism in 1766, Edinburgh 1840.

Archives des Missions Scientifiques et Lettéraires, Bd. 6, Paris 1857.

Augustinus, Aurelius, *Über den Gottesstaat*, Kempten 1874.

Augustinus, Aurelius, *Des heiligen Kirchenvaters Aurelius Augustinus ausgewählte Schriften*, Bd. 8, Kempten/München 1925.

Avila, Esteban, *De Censuris Ecclesiasticis Tractatus*, Lyon 1617.

Barbosa, Agostinho, *Pastoralis Solicitudinis, Sive De Officio, Et Potestate Episcopi*, Lyon 1698.

Bartholin, Caspar, *Opuscula quatuor singularia*, Kopenhagen 1628.

Berti, Giovanni Battista de, *Sacrificii missae resolutiones morales*, Rom 1612.

Bianchini, Andrea, *De reductione missarum libri quatuor*, Köln 1765

Böhmer, Justus Henning, *Ius ecclesiasticum protestantium*, Bd. 1, Halle (Saale) 1730.

Bona, Giovanni, *Rerum Liturgiarum libri duo*, Turin 1747.

Bonacina, Martino, *Tractatus de Censuris et Poenis Ecclesiasticis*, Venedig 1629.

Borgasio, Paolo, *Tractatus de Irregularitatibus*, Venedig 1574.

Caeremoniale Episcoporum iussu Clementis VIII Pontificis Maximi novissime reformatum, Venedig 1600.

Carpzov, Benedikt, *Jurisprudentia forensis romano-saxonica*, Frankfurt a. M. 1638.

Causae Selectae, in s. congregatione cardinalium Concilii Tridentini interpretum: Propositae per summaria precum ab anno 1823 usque ad annum 1869, Regensburg 1871.

Clarke, Peter/Zutshi, Patrick, *Supplications from England and Wales in the Registers of the Apostolic Penitentiary 1410–1503*, 3 Bände, Woodbridge 2013–2015.

Codex iuris canonici: Pii X Pontificis Maximi iussu digestus, Benedicti Papae XV auctoritate promulgates, Rom 1917.

Codex iuris canonici – Codex des kanonischen Rechtes. Lateinisch-deutsche Ausgabe mit Sachverzeichnis, Kevelaer 1983.

Communicationes, hg. v. der Pontificia Commissio Codici Iuris Canonici Recognoscendo, Bd. 10, Rom 1978.

Concilium Tridentinum: diariorum, actorum, epistolarum, tractatuum nova collection, Bd. 8, Freiburg (Breisgau) 1919.

Concina, Daniele, *Theologia christiana dogmatico-moralis*, Bd. 10, Rom 1751.

Corradi, Pyrro, *Praxis Dispensationum Praxis Dispensationum Apostolicarum Pro Utroque Foro*, 6. Auflage, Venedig 1699.

Das Leben Äsops, mit Einleitung hrsg. und erläut. von Wolfgang Müller. Aus dem Griechischen von Günter Poethke, Leipzig 1974.

De Luca, *Theatrum Veritatis*, Buch 15, Venedig 1734.

De Toledo, Francisco, *Summa casuum conscientiae, sive De instructione sacerdotum, libri septem*, Köln 1609.

De Tudeschis, *Abbatis Panormitani Commentaria super secunda parte Primi Decretalium Libri*, Venedig 1617.

Decisiones Sacrae Rotae Romanae, Rom 1673

Decisiones Sacrae Rotae Romanae, Rom 1736.

Decreta authentica congregationis sacrorum rituum, Bd. 5: S. Appendix II, Rom 1825.

Decretum Gratiani, Lyon 1559.

Delvaux, André, *Paratitla Iuris Canonici sive Decretalium*, Lyon 1673.

Diana, Antonio, *Coordinatus seu Omnes Resolutiones Morales*, Lyon 1680.

Diclich, Giovanni, *Dizionario sacro-liturgico*, Bd. 1, Venedig 1834.

Drey, Johann Sebastian von, *Neue Untersuchungen über die Constitutionen und Kanones der Apostel*, Tübingen 1832.

Espen, Zeger Bernhard van, *Opera Canonica*, Bd. 1, Löwen 1759.

Fagnani, Prospero, *Commentaria In Quinque Libros Decretalium*, Rom 1661.

Filliuci, Vincenzo, *Quaestionum Moralium de Christianis Officiis in casibus Conscientiae*, Lyon 1634.

Folia Sacrae Congregationis Concilii, Rom 1708–1739.

Freud, Michael, *Gewissens-Fragen von Processen wieder die Hexen*, Güstrow 1667.

Gallemart, Johannes de, *Decisiones et Declarationes Illustrissimorum Cardinalium sacri Concilii Tridentini Interpretum*, Douai 1615.

Garcia, Nicolaus, *Tractatus de Beneficiis amplissimus, et doctissimus Declarationibus Cardinalium S. Congr. Concil. Triden.*, Venedig 1618.

Gasparri, Pietro, *Tractatus Canonicus de Sacra Ordinatione*, Bd. 1, Paris/Lyon 1893.

Genga, Bernardino, *Anatomia per uso et intelligenza del disegno, ricercata non solo su gl'ossi, e muscoli del corpo humano, ma dimostrata ancora su le statue antiche più insigni di Roma.. Preparata su'i cadaveri*, Rom 1691.

Gibalino, *De Irregularitatibus & impedimentis Canonicis, sacrorum Ordinum susceptionem, & usum prohibentibus*, Lyon 1652.

Glianes, Francesco Antonio, *Summa censurarum, & irregularitatum, ex apostolicis constitutionibus*, Rom 1640.

Gratarolo, Guglielmo, *Opuscula*, Lyon 1558.

Gundling, Nicolaus-Hieronymus, *Allgemeines geistliches Recht der drei Christlichen Haupt-Religionen*, Frankfurt a. M./Leipzig 1743.

Hallier, François, *De sacris electionibus et ordinationibus*, Bd. 1, Rom 1739.

Heilige Kanones der heiligen und hochverehrten Apostel, hg. von Anargyros Anapliotis, Sankt Otilien 2009.

Henríquez, Enrique, *Summae Theologiae Moralis*, Bd. 1, Venedig 1600.

Homer, *Ilias*, übersetzt von Johann Heinrich Voß, Altona 1793.

Horaz, *Die Dichtkunst des Horaz oder Der Brief an die Pisonen*, übersetzt von August Arnold, Halle (Saale) 1860.

Hostiensis, *Summa Aurea*, Basel 1573.

Imperato, Francesco, *Discorsi*, Neapel 1628.

Krump, Theodor, *Diario oder täglich- und ordentlicher Reiß-Beschreibung*, Augsburg 1710.

Lambertini, Prospero, *De Sacrosanctae Missae Sacrificio Libri Tres*, Padua 1764.

Lambertini, Prospero, *Institutiones Ecclesiasticae*, Bd. 2, Löwen 1762.

Lambertini, Prospero, *Lettera. a Monsignore Ignazio Reali primo maestro delle cerimonie pontificie sopra il celebrare la messa sedendo*, Rom 1757.

Laymann, *Theologia moralis quinque libros*, Lib. I, Lyon 1691.

Leander, *Quaestiones morales theologicae*, Lyon 1678.

Lettera a tutti i Presidenti delle Conferenze Episcopali sull'uso del pane con poca quantità di glutine e del mosto come materia eucaristica, *Notitiae* 31 (1995), S. 608–610.

Liber Extra, 3 Bände, Rom 1582.

Lorich, Gerhard, *De Missa Publica Proroganda*, s.l. [1536]

Ludovicus Postius, *Tractatus mandati de Manutenendo, sive Summariissimi*, Lyon 1717.

Luther, Martin, *De abroganda missa privata Martini Lutheri Sententia*, Wittenberg 1522.

Maiolo, Simone, *Dierum canicularium*, Offenbach 1691.

Maiolo, Simone, *Tractatus de Irregularitate et aliis canonicis Impedimenti*, Rom 1619.

Manzaneda y Molina, Juan Bautista, *Discursus Medicus super usu & consuetudine a Patribus Capuccinis inviolabiliter observata non exeundi se veste lanea nudis carnibus adhaerente, in suis gravibus infirmitatibus, etiamsi immineat evidentissimum vitae periculum*, Rom 1680.

Manzaneda y Molina, Juan Bautista, *Responsio apologetica J. B. M. M. contra procuratorem generalem capuccinorum (J. B. a Sabbio) congregationi episcoporum præsentanda*, Rom 1680.

Marchino, Filibert, *Tractatus de Sacramento Ordinis*, Lyon 1638.

Menochio, Giacomo, *De Arbitrariis Iudicium Quaestionibus*, Genf 1690.

Missale Romanum [...] Pro commoditate Legentium, litteris maioribus impressum, Salzburg 1694.

Montenegro, Alfonso de la Peña, *Itinerario para parochos de indios*, Antwerpen 1726.

Moroni, Gaetano, *Dizionario Di Erudizione Storico-Ecclesiastica Da S. Pietro Sino Ai Nostri*, Bd. 41, Venedig 1846.

Murillo Velarde, Pedro, *Cursus Iuris Canonici, Hispani, Et Indici*, Madrid 1763.

Neumayr, Michael, *Caemeterium centum et quinquaginta funerum variorum statuum: Das ist Leicht-Predige Hundert und Fünffzig [...] Darinn Allerhand Ständ, Aempter, Hand-Wercker, Alter, Kranckheiten und Todt-Fähl beschriben*, Mindelheim 1721.

Pasqualigo, Zaccaria, *De sacrificio novae legis*, Lyon 1662.

Patrologiae cursus completus, Bd. 37, hg. von Jacques Paul Migne, Paris 1862.

Pirhing, Ehrenreich, *Ius Canonicum in V. Libros Decretalium Distributum*, Bd. 1, 1674.

Plutarchs moralische Abhandlungen, Aus dem Griechischen übersetzt von Johann Friedrich Kaltwasser, Bd. 2, Frankfurt a. M. 1784.

Quarti, Paolo Maria, *Rubricae Missalis Romani commentariis illustratae*, 2. Auflage, Rom 1674 [Originalausgabe: Rom 1655].

Reiffenstuel, Anaclet, *Ius canonicum universum*, Bd. 1, München 1700.

Reyes, Gaspar, *Elysius iucundarum quaestionum campus, omnium literarum amoenissima varietate refertus*, Frankfurt a. M. 1670.

Sabbio, Giovanni Battista, *Responsio procuratoris generalis capuccinorum contra discursum medicinalem J. B. Manzanedae Molinae congregationi episcoporum præsentata*, Rom 1680.

Sägmüller, Johannes Baptist, *Lehrbuch des katholischen Kirchenrechts*, Bd. 3, Freiburg (Breisgau) 1900.

Salvatoris Nostri Domini Iesu, s.l. 1515.

Sandoval, Alonso de, *Treatise on Slavery, selections from De instauranda Aethiopum salute*, hrsg. und eingeleit. von Nicole von Germeten, Indianapolis 2008.

Santa Clara, Abraham a, *Geistlicher Kramer-Laden. Voller Apostolischen Wahren, Und Wahrheiten: Das ist: Ein reicher Vorrath allerley Predigen, Welche an vielen Orten, meistens aber zu Wienn in Oesterreich gehalten worden*, Nürnberg 1714.

Sayer, Gregory, *Casuum Conscientiae sive Theologiae Moralis Thesauri*, Bd. 1, Venedig 1601.

Schott, Gaspare, *Physica curiosa sive mirabilia naturae et artis*, Würzburg 1697.

Schwarzel, Karl, *Anleitung zu einer vollständigen Pastoraltheologie*, Bd. 3: Von der Erbauungspflicht, Augsburg 1800.

Silbernagl, Isidor, *Lehrbuch des katholischen Kirchenrechts*, Regensburg 1880.

Smets, Wilhelm (Hg), *Sacrosancti et oecumenici Concilii Tridentini […] Canones et Decreta*, Bielefeld/Crefeld 1843.

Summa Tabienae, Bd. 2, Venedig 1569.

Tagliacozzi, Gaspare, *De Curtorum Chirurgia per Insitionem Libri Duo*, Venedig 1597.

Tamburino, Ascanio, *De Iure Abbatissarum et Monialium; sive Praxis Gubernandi Moniales*, Rom 1638.

Thesaurus Resolutionum Sacrae Congregationis Concilii Quae Consentanee Ad Tridentinorum PP. Decreta, aliasque Canonici Juris Sanctiones, Munus Secretarii ejusdem Sacrae Congregationis, 167 Bände, Rom 1739–1908.

Thomas von Aquin, *Summa theologiae*, Bd. 59 (3a.79-83), Cambridge 2006.

Tissot, Samuel Auguste, *Von der Gesundheit der Gelehrten*, Leipzig 1769.

Ugolini, Bartolomeo, *Tractatus de irregularitatibus*, Venedig 1601.

Vivaldo, Martín Alfonso, *Candelabrum aureum Ecclesiae S. Dei*, Venedig 1602.

Zacchia, Paolo, *Quaestionum medico-legalium opus absolutissimum in tres tomus divisum*, Frankfurt a. M. 1666.

Literatur

Abulafia, Anna Sapir, Bodies in the Jewish-Christian Debate, in: Kay, Sarah/Rubin, Miri (Hg.), *Framing Medieval Bodies*, Manchester/New York 1994, S. 123–137.

Adam, Adolf/Haunerland, Winfried, *Grundriss Liturgie*, 9., völlig neu bearb. und erw. Auflage, Freiburg (Breisgau) u.a. 2012.

Agrimi, Jole/Crisciani, Chiara, *Les Consilia médicaux*, Turnhout 1994.

Agrimi, Jole/Crisciani, Chiara, Per una ricerca su experimentum-experientia riflessione epistemologica e tradizione medica, in: Janni, Pietro/Mazzini, Innocenzo (Hg.), *Presenza del lessico greco e latino*, Macerata 1990, S. 9–49.

Alfieri, Fernanda, Fisiologia, morale e demonologia. Il corpo conteso di fra Giovanni Battista (Terra d'Otranto, 1688), in: Dies./Lagioia, Vincenzo (Hg.), *Infami macchie. Sessualità maschili e indisciplina in età moderna*, Rom 2018, S. 111–133.

Alfieri, Fernanda, Urge without Desire? Confession Manuals, Moral Casuistry, and the Features of *Concupiscentia* between the Fifteenth and Eighteenth Centuries, in: Fisher, Kate/Toulalan, Sarah (Hg.), *Bodies, Sex and Desire from the Renaissance to the Present*, Basingstoke 2011, S. 151–168.

Andretta, Elisa, Anatomie du Vénérable dans la Rome de la Contre-Réforme. Les autopsies d'Ignace de Loyola et de Philippe Neri, in: Donato, Maria Pia/Kray, Jill (Hg.), *Conflicting Duties: Science, Medicine and Religion in Rome, 1550–1750*, London 2009, S. 275–300.

Andretta, Elisa, *Roma medica: anatomie d'un système médical au XVIe siècle*, Rom 2011.

Angeletti, Luciana Rita/Marinozzi, Silvia, Giovanni Battista Triumfetti [1658–1708] e la rinascita dell'orto medico di Roma, *Medicina nei Secoli. Arte e Scienza* 12 (2000), S. 439–475.

Angenendt, Arnold, Reinheit und Unreinheit. Anmerkungen zu »Purity and Danger«, in: Burschel, Peter/Marx, Christoph (Hg.): *Reinheit*, Wien/Köln/Weimar 2011, S. 47–73.

Armstrong-Partidas, Michelle, *Defiant Priests: Domestic Unions, Violence and Clerical Masculinity in Fourteenth-Century Catalunya*, Ithaca 2017.

Arrizabalaga, Jon/Henderson, John/French, Roger, *The Great Pox: The French Disease in Renaissance Europe*, New Haven 1997.

Bachtin, Michail, *Rabelais und seine Welt. Volkskultur als Gegenkultur*, Frankfurt a. M. 1995 [russische Originalausgabe 1965].

Bähr, Matthias, *Die Sprache der Zeugen: Argumentationsstrategien bäuerlicher Gemeinden vor dem Reichskammergericht (1693–1806)*, Konstanz 2012.

Bajada, Joseph, *Sexual Impotence: The Contribution of Paolo Zacchia 1584–1659*, Rom 1988.

Bangen, Johann Heinrich, *Die römische Curie, ihre gegenwärtige Zusammensetzung und ihr Geschäftsgang. Nach mehrjähriger eigener Anschauung dargestellt mit einer Sammlung von Belegstücken und Formularen*, Münster 1854.

Barakat, Robert, *Cistercian Sign Language. A Study in Non-verbal Communication*, Kalamazoo 1975.

Barnes, Colin/Mercer, Geof/Shakespeare, Tom, *Exploring Disability. A Sociological Introduction*, Cambridge 1999.

Baroin, Catherine, Le corps du prêtre romain dans le culte public: début d'une enquête, in: Bodio, Lydie u.a. (Hg.), *Corps outragés, corps ravagés de l'Antiquité au Moyen Âge*, Turnhout 2011, S. 291–316.

Barrow, Julia, *The Clergy in the Medieval World: Secular Clerics, Their Families and Careers in North-Western Europe, c.800–c.1200*, Cambridge 2015.

Bärsch, Jürgen, Ritengentik oder Kulturgeschichte? Prolegomena zur liturgiehistorischen Erforschung des barockzeitlichen Gottesdienstes, in: Gerhards, Albert/Kranemann, Benedikt (Hg.), *Dynamik und Diversität des Gottesdienstes: Liturgiegeschichte in neuem Licht*, Freiburg (Breisgau) 2018, S. 185–211.

Barsch, Sebastian (Hg.), *The imperfect historian: disability histories in Europe*, Frankfurt a. M. 2014.

Baumann, Anette u.a. (Hg.), *Augenscheine: Karten und Pläne vor Gericht*, Wetzlar 2014.

Behringer, Wolfgang, Fugger als Sportartikelhändler. Auf dem Weg zu einer Sportgeschichte der Frühen Neuzeit, in: Weber, Wolfgang/Dauser, Regina (Hg.), *Faszinierende Frühneuzeit. Reich, Frieden, Kultur und Kommunikation 1500–1800. Festschrift für Johannes Burkhardt zum 65. Geburtstag*, Berlin 2008, S. 115–134.

Belser, Julia Watts, Judaism and Disability, in: Schumm, Darla/Stoltzfus, Michael (Hg.), *Disability and World Religions. An Introduction*, Waco 2016, S. 93–113.

Biagioli, Mario, Tacit Knowledge, Courtliness, and the Scientist's Body, in: Foster, Susan Leigh (Hg.), *Choreographing History*, Bloomington 1995, S. 69–81.

Bitterli, Marius Johannes, *Wer darf zum Priester geweiht werden? Eine Untersuchung der Kanonischen Normen zur Eignungsprüfung des Weihekandidaten*, Essen 2010.

Bloch, Marc, *Die wundertätigen Könige*, München 1998 [Originalausgabe 1924].

Bonniwell, William, *A History of the Dominican Liturgy*, New York 1944.

Borutta, Manuel, *Antikatholizismus: Deutschland und Italien im Zeitalter der europäischen Kulturkämpfe*, Göttingen 2010.

Bosch Carrera, Jorge, *El Thesaurus resolutionum Sacrae Congregationis Concilii y la praxis canónica*, Pamplona 2001.

Bösch, Frank, Kampf um Normen. Skandale in historischer Perspektive, in: Petersen, Christer/Bulkow, Kristin (Hg.), *Skandale: Strukturen und Strategien öffentlicher Aufmerksamkeitserzeugung*, Wiesbaden 2011, S. 29–48.

Bösl, Elsbeth, Was ist Disability History? Zur Geschichte und Historiographie von Behinderung, in: Waldschmidt, Anne/Bösl, Elsbeth/Klein, Anne (Hg.), *Disability History. Konstruktionen von Behinderung in der Geschichte. Eine Einführung*, Bielefeld 2010, S. 29–43.

Bossy, John, *Christianity in the West 1400–1700*, Oxford 1985.

Bossy, John, The Social History of Confession in the Age of the Reformation, *Transactions of the Royal Historical Society* 25 (1975), S. 21–38.

Bouley, Albert Bradley, *Pious Postmortems. Anatomy, Sanctity, and the Catholic Church in Early Modern Europe*, Philadelphia 2017.

Boxer, Charles Ralph, *Racisms. From the Crusades to the Twentieth Century*, Princeton/Oxford 2013.

Boxer, Charles Ralph, *The Church Militant and Iberian Expansion 1440–1770*, Baltimore/London 1978.

Braddock, David/Parish, Susann, An Institutional History of Disability, in: Albrecht, Gary u.a. (Hg.), *Handbook of Disability Studies*, Thousand Oaks 2001, S. 11–68.

Brambilla, Elena, Ways of Exclusion in Catholic and Protestant Communities, in: Carvalho, Joaquim (Hg.), *Religion and Power in Europe: Conflict and Convergence*, Pisa 2007, S. 111–129.

Bremmer, Jan/Roodenburg, Herman (Hg.), *A Cultural History of Gesture. From Antiquity to the Present Day*, Cambridge 1991.

Brendecke, Arndt, *Imperium und Empirie. Funktionen des Wissens in der spanischen Kolonialherrschaft*, Köln/Wien/Weimar 2009.

Brendecke, Arndt, Papierbarrieren. Zur Ambivalenz des Medialen in der Vormoderne, *Mitteilungen/Sonderforschungsbereich 573, Pluralisierung und Autorität in der Frühen Neuzeit, 15.–17. Jahrhundert*, Nr. 2, München 2009, S. 7–15.

Brody, Saul Nathaniel, *The Disease of the Soul: Leprosy in Medieval Literature*, Ithaca 1974.

Browe, Peter, Die Elevation in der Messe, *Jahrbuch für Liturgiewissenschaft* 9 (1929), S. 20–66.

Brown, Peter, *Body and Society. Men, Women, and Sexual Renunciation in Early Christianity*, New York 1988.

Bryan, Lindsay, From Stumbling Block to Deadly Sin. The Theology of Scandal, in: Jaritz, Gerhard (Hg.), *Scandala*, Krems 2008, S. 7–17.

Burke, Peter, *Historical Anthropology of Early Modern Italy*, Cambridge 1987.

Burschel, Peter, *Die Erfindung der Reinheit: Eine andere Geschichte der frühen Neuzeit*, Göttingen 2014.

Burschel, Peter/Marx, Christoph (Hg.), *Reinheit*, Wien/Köln/Weimar 2011.

Burschel, Peter, Weiß und rein. Zur kulturellen Codierung von Hautfarben in der frühen Neuzeit, in: Häberlein, Mark u.a. (Hg.), *Geschichte(n) des Wissens. Festschrift für Wolfgang E. J. Weber zum 65. Geburtstag*, Augsburg 2015, S. 431–442.

Butler, Judith, *Gender Trouble, Feminism and the Subversion of Identity*, New York 1990.

Bylebyl, Jerome, The manifest and the hidden in the Renaissance clinic, in: Bynum, W. F./Porter, Roy (Hg.), *Medicine and the Five Senses*, Cambridge 1993, S. 40–60.

Bynum, Caroline Walker, *Holy Feast and Holy Fast. The Religious Significance of Food to Medieval Women*, Berkeley 1987.

Bynum, Caroline Walker, *The Resurrection of the Body in Western Christianity, 200–1336*, New York 1995.

Bynum, Caroline Walker, Why All the Fuss about the Body? A Medievalist's Perspective, *Critical Inquiry* 22 (1995), S. 1–33.

Bynum, Caroline Walker, Wonder, *The American Historical Review* 102 (1997), S. 1–26.

Camporesi, Piero, *La Casa dell' eternità*, Mailand 1987.

Carlino, Andrea, *Books of the Body: Anatomical Ritual and Renaissance Learning*, Chicago 1999.

Carruthers, Mary, *The Book of Memory. A Study of Memory in Medieval Culture*, Cambridge 2008.

Carruthers, Mary/Ziolkowski, Jan, *The Medieval Craft of Memory. An Anthology of Texts and Pictures*, Philadelphia 2002.

Carter, Karen, *Scandal in the Parish: Priests and Parishioners Behaving Badly in Eighteenth-Century France*, Montreal 2019.

Cavan James, Kathleen, »[A]ll in me is nature«. The values of deformity in William Hay's Deformity: An Essay, *Prose Studies. History, Theory, Criticism* 27 (2005), S. 27–38.

Cavarzere, Marco, *La giustizia del Vescovo. I tribunali ecclesiastici della Liguria orientale (secc. XVI–XVIII)*, Pisa 2012

Chatterjee, Kunkum/Hawes, Clement, Introduction, in: Dies. (Hg.), *Europe Observed. Multiple Gazes in Early Modern Encounters*, Lewisburg 2008, S. 1–43.

Cleminson, Richard/Vázquez García, Francisco, *Sex, Identity and Hermaphrodites in Iberia, 1500–1800*, London 2013.

Clouse, Michele L., *Medicine, Government and Public Health in Philip II's Spain. Shared Interest, Competing Authorities*, Farnham 2011.

Collani, Claudia von, Aspekte und Problematik der Akkommodationsmethode der Jesuiten, in: Meier, Johannes (Hg.), *»usque ad ultimum terrae«. Die Jesuiten und die transkontinentale Ausbreitung des Christentums 1540–1773*, Göttingen 2000, S. 99–119.

Cornwall, Susannah, *Sex and Uncertainty in the Body of Christ. Intersex Conditions and Christian Theology*, London/Oakville 2010.

Cristellon, Cecilia, *Marriage, the Church, and its Judges in Renaissance Venice, 1420–1545*, Cham 2017.

Croce, Walter, Die niederen Weihen und ihre hierarchische Wertung, *Zeitschrift für katholische Theologie* 70 (1948), S. 251–314.

Daston, Lorraine, The Empire of Observation, 1600–1800, in: Dies./Lunbeck, Elizabeth (Hg.), *Histories of Scientific Observation*, Chicago 2011, S. 81–114.

Daston, Lorraine/Lunbeck, Elizabeth, Introduction: Observation Observed, in: Daston, Lorraine/Lunbeck (Hg.), *Histories of Scientific Observation*, Chicago 2011, S. 1–10.

Daston, Lorraine/Park, Katherine, *Wonders and the Order of Nature 1150–1750*, New York 1998.

Davies, Surekha, *Renaissance Ethnography and the Invention of the Human: New Worlds, Maps and Monsters*, Cambridge 2016.

Davis, Natalie Zemon, *Fiction in the Archive. Pardon Tales and their Tellers in sixteenth-century France*, Stanford 1987.

d'Avray, David, *Rationalities in History. A Weberian Essay in Comparison*, Cambridge 2012.

d'Avray, David/Walworth, Julia, The Council of Trent and Print Culture: Documents in the archive of the Congregatio Concilii, *Zeitschrift für Kirchengeschichte* 121 (2010), S. 189–204.

De Baecque, Antoine, *Histoire des crétins des Alpes*, Paris 2018.

De Baecque, Antoine, *The Body Politic: Corporeal Metaphor in Revolutionary France, 1770–1800*, Stanford 1997.

De Boer, Wietse, *Conquest of the Soul. Confession, Discipline, and Public Order in Counter-Reformation Milan*, Leiden/Boston/Köln 2001.

De Boer, Wietse, Die Disziplinierung der Sinne. Innenraum und Religion in Italien zur Zeit der Gegenreformation, in: Stolz, Michael (Hg.): *Rundgänge der Mediävistik*, Bd. 6, Bern 2016, S. 9–49.

De Renzi, Silvia, Medical Expertise, Bodies, and the Law in Early Modern Courts, *Isis* 98 (2007), S. 315–322.

De Renzi, Silvia, Witnesses of the body. Medico-legal Cases in Seventeenth-Century Rome, *Studies in History and Philosophy of Science* 33 (2002), S. 219–42.

Del Re, Niccolò, *La Curia romana: lineamenti storico-giuridici*, Vatikanstadt 1998.

Demaitre, Luke, *Leprosy in Premodern Medicine. A Malady of the Whole Body*, Baltimore 2007.

Deutsch, Helen/Nussbaum, Felicity (Hg.), *»Defects«: Engendering the Modern Body*, Ann Arbor 2000.

Dickerhof-Borello, Elisabeth, *Ein Liber Septimus für das Corpus Iuris Canonici. Der Versuch einer nachtridentinischen Kompilation*, Köln/Weimar/Wien 2002.

Dinges, Martin, *Hausväter, Priester, Kastraten. Zur Konstruktion von Männlichkeit in Spätmittelalter und früher Neuzeit*, Göttingen 1998.

Dinges, Martin, Justiznutzung als soziale Kontrolle, in: Blauert, Andreas/Schwerhoff, Gerd (Hg.), *Kriminalitätsgeschichte. Beiträge zur Sozial- und Kulturgeschichte der Vormoderne*, Konstanz 2000, S. 503–544.

Ditchfield, Simon, De-centering the Catholic Reformation: Papacy and Peoples in the Early Modern World, *Archiv für Reformationsgeschichte* 101 (2010), S. 186–208.

Ditchfield, Simon, *Liturgy, Sanctity and History in Tridentine Italy: Pietro Maria Campi and the preservation of the particular*, Cambridge 1995.

Ditchfield, Simon, Of Dancing Cardinals and Mestizo Madonnas: Reconfiguring the History of Roman Catholicism in the Early Modern Period, *Journal of Early Modern History* 8 (2004), S. 386–408.

Ditchfield, Simon, Tridentine worship and the cult of saints, in: Hsia, Ronnie Po-Chia (Hg.), *The Cambridge History of Christianity: Reform and Expansion 1500–1660*, Cambridge 2007, S. 201–224.

Donato, Maria Pia, *Sudden Death. Medicine and Religion in Eighteenth-Century Rome*, Farnham 2014.

Donato, Maria Pia, The Vatican and the Roman physicians: debates on corpuscular theories, *Nuncius* 18 (2003), S. 69–87.

Donato, Maria Pia/Kray, Jill (Hg.), *Conflicting Duties: Science, Medicine and Religion in Rome, 1550–1750*, London 2009.

Douglas, Mary, *Purity and Danger. An Analysis of Concepts of Pollution and Taboo*, London 1966.

Dreger, Alice, *Hermaphrodites and the medical invention of sex*, Cambridge (Mass.) 1998.

Duden, Barbara, *Geschichte unter der Haut: ein Eisenacher Arzt und seine Patientinnen um 1730*, Stuttgart 1987.

Dürr, Renate, »… die Macht und Gewalt der Priestern aber ist ohne Schrancken«. Zum Selbstverständnis katholischer Seelsorgegeistlicher im 17. und 18. Jahrhundert, in: Dinges, Martin (Hg.), *Hausväter, Priester, Kastraten. Zur Konstruktion von Männlichkeit in Spätmittelalter und früher Neuzeit*, Göttingen 1998, S. 75–99.

Dürr, Renate, Kirchenräume. Eine Einführung, in: Dies./Schwerhoff, Gerd (Hg.), *Kirchen, Märkte und Tavernen. Erfahrungs- und Handlungsräume in der Frühen Neuzeit*, Frankfurt a. M. 2005, S. 451–458.

Dürr, Renate, Priesthood Images. Analysis of Catholic Sermons from the Late Seventeenth Century, *Central European History* 33 (2000), S. 87–107.

Duve, Thomas, Das Konzil als Autorisierungsinstanz. Die Priesterweihe von Mestizen vor dem Dritten Limenser Konzil (1582/83) und die Kommunikation über Recht in der spanischen Monarchie, *Rechtsgeschichte* 16 (2010), S. 132–153.

Duve, Thomas, »El buen Iurista ha de saber entrambos Derechos: porque son como vn par de guantes, que el vno sin el otro es de poco prouecho«. Zu einigen Neuerscheinungen zu den Quellen des derecho canónico indiano, *Jahrbuch für die Geschichte Lateinamerikas* 44 (2007), S. 351–365.

Earle, Rebecca, *The Body of the Conquistador, Food, Race and the Colonial Experience in Spanish America, 1492–1700*, New York 2012.

Eckart, Wolfgang U. (Hg.), *Ärzte-Lexikon: von der Antike zur Gegenwart*, Heidelberg 2006.

Eiesland, Nancy, *Der behinderte Gott: Anstöße zu einer Befreiungstheologie der Behinderung*, Würzburg 2018 [englische Originalausgabe: *The Disabled God. Toward a Liberatory Theology of Disability*, 1994].

Eisenhofer, Ludwig, *Handbuch der katholischen Liturgik*, Bd. 2, Freiburg (Breisgau) 1933.

Eliav-Feldon, Miriam, *Renaissance Impostors and Proofs of Identity*, Basingstoke 2013.

Elison, George, *Deus Destroyed. The Image of Christianity in Early Modern Japan*, Cambridge (Mass.) 1973.

Emich, Birgit, *Bürokratie und Nepotismus unter Paul V. (1605–1621). Studien zur frühneuzeitlichen Mikropolitik in Rom*, Stuttgart 2001.

Emich, Birgit, Gnadenmaschine Papsttum. Das römische Supplikenwesen zwischen Barmherzigkeit und Bürokratie, in: Haug-Moritz, Gabriele/Ullmann, Sabine (Hg.), *Frühneuzeitliche Supplikationspraxis und monarchische Herrschaft in europäischer Perspektive*, Wien 2015, S. 325–347.

Emich, Birgit, Konfession und Kultur, Konfession als Kultur? Vorschläge für eine kulturalistische Konfessionskultur-Forschung, *Archiv für Reformationsgeschichte* 109 (2018), S. 375–388.

Emich, Birgit, *Territoriale Integration in der Frühen Neuzeit, Ferrara und der Kirchenstaat*, Köln 2005.

Emich, Birgit/Wieland, Christian, Papstgeschichte – Kulturgeschichte – Kulturgeschichte des Papsttums. Zur Einleitung, in: Emich, Birgit/Wieland, Christian (Hg.), *Kulturgeschichte des Papsttums in der Frühen Neuzeit*, Berlin 2013, S. 7–27.

Esch, Arnold, *Wahre Geschichten aus dem Mittelalter. Kleine Geschichten selbst erzählt in Schreiben an den Papst*, München 2010.

Evennett, Outram, *The Spirit of Counter-Reformation*, South Bend 1970.

Farrell, Gabriel, *The Story of Blindness*, Cambridge (Mass.) 1956.

Feichtinger, Barbara/Seng, Helmut (Hg.), *Die Christen und der Körper: Aspekte der Körperlichkeit in der christlichen Literatur der Spätantike*, München/Leipzig 2004.

Figuera, *La formación del clero indígena en la historia eclesiástica de América, 1500–1810*, Caracas 1965.

Finardi, Adone, *Manuale di metrologia*, Rom 1860.

Findlen, Paula, Jokes of Nature and Jokes of Knowledge. The Playfulness of Scientific Discourse in Early Modern Europe, *Renaissance Quarterly* 43 (1990), S. 292–331.

Findlen, Paula, Anatomy of a Lesbian. Medicine, Pornography, and Culture, in: Dies. (Hg.), *Italy's Eighteenth Century. Gender and Culture in the Age of the Grand Tour*, Stanford 2009, S. 216–250.

Findlen, Paula, *Possessing Nature: Museums, Collecting, and Scientific Culture in Early Modern Italy*, Berkeley 1994.

Fischer-Homberger, Esther, *Medizin vor Gericht: Zur Sozialgeschichte der Gerichtsmedizin*, Bern 1983.

Flüchter, Antja, *Der Zölibat zwischen Devianz und Norm: Kirchenpolitik und Gemeindealltag in den Herzogtümern Jülich und Berg im 16. und 17. Jahrhundert*, Köln 2006.

Forster, Marc R., Clericalism & Communalism in German Catholicism, in: Reinhart, Max (Hg.), *Infinite Boundaries. Order, Disorder, and Reorder in Early Modern German Culture*, Kirksville 1998, S. 55–76.

Forster, Susan Leigh, *Choreographing History*, Bloomington/Indianapolis 1995.

Fossier, Arnaud-Vivien, Propter vitandum scandalum. Histoire d'une categorie juridique (XIIe-XVe siecles), *Melanges de l'Ecole francaise de Rome. Moyen Âge, Ecole francaise de Rome* 121 (2009), S. 317–348.

Foucault, Michel, *Die Anormalen. Vorlesungen am Collège de France (1974–1975)*, Frankfurt a. M. 2013.

Foucault, Michel, *Die Ordnung der Dinge, Eine Archäologie der Humanwissenschaften*, Frankfurt a. M. 2003 [Originalausgabe 1966].

Foucault, Michel, *Sexualität und Wahrheit 1, Der Wille zum Wissen*, Frankfurt a. M. 1983 [Originalausgabe 1976].

Foucault, Michel, *Überwachen und Strafen, Die Geburt des Gefängnisses*, Frankfurt a. M. 1977 [Originalausgabe 1975].

Fowler, Linda, Innocent Uselessness in Civilian and Canonist Thought, *Zeitschrift der Savigny-Stiftung für Rechtsgeschichte: Kanonistische Abteilung* 58 (1972), S. 107–165.

Frank, Arthur W., *The Wounded Storyteller. Body, Illness, and Ethics*, Chicago 1995.

Freist, Dagmar, Materielle Praktiken in der Frühen Neuzeit – zur Einführung, in: Brendecke, Arndt (Hg.), *Praktiken der Frühen Neuzeit. Akteure, Handlungen, Artefakte*, Weimar/Köln/Wien 2015, S. 267–274.

Freitag, Josef, *Sacramentum Ordinis auf dem Konzil von Trient. Ausgeblendeter Dissens und erreichter Konsens*, Innsbruck 1991.

French, Roger, *Medicine before Science. The Business of Medicine from the Middle Ages to the Enlightenment*, Cambridge 2003.

Friedrich, Markus, ›Deligierter Augenschein‹ als Strukturprinzip administrativer Informationsgewinnung. Zu einem Konflikt im Jesuitenorden (Claudio Acquaviva vs. memorialistas), in: Brendecke, Arndt/Friedrich, Susanne/Friedrich, Markus (Hg.), *Information in der Frühen Neuzeit*, Münster 2008, S. 109–136.

Friedrich, Martin/Sikora, Michael, Disziplin, in: Jaeger, Friedrich (Hg.), *Enzyklopädie der Neuzeit Online*, 23.09.2020, http://dx.doi.org.emedien.ub.uni-muenchen.de/10.1163/2352-0248_edn_COM_254482.

Friedrich, Udo, *Menschentier und Tiermensch. Diskurse der Grenzziehung und Grenzüberschreitung im Mittelalter*, Göttingen 2009.

Frisch, Andrea, *The Invention of the Eyewitness. Witnessing & Testimony in Early Modern France*, Chapel Hill 2004.

Frohne, Bianca, Differenzierungsmerkmale verflechten sich: Intersektionalität, in: Nolte, Cordula u.a. (Hg.), *Dis/ability History der Vormoderne. Ein Handbuch*, Affalterbach 2017, S. 126–130.

Frohne, Bianca, Infirmitas. Vorschläge für eine Diskursgeschichte des gebrechlichen Körpers in der Vormoderne, *WerkstattGeschichte* 65 (2015), S. 9–27.

Frohne, Bianca, *Leben mit »kranckhait«. Der gebrechliche Körper in der häuslichen Überlieferung des 15. und 16. Jahrhunderts. Überlegungen zu einer Disability History der Vormoderne*, Affalterbach 2014.

Füssel, Marian/Habermas, Rebekka, *Die Materialität der Geschichte*, Köln 2015.

Gadebusch Bondio, Mariacarla, »Speaks true who speaks shadows«. Truth and Lies at the Sickbed, in: Gadebusch Bondio, Mariacarla (Hg.), *Medical Ethics and Humanism. Intersections between Medicine and Philosophy*, Stuttgart 2014, S. 221–239.

Gadebusch Bondio, Mariacarla, I denasati e i medici. Discussioni sulla funzione di una protuberanza più o meno necessaria, in: Varanini, Gian Maria (Hg.), *Deformità fisica e identità della persona tra medioevo ed età moderna*, Florenz 2015, S. 159–180.

Gadebusch Bondio, Mariacarla, *Medizinische Ästhetik. Kosmetik und plastische Chirurgie zwischen Antike und früher Neuzeit*, München 2005.

Gadebusch Bondio, Mariacarla, Zwischen Tier und Mensch: »Taubstumme« im medizinischen und forensischen Diskurs, in: Cordula Nolte (Hg.), *Homo debilis, Behinderte – Kranke – Versehrte in der Gesellschaft des Mittelalters*, Korb 2009, S. 129-148.

Garland, Robert, *The Eye of the Beholder, Deformity and Disability in the Graeco-Roman World*, Ithaca 1995.

Garland-Thomson, Rosemarie, *Staring. How We Look*, Oxford 2009.

Gengnagel, Jörg/Schwedler, Gerald, Überlegungen zu Planern, Gestaltern und Handlungsträgern, in: Gengnagel, Jörg/Schwedler, Gerald (Hg.), *Ritualmacher hinter den Kulissen. Zur Rolle von Experten in historischer Ritualpraxis*, Berlin 2013, S. 13–40.

Géraud, Joseph, *Contre-indications médicales à l'orientation vers le clergé*, Lyon 1944.

Géraud, Joseph, *Itinéraire Médico-Psychologique De La Vocation*, Paris 1959.

Gerber, Willibrord, *Die Irregularität ex defectu corporis. Geschichtliche Entwicklung und geltendes Recht*, Trier 1944.

Gherro, Sandro/Zuanazzi, Gianfrancesco (Hg.), *Perizie e periti nel processo matrimoniale canonico: atti del convegno Verona, 26 maggio 1992*, Turin 1993.

Gillmann, Franz, Zur Geschichte des Gebrauchs der Ausdrücke »irregularis« und »irregularitas«, *Archiv für katholisches Kirchenrecht* 91 (1911), S. 49–86.

Gilman, Sander, *Making the Body Beautiful. A Cultural History of Aesthetic Surgery*, Princeton 1999.

Gluckman, Max, Gossip and Scandal, *Current Anthropolgy* 4 (1963), S. 307–316.

Goetz, Hans-Werner, »Debilis«. Vorstellungen von menschlicher Gebrechlichkeit im frühen Mittelalter, in: Nolte, Cordula (Hg.), *Homo debilis*, Korb 2009, S. 21–56.

Goffman, Erving, *Stigma. Über die Bewältigung beschädigter Identität*, Frankfurt a. M. 2012 [Originalausgabe 1963].

Goffman, Erving, *The Presentation of Self in Everyday Life*, New York 1959.

Gombrich, Ernst, *The Image and the Eye*, Oxford 1982.

Gorini, Aldo, Le Irregolarità »ex defectu corporis« in relazione alla ricezione ed esercizio dei Sacri Ordini, *Monitor Ecclesiasticus* 4 (1981), S. 472–479.

Gottwald, Claudia, *Lachen über das Andere. Eine historische Analyse komischer Repräsentationen von Behinderung*, Bielefeld 2009.

Grafton, Anthony, *New Worlds, Ancient Texts: The Power of Tradition and the Shock of Discovery*, Cambridge (Mass.) 1992.

Greenblatt, Stephen, *Marvelous Possessions: the Wonder of the New World*, Chicago 1991.

Greule, Anne/Schmugge, Ludwig/Stöhr, Friederike, Klerus – wieviel Normabweichung darf sein?, in: Nolte, Cordula/Frohne, Bianca/Halle, Uta/ Kerth,

Sonja (Hg.), *Dis/ability history der Vormoderne. Ein Handbuch*, Affalterbach 2017, S. 268–271.

Groebner, Valentin, Das Gesicht wahren. Abgeschnittene Nasen, abgeschnittene Ehre in der spätmittelalterlichen Stadt, in: Schreiner, Klaus/Schwerhoff, Gerd (Hg.), *Verletzte Ehre. Ehrkonflikte in Gesellschaften des Mittelalters und der Frühen Neuzeit*, Köln/Weimar/Wien 1995, S. 361–380.

Groebner, Valentin, *Der Schein der Person, Steckbrief, Ausweis und Kontrolle im Europa des Mittelalters*, München 2004.

Groebner, Valentin, Haben Hautfarben eine Geschichte? Personenbeschreibungen und ihre Kategorien zwischen dem 13. und dem 16. Jahrhundert, *Zeitschrift für historische Forschung* 30 (2003), S. 1–18.

Guldin, Rainer, *Körpermetaphern. Zum Verhältnis von Politik und Medizin*, Würzburg 2000.

Hack, Achim, Polydaktylie in der Vormoderne. Eine Spurensuche, in: Jütte, Robert/Schmitz-Esser, Romedio (Hg.), *Handgebrauch. Geschichten von der Hand aus dem Mittelalter und der Frühen Neuzeit*, München 2019, S. 173–210.

Hacke, Daniela, *Women, Sex and Marriage in Early Modern Venice*, Aldershot 2004.

Haeberl, Franz Xaver von, *Abhandlung über öffentliche Armen- und Kranken-Pflege*, München 1820.

Hagner, Michael (Hg.), *Der falsche Körper: Beiträge zu einer Geschichte der Monstrositäten*, Göttingen 1995.

Hahn, Alois, *Die Rezeption des tridentinischen Pfarrerideals im westtrierischer Pfarrklerus des 16. und 17. Jahrhunderts*, Luxemburg 1974.

Hahn, Alois, *Konstruktionen des Selbst, der Welt und der Geschichte,* Frankfurt a. M. 2000.

Hahn, Alois, Sakramentale Kontrolle, in: Schluchter, Wolfgang (Hg.), *Max Webers Sicht des okzidentalen Christentums. Interpretation und Kritik*, Frankfurt a. M. 1988, S. 229–253.

Hahn, Philip, The Emperor's Boot: Perceiving Public Rituals in the Urban Reformation, *German History* 35 (2017), S. 362–380.

Hanska, Jussi/Salonen, Kirsi, *Entering a Clerical Career at the Roman Curia, 1458–1471*, Abingdon 2013.

Heide, Mareike, *Holzbein und Eisenhand. Prothesen in der Frühen Neuzeit*, Frankfurt a. M./New York 2019.

Heide, Mareike, Shaping dis/ability? Frühneuzeitliche Prothesen als Forschungs- und Vermittlungsgegenstände der Artifact History, in: Nolte, Cordula (Hg.), *Dis/ability History Goes Public – Praktiken und Perspektiven der Wissensvermittlung*, Bielefeld 2020, S. 455–486.

Helmholz, Richard, Scandalum in the Medieval Canon Law and in English Ecclesiastical Courts, *Zeitschrift der Savigny-Stiftung für Rechtsgeschichte: Kanonistische Abteilung* 96 (2010), S. 258–274.

Hengerer, Mark, Zur Konstellation der Körper höfischer Kommunikation, in: Burkhardt, Johannes/Werkstetter, Christine (Hg.), *Kommunikation und Medien in der Frühen Neuzeit*, München 2005, S. 519–546.

Hengerer, Mark, Kontroverse Kategorie. Eine Umschau in der geisteswissenschaftlichen Forschung zum Körper, *Zeitschrift für Historische Forschung* 37 (2010), S. 219–247.

Hertz, Robert, *Death and The Right Hand*, Aberdeen 1960.

Hillman, David/Mazzio, Carla (Hg.), *The Body in Parts. Fantasies of Corporality in Early Modern Europe*, New York/London 1997.

Hinschius, Paul, *Das Kirchenrecht der Katholiken und Protestanten*, Bd. 1, Berlin 1869.

Hodler, Beat, *Das »Ärgernis« der Reformation. Begriffsgeschichtlicher Zugang zu einer biblisch legitimierten politischen Ethik*, Mainz 1995.

Holma, Harri, Zum akkadischen Wörterbuch, *Orientalia, Nova Series,* 13 (1944), S. 102–115.

Holzem, Andreas, Katholische Konfession und Kirchenzucht. Handlungsformen und Deliktfelder archidiakonaler Gerichtsbarkeit im 17. und 18. Jahrhundert, *Westfälische Forschungen. Zeitschrift des Westfälischen Instituts für Regionalgeschichte des Landschaftsverbandes Westfalen-Lippe* 45 (1995), S. 295–332.

Hsia, Ronnie Po-Chia, *The World of Catholic Renewal, 1540–1770*, London/New York 1998.

Hsy, Jonathan/Pearman, Tory/Eyler, Joshua, Introduction. Disabilites in Motion, in: Dies. (Hg.), *A Cultural History of Disability. In the Middle Ages*, London u.a. 2020, S. 1–18.

Huber, Vitus, *Beute und Conquista. Die politische Ökonomie der Eroberung Neuspaniens*, Frankfurt a. M./New York 2018.

Huber, Vitus, Der Blick auf sich selbst. Körper und Subjektivitäten in der Selbstzeugnisforschung zu Spätmittelalter und Früher Neuzeit, *Zeitschrift für Historische Forschung* 47 (2020), S. 415–463.

Hughes, Bill, What Can a Foucauldian Analysis Contribute to Disability Theory, in: Tremain, Shelley (Hg.), *Foucault and the Government of Disability*, Ann Arbor 2005, S. 78–92.

Illich, Ivan, *Medical Nemesis, the Expropriation of Health*, London 1975.

Iozzio, Mary Jo, Catholicism and Disability, in: Schumm, Darla/Stoltzfus, Michael (Hg.), *Disability and World Religions. An Introduction*, Waco 2016, S. 115–135.

Janni, Pietro, *Etnografia e mito. La storia die Pigmei*, Rom 1978.

Jay, Martin, Vision in Context. Reflections and Refractions, in: Brennan, Teresa/Jay, Martin (Hg.), *Vision in Context. Historical and Contemporary Perspectives on Sight*, New York 1996, S. 3–12.

Jeffreys, Mark, The Visible Cripple (Scars and Other Disfiguring Displays Included), in: Snyder, Sharon/Brueggemann, Brenda Jo/Garland-Thomson, Rosemarie (Hg.), *Disability Studies: Enabling the Humanities*, New York 2002, S. 31–39.

Jone, Heribert, *Gesetzbuch der lateinischen Kirche. Erklärung der Kanones*, 2. Bd.: *Sachenrecht*, 2., vermehrte u. verb. Aufl., Paderborn 1952.

Jones, Colin, *The Smile Revolution in Eighteenth-Century Paris*, Oxford 2014.

Jungmann, Josef Andreas, *Missarum sollemnia: eine genetische Erklärung der Römischen Messe*, 2 Bände, 5. Aufl., Wien 1962.

Jütte, Robert, *Geschichte der Sinne, Von der Antike bis zum Cyberspace*, München 2000.

Kennedy, V. L., The Moment of Consecration and the Elevation of the Host, *Medieval Studies* 6 (1944), S. 121–150.

Kenny, Neil, *Uses of Curiosity in Early Modern France and Germany*, Oxford 2004.

Kettering, Sharon, *Patrons, Brokers, and Clients in Seventeenth-Century France*, New York/Oxford 1986.

Keupp, Jan, *Die Wahl des Gewandes: Mode, Macht und Möglichkeitssinn in Gesellschaft und Politik des Mittelalters*, Stuttgart 2010.

Kieffer, Georg, *Rubrizistik oder Ritus des katholischen Gottesdienstes nach den Regeln der heiligen römischen Kirche*, 2. Aufl., Paderborn 1913.

Kienitz, Sabine, Weihehindernisse. Kriegsversehrung und katholische Geistlichkeit im Ersten Weltkrieg, in: Korff, Gottfried (Hg.), *KriegsVolksKunde. Zur Erfahrungsbindung durch Symbolbildung*, Tübingen 2005, S. 51–84.

King, Peter, Medieval Thought-Experiments. The Metamethodology of Mediæval Science, in: Horowitz, Tamara (Hg.), *Thought Experiments in Science and Philosophy*, Savage 1991, S. 43–64.

Kirkup, John, *A History of Limb Amputation*, London 2007.

Klöppel, Ulrike, *XXOXY ungelöst. Hermaphroditismus, Sex und Gender in der deutschen Medizin*, Bielefeld 2010.

Krämer, Fabian, *Ein Zentaur in London. Lektüre und Beobachtung in der frühneuzeitlichen Naturforschung*, Affalterbach 2014.

Kurze, Dietrich, *Pfarrerwahlen im Mittelalter: Ein Beitrag zur Geschichte der Gemeinde und des Niederkirchenwesens*, Köln 1966.

Kuuliala, Jenni, Infirmitas in Monastic rules, in: Laes, Christian (Hg.), *Disability in Antiquity*, London 2017, S. 342–356

La Sacra Congregazione del Concilio: Quarto centenario dalla fondazione (1564–1964), Vatikanstadt 1964.

Landau, Peter, Methoden des kanonischen Rechts in der frühen Neuzeit zwischen Humanismus und Naturrecht, *Zeitschrift für neuere Rechtsgeschichte* 21 (1999), S. 7–28.

Landau, Peter, Über die Wiederentdeckung der Gesetzgebung im 12. Jahrhundert, in: Drossbach, Gisela (Hg.), *Von der Ordnung zur Norm: Statuten in Mittelalter und Früher Neuzeit*, Paderborn 2010, S. 13–15.

Laqueur, Thomas, *Making Sex: Body and Gender from the Greeks to Freud*, Cambridge (Mass.) 1992.

Le Goff, Jacques/Truong, Nicolas, *Geschichte des Körpers im Mittelalter*, Stuttgart 2003.

Leites, Edmund, *Conscience and Casuistry in Early Modern Europe*, Cambridge 1988.

Lepsius, Susanne, Das Sitzen des Richters, in: Stollberg-Rilinger, Barbara/Neu, Tim/Brauner, Christina (Hg.), *Alles nur symbolisch? Bilanz und Perspektiven der Erforschung symbolischer Kommunikation*, Köln/Weimar/Wien 2013, S. 109–130.

Leven, Karl-Heinz, Krankheiten – historische Deutung versus retrospektive Diagnose, in: Paul, Norbert/Schicht, Thomas (Hg.), *Medizingeschichte*, Frankfurt a. M. 1998, S. 153–185.

Lindemann, Mary, *Medicine and Society in Early Modern Europe*, Cambridge 1999.

Lingelbach, Gabriele/Waldschmidt, Anne, Jenseits der Epochengrenzen: Perspektiven auf die allgemeine Geschichte, in: Nolte, Cordula/Frohne, Bianca/Halle, Uta/ Kerth, Sonja (Hg.), *Handbuch der Dis/ability History der Vormoderne*, Affalterbach 2017, S. 50–52.

Loetz, Francisca, *Vom Kranken zum Patienten: »Medikalisierung« und medizinische Vergesellschaftung am Beispiel Badens 1750–1850*, Stuttgart 1993.

Long, Kathleen P., *Hermaphrodites in Renaissance Europe*, London 2006.

Lorenz, Maren, *Leibhaftige Vergangenheit. Einführung in die Körpergeschichte*, Tübingen 2000.

Lubac, Henri de, *Typologie, Allegorie, geistiger Sinn: Studien zur Geschichte der christlichen Schriftauslegung*, Freiburg (Breisgau) 1999.

Luhmann, Niklas, *Legitimation durch Verfahren*, Frankfurt a. M. 2017.

Maclean, Ian, *Logic, Signs and Nature in the Renaissance: the Case of Learned Medicine*, Cambridge 2002.

Macy, Gary, *The Hidden History of Women's Ordination, Female Clergy in the Medieval West*, Oxford 2008.

Mallinckrodt, Rebekka von (Hg.), *Bewegtes Leben. Körpertechniken in der frühen Neuzeit*, Wiesbaden 2008.

Mallinckrodt, Rebekka von, Beschleunigung in der Sattelzeit? Sportliche, medizinische und soziale Perspektiven auf den Wettlauf um 1800, in: Landwehr, Achim (Hg.), *Frühe Neue Zeiten. Zeitwissen zwischen Reformation und Revolution*, Bielefeld 2012, S. 83–104.

Marchetti, Valerio, *L'invenzione della bisessualità. Discussioni tra teologi, medici e giuristi del XVII secolo sull'ambiguità dei corpi e delle anime*, Turin 1990.

Marchetti, Valerio, La discussione secentesca sui diritti dei bisessuali, in: Ghibaudi, Silvia Rota/Barcia, Franco (Hg.), *Studi Politici in Onore di Luigi Firpo*, Bd. 2, Mailand 1990, S. 463–474.

Mauss, Marcel, Die Techniken des Körpers, in: Ders. (Hg.), *Soziologie und Anthropologie*, Bd. 2, München 1974 [Originalausgabe 1935], S. 197–220.

McClive, Cathy, Masculinity on Trial: Penises, Hermaphrodites and the Uncertain Male Body in Early Modern France, *History Workshop Journal* 68 (2009), S. 45–68.

McNamara, Celeste, Conceptualizing the Priest. Lay and Episcopal Expectations of Clerical Reform in Late Seventeenth-Century Padua, *Archiv für Reformationsgeschichte* 104 (2013), S. 297–320.

McNamara, Celeste, *The Bishop's Burden. Reforming the Catholic Church in Early Modern Italy*, Washington 2020.

McNamara, Celeste, What the People Want: Popular Support for Catholic Reform in the Veneto, in: *The Catholic Historical Review* 102 (2016), S. 492–516.

McGrath, Aidan, Coeliacs, Alcoholics, the Eucharist and the Priesthood, *Irish Theological Quarterly* 67 (2002), S. 125–144.

Mellinkoff, Ruth, *Outcasts. Signs of Otherness in Northern European Art of the Late Middle Ages*, Berkeley 1993.

Melsheimer, Ludwig, *Who's who in the Catholic World*, Montreal 1967.

Melville, Gert/Moos, Peter von (Hg.), *Das Öffentliche und Private in der Vormoderne*, Köln/Weimar/Wien 1998.

Mendelsohn, John Andrew, Lepraschau als Urszene medizinischen Gutachtens, in: Hess, Volker/Geisthövel, Alexa (Hg.), *Medizinisches Gutachten. Geschichte einer neuzeitlichen Praxis*, Göttingen 2017, S. 43–69.

Menegon, Eugenio, »The habit that hides the monk«. Missionary Fashion Strategies in late imperial Chinese Society and Court Culture, in: Amsler, Nadine/Badea, Andreea/Heyberger, Bernard/Windler, Christian (Hg.), *Catholic Missionaries in early modern Asia: Patterns of Localization*, London/New York 2020, S. 30–49.

Merk, Karl Josef, *Das Meßstipendium*, Stuttgart 1929.

Metzler, Irina, *Disability in Medieval Europe: Thinking about Physical Impairment during the High Middle Ages, ca. 1100–1400*, Abingdon 2006.

Metzler, Irina, Then and Now. Canon Law on Disabilities, in: Laes, Christian (Hg.), *Disability in Antiquity*, London/New York 2017, S. 455–468.

Meyer, Andreas, Lepra und Lepragutachten aus dem Lucca des 13. Jahrhunderts, in: Ders./Schulz-Grobert, Jürgen (Hg.), *Gesund und krank im Mittelalter. Marburger Beiträge zur Kulturgeschichte der Medizin. 3. Tagung der Arbeitsgruppe »Marburger Mittelalterzentrum« (25.–26. Februar 2005)*, Leipzig 2007, S. 145–210.

Mohnhaupt, Heinz (Hg.), *Prudentia Legislatoria: fünf Schriften über die Gesetzgebungsklugheit aus dem 17. und 18. Jahrhundert*, München 2003.

Montford, Angela, Fit to Preach and Pray. Considerations of Occupational Health in the Mendicant Orders, in: Swanson, Robert (Hg.), *The Use and Abuse of Time in Christian History. Papers read at the 1999 summer meeting and the 2000 winter meeting of the ecclesiastical history society*, Woodbridge 2002, S. 95–106.

Moos, Peter von (Hg.), *Der Fehltritt. Vergehen und Versehen in der Vormoderne*, Köln/Weimar/Wien 2001.

Morgan, David, Introduction. The Matter of Belief, in: Ders. (Hg.), *Religion and Material Culture: The Matter of Belief*, London 2010, S. 1–12.

Morgan, M. Gwyn, Priests and Physical Fitness. A Note on Roman Religion, *The Classical Quarterly* 24 (1974), S. 137–141.

Mörschel, Tobias, *Papsttum und Politik. Eine Institution zwischen geistlicher Gewalt und politischer Macht*, München 2007.

Mosebach, Martin, *Häresie der Formlosigkeit. Die römische Liturgie und ihr Feind*, München 2007.

Müller, Wolfgang P., *Die Abtreibung: Anfänge der Kriminalisierung 1140–1650*, Köln/Weimar/Wien 2000.

Nolte, Cordula/Frohne, Bianca/Halle, Uta/Kerth, Sonja (Hg.), *Handbuch der Dis/ability History der Vormoderne*, Affalterbach 2017.

Nolte, Cordula (Hg.), *Homo debilis, Behinderte – Kranke – Versehrte in der Gesellschaft des Mittelalters*, Korb 2009.

Nörr, Knut Wolfgang, Kuriale Praxis und kanonistische Wissenschaft, in: Bertram, Martin (Hg.), *Stagnation oder Fortbildung? Aspekte des allgemeinen Kirchenrechts im 14. und 15. Jahrhundert*, Tübingen 2005, S. 33–38

Nußbaum, Otto, *Der Standort des Liturgen am christlichen Altar vor dem Jahre 1000*, Bonn 1965.

Nußbaum, Otto, Die Bewertung von Rechts und Links in der römischen Liturgie, *Jahrbuch für Antike und Christentum* 5 (1962), S. 158–171.

Nußbaum, Otto, *Kloster Priestermönch und Privatmesse*, Bonn 1961.

Nutton, Vivian, Seeds of Disease: An explanation of contagion and infection from the Greeks to the Renaissance, *Medical History* 27 (1983), S. 1–34.

Oesterlé, Gerard, s.v. Irrégularités, *Dictionnaire de droit canonique*, Bd. 6, Paris 1957, S. 42–66.

Olivari, Mariolina, *Faustino Bocchi e l'arte di figurar pigmei 1659–1741*, Mailand/Rom 1990.

Olyan, Saul M., *Rites and Rank: Hierarchy in Biblical Representations of Cult*, Princeton 2000.

Osborne, Kenan, *Priesthood: A History of the Ordained Ministry in the Roman Catholic Church*, New York 1989.

Ostinelli, Paolo, I chierici e il defectus corporis: Definizioni canonistiche, suppliche, dispense, in: Varanini, Gian Maria (Hg.), *Deformità fisica e identità della persona tra medioevo ed età moderna*, Florenz 2015, S. 3–30.

Paravicini Bagliani, Agostino, *Der Leib des Papstes: eine Theologie der Hinfälligkeit*, München 1997 [italienische Originalausgabe 1994].

Parayre, Regis, *La S. Congrégation du Concile. Son histoire, sa procédure, son autorité*, Paris 1897.

Park, Katharine, Observation in the Margins, 500-1500, in: Daston, Lorraine/Lunbeck, Elizabeth (Hg.), *Histories of Scientific Observation*, Chicago 2011, S. 15–44.

Parker, Charles H., Diseased Bodies, Defiled Souls: Corporality and Religious Difference in the Reformation, *Renaissance Quarterly* 67 (2014), S. 1265–1297.

Pastore, Alessandro, *Il Medico in Tribunale*, Bellinzona 1998.

Pfisterer, Ulrich, *Visio* und *veritas*. Augentäuschung als Erkenntnisweg in der nordalpinen Malerei am Übergang von Spätmittelalter zu Früher Neuzeit, in: Büttner, Frank/Wimböck, Gabriele (Hg.), *Das Bild als Autorität: die normierende Kraft des Bildes*, Münster 2004, S. 157–204.

Philibert, Anne, *Des prêtres et des scandales: dans l'Église de France du concile de Trente aux lendemains du concile Vatican II, 1545–1978*, Paris 2019.

Piller, Gudrun, *Private Körper: Spuren des Leibes in Selbstzeugnissen des 18. Jahrhunderts*, Köln u.a. 2007.

Plett, Konstanze, Intersexuelle – gefangen zwischen Recht und Medizin, in: Kohler, Frauke/Pühl, Katharina (Hg.), *Gewalt und Geschlecht. Konstruktionen, Positionen, Praxen*, Opladen 2003, S. 21–41.

Pomata, Gianna, Malpighi and the Holy Body. Medical Experts and Miraculous Evidence in seventeenth-century Italy, *Renaissance Studies* 21 (2006), S. 568–586.

Pomata, Gianna, Observation Rising: Birth of an Epistemic Genre, in: Daston, Lorraine/Lunbeck, Elizabeth (Hg.), *Histories of Scientific Observation*, Chicago 2011, S. 45–80.

Pomata, Gianna, Sharing Cases: The *Observationes* in Early Modern Medicine, *Early Science and Medicine* 15 (2010), S. 193–236.

Pomata, Gianna, The Devil's Advocate among the Physicians: What Prospero Lambertini learned from Medical Sources, in: Messbarger, Rebecca u.a. (Hg.), *Benedict XIV and the Enlightenment: Art, Science, and Spirituality*, Toronto 2016, S. 120–150.

Pomata, Gianna/Siraisi, Nancy G. (Hg.), *Historia: Empiricism and Erudition in Early Modern Europe*, Cambridge (Mass.) 2005.

Porter, Martin, *Windows of the Soul: Physiognomy in European Culture, 1470–1780*, Oxford 2005.

Prodi, Paolo, *Il paradigma tridentino. Un'epoca della storia della Chiesa*, Brescia 2010.

Prosperi, Adriano, *Otras Indias*. Missionari della Controriformatra contadini e selvaggi, in: Garfagnini, Giancarlo (Hg.), *Science, credenze occulte, livelli di cultura*, Florenz 1982, S. 205–234.

Prosperi, Adriano, *Tribunali della coscienza: inquisitori, confessori, missionari*, Turin 1996.

Raggio, Osvaldo, Immagini e verità. pratiche sociali, fatti giuridici e tecniche cartografiche, *Quaderni Storici nuova serie* 36, Nr. 108 (3), S. 843–876.

Reckwitz, Andreas, Grundelemente einer Theorie sozialer Praktiken. Eine sozialtheoretische Perspektive, *Zeitschrift für Soziologie* 32 (2003), S. 282–301.

Reinhard, Wolfgang (Hg.), *Die katholische Konfessionalisierung: wissenschaftliches Symposion der Gesellschaft zur Herausgabe des Corpus Catholicorum und des Vereins für Reformationsgeschichte 1993*, Gütersloh 1995.

Reinhard, Wolfgang, Kleine Politik ganz groß, in: Weber, Wolfgang/Dauser, Regina (Hg.), *Faszinierende Frühneuzeit. Reich, Frieden, Kultur und Kommunikation 1500–1800. Festschrift für Johannes Burkhardt zum 65.Geburtstag*, Berlin 2008, S. 239–256.

Reinhard, Wolfgang, Papstfinanz, Benefizienwesen und Staatsfinanz, in: Kellenbenz, Hermann/Prodi, Paolo (Hg.), *Fiskus, Kirche und Staat im konfessionellen Zeitalter*, Berlin 1994, S. 337–372.

Rexroth, Frank, Systemvertrauen und Expertenskepsis. Die Utopie vom maßgeschneiderten Wissen in den Kulturen des 12. bis 16. Jahrhunderts, in: Reich, Björn/Rexroth, Frank/Roick, Matthias (Hg.), *Wissen, maßgeschneidert. Experten und Expertenkulturen im Europa der Vormoderne*, München 2012, S. 12–44.

Reynolds, Roger E., *Clerical Orders in the Early Middle Ages Duties and Ordination*, Brookfield 1999.

Richardson, Kristina, *Difference and Disability in the Medieval Islamic World: Blighted Bodies*, Edinburgh 2012.

Röcke, Werner, Die narrative Aneignung des Fremden. Zur Literarisierung exotischer Welten im Roman des späten Mittelalters, in: Münkler, Herfried (Hg.), *Furcht und Faszination. Facetten der Fremdheit*, Berlin 1997, S. 357–378.

Röder, Brendan, Appearance and Essence. Speaking the Truth about the Body in the Early Modern Catholic Church, in: Badea, Andreea u.a. (Hg.), *Making Truth in Early Modern Catholicism*, Amsterdam 2021, S. 111–131.

Röder, Brendan, Zur Formbarkeit des Körpers in der Frühen Neuzeit. Natur und plastische Chirurgie im katholischen Klerus, in: Lüpke, Annika von/Strohschneider, Tabea/Bach, Oliver (Hg.), *Limina: Natur – Politik: Verhandlungen von Grenz- und Schwellenphänomenen in der Vormoderne*, Berlin/Boston 2019, S. 149–166.

Roling, Bernd, *Drachen und Sirenen. Die Rationalisierung und Abwicklung der Mythologie an den europäischen Universitäten*, Leiden/Boston 2010.

Rosa, Gabriele de, *Tempo religioso e tempo storico: saggi e note di storia sociale e religiosa dal medioevo all'età contemporanea*, Rom 1987.

Rosa, Mario, *Clero cattolico e società europea nell'età moderna*, Rom/Bari 2006.

Rubiés, Joan-Pau, *Travel and Ethnology in the Renaissance. South India through European Eyes, 1250–1625*, Cambridge 2000.

Rutz, Daniel, »Hans Umbendorn sin dispensatz der zweyen klinen vingern halb and der linken hand«. Ein Werkstattbericht zur Solothurner Überlieferung einer »defectus corporis«-Dispens, in: Salonen, Kirsi/Krötzl, Christian (Hg.), *The Roman Curia, the Apostolic Penitentiary and the Partes in the later Middle Ages*, Rom 2003, S. 45–51.

Salonen, Kirsi/Schmugge, Ludwig (Hg.), *A Sip from the »Well of Grace«. Medieval Texts from the Apostolic Penitentiary*, Washington 2009.

Santing, Catrien, De Affectibus Cordis et Palpitatione: Secrets of the Heart in Counter-Reformation Italy, in: De Blécourt, Willem/Usborne, Cornelie (Hg.), *Cultural Approaches to the History of Medicine. Mediating Medicine in Early Modern and Modern Europe*, Basingstoke/New York 2003, S. 11–35.

Sarnowsky, Jürgen, Expertus – experientia – experimentum. Neue Wege der wissenschaftlichen Erkenntnis im Spätmittelalter, *Das Mittelalter* 17, 2 (2012), S. 47–59.

Schattner, Angela, *Zwischen Familie, Heilern und Fürsorge: Das Bewältigungsverhalten Von Epileptikern in Deutschsprachigen Gebieten des 16.–18. Jahrhunderts*, Stuttgart 2012.

Schiedlausky, Günther, *Kühlkugel und Wärmapfel*, München 1984.

Schmidt, Patrick, Behinderung in der Frühen Neuzeit, Ein Forschungsbericht, *Zeitschrift für Historische Forschung* 37 (2010), S. 617–651.

Schmidt, Patrick, *Bettler, Kriegsinvaliden, Körpersensationen. Beeinträchtigte Menschen in printmedialen Diskursen des 17. und 18. Jahrhunderts*, Frankfurt a. M./New York 2017.

Schmitt, Jean-Claude, The rationale of gestures in the West. third to thirteenth centuries, in: Bremmer, Jan/Roodenburg, Herman (Hg.), *A Cultural History of Gesture. From Antiquity to the Present Day*, Cambridge 1993, S. 59–70.

Schmugge, Ludwig, Kanonistik in der Pönitentiarie, in: Bertram, Martin (Hg.), *Stagnation oder Fortbildung? Aspekte des allgemeinen Kirchenrechts im 14. und 15. Jahrhundert*, Tübingen 2005, S. 93–115.

Schmugge, Ludwig, *Repertorium poenitentiariae Germanicum: Verzeichnis der in den Supplikenregistern der Pönitentiarie vorkommenden Personen, Kirchen und Orte des Deutschen Reiches*, Bände 1–11, Tübingen 1998–2018.

Schneider, Philipp, *Die Lehre von den Kirchenrechtsquellen. Eine Einleitung in das Studium des Kirchenrechts*, Regensburg 1892.

Schneider, Wolfgang, *Aspectus Populi. Kirchenräume der katholischen Reform und ihre Bildordnung im Bistum Würzburg*, Regensburg 1999.

Schoer, Markus, Zur Soziologie des Körpers, in: Ders. (Hg.), *Soziologie des Körpers*, Frankfurt a. M. 2005, S. 7–47.

Schorn-Schütte, Luise, Priest, Preacher, Pastor: Research on Clerical Office in Early Modern Europe, *Central European History* 33 (2000), S. 1–39.

Schüller, Sepp, *Die Geschichte der christlichen Kunst in China*, Berlin 1940.

Schüller, Thomas, Menschen mit Behinderung als Amtsträger der Kirche aus römisch-katholischer Perspektive, in: Eurich, Johannes/Lob-Hüdepohl, Andreas (Hg.), *Behinderung – Profile inklusiver Theologie, Diakonie und Kirche*, Stuttgart 2014, S. 178–186.

Schulte, Friedrich von, *Geschichte der Quellen und Literatur des canonischen Rechts*, Bd. 3, Stuttgart 1880.

Schulze, Hendrik, Ritualmacher und Kapellmeister, oder: Die Macht der Metapher. Ein Nachwort, in: Gengnagel, Jörg/Schwedler, Gerald (Hg.), *Ritualmacher hinter den Kulissen. Zur Rolle von Experten in historischer Ritualpraxis*, Berlin 2013, S. 143–149.

Schulze, Winfried, *Bäuerlicher Widerstand und feudale Herrschaft in der frühen Neuzeit*, Stuttgart 1980.

Schutte, Anne Jacobson, *By Force and Fear: Taking and Breaking Monastic Vows in Early Modern Europe*, Ithaca 2011.

Schutte, Anne Jacobson, ›Perfetta donna o ermafrodita?‹: Fisiologia e gender in un monastero settecentesco, in: *Studi storici* 43 (2002), S. 235–246.

Scribner, Robert W., Das Visuelle in der Volksfrömmigkeit, in: Ders. (Hg.), *Bilder und Bildersturm im Spätmittelalter und in der frühen Neuzeit*, Wiesbaden 1990, S. 9–20.

Seeman, Eva, Der kleine Unterschied. Zur Stellung von »Hofzwergen« an Fürstenhöfen der Frühen Neuzeit, in: Bähr, Matthias/Florian Kühnel (Hg.), *Verschränkte Ungleichheit. Praktiken der Intersektionalität in der Frühen Neuzeit*, Berlin 2018, S. 55–87.

Senn, Frank, *Embodied Liturgy. Lessons in Christian Ritual*, Minneapolis 2016.

Senn, Frank, *Eucharistic Body*, Minneapolis 2017.

Sennett, Richard, *Flesh and Stone. The Body and the City in Western Civilization*, New York 1994.

Shoham-Steiner, Ephraim, *On the Margins of a Minority: Leprosy, Madness, and Disability among the Jews of Medieval Europe*, Detroit 2014.

Singer, Julie, Editor's Introduction: Disability and the Social Body, *postmedieval: a journal of medieval cultural studies* 3 (2012), S. 135–141.

Skinner, Quentin, Hobbes and the classical theory of laughter, in: Ders. (Hg.), *Visions of Politics*, Bd. 3, Cambridge 2002, S. 142–176.

Skinner, Quentin, Why laughing mattered in the Renaissance. The Second Henry Tudor Memorial Lecture, *History of Political Thought* 22 (2001), S. 418–447.

Smith, Pamela, *The Body of the Artisan. Art and Experience in the Scientific Revolution*, Chicago/London 2004.

Smith, Sydney, *Wit and Wisdom of the Rev. Sydney Smith*, New York 1856.

Sperling, Jutta, *Convents and the Body Politic in Late Renaissance Venice*, Chicago 1999.

Stanzel, Franz, Schemata und Klischees der Völkerbeschreibung, in: David Humes Essay »Of National Characters«, in: Buchloh, Paul u.a. (Hg.), *Studien zur englischen und amerikanischen Sprache und Literatur*, Neumünster 1974, S. 363–383.

Stein, Claudia, *Die Behandlung der Franzosenkrankheit in der Frühen Neuzeit am Beispiel Augsburgs*, Stuttgart 2003.

Stein, Claudia, *Negotiating the French Pox in Early Modern Germany*, Farnham 2009.

Stenzig, Philipp, *Botschafterzeremoniell am Papsthof der Renaissance: der Tractatus de oratoribus des Paris de Grassi. Edition und Kommentar*, 2 Bände, Frankfurt a. M. 2013.

Stewart, David Tabb, Leviticus – Deuteronomy, in: Melcher, Sarah (Hg.), *The Bible and Disability – A Commentary*, Waco 2017, S. 57–91.

Stolberg, Michael, *Die Harnschau: eine Kultur- und Alltagsgeschichte*, Köln/Weimar/Wien 2009.

Stolberg, Michael, *Homo patiens. Krankheits- und Körpererfahrung in der Frühen Neuzeit*, Köln/Weimar/Wien 2003.

Stolz, Susanna, *Die Handwerke des Körpers. Bader, Barbier, Perückenmacher, Friseur. Folge und Ausdruck historischen Körperverständnisses*, Marburg 1992.

Szabari, Antónia, *Less Rightly Said. Scandals and Readers in Sixteenth-Century France*, Stanford 2009.

Szabari, Antónia, The Scandal of Religion. Luther and Public Speech in the Reformation, in: De Vries, Hent/Sullivan Lawrence (Hg.), *Political Theologies: Public Religions in a Post-Secular World*, New York 2006, S. 122–136.

Taylor, William B., *Magistrates of the Sacred. Priests and Parishioners in Eighteenth-Century Mexico*, Stanford 1996.

Temkin, Owsei, *The Falling Sickness. A History of Epilepsy from the Greeks to the Beginnings of Modern Neurology*, Baltimore/London 1971.

Theile, Gert (Hg.), *Anthropometrie. Vermessung des Menschen von Lavater bis Avatar*, München 2005.

Thier, Andreas, Zwischen Exegesesammlung und Ordnungsentwurf. Zur Kommentarliteratur des gelehrten Rechts in der Frühen Neuzeit, in: Kästle, David/Jansen, Nils (Hg.), *Kommentare in Recht und Religion*, Tübingen 2014, S. 207–248.

Thompson, John B., *Political Scandal. Power and Visibility in the Media Age*, Cambridge 2000.

Thompson, Nicholas, Going Public: Catholic Calls for the Abolition of the Private Mass in the Sixteenth Century, *Reformation and Renaissance Review* 13 (2011), S. 63–82.

Toggweiler, Michael, *Die Odyssee der Pygmäen. Eine andere Geschichte der neuzeitlichen Anthropologie*, Bern 2017.

Tortorici, Zeb, *Sins Against Nature: Sex and Archives in Colonial New Spain*, Durham/London 2018.

Tortorici, Zeb, Visceral Archives of the Body. Consuming the Dead, Digesting the Divine, in: *GLQ: A Journal of Lesbian and Gay Studies* 20 (2014), S. 407–437.

Tremain, Shelley, On the Government of Disability, *Social Theory and Practice* 27 (2001), S. 617–636.

Unger, Thorsten, Differente Lachkulturen? – Eine Einleitung, in: Ders. (Hg.), *Differente Lachkulturen? Fremde Komik und ihre Übersetzung*, Tübingen 1995, S. 9–30.

Vallerani, Massimo (Hg.), *Themenheft: Sistemi di eccezione, Quaderni Storici* 44, Nr. 131 (2) (2009).

Visceglia, Maria Antonietta, *La città rituale. Roma e le sue cerimonie in età moderna*, Rom 2002.

Voos, Lex Heerma van, *Petitions in Social History*, Cambridge 2001.

Waldschmidt, Anne, Warum und wozu brauchen die Disability Studies die Disability History, in: Bösl, Elsbeth (Hg.), *Disability History. Konstruktionen von Behinderung in der Geschichte. Eine Einführung*, Bielefeld 2010, S. 13–27.

Waldschmidt, Anne, ›Wir Normalen‹ – ›die Behinderten‹?: Erving Goffman meets Michel Foucault, in: Rehberg, Karl Siegbert (Hg.), *Die Natur der Gesellschaft. Verhandlungen des 33. Kongresses der Deutschen Gesellschaft für Soziologie in Kassel 2006*, Frankfurt a. M. 2008, o.S.

Wandel, Lee Palmer, *The Eucharist in the Reformation. Incarnation and Liturgy*, Cambridge 2006.

Wassilowsky, Günther, Posttridentinische Reform und päpstliche Zentralisierung. Zur Rolle der Konzilskongregation, in: Merkt, Andreas/Wassilowsky, Günther/Wurst, Gregor (Hg.), *Reformen in der Kirche. Historische Perspektiven*, Freiburg (Breisgau) 2014, S. 138–157

Wassilowsky, Günther/Wolf, Hubert, *Päpstliches Zeremoniell in der Frühen Neuzeit. Das Diarium des Zeremonienmeisters Paolo Alaleone de Branca während des Pontifikats Gregors XV. (1621–1623)*, Münster 2007.

Weber, Christoph, *Familienkanonikate und Patronatsbistümer. Ein Beitrag zur Geschichte von Adel und Klerus im neuzeitlichen Italien*, Berlin (West) 1988.

Weigand, Rudolf, *Die Naturrechtslehre der Legisten und Dekretisten von Irnerius bis Accursius und von Gratian bis Johannes Teutonicus*, München 1967.

Weigand, Rudolf, Zur Problematik des Naturrechts: Inhalt, Erkennbarkeit, Veränderlichkeit, Dispensierbarkeit, *Persona y Derecho* 25 (1991), S. 239–263.

Weinberger, Walter, *Voraussetzungen für die Zulassung zum Priestertum. Entwicklung und gegenwärtige Rechtslage in der Römisch-Katholischen Kirche*, Berlin 2011.

Wendebourg, Dorothea, Die alttestamentlichen Reinheitsvorschriften in der frühen Kirche, *Zeitschrift für Kirchengeschichte* 95 (1984), S. 149–170.

Wiesner, Christian, Die Rezeption des Tridentinums durch die Konzilskongregation am Beispiel der Residenzpflicht – Ein Werkstattbericht, in: François, Wim/Soen, Violet (Hg.), *The Council of Trent: Reform and Controversy in Europe and Beyond (1545–1700)*, Bd. 2, Göttingen 2018, S. 61–82.

Windler, Christian, Uneindeutige Zugehörigkeiten: Katholische Missionare und die Kurie im Umgang mit ›communicatio in sacris‹, in: Pietsch, Andreas/Stollberg-Rilinger, Barbara (Hg.), *Konfessionelle Ambiguität. Uneindeutigkeit und Verstellung als religiöse Praxis in der Frühen Neuzeit*, Gütersloh 2013, S. 314–345.

Wolfe, Charles/Gal, Ofer (Hg.), *The Body as Object and Instrument of Knowledge. Embodied Empiricism in Early Modern Science*, Dordrecht 2010.

Yates, Frances, *The Art of Memory*, Chicago 1966.

Zey, Claudia, Die Augen des Papstes, in: Johrendt, Jochen/Müller, Harald, *Römisches Zentrum und kirchliche Peripherie: das universale Papsttum als Bezugspunkt der Kirchen von den Reformpäpsten bis zu Innozenz III.*, Berlin 2008, S. 77–108.

Ziegler, Joseph, Practitioners and Saints: Medical Men in Canonization Processes in the Thirteenth to Fifteenth Centuries, *Social History of Medicine* 12 (1999), S. 191–225.

Register

Kursivierte Seitenzahlen verweisen auf Nennungen in der Fußnote. Das Register enthält Personen, aber nicht die Namen der meist wenig bekannten Supplikanten, Bischöfe und Zeugen sowie moderner Autoren und Autorinnen. Begriffe, die sehr häufig genannt werden, wurden nicht (Kurie, Gebrechen, Krankheit, *scandalum*, Medizin) oder nur in Bezug auf grundlegende Fakten (Konzilskongregation, Dispens) aufgenommen.